LEBEN ALS RINGEN UM DIE WAHRHEIT

LEBEN ALS RINGEN UM DIE WAHRHEIT

Ein Newman Lesebuch

Herausgegeben von Günter Biemer, James Derek Holmes und Roman A. Siebenrock

Mit einer aktuellen Einführung von Roman A. Siebenrock

In memoriam Günter Biemer (1929–2019)

Matthias Grünewald Verlag

VERLAGSGRUPPE PATMOS

PATMOS
ESCHBACH
GRÜNEWALD
THORBECKE
SCHWABEN
VER SACRUM

Die Verlagsgruppe
mit Sinn für das Leben

Für die Verlagsgruppe Patmos ist Nachhaltigkeit ein wichtiger Maßstab ihres Handelns. Wir achten daher auf den Einsatz umweltschonender Ressourcen und Materialien.

Bibliografische Information der Deutschen Nationalbibliothek
Die Deutsche Nationalbibliothek verzeichnet diese Publikation in der Deutschen Nationalbibliografie; detaillierte bibliografische Daten sind im Internet über http://dnb.d-nb.de abrufbar.

Verlagsgruppe Patmos in der Schwabenverlag AG, Ostfildern
www.gruenewaldverlag.de
Erweiterte Neuausgabe des erstmals 1984 erschienenen Titels

Umschlaggestaltung: Finken & Bumiller, Stuttgart
Umschlagabbildung: Portrait von John Henry Newman, gemalt von W.W. Ouless, The Birmingham Oratory
Gestaltung, Satz und Repro: Schwabenverlag AG, Ostfildern
Druck: CPI books GmbH, Leck
Hergestellt in Deutschland
ISBN 978-3-7867-3205-1

INHALT

TEIL 2
DAS ERLANGEN DER WAHRHEIT HAT SITTLICHE VORAUSSETZUNGEN. DIE BEDEUTUNG VON BILDUNG UND ERZIEHUNG

TEIL 3
GEWISSHEIT, GEWISSEN UND GLAUBE. DAS WIRKLICHKEITSHALTIGE (REALE) DENKEN IM BEREICH DER RELIGION

Teil 4
Zwei Wesen, die absolut und von einleuchtender Selbstverständlichkeit sind. Gottes Offenbarung an die Menschen

Teil 5
Nachfolger, Erben und Repräsentanten der Apostel

Teil 6
Persönliches Zeugnis

Teil 7
Die Zukunft des Glaubens

Index:

HINFÜHRUNG ZUR NEUAUSGABE

Roman A. Siebenrock

Am 13. Oktober 2019 wird John Henry Kardinal Newman in Rom heiliggesprochen. Damit ist der einflussreiche anglikanische Theologe, der mit einer umfassenden Kenntnis der Schrift, der Kirchenväter und der theologischen Tradition seiner Kirche 1845 in die römisch-katholische Kirche konvertierte, endgültig in der Mitte verschiedener Kirchen und christlichen Gemeinschaften angekommen. Im anglikanischen Heiligen- und Gedenkkalender ist sein Name schon seit den 90er Jahre verzeichnet. In vielen Freikirchen sind seine Gebete, Predigten und Liedtexte selbstverständliche Orientierung. Mit der offiziellen Heiligsprechung durch Papst Franziskus wird seine Persönlichkeit als Beispiel des Christseins heute in katholischer und ökumenischer Weite den Glaubenden vieler Traditionen vor Augen gestellt. Und das ist nicht so selbstverständlich. Hat er nicht als Konvertit seine Herkunftskirche verraten? Und lebte er nicht als Katholik lange Jahre, wie er es ausdrückte, »unter der Wolke«? Noch nach seinem Tod wurde er misstrauisch von manchen als »halber Katholik« verdächtigt. Wer Newmans Kritik an den Machenschaften vor, während und nach dem Ersten Vatikanischen Konzil und sein bedingungsloses Eintreten für die unbedingte Souveränität des persönlichen Gewissens in dieser Zeit kennt, ahnt, dass die Vorbehalte, die ihm zu Lebzeiten entgegenschlugen, nicht aus er Luft gegriffen waren (siehe Texte: Teil 1, II: Selbstbiographische Schriften, Nr. 1).[1]

So froh und dankbar ich mit allen Freundinnen und Freunden über die Heiligsprechung Newmans bin[2], weil seine Persönlichkeit und Texte quer zu allen Konfessionen bis heute tiefgreifende Wandlungen auszulösen vermögen, so gefährlich kann diese Erhebung zu Ehren der Altäre auch werden. Denn wenn damit die Meinung verbunden sein sollte, dass diese Person nicht mehr anstößig, ja provokant sei, weil schon alle seine Anre-

1 Hanna-Barbara Gerl-Falkovitz hat eine unveröffentlichte Studie von Ida Fredericke Görres, die sich dieser Frage auf poetische Weise näherte, neu ediert: Görres, Ida Friederike, Der Geopferte. Ein anderer Blick auf John Henry Newman. 2. überarbeitete Auflage. Vallendar-Schönstatt 2015.

2 Wichtige Dokumente zur Seligsprechung 2010 sind veröffentlicht in: Benedikt XVI. / Wick-Alda, Ulrike, Geführt vom freundlichen Licht. Seliger John Henry Newman. Die Predigten Papst Benedikts XVI. zur Seligsprechung des Oratorianers und Kardinals und die liturgischen Texte zum Gedenktag. Augsburg 2011.

gungen zum lebendigen Eigentum der Kirche geworden wären, dann wäre eine Heiligsprechung wohl nichts anderes als ein großes Missverständnis. Newmans Wort, mit dem er sich in die römisch-katholische Kirche geschrieben hat, hat an Aktualität nichts verloren: »Freilich sagt man zuweilen, ein Strom sei am klarsten bei seiner Quelle. Welchen Gebrauch man auch immer von diesem Bild billigerweise machen mag, es lässt sich nicht anwenden auf die Geschichte einer Philosophie oder eines Glaubens. Diese sind im Gegenteil mäßiger, reiner und kräftiger, wenn ihr Bett tief geworden ist und breit und voll. Die Idee erhebt sich mit Notwendigkeit aus einem bestehenden Zustand der Dinge und schmeckt eine Zeitlang nach dem Boden. Ihr lebendiger Kern muss sich erst loslösen von dem, was fremd und vorübergehend ist, und bemüht sich angestrengt, von Jahr zu Jahr mit mehr Energie und Hoffnung, sich zu befreien. Ihre Anfänge sind nicht der Maßstab ihrer Fähigkeiten, noch ihres Umfanges. Zuerst weiß niemand, was sie ist oder was sie wert ist. Sie verbleibt vielleicht eine Zeitlang in Ruhe; sie probiert sozusagen ihre Glieder, prüft den Boden unter sich und tastet nach ihrem Weg. Von Zeit zu Zeit macht sie Versuche, die fehlgeschlagen und infolgedessen aufgegeben werden. Sie scheint zu schwanken, welchen Weg sie gehen soll; sie ist in der Schwebe, und endlich schlägt sie nach einer bestimmten Richtung aus. Mit der Zeit dringt sie auf fremdem Gebiet vor; die Tragweite von Kontroverspunkten ändert sich; Parteien erstehen und verfallen in ihrem Umkreis; Gefahren und Hoffnungen tauchen auf bei neuen Beziehungen; und alte Prinzipien erscheinen wieder unter neuen Formen. Sie wandelt sich mit ihnen, um dieselbe zu verbleiben. In einer Höheren Welt ist es anders, aber hienieden heißt leben sich wandeln, und vollkommen sein heißt sich oft gewandelt haben.«[3]

Newman begegnen bedeutet immer wieder, in eine persönliche Glaubenserneuerung einzutreten; – aus der Unmittelbarkeit zu meinem Schöpfer und Erlöser. Die Neuauflage der klassischen Textsammlung der beiden Altmeister der internationalen Newmanforschung bietet die beste Möglichkeit, Newman in seinen Texten unmittelbar zu begegnen. Günter Biemer und James Derek Holmes haben aus allen wichtigen Themenbereichen und Textgattungen eine bis heute mustergültige Anthologie zusammengestellt, die uns Newmans theologisches Profil und geistliche Persönlichkeit in ihren vielseitigen Facetten ans Herz zu legen vermag.

3 Newman, John Henry, Über die Entwicklung der Glaubenslehre. Durchgesehene Neuausgabe der Übersetzung von Theodor Haecker: W. Becker – H. Fries – J. Artz (Hg.), Ausgewählte Werke. (Mainz 1951–1969), Band VIII. (1969), 41 (siehe dazu oben den Text: Teil 4, IV. Die Theorien der Entwicklung der religiösen Lehre, 227–238).

Vor allem ein Aspekt erscheint mir besonders nachdrücklich in dieser Testsammlung, wie es ihr Titel ausdrückt, dokumentiert zu sein: Newmans lebenslanges Suchen und Ringen um die Wahrheit. Auch die definierte Wahrheit des Glaubens ist deshalb nicht einfach Besitz und Ruhekissen, sondern Ruf in die je neue Begegnung mit der Wirklichkeit Gottes in der eigenen Lebenswirklichkeit. Auf seiner Gedenktafel an der Kirche des Oratoriums hat der Kardinal seinen Lebenspilgerweg in das Motto gebracht: »Ex umbris et imaginibus in veritatem / Aus Schatten und Bildern zur Wahrheit«. Dieses Motto bleibt aber getragen von drei Grundüberzeugungen, die sich der junge Newman in seiner entscheidenden Lebensphase zu eigen machte (Textsammlung: Teil 1, I, 1): »ich selbst und mein Schöpfer / myself and my creator«; »Heiligkeit geht vor dem Frieden / holiness rather than peace« und »Wachstum ist der einzige Beweis des Lebens / growth the only evidence for life«.
In welcher Weise kann und soll seine Person und sein Werk auch uns heute bewegen und auf den Weg bringen? Ich möchte die möglichen Bereiche einer anhaltenden und neuen Wirksamkeit Newmans mit einigen Hinweisen auf die jüngere, vor allem deutschsprachige Newmanforschung verbinden, wie sie vor allem in der »Internationalen Deutschen Newman-Gesellschaft« gepflegt wird.[4] Diese Hinweise korrespondieren mit den einzelnen Teilen der vorliegenden Textsammlung. Mit diesen Notizen kann schon deshalb kein exklusiver Anspruch verbunden sein, weil die Begegnung mit Newman immer in eine internationale Gemeinschaft integriert und über die engere Newman-Bewegung hinausreicht.[5] Ja, so ist mein Eindruck, in der Begegnung mit Newman werden Personen sehr verschiedener Herkunft und Überzeugung miteinander verbunden, die sich ohne ihn wohl nie in dieser offenen und zugleich verbindlichen Weise begegnet wären. Newmans Gabe zur Freundschaft erweist sich immer wieder neu als »katholisch«, »umfassend«, und daher als zutiefst ökumenisch und interkulturell.[6]
Newman hat wie kaum ein anderer uns gelehrt, dass Glauben und Leben deshalb zusammengehören, weil dem Glauben ein konkretes, oder wie er

4 Günter Biemer hat diese Gesellschaft gegründet und bis zu seinem Tode in diesem Jahr nachhaltig inspiriert. Siehe die Homepage: https://john-henry-newman-gesellschaft.de.

5 Eine neuere Übersicht über die internationale Diskussion um Person und Werk Newmans in: Ker, Ian T. / Merrigan, Terrence, The Cambridge companion to John Henry Newman. Cambridge 2009. Eine kleine Orientierung zur Bedeutung Newmans in der deutschsprachigen Theologie und Kirche außerhalb der ausdrücklichen Newman-Bewegung in: Gläßer, Alfred (Hg.), John Henry Newman. Vortragsreihe der Katholischen Universität Eichstätt. Eichstätt – Wien 1991 (Extemporalia, Bd. 10).

6 Ich greife in der Struktur der Darstellung zurück auf meine Ausführungen in: Siebenrock, Roman A., Wahrheit, Gewissen und Geschichte. Eine systematisch-theologische Rekonstruk-

es ausdrückt, »reales«, d.h. existentiell ratifiziertes Denken eigen ist. Christlich Glauben analysiert er als »reale Zustimmung«, als persönliches Leben in der Gegenwart des lebendigen Gottes, als Leben in der Gegenwart Jesu Christi und deshalb als reale Beziehung zwischen Personen. Sein Kardinalsmotto lautet: »cor ad cor loquitur / Herz spricht zum Herzen«. Glauben und das dieser Lebenshaltung entsprechende Denken sind Herzensangelegenheiten. Glauben und Biographie gehören auch deshalb zusammen, weil die grundlegende Äußerungsform des Glaubens das gelebte Zeugnis ist (Textsammlung: Teil 1, 2, 3 und vor allem Teil 6). Es ist daher unabdingbar, Newmans Persönlichkeit, sein Leben in den Kontexten seiner Zeit, in den »Zeichen seiner Zeit« wahrzunehmen und sein Werk geschichtlich, politisch und sozial zu verankern (siehe Biemer/Holmes, Einführung in Newmans Leben und Gedankenwelt, 19–61). Er spricht uns noch heute an, weil er zutiefst in und aus seiner Zeit lebte und glaubte, d.h. er hat unter den Bedingungen des viktorianischen Zeitalters das Evangelium gehört und die Traditionen der Kirchen aufgearbeitet. Und dieses England des 19. Jahrhunderts war das Land der ersten Industrialisierung, der werdenden demokratischen Umstrukturierung der Gesellschaft, die Gesellschaft einer pragmatischen, an der Philosophie des schottischen Utilitarismus orientierten Bildung; – aber es war auch das Land jener bis heute wirksamen christlichen Erneuerungen, die wir etwas pauschal als »evangelikal« bezeichnen. Dieser Aufbruch war geprägt von einem Hören auf die Stimme Gottes und des Evangeliums, das in eine ernst- und gewissenhafte Lebensweise rief.

In Newmans Jahrhundert entwickelte sich die »protestantische englische Nation« zu einer liberalen Gesellschaft, die daher sich nicht nur von der Struktur der Staatskirche löste, sondern auch den Katholiken erstmals seit der Reformation als Bürgerinnen und Bürger rechtlich anzuerkennen vermochte. Auf der anderen Seite aber wird jeder Wahrheitsanspruch der Religion verdächtig. Beide Aspekte dieser Entwicklung hat Newman in seiner Rede vor der Ernennung zum Kardinal analysiert und sich selbst und seine Anstrengungen in diesem Ringen verankert (Textsammlung: Teil 1, II, 3). Im hohen Alter war Newman zudem immer mehr davon überzeugt, dass in der Zukunft der Unglaube eine primäre Plausibilität gegenüber dem Glauben gewinnen wird. Nach Newman könnte es sogar geschehen, dass die Menschen nicht mehr verstehen, was das Wort »Gott« bedeute. Deshalb könnte die Kirche zum ersten Mal in ihrer Verkündi-

tion des Wirkens John Henry Kardinal Newmans. Sigmaringendorf 1996 (Internationale Cardinal-Newman-Studien, 15). Die Newman-Rezeption im deutschen Sprachraum bis ca. 1990 habe ich in dieser Arbeit im ersten Kapitel aufgearbeitet (ebd., 19-124).

gung einer wirklich religionslosen Gesellschaft gegenübertreten. Gerade in diesem Zusammenhang (Textsammlung: Teil 7) rät er zu zwei Grundhaltungen: Harren auf Christus und die Suche nach der Wahrheit in der Gestimmtheit des Betens. Er entdramatisiert sogar diese Situation, weil er das Christentum immer und von Anfang an inmitten von Kämpfen, Auseinandersetzungen und im Sterben sah. Newman war davon überzeugt, dass jene Mittel und Vorgehensweisen von Kirche und Theologie, die die Bedeutung der Person in ihrer Unmittelbarkeit vor Gott nicht in den Mittelpunkt ihrer Bemühungen stellen, nicht zukunftsfähig sein können (Textsammlung: Teil 6, I). Weil ihm unter den Bedingungen der römisch-katholischen Kirche seiner Zeit eine freie Wirksamkeit durch allerlei Verbote versagt blieb, hoffte er darauf, dass andere auf seinem Fundament später seine Optionen weiterentwickeln werden. Nur unter diesen Rahmenbedingungen lässt sich meiner Ansicht nach das Bemühen der »Newman-Schule« würdigen. Innerhalb dieser internationalen Bewegung möchte ich, um die vorliegende Textsammlung zu würdigen und zu erschließen, auf die Entwicklungen der deutschsprachigen Diskussion in den letzten Jahrzehnten in aller Kürze verweisen. So können die LeserInnen vielleicht das eine oder andere Thema vertiefen.

Die deutschsprachige Newmanforschung hat sich seit Heinrich Fries (1911–1998), dem Lehrer von Günter Biemer, mit der biographisch-geschichtlichen und personalen Gestalt des Glaubens intensiv auseinandergesetzt.[7] In Begleitung von Günter Biemer erschloss Lothar Kuld das Verhältnis von Glaube und Biographie als Lernprozess und entwickelte in

7 Im deutschen Sprachraum bildet die umfangreiche Biographie von Günter Biemer bis heute die maßgebliche Referenz: Biemer, Günter, Die Wahrheit wird stärker sein. Das Leben und Werk Kardinal Newmans. 3. Auflage. Frankfurt am Main u.a. 2009 (Internationale Cardinal Newman Studien, 17). Sie steht der englischen Standardbiographie, die ebenfalls eine Werkeinführung bietet, in nichts nach: Ker, Ian T., John Henry Newman. A biography. Reissued. Oxford 2010. Als erste Einführung zu Leben und Gestalt sei auf die offizielle Biographie zur Seligsprechung 2010 verwiesen, die reich illustriert einen lebendigen Eindruck von Person und Leben gibt: Beaumont, Keith, Blessed John Henry Newman. Theologian and spiritual guide for our time. San Francisco CA 2010. Eine kleine Biographie des langjährigen Postulators des Seligsprechungsprozesses ist auf Deutsch erschienen: Blehl, Vincent Ferrer, John Henry Newman. Eine Kurzbiographie. 2. Auflage. Leutesdorf 1998. Eine biographische orientierte Interpretation auch bei: Müller, Gerhard Ludwig, John Henry Newman begegnen. 2. Auflage. Augsburg 2003. Die wichtige Biographie des früheren Leiters des Oratoriums in Birmingham soll 2019 neu aufgelegt werden: Dessain, Charles Stephen, John Henry Newman. Wegbereiter der Erneuerung der Kirche (früher: Freiburg 1980; Leipzig 1981). Unter Mitarbeit von Werner Becker und Hans Joachim Meyer. Illertissen 2019. Eine tiefe Inspiration ging in den letzten Jahren für die deutschsprachige Newmanforschung von Keith Beaumont aus, einem Priester des Oratoriums von Paris, aus. Seine Interpretation des spirituellen Weges Newmans ist leider nur in französischer Sprache erhältlich: Beaumont, Keith, Dieu intérieur. La théologie spirituelle de John Henry Newman. Paris 2014 (Études newmaniennes). Jüngst hat er eine Auswahl der schönsten Predigten vorgelegt: Newman, John Henry, Être Chrétien. Les plus beaux sermons.

Auseinandersetzung mit den aktuellen entwicklungspsychologischen Ansätzen eine Lerntheorie des Glaubens.[8] Bernd Trocholepczy entfaltete die Bedeutung des Schlüsselbegriffs »Realisation« bei Newman auf eine wissenschaftstheoretische Grundlegung der praktischen Theologie hin.[9] In dieser biographischen Aufmerksamkeit rückt im deutschen Sprachraum die Bedeutung seiner katholischen Lebensform immer stärker ins Bewusstsein: Newman war im Auftrag von Papst Pius IX. Gründer des englischen Oratoriums.[10]

Besondere Aufmerksamkeit galt immer der Diskussion um die Analyse des Glaubensaktes bei Newman. Wilhelm Tolksdorf[11] diskutiert Newmans Ansätze im Kontext der aktuellen Diskussion, während Stefan Hofmann dem Verhältnis von Glaubenserfahrung und Theologie eine umfassende Studie gewidmet hat.[12] Dass nur von der personalen Erfahrung her die Mitte des christlichen Zeugnisses, die Offenbarung Gottes in Jesus Christus her erschlossen werden kann, hat Jutta Graf eindrücklich nachgewiesen.[13] Der Auseinandersetzung zwischen Glaube und Vernunft, die Newman im englischen Kontext eines John Locke und David Hume ein Leben lang beschäftigte, ist im Kontext der neueren analytischen Religionsphilosophie und den Beiträgen von Friedo Ricken[14] Andreas Koritens-

Unter Mitarbeit von Présentés par Keith Beaumont (Prêtre de l›Oratoire). En collaboration avec Pierre Gauthier. Paris 2017. Das umfangreiche Werk Newmans ist digital im Internet zugänglich: http://www.newmanreader.org/.

8 Kuld, Lothar: Lerntheorie des Glaubens. Religiöses Lehren und Lernen nach J. H. Newmans Phänomenologie des Glaubensakts. Sigmaringendorf 1989 (Internationale Cardinal-Newman-Studien, 13). In einer weiteren Arbeit vertiefte er die Thematik: Glaube in Lebensgeschichten. Ein Beitrag zur theologischen Autobiographieforschung. Stuttgart u.a. 1997.

9 Realizing. Newmans inkarnatorisches Prinzip als Beitrag zum Theorie-Praxis-Verständnis der Praktischen Theologie. In: Günter Biemer und Bernd Trocholepczy (Hg.): Realisation – Verwirklichung und Wirkungsgeschichte. Studien zur Grundlegung der Praktischen Theologie nach John Henry Newman. Mit einem Beitrag zu seinem Einfluss auf Sophie Scholl und die »Weiße Rose« sowie theologischen Beiträgen zur politischen und pädagogischen Praxis. Frankfurt am Main u.a. 2010 (Internationale Cardinal-Newman-Studien, XX), 77–239.

10 Siehe: Wodrazka, Paul Bernhard (Hg.), John Henry Newman. Oratorianer und Kardinal. Ein großer Lehrer der Kirche – mit ausgewählten Quellen oratorianischen Lebens. Bonn 2009. Ebenso die populäre Darstellung: Wodrazka, Paul Bernhard, John Henry Newman. Ein neuer Seliger und großer Oratorianer (Kapitel IV: Ulrike Wick-Alda). Augsburg 2010.

11 Tolksdorf, Wilhelm, Analysis fidei. John Henry Newmans Beitrag zur Entdeckung des Subjektes beim Glaubensakt im theologiegeschichtlichen Kontext. Frankfurt am Main 2000 (Internationale Cardinal-Newman-Studien, 18).

12 Religiöse Erfahrung – Glaubenserfahrung – Theologie. Eine Studie zu einigen zentralen Aspekten im Denken John Henry Newmans. Frankfurt am Main u.a. 2011. (Internationale Cardinal-Newman-Studien, 21).

13 Graf, Jutta, Von Schatten und Bildern zur Wahrheit. Die Erschließung der »Offenbarung« bei John Henry Newman. Frankfurt am Main 2009 (Linzer philosophisch-theologische Beiträge, 18).

14 Ricken, Friedo, Religionsphilosophie. Stuttgart 2003 (Grundkurs Philosophie, 17). 129–160.

ky[15] nachgegangen. Mit all diesen Studien ist das Feld der religiösen Erkenntnis nach Newman umfassend aufgearbeitet worden. Als entscheidendes Ergebnis kann dabei einerseits festgehalten werden, dass in der religiösen, wie in allen weltanschaulichen Erkenntnissen, die lebenstragend sind, der personale und damit individuell-biographische Aspekt nicht nur nicht eliminiert werden kann, sondern dieser personale Aspekt für alle menschliche Erkenntnis grundlegend ist.[16] Auf der anderen Seite aber ist der eigentümlichen Spannung Rechnung zu tragen, dass auf der Ebene der Argumentation immer nur Wahrscheinlichkeit erreicht werden kann, auf der Ebene der personalen Zustimmung aber die unbedingte Gewissheit der Person den Glaubenden eigen ist. In dieser Spannungslinie ist der Entwurf einer Zustimmungslehre angesiedelt (Textsammlung: Teil 3), die der Person und ihrer Gewissenhaftigkeit eine durch nichts zu ersetzende Bedeutung einräumt. Wie sehr in diesen persönlichen Zugängen die Suche nach dem geschichtlich vorgegebenen Christentum wirksam wird, hat Georg Müller herausgearbeitet. Dabei wird das Vorgegebene immer auch wieder neu entdeckt und unter den Bedingungen der geschichtlichen Situation erschlossen.[17]

Ein Schwerpunkt der Forschung lag immer auf der Auseinandersetzung Newmans mit dem Ersten Vatikanischen Konzil und seiner Erklärung der Unfehlbarkeit des Römischen Bischofs, sowie der Rezeption Newmans in jener Gruppe, die »Modernisten« genannt worden sind. Seine minimalistische Interpretation des Konzils, die er auch gegen den Erzbischof von Westminster/London seiner Zeit, Henry Edward Kardinal Manning, verteidigte[18], darf ebenso in einer Deutung seiner Gestalt nicht fehlen, wie

15 Koritensky, Andreas, John Henry Newmans Theorie der religiösen Erkenntnis. Stuttgart u.a. 2011 (Münchener philosophische Studien, N.F. 31). In jüngster Zeit hat er eine eigenständige religionsphilosophische Erkenntnistheorie vorgelegt: Glaube, Vernunft und Charakter. Virtue Epistemology als religionsphilosophische Erkenntnistheorie. Stuttgart u.a. 2017 (Münchener philosophische Studien N.F., 33).

16 Einen bemerkenswerten Vergleich zum Gründer der »Schönstatt-Bewegung« bei: Amberger, Otto, Modelle subjektiver Glaubenserkenntnis bei John Henry Newman und Joseph Kentenich. Darstellung und vergleichende Diskussion. Vallendar-Schönstatt 1994.

17 Müller, Georg, Die unsichtbare Welt. Der Anspruch des Christentums im Leben und Denken von John Henry Newman. Trier 2009 (Trierer theologische Studien, 73).

18 Neben der klassischen Arbeit von Wolfgang Klausnitzer (Päpstliche Unfehlbarkeit bei Newman und Döllinger. Innsbruck – Wien 1980, Innsbrucker theologische Studien, 6) sei auf die Vergleichsstudie von Adrian Lüchinger verwiesen: Lüchinger, Adrian, Päpstliche Unfehlbarkeit bei Henry Edward Manning und John Henry Newman. Freiburg, Schweiz 2010 (Ökumenische Beihefte zur Freiburger Zeitschrift für Philosophie und Theologie, 40). Im Antagonismus dieser beiden englischen Kardinäle sieht der Autor jene Problematik vorgebildet, die als die beiden Ekklesiologien von Antonio Acerbi in Lumen Gentium diagnostiziert worden sind. Mit Pottmeyer sieht er eine Lösung in der, schon bei Newman zu findenden, konstitutiven Anerkennung des Glaubenscharismas der Glaubenden in der Kirche. Dies aber würde bedeuten, eine

sein Eintreten für die Entwicklung der Lehre und die Bedeutung des Subjekts und der Erfahrung in der Theologie, wie sie auch von den oftmals verurteilten Modernisten aufgegriffen worden ist.[19] In allen diesen theologischen Spannungen, die immer auch Konflikte in der Kirche und den Kirchen repräsentieren, fasziniert immer wieder neu seine »Sorgfalt des Denkens«[20], die den berechtigten Anliegen der einzelnen Gruppen gerecht zu werden vermag, ohne auf eine profilierte Orientierung zu verzichten. Dass die sogenannten Ultramontanisten meinten, dass durch die Erklärung der Unfehlbarkeit des Papstes das Dogma über die Geschichte gesiegt hätte, weil dadurch das eschatologisch-endgültige Wissen Gottes durch das Lehramt der Kirche in der Zeit vorgelegt werden könnte, widerspricht radikal der grundlegenden Überzeugung Newmans. Die pilgernde Kirche bleibt in der Geschichte auf dem Weg zur Vollendung, in Schatten und Bildern. Der einzige Ort, in dem sich die Vollendung für den einzelnen zeichenhaft zu ereignen vermag, ist die Unmittelbar zu Gott im Spruch des Gewissens und, wie Paulus im ersten Korintherbrief (Kap. 13) schreibt, in Handlungen wirklich selbstloser Liebe.

Im Blick auf die vorliegende Textsammlung muss noch ein Thema hervorgehoben werden: Newmans Bemühungen um die angemessene Bildung im Kontext der sich entwickelnden Wissenschaftsgesellschaft (Textsammlung: Teil 2).[21] Günter Biemer hat die Bedeutung der Bildung für die reli-

ausschließlich hierarchologisch orientierte Ekklesiologie in eine wirkliche »Communio-Ekklesiologie« auch kirchenrechtlich weiter zu entwickeln (ebd., 340–345).

19 Dieses Thema, das die Newman-Rezeption von Anfang an deshalb begleitete, weil der englische Kardinal von den Päpsten selbst von diesem Vorwurf in Schutz genommen werden musste, ist in der Deutschen Newman-Gesellschaft neu aufgearbeitet worden: Jenkins, Philipp (Hg.), John Henry Newman and Modernism. Sigmaringendorf 1990 (Internationale Cardinal Newman Studien, XIV). Die dazu gehörende Problematik von Entwicklung und Kontinuität prägt noch die Veröffentlichung einer Akademie-Tagung in Mainz anlässlich der Seligsprechung 2010: Nichtweiß, Barbara (Hg.), Im Wandel treu. John Henry Kardinal Newman. Unter Mitarbeit von Hanna-Barbara Gerl-Falkovitz, Karl Lehmann und Marius Reiser. Mainz 2011. Durch die Bandbreite der Sicht Newmans, die immer an der Weite der Kirchenväter Maß nimmt, erweist er sich tatsächlich als »Kirchenlehrer der Moderne« (Arnold, Claus [Hg.], John Henry Newman. Kirchenlehrer der Moderne. Freiburg im Breisgau 2009). Eine neuere Studie widmet sich ausdrücklich der Beziehung zu einem Freund von Ignaz Döllinger, Lord Acton: Zoll, Wolfgang, Die Wahrheit ist die Tochter der Zeit. Zu John Henry Newmans und Lord John Actons Umgang mit der Geschichte und zur geschichtsphilosophischen Bedeutung der Newman´schen Erkenntnistheorie. Zugleich ein Beitrag zum Verständnis von Person und Biographie Newmans. Frankfurt am Main 2003 (Europäische Hochschulschriften, Reihe 23, Theologie).

20 Unter diesem Titel wurden verschiedenen Beiträge aus der Newman-Gesellschaft veröffentlicht: Siebenrock, Roman / Tolksdorf, Wilhelm (Hg.), Sorgfalt des Denkens. Wege des Glaubens im Spiegel von Bildung und Wissenschaft. Ein Gespräch mit John Henry Newman. Frankfurt am Main 2006 (Internationale Cardinal-Newman-Studien, 19).

21 Siehe zu Newmans Universitätsidee und der Bedeutung der Theologie für die Integrität einer Universität: Siebenrock, Roman A., Anwältin der Transzendenz. Theologie innerhalb der Universität nach John Henry Newman. In: Alexander Gießen / Josef Gründel / Melanie Helm /

giöse Entwicklung nachdrücklich hervorgehoben, weil nach Newman das Christentum eine »learned religion«, eine Religion in und durch einen Lernprozess, ist.[22] Eindrücklich hat Biemer zudem bezeugt, wie ihm selbst Newman ein lebenslanger treuer Begleiter war.[23]
Drei Entwicklungen aus der jüngeren deutschsprachigen Diskussion um die Bedeutung John Henry Newmans sind es wert noch eigens erwähnt zu werden. Der evangelische Theologe Johannes Schwanke hat eine einzigartige Studie zur Konversion Newmans aus protestantischer Sicht vorgelegt.[24] Auf der einen Seite hebt er hervor, wie Newman auf seiner Suche nach einem verlässlichem Fundament des Glaubens nach dem Ende der gesellschaftlichen Einheit von Konfession und Staat die verschiedensten christlichen Traditionen durchzieht und integriert. Newmans ökumenische Bedeutung ist durch diese biographisch verankerte Suche begründet, wie er sie selbst in seiner berühmten »Apologia pro vita sua« (Textsammlung: Teil 1, I) bezeugt. Auf der anderen Seite wirft Schwanke ein, dass Newman mit seiner Konversion einen Fremdkörper aus reformatorisch-calvinistischer Tradition in die römische Tradition eingeschleust habe: den »consensus fidelium« und die Lehre vom dreifachen Amt Christi in der Taufe. Dass das Zweite Vatikanische Konzil mit seiner Aufnahme beider Lehrstücke nur eine erste Stufe auf dem Weg zur Integration bedeuten kann, scheint mir sehr bedenkenswert zu sein. Die heutige Debatte um die notwendige Reform unserer Kirche dreht sich, wenn auch nicht immer ausdrücklich, genau um die Frage, wie diese beiden Orientierungen in das Gesamtgefüge der Kirche aufgenommen werden können. Damit hängt auch die Frage zusammen, welche Bedeutung das Gewissen des einzelnen in der Bezeugung des Glaubens gewinnt. Dient es nur zur Umsetzung der Lehre des kirchlichen Lehramtes in das persönliche Leben[25], oder kommt ihm auch eine eigen-

Andreas Hölscher / Bernd Elmar Koziel (Hg.), Fußnoten zu Prof. Dr. Wolfgang Klausnitzer. München 2010, 141–165.

22 Biemer, Günter, John Henry Newman über Katechese in einer pluralistischen Gesellschaft. In: Günter Biemer / Bernd Trocholepczy (Hg.), Realisation – Verwirklichung und Wirkungsgeschichte. Studien zur Grundlegung der Praktischen Theologie nach John Henry Newman. Mit einem Beitrag zu seinem Einfluss auf Sophie Scholl und die »Weiße Rose« sowie theologischen Beiträgen zur politischen und pädagogischen Praxis. Frankfurt am Main u.a. 2010 (Internationale Cardinal-Newman-Studien, XX), 327–340.

23 Leben mit Gedanken John Henry Newmans, ebd., 345–349.

24 John Henry Newmans Konversion. Sein Weg zur katholischen Kirche aus protestantischer Perspektive. Berlin 2011 (Theologische Bibliothek Töpelmann, 150).

25 In diese Richtung zielt die Newman-Interpretation von Herman Geissler (Gewissen und Wahrheit bei John Henry Kardinal Newman. 2., überarb. Auflage, Frankfurt am Main 1995 (Theologie im Übergang, 12). Diese Interpretation stützt die gängige Interpretation des Lehrstücks von Johannes Paul II. in »Veritatis splendor« (Nr. 54–64). Dass eine alternative Inter-

ständige theologische Würde zu, die im Krisenfall auch dazu berechtigt, gegen die aktuelle allgemeine Lehrtradition, wie die Biographie Newmans vor und nach dem Ersten Vatikanischen Konzil eindrucksvoll zeigt, auch einen Nicht-Konsens zu begründen? Newman jedenfalls war überzeugt, dass die Unfehlbarkeit der Kirche in den arianischen Auseinandersetzungen weder beim bischöflichen Amt noch in den Schulen der Theologie, sondern im gelebten Glauben der einfachen Glaubenden bezeugt war. Es ist daher nicht seltsam, wenn er eine Art »balance of power« in seinem letzten ekklesiologischen Beitrag entwickelt (Textsammlung: Teil 5, III). Die grundlegenden Ämter (»offices«) der Kirche seien Theologie, bischöfliches Amt und religiöser Sinn. Dass die Kirche in seiner Zeit kein adäquates Bild bietet, liegt nach Newman daran, dass das bischöfliche Amt die Oberhoheit über die anderen Ämter zu erringen trachtet. Deshalb steht dieses Amt in der Gefahr, die Tugend der integrierenden Leitung in das Laster der Tyrannei zu pervertieren. Der Kirche ginge es dann am besten, wenn in wechselseitiger Anerkennung kein Amt über das andere die Oberhoheit zu erringen sucht, sondern sie sich wechselseitig in ihrer Eigenart stützten und so die immanenten Laster vermeidet. Denn jedes Amt habe seine Stärke und sein Laster: die Theologie neigt zum Rationalismus und der religiöse Sinn zum Aberglauben.[26]

Erstmals ist in der Geschichte der deutschsprachigen Newmanforschung hat Jakob Knab die inspirierende Kraft Newmans auf den studentischen Widerstand in München während des Zweiten Weltkriegs herausgearbeitet.[27] Die »Weiße Rose« wurde im Einflussbereich der verbotenen Zeitschrift »Hochland« und dessen Herausgebers Carl Muth von Theodor

pretation des Gewissens nach John Henry Newman möglich ist, die mit den Orientierungen von Papst Franziskus (z.B. »Amoris laetita«) harmoniert, ist vielfältig dokumentiert in: Biemer, Günter (Hg.), Sinnsuche und Lebenswenden. Gewissen als Praxis nach John Henry Newman. Frankfurt am Main 1998 (Internationale Cardinal-Newman-Studien, 16). Das Ringen um die rechte Sicht der Beziehung zwischen Gewissen, Wahrheit, Freiheit und Lehramt der Kirche ist von der Schwäche geprägt, dass kaum reale Konflikte aufgearbeitet werden. Dann wird mit Recht von der Gefahr des irrenden Gewissens gesprochen, aber die Möglichkeit und geschichtliche Tatsächlichkeit des irrenden Lehramtes nie in Erwägung gezogen. Im Blick auf John Henry Newman ist deshalb seine Theologie des Gewissens mit seiner lebensgeschichtlichen Praxis in Beziehung zu setzen, die einerseits schon in seiner anglikanischen Zeit einen selbstverständlichen Gehorsam gegenüber seinem Bischof kennt, aber andererseits sich seine eigenständige Verantwortung, die oftmals in Widerspruch zur gängigen Praxis stand, dadurch nicht absprechen ließ.

26 Siehe dazu die Dissertation unter der Leitung von Günter Biemer: Schuster, Raymund, Das kirchliche Amt bei John Henry Newman. Eine historisch-systematische Untersuchung der Genese seines Priesterbildes im Kontext. Frankfurt am Main 1995 (Europäische Hochschulschriften, 526).

27 Siehe die Sammlung: Bald, Detlef / Knab, Jakob (Hg.), Die Stärkeren im Geiste. Zum christlichen Widerstand der Weißen Rose. Essen 2012.

Haecker, dem bedeutenden Newman-Übersetzer der 20er Jahre, der in dieser Zeit Schreib- und Redeverbot hinnehmen musste und 1945 verstarb, mit dem Denken Newmans vertraut gemacht. In manchen Texten dieser Gruppe findet sich ein Echo der Gewissenslehre von John Henry Newman. Auch klingt deutlich in einem Flugblatt die Rede vom Anti-Christen an.[28] Sophie Scholl hatte ihrem Verlobten Oberleutnant Hartmut Hartnagel beim letzten Treffen zwei Predigtbände von Newman geschenkt. Mit seiner jüngsten Biographie zu Hans Scholl hat er den christlichen Hintergrund dieser Gruppe überzeugend verdeutlicht.[29]

Einem vernachlässigten Thema der Newmanforschung hat sich Thomas Möllenbeck in seiner Habilitationsschrift zugewandt.[30] Er untersucht das bislang noch nicht übersetzte Werk Newmans zur Rechtfertigungslehre in der Auseinandersetzung mit Luther und Augustinus. Im Kontext der Begründung der anglikanischen Kirche als »Via media« grenzt sich Newman einerseits von der Vorstellung ab, dass jemand durch seine eigene Erfahrung gerechtfertigt sein könnte. Die Rechtfertigung ist im Heiligen Geist durch die Tat Christi vorgegeben. Dieser selbstverständlichen Annahme interpretiert Newman vor allem auf die Auferstehung und Himmelfahrt Christi hin. Dennoch kann die persönliche Glaubenserfahrung ein bestimmtes Licht auf diese Grundlegung werfen, die für den einzelnen von großer Bedeutung werden kann. Auch in diesem Themenbereich ist das Grundanliegen Newmans zu erkennen: den theologischen Liberalismus, den er als theologischen Subjektivismus interpretiert, bekämpfen, ohne die Bedeutung der Glaubenserfahrung der Person zu vernachlässigen. In ähnlicher Weise interpretiert Newman auch das Verhältnis von Schrift und persönlicher Glaubenserfahrung. Es sei darauf zu achten, nicht mit unseren Perspektiven, die Schrift auszulegen, sondern die Schrift als Fundament des Glaubens und der christlichen Existenz her anzuerkennen. Dies ist aber nur möglich, wenn möglichst geringe hermeneutische Voraussetzungen an die Schrift herangetragen werden. Dass Newman den theologischen Individualismus mit Martin Luther in Verbindung bringt, ist nicht nur der Debatte seiner Zeit geschuldet, sondern basiert auch auf

28 Knab, Jakob, »Wir schweigen nicht, wir sind euer böses Gewissen …«. Die Newman-Rezeption der »Weißen Rose« und ihre Wirkungsgeschichte. In: Günter Biemer / Bernd Trocholepczy (Hg.), Realisation – Verwirklichung und Wirkungsgeschichte. Studien zur Grundlegung der Praktischen Theologie nach John Henry Newman. Mit einem Beitrag zu seinem Einfluss auf Sophie Scholl und die »Weiße Rose« sowie theologischen Beiträgen zur politischen und pädagogischen Praxis. Frankfurt am Main u.a. 2010 (Internationale Cardinal-Newman-Studien, XX).

29 Knab, Jakob, Ich schweige nicht. Hans Scholl und die Weiße Rose. Darmstadt 2018.

30 Möllenbeck, Thomas, Gerechtfertigt durch Erfahrung? John Henry Newmans conversion narratives und die Rolle von Luther und Augustinus in seiner Rechtfertigungslehre. Paderborn u.a. 2017.

einer enormen Bandbreite möglicher Interpretationen des deutschen Reformators.

Mit dieser ersten Orientierung in der Newmandiskussion der letzten Jahre im deutschen Sprachraum können natürlich nicht alle Aspekte dieser Persönlichkeit angesprochen werden, die schon oft als ein Kirchenvater der Neuzeit und geheimer Peritus des Zweiten Vatikanischen Konzils bezeichnet worden ist. Schon in der vorliegenden Textsammlung werden Perlen und Schätze zu finden sein, die zu Nahrung und Orientierung auf dem Weg des Glaubens heute werden. Schwierigkeiten sind nach Newman auf dem Weg des Glaubens normal. Dies beginnt mit der Frage nach Gott. Diese aber ist real nur mit der eigenen Person zu beantworten. Weil aber diese Wirklichkeit gesucht werden will, lädt diese Textsammlung zu einer eigenen Suche ein. Für unzählige Menschen ist auf diesem Weg Newmans Gedicht »Die Feuersäule« zum Herzensgebet geworden (Textsammlung: Teil 6, V): »Lead kindly light ...«. Wenn die Texte dieser Sammlung Sie dazu ermutigen und befähigen, dieses »sanfte Licht« auch in Ihnen selbst zu entdecken und ihm auf Ihrer Weise zu folgen, dann hat die Erinnerung an den englischen Theologen und Kardinal ihr einzig berechtigtes Ziel erreicht. Denn John Henry Newman war zwar anglikanischer Priester, Mitgründer der Erneuerung der Anglikanischen Kirche in der Oxford-Bewegung, Kirchenlehrer der Moderne, Gründer des englischen Oratoriums und römisch-katholischer Kardinal, das war er auch; doch, wie es auf der Erinnerungstafel in seiner Kardinalskirche »San Giorgio in Velabro« in Rom so treffend heißt: Er war »sed ante omnia christianus / aber vor allem ein Christ«. Und alle Christgläubigen ergeht der Ruf in die eigene Sendung, in der sich die eigene Form der Heiligkeit ausbildet.[31]

31 Textsammlung: Teil 6, III. Zur christlichen Heiligkeit nach Newman siehe: Biemer, Günter / Fries, Heinrich, Christliche Heiligkeit als Lehre und Praxis nach John Henry Newman. Newman's teaching on Christian holiness. Sigmaringendorf 1988 (Internationale Cardinal-Newman-Studien, 12).

GÜNTER BIEMER: 1929–2019
Ein Nachruf

Gabriele Niekamp

Günter Biemer war kein Freund von Nachrufen. Dennoch stehe ich jetzt hier und werde versuchen ihn als unseren Lehrer zu würdigen, der uns über Jahrzehnte hinweg sein weites und tiefes Wissen mitgeteilt hat; mehr noch: der sein eigenes Fragen und Weiterfragen, seine Suche nach tragfähigen Antworten, sein Verstehen-Wollen dessen, was sich hinter dem Vordergründigen verbirgt, mit uns geteilt und uns einbezogen hat, kurz: der sich uns als ein lebenslang Lernender gezeigt hat.
Wenn ich an meine ersten Kontakte mit Günter Biemer am religionspädagogischen Seminar Mitte der 70er Jahre zurückdenke, dann sehe ich ihn vor mir als den einzigen Professor, der in weißen Jeans in den Hörsaal trat und im Sommer durchaus im Polohemd seine Vorlesung hielt. Dazu passt auch, dass er in einer Zeit, als man Professoren fast durchweg als »Herr Professor« ansprach, für viele einfach Herr Biemer war.

Woher kam das?

Ein erstes Antwortelement finde ich in seiner Schulzeit. Er hat mir oft von seinen prägenden Lehrern an der Albert-Magnus-Schule erzählt, wo er 1949 das Abitur ablegte. Nach den Schreckensjahren des Krieges waren diese Lehrer, allen voran der Rektor Edmund Riess, mit dem er seine Mitarbeiter später in Kontakt brachte, bestrebt, ihren Schülerinnen und Schülern die Welt zu öffnen und ihnen nach den Jahren der Diktatur die Ideen von Freiheit, Menschlichkeit, Schönheit und Demokratie nahezubringen. Ihr Unterricht und die Führung der Jugendlichen waren von diesen Ideen bestimmt und sie sahen ihr Ziel darin, dass diese selbständig zu denken lernen und zu eigenständigen Menschen heranreifen, damit es nie wieder zu einer solchen Katastrophe kommen würde. Diesen Lehrern war Günter Biemer bis ins hohe Alter dankbar.
Durch sie – ihre Inhalte, aber mehr noch durch ihr konkretes Interesse an ihren Schülern – wurde grundgelegt, dass Freiheit und Mündigkeit des Menschen zu tragenden Säulen seines Umgangs mit den Menschen wurden. Die biblische Botschaft vom befreienden Handeln Gottes an den Menschen, die er als Theologiestudent von Alfons Deissler und Anton

Vögtle vermittelt bekam, gab dieser Grundausrichtung die theologische Basis. Bestärkt wurde diese Achtung vor der Freiheit eines jeden Menschen durch die Gewissenslehre John Henry Newmans. Die Einsicht Newmans, dass jeder Mensch einen Kompass in sich trägt, der ihn befähigt, selbst zwischen Gut und Böse zu entscheiden und damit Verantwortung für sich selbst und für andere zu übernehmen, wurde zu einem bestimmenden Merkmal des Menschenbildes Günter Biemers. Die Achtung vor der Gewissensfreiheit war für ihn auch zentral im Umgang mit Jugendlichen und jungen Erwachsenen. Das schlug sich in der Art und Weise nieder, wie er ihnen begegnete, mit ihnen sprach, ihre Meinung hören wollte und sich intensiv mit ihnen auseinandersetzte.

Auf den Prüfstand kam der hohe Stellenwert der Freiheit, als sich in seiner Tübinger Zeit die Studentenunruhen Bahn brachen und im Namen der Freiheit eine andere Gesellschaft eingefordert wurde. Dass hier Veränderungen anstanden, deren Ausmaß keiner absehen konnte, hat auch ihn verunsichert, aber er hat in diesem Wunsch nach mehr Freiheit und einer offeneren Gesellschaft vor allem eine Chance gesehen. In seiner Disziplin, der Religionspädagogik, machte er sich – mit anderen – auf die Suche nach neuen Konzeptionen von Religionsunterricht und Katechese, die den Entwicklungen in der Gesellschaft Rechnung tragen sollten. Es musste darum gehen, den Menschen als Wesen der Freiheit zu begreifen und ihn zu befähigen, frei Ja zu sagen zu Gott und seinem Heilsangebot in Jesus Christus und in dieser Freiheit das eigene Leben verantwortungsvoll zu gestalten.

In dem Bändchen »Zäsur«, herausgegeben von der Akademie der Diözese Rottenburg-Stuttgart, hat er 1997 in seinem Aufsatz »Glauben lernen zwischen zunehmender Theorie und abnehmender Praxis. Vierzig Jahre erlebte Religionspädagogik« die gemischte Bilanz dieser Suche aufgezeichnet. Und dieser Trend ist danach ja ungebrochen weitergegangen. Dennoch hat er sich – bis zuletzt – für meine eigenen Anstrengungen als Religionslehrerin unermüdlich und impulsgebend interessiert, weil er absolut davon überzeugt war, dass jeder Mensch eine religiöse Begabung in sich hat und auch das Recht hat, in einer Welt – scheinbar ›ohne Gott‹ – von dem grandiosen (Heils-)Angebot Gottes an uns Menschen zu erfahren!

Ob dieses Angebot Gottes Gehör findet, ob es glaubwürdig klingt und vielleicht weiter auf seine Tragfähigkeit geprüft wird, das hängt jedenfalls auch vom Lehrenden ab. Was in der Jugendarbeit »personales Angebot« genannt wird, das spielt in jeder Form des religionspädagogischen Handelns eine bedeutende Rolle, davon war Günter Biemer überzeugt. Also auch in der wissenschaftlichen Ausbildung zukünftiger Priester, PastoralreferentInnen und LehrerInnen.

So hat Günter Biemer im universitären Betrieb immer wieder Formen und Methoden des Lehrens gewählt, wo er sich als Person ins Spiel gebracht und zur Verfügung gestellt hat. Seine Seminare waren nicht denkbar ohne das Hüttenwochenende am Anfang des Semesters. In einer besonderen Atmosphäre abseits der Stadt wurde in das Thema der Lehrveranstaltung umfassend eingeführt und es wurden die Einzelthemen festgelegt und zugeordnet. Für Günter Biemer lag der Sinn dieser zeit- und kraftaufwändigen Veranstaltung darin, dass so jede/r TeilnehmerIn von Anfang an in die Planung mit eingebunden und für den Ertrag des Semesters mitverantwortlich war! Die Seminarsitzungen dauerten nicht zwei, sondern drei Stunden, damit genug Zeit war für methodische Vielfalt und eine ausführliche Besprechung der Inhalte und Methoden. Hier durfte kreativ gearbeitet und experimentiert werden, natürlich mit anschließender Reflexion! Wer sich auf ein solches Seminar einließ, lernte nicht nur viel über ein Thema, sondern erfuhr dabei auch viel über sich selbst und gewann wertvolle Einsichten für seine Berufswahl!

Zur Belohnung stand am Ende des Semesters meist eine Abschlussfete mit Essen, Trinken, Musik und Tänzen. – Dass er als Gymnasiast ein begeisterter Tänzer in den Tanzkursen seiner Mannheimer Pfarrei war, habe ich erst viel später erfahren.

Seinen Doktoranden sind die Doktorandenkolloquien unvergessen, die zweimal im Semester in St. Peter, seiner früheren Wirkungsstätte als Dozent, stattfanden. Es war für die meisten nicht stressfrei, wenn man ›dran‹ war, aber sowohl die Rückmeldungen zum eigenen Beitrag als auch die Teilhabe an den Fortschritten der anderen Teilnehmer wirkten ungeheuer motivierend. Günter Biemer hat unermüdlich das Werden der Dissertationen und Habilitationen begleitet, hat sich jederzeit zur Verfügung gestellt – und war natürlich glücklich, wenn die Arbeit erfolgreich abgeschlossen wurde.

Seine Hilfskräfte haben erlebt, wie er ihnen Bücher in die Hand drückte, die zur Ansicht gekommen waren, um bei einer Besprechung dieses Buch kritisch vorzustellen. Bei der Vorbereitung und Durchführung der zwei Freiburger Newmankongresse (1978 und 1987) waren Hilfskräfte ebenso beteiligt wie an dem »Judentumsprojekt«, das von 1977 bis1982 seine ganzen Kräfte band. Jeweils hat er großes Vertrauen in seine MitarbeiterInnen gesetzt und diese dadurch zu besonderen Leistungen angespornt. Ich denke, dass dies die beste Weise der Förderung von Studierenden ist, wenn sie wissenschaftliche Forschung und wissenschaftlichen Austausch hautnah miterleben können. Erwähnen möchte ich auch, wie er für Studierende da war, wenn sie eine Krise erlebten. Oft hat er zur Feder gegriffen und in einem Brief sein Mitfühlen ausgedrückt, aber auch vorsichtig

den größeren Horizont, Gott als das »Geheimnis unseres Lebens« in diese Krise hinein zur Sprache gebracht. – Er selbst hat diesem »Geheimnis seines Lebens« auch in zahlreichen Gedichten nachgesonnen. Einige sind in den »Anstiftungen« und den Folgebändchen nachlesbar. Hier trug der Deutschunterricht seiner Gymnasialzeit Früchte, wo er u.a. Hölderlin-Gedichte nicht nur kennenlernte, sondern auch auswendig lernte.
Aber nicht nur der Schönheit der Poesie war er zugetan, sondern auch der bildenden Kunst. Sein Schüler Gerhard Rummel formulierte es so: Bilder als »Fenster« zu der größeren Wirklichkeit begreifen, an die Sprache nicht herankommen kann – das verdanke er Günter Biemer. Neben seinem Mannheimer Jugendfreund Walter Stallwitz ist hier besonders Roland Peter Litzenburger zu erwähnen. Den religiösen Gehalt seiner Bilder hat Günter Biemer einem breiteren Publikum in Vorträgen und Ausätzen zu erschließen versucht, obwohl – oder gerade weil – er sich dessen bewusst war, dass die Weite der Bilder nur schwer in Worte gefasst werden kann.
Wenn er in seinem Gedicht »Lebenslauf im Glauben« seinen Glauben formuliert, »Dass das Leben eine offene Parabel bleibt«, und dann am Ende diese Formulierung nochmals aufgreift und weiterführt, »Bis der Himmel sie rundet – Und schließt« –, dann hat er selber am besten in Worte gefasst, was auch sein Selbstverständnis als Lehrer ausmachte. Er begriff jedes Leben als eine offene Parabel mit dem Recht auf den je eigenen Lebensweg – und von da aus definierte er seine Aufgabe als Lehrer der Theologie und Begleiter der Lernprozesse – getragen von der Hoffnung, dass der Himmel selber die offene Parabel am Ende rundet.
Bei seiner letzten Reise zu den Wirkungsstätten John Henry Newmans im Jahre 2014 sagte Günter Biemer in Littlemore, wo Newman 1845 Katholik wurde, fast auf den Tag genau 150 Jahre nach der Veröffentlichung der »Apologia Pro Vita Sua« in seiner Predigt, dass wir in dem Seligen John Henry Newman »einem Menschen begegnen, in dessen Gesicht – oder Herz – oder seinem Äußeren und seinem Inneren, seinem Lebenslauf und seinem Sterben und Auferstehen – Gott sichtbar wird in unverhoffter Weise.« – Günter Biemer würde sicher nicht wollen, dass man das genauso von ihm sagt. Aber dass sein Leben tief durchdrungen war von der Menschenfreundlichkeit Gottes und dass diese an seinem Reden und Tun ablesbar wurde, das wage ich uneingeschränkt zu sagen.
Dafür danke ich ihm und nehme es als Verpflichtung, meinerseits Spuren dieser Menschenfreundlichkeit Gottes in meiner kleinen Welt zu erspüren und sie – mit meinen eigenen Möglichkeiten – für andere aufscheinen zu lassen.

VORWORT

Newman wurde als der Augustinus der Gegenwart, der Kirchenvater der Neuzeit, bezeichnet. Noch ehe sein über achtzig Bände umfassendes Werk vollständig herausgegeben ist, kann man sagen, daß er eines der größten Oeuvres überhaupt unter Theologen geschaffen und hinterlassen hat. Er hat grundlegende Beiträge zur Erkenntnistheorie, zur Bildungstheorie, zur Psychologie des Glaubens, zur Theologiegeschichte und insbesondere zur Theologie verfaßt. Seine Arbeiten bezeugen eine extensive und lebendige Kenntnis der Heiligen Schrift und der Lehre der Kirchenväter. Wichtige Monographien über theologische Themen behandeln die Theorie der Wunder (1826 und 1843), die Ämter der Kirche (1837 und 1877), die Lehre von der Rechtfertigung (1838), die Entwicklung der christlichen Lehre (1874), die Inspiration der Heiligen Schrift (1884; 1967; 1979).

Seine Predigtbände und Reden sind an Zahl nicht geringer als die wissenschaftlich-theologischen Werke. In beiden geht es ihm um das Hauptthema des Christentums der Gegenwart: die Frage, wie sich Glauben in der Welt der Naturwissenschaft und Technik als legitim ausweisen und besonders wie sich Glauben in dieser Welt verwirklichen läßt (realize). Die Schärfe der Argumentation und die Radikalität des geistlichen Engagements halten sich in Newmans Denken und Handeln die Balance. Das zeigt auch die über dreißig Bände umfassende Ausgabe seiner Briefe und Tagebücher, die fast vollständig vorliegt. Seine Korrespondenz erlaubt ebenso Einblicke in die Art der pastoralen Konsultation wie in die ganz persönlichen Lebens- und Glaubensprozesse, die sich darin abzeichnen. Neben seinen autobiographischen Schriften (Apologia 1864; Selbstbiographische Schriften 1955) erlauben besonders seine »Gebete und Betrachtungen« (1893) einen unmittelbaren Zugang zu seiner spirituellen Struktur, ebenso die Predigten, die keineswegs schon alle veröffentlicht sind. Fragt man nach dem wichtigsten Beitrag Newmans überhaupt, so lautet die Antwort: seine eigene Persönlichkeit mit der außergewöhnlichen Biographie, die in Erfolgen und Leiden, in Frömmigkeit, Treue und Kritik während neun Jahrzehnten den Glanz eines insgesamt doch gelungenen Lebens ausstrahlt. Seine betroffen machende Suche nach der Wahrheit und Heiligkeit wirken auf jeden Menschen faszinierend, der sich ihm nähert. Heute scheint seine Seligsprechung nur noch eine Frage der Zeit zu sein.

Ein Newman-Lesebuch
zu schaffen, hat mehrere Gründe. Das Gesamtwerk Newmans ist zu groß, als daß man erwarten könnte, daß es von vielen ganz gelesen wird. Und doch zeigt der Inhalt seiner Arbeiten, daß er gerade für die

Theologen der Gegenwart und auch für die gebildeten Laien in der Kirche Zusammenhänge erschließt und Wege zeigt, die für die Glaubensgeschichte der Kirche heute außergewöhnlich wertvoll sind. Darum wurden auch immer wieder zu Recht und mit Erfolg Anthologien oder Auswahlausgaben publiziert. Der vorliegende Reader unterscheidet sich davon durch Umfang, Auswahlprinzip und Aufbau.

Die Auswahl dieses Bandes wurde nach zwei sich ergänzenden Intentionen getroffen: Newmans *Grundgedanken* sollen in ihrer authentischen Darstellung vermittelt werden, und die Wiedergabe größerer Passagen aus seinen *Hauptwerken* soll einen Einblick in die Struktur seines Werkes geben. — Auf ausgewählte Texte seiner autobiographischen Schriften, die seine eigene *journey of faith*, seine eigene Lebensreise im Glauben, dokumentieren (Teil 1), folgt die Entfaltung seiner Gedanken über Bildung und Erziehung, die dem »Erlangen der Wahrheit« dienen, und dies mit unverzichtbaren Postulaten an die sittliche Integrität des Menschen (Teil 2). Die Grundstruktur des Glaubensaktes in seinen Zusammenhängen psychologischer, erkenntnistheoretischer und theologischer Elemente erschließen Texte unter der Überschrift »Gewißheit, Gewissen und Glaube« (Teil 3). — Von der lebendigen Erkenntnis des Einen und Dreifaltigen Gottes, von seiner Offenbarung an die Menschen, von Jesus Christus als dem lebendigen »Prinzip der Bekehrung« und der Gemeinschaft der Kirche sprechen die Texte im 4. Teil. Die Gemeinschaft des Glaubens, die Kirche, wird besonders nach der Bedeutung ihrer Ämter, der Rolle der Laien, der Bedeutung für die Überlieferung der Offenbarung dargestellt, wobei unter anderem die Spannung zwischen dem unfehlbaren Lehramt und dem Gewissen des einzelnen Gläubigen ausführlich erörtert wird (Teil 5). — Wenn die Grundstruktur des Christlichen in der Erfassung Newmans inkarnatorisch ist, so wird sie dem einzelnen Christen durch die Sakramente vermittelt, und der so in das Heilsgeschehen und in die Heilsgeschichte Einbezogene, »Einverleibte«, soll durch das »persönliche Zeugnis« (Teil 6) seines Lebens die »Wagnisse des Glaubens« verwirklichen, in der Spur der Heiligen, insbesondere Mariens gehen, das Aufgebot derer verkörpern, die »harren auf Christus«.

Um den Kontext der ausgewählten Texte in der Biographie und in der Gedankenentfaltung Newmans zu finden, geht der Textauswahl eine »Einführung in Newmans Lebens- und Gedankenwelt« voraus. Sie wurde von dem englischen Newman-Forscher James Derek Holmes verfaßt.

Ein Auswahlband hat einerseits die Funktion, das ganze Werk in einer repräsentativ gültigen, exemplarischen Weise so zugänglich zu machen, daß die grundlegenden Gedanken und ihre formale Struktur, also die Denkbewegung und wichtige daran beteiligte Zeitgenossen, dem Leser faßlich und in Kürze vermittelt werden. Andererseits aber hat ein Auswahlwerk die umgekehrte Funktion, nämlich auf das Gesamtwerk hinzuführen, das es repräsentiert. Deshalb enthält dieser Reader auch eine Übersicht über die wichtigsten deutschen Ausgaben sowie über die Gesamtbibliographie Newmans, die einen Eindruck von seinem gesamten Lebenswerk geben soll. Eine vollständige Kenntnis der überaus komplexen bibliographischen Sachverhalte sowohl über Newmans Werk und seine vielen Ausgaben wie über die nahezu unüberschaubare Newman-Literatur geben die Kardinal-Newman-Studien, in denen Wissenschaftler aus aller Welt seit 1948 ihre Forschungsergebnisse über Newmans Beitrag zu Theologie und Philosophie, Psychologie und Pädagogik usw. austauschen (hg. von Heinrich Fries u. a., Nürnberg 1948ff).

Schließlich sei noch vermerkt, daß aus den deutsch vorliegenden Werken nur solche Anmerkungen übernommen wurden, die den Herausgebern als unbedingt notwendig erschienen. Soweit sie Nachweise von Bibelstellen oder Zitaten aus der Weltliteratur enthielten, wurden diese in [ ] Klammern in den Text eingefügt.

Günter Biemer *James Derek Holmes*

CHRONOLOGIE DES LEBENS VON JOHN HENRY NEWMAN

1801	
21. Februar	In London als erstes von sechs Kindern geboren
9. April	Taufe in der anglikanischen Kirche St. Benet Fink
1808	Privatschule »Great Ealing School« (im Westen Londons)
1809	
1. Mai	Erster Schultag
1816	
8. März	Erster Geschäftsbankrott seines Vaters (Bankgeschäft)
August – Dezember	Weg der ersten Bekehrung
14. Dezember	Immatrikulation im Trinity College, Oxdford
1817	
30. November	Erste Heilige Eucharistie
1818	
4. November	Publikation mit John W. Bowden: »*St. Bartholomew's Eve*«
1820	
8. Dezember	Bacchalaureat (B.A.)
1821	
Mai	»*On the Analogous Nature of the Difficulties in Mathematics and those of Religion*« (in: *The Christian Observer*)
1. November	Zweiter Geschäftsbankrott seines Vaters (Brauerei)
1822	
11. Januar	Entscheidung, die anglikanischen Weihen zu empfangen
12. April	Wahl zum Fellow des Oriel College, Oxford
1. Juli	Whately's Einladung zur Mitarbeit an einem Artikel über Logik (für die *Encyclopaedia Metropolitana*)
1824	
13. Juni	Weihe zum (anglikanischen) Diakon in Christ Church, Oxford
4. Juli	Beginn seines Wirkens als Seelsorger in St. Clement's, Oxford
29. September	Tod des Vaters

1825

26. März	Ernennung zum Vice-Principal von St. Alban's Hall
29. Mai	Weihe zum Priester der Anglikanischen Kirche in Christ Church, Oxford
1825–1826	»*Essay on the Miracles of Scripture*«
1826	Tutor am Oriel-College (Froude und Wilberforce werden Fellows)
1. Mai	Entschluss, die Kirchenväter systematisch zu lesen
1828	
5. Januar	Tod der jüngsten Schwester Mary
2. Februar	Pfarrer von St. Mary's, der Universitätskirche von Oxford
1830	Aufgabe des Tutorenamtes aufgrund prinzipieller Meinungsdifferenzen mit E. Hawkings, dem Provost des Oriel College
1832	»*The Arians of the fourth Century*«
Dezember	bis 1833: Mittelmeerreise mit Richard Hurrel Froude
1833	
19. April	Schwere Erkrankung auf Sizilien
16. Juni	Gedicht »*Lead Kindley Light*« (zwischen Palermo und Marseille)
14. Juli	John Kebles Predigt »*On National Apostasy*«: Beginn der Oxfordbewegung (Traktarianismus)
9. September	Veröffentlichung des ersten »*Tracts for the Times*«
1834	
März	»*Parochial and Plain Sermons*«, Band I
	Beginn der Vorträge über »*The Prophetical Office of the Church*« (1837) und »*Lectures on Justification*« (1838) in der Adam de Brome Kapelle von St. Mary
1835	*Parochial and Plain Sermons*, Band II
1836	*Parochial and Plain Sermons*, Band III
28. Februar	Tod seines Freundes Richard Hurrel Froude
	Bau der Kirche von Littlemore, einer Dorffiliale seiner Pfarrei
17. Mai	Tod der Mutter
1838–1841	Herausgeber von *British Critic*
1939	*Parochial and Plain Sermons*, Band IV

Sommer	Zweifel an der Via media der Anglikanischen Kirche: Dr. N. Wiseman's Artikel über Augustinus und die Donatisten in *The Dublin Review*: »securus judicat orbis terrarum«
1840	*Parochial and Plain Sermons*, Band V
1841	
25. Januar	Veröffentlichung des (letzten) Traktates 90
September	Rückzug nach Littlemore bis Februar 1846
1842	*Parochial and Plain Sermons*, Band VI Zweiter »*Essay on Miracles*«
1843	
Sommer	Zweifel an der Legitimität der Anglikanischen Kirche
18. September	Aufgabe des Pfarramtes von St. Mary's und Littlemore
25. September	Letzte Predigt »*Der Abschied von Freunden*« in Littlemore
1844	Vollendung der »*Select Treaties of St. Athanasius*«
15. September	Tod von John W. Bowden
1845	»*Essay on the Development of Christian Doctrine*«
13. Februar	*Tract 90* endgültig verurteilt
3. Oktober	Rücktritt als Fellow des Oriel College
9. Oktober	Aufnahme Newmans in die römisch-katholische Kirche durch den italienischen Passionistenpater Domenico Barberi
1. November	Firmung in Oscott durch Dr. N. Wiseman
1846	
22. Februar	Umzug von Littlemore nach Maryvale (Old Oscott) bei Birmingham
Sommer	Abfahrt nach Rom zu theologischen Studien bis Dezember 1847
1847	
Januar	Entscheidung, Oratorianer zu werden
30. Mai	Weihe zum katholischen Priester in Rom
1848	
1. Februar	Gründung des ersten englischen Oratoriums in Maryvale, Birmingham Veröffentlichung des Romans *Loss and Gain*
1849	
2. Februar	Umzug des Oratoriums in die Alcester Street, Birmingham

Juni	Gründung des zweiten Oratoriums in London Veröffentlichung der »*Discourses to Mixed Congregations*«
1850	
Sommer	»*Certain Difficulties felt by Anglicans in submitting to the Catholic Church*« (Vortragsreihe in London und Veröffentlichung)
Oktober	Dr. N. Wiseman kündigt die Wiederherstellung der Hierarchie in England an
1851	»*Lectures on the Present Position of Catholics in England*« in Birmingham
5. November	Beginn des Achilli-Prozesses (Ende 1853)
12. November	Ernennung von Papst Pius IX. zum ersten Rektor der Katholischen Universität Irlands
1852	
2. Februar	Umzug des Oratoriums von der Alcester Street in den Stadtteil Edgbaston in Birmingham
10. Mai	Beginn der Universitätsvorträge in Dublin: »*Discourses on the Nature and Scope of University Education*« (»*Idea of a University*«, 1852/1858)
13. Juli	Predigt »*Second Spring*« bei der Ersten Synode der katholischen Bischöfe nach der Wiederherstellung der Hierarchie in England
1853	
22. November	Eröffnung der Oratoriumskirche in Edgbaston
1854	
3. November	Offizielle Eröffnung der Universität in Dublin
1855	
Sommer	Veröffentlichung des Romans *Callista*
Herbst	Probleme mit dem Oratorium in London führen zur organisatorischen Trennung
1857	
März	Resignation als Rektor der Universität Dublin
Juli	Veröffentlichung der »*Sermons preached on Various Occasions*«
August	Dr. N. Wiseman informiert Newman, er solle mit der Herausgabe einer neuen (englischen) Bibelübersetzung beauftragt werden. Dieser Plan wurde jedoch nicht verwirklicht.

1859	
21. März	Redakteur der Zeitschrift *Rambler*, um deren Zensur zu vermeiden Nach seinem Artikel »*On Consulting the Faithful in Matters of Doctrine*« in der Juli-Ausgabe tritt er wegen Häresievorwurf von der Redaktion zurück
2. Mai	Gründung der St. Philipp Grammar School beim Oratorium in Edgbaston
1864	
Januar	Angriff Charles Kingsleys auf die Wahrhaftigkeit des katholischen Klerus
April – Juni	»*Apologia pro vita sua*« als Antwort auf Kingsleys Angriff
1865	
Mai – Juni	Gedicht über das Sterben »*The Dream of Gerontius*« (1900 von Edward Elgar als Oratorium vertont)
1865–1867	Oratoriumsplan in Oxford (Dezember 1866: Erlaubnis von Rom mit geheimem Zusatz: ohne Newman; Newman erfährt davon im Januar 1867)
1866	
Januar	»*A Letter to Pusey on Occasion of his recent Eirenicon*«
1870	
15. März	»*An Essay in aid of a Grammar of Assent*«
Juli	Definition der Unfehlbarkeit und des Jurisdiktionsprimates Plan zu einer Ausgabe seiner Werke (bis zum Tod: 34 Bände)
1871	Veröffentlichung von »*Discussions and Arguments*« und »*Historical Sketches*« (3 Bände)
1875	
14. Januar	»*A Letter to the Duke of Norfolk*« als Antwort auf Gladstones Debatte anlässlich des Unfehlbarkeitsdogmas von 1870
24. Mai	Tod des Freundes Ambrose St. John (1876: Anweisung im Grab seines Freundes begraben zu werden)

1877	Ernennung zum Honorary Fellow des Trinity College, Oxford Neuedition des »*Prophetical Office*« als »*Via Media*« (2 Bände) mit einem Vorwort zu dieser 3. Auflage
1879	
15. März	Offizielle Ankündigung der Erhebung zum Kardinal
12. Mai	»*Biglietto-Speech*« in Rom
15. Mai	Ernennung zum Kardinal (»cor ad cor loquitur«): Empfang des roten Hutes während des öffentlichen Konsistoriums im Vatikan
1881	
Februar	»*Select treatises of St. Athanasius in controversy with the Arians*« (2. Auflage)
1884	Letzte theologische Publikation zur Inspirationslehre: »*What is a Catholic obliged to believe concerning the inspiration of the canonical Scripture?*«
1890	
11. August	Tod Newmans (Epitaph: »Ex umbris et imaginibus in veritatem«; beigesetzt im Grab von Ambrose St. John)
	Wichtige Entwicklungen nach dem Tod
1958	
22. Januar	Eröffnung des Seligsprechungsprozesses
1991	Feststellung des heroischen Tugendgrades (»venerabilis«)
2001	Arvo Pärt: »*Littlemore Tractus*«
2009	
Juli	Unterzeichnung des Dekrets der Seligsprechung durch Papst Benedikt XVI.
2010	
19. September	Seligsprechung in Birmingham durch Papst Benedikt XVI.
2019	
13. Oktober	Heiligsprechung in Rom durch Papst Franziskus

EINFÜHRUNG IN NEWMANS LEBEN UND GEDANKENWELT

Jeder Versuch, die theologischen und philosophischen Schriften John Henry Newmans zu verstehen, sollte damit beginnen, daß man sich seine Einstellung zum *»Liberalismus«* klarmacht. »Newman sah im (theologischen) Liberalismus seiner Tage nicht nur einen Angriff auf die bestehenden sozialen Strukturen und sozialen Werte, sondern auch eine Leugnung der wahren Natur des Menschen, eine Herabsetzung und Einschränkung des menschlichen Geistes... Newman sah zwei miteinander verbundene Gefahren: die der Zerstörung der Religion und damit einer stabilen Gesellschaft und die der Verwahrlosung des Geistes«[1]. In der Rede, die Newman anläßlich der Ernennung zum Kardinal im Jahre 1879 in Rom hielt, beschrieb er als einen Grundzug seines Lebens den Kampf gegen Liberalismus in der Religion, gegen das antidogmatische Prinzip: »Liberalismus in der Religion ist die Lehre, daß es in der Religion keine positive Wahrheit gebe, daß vielmehr *ein* Credo so gut sei wie das andere... Er ist mit jeglicher Anerkennung einer Religion als *wahr* unvereinbar. Er lehrt alles zu tolerieren; denn alles sei eine Sache der Meinung. Geoffenbarte Religion sei keine Wahrheit, sondern eine Sache des Gefühls und des Geschmacks, nicht objektiv, nicht wunderbar; und es sei das Recht jedes Individuums, sie sagen zu lassen, was seine Phantasie gerade beeindruckt. Frömmigkeit sei nicht notwendigerweise auf Glauben gegründet«[2].

Die Bedeutung des Wortes »Liberalismus« hat sich für Newman im Verlauf seines Lebens geändert, wie er selbst bemerkte. Im Bewußtsein der verschiedenen Bedeutungen, in denen der Begriff gebraucht wurde, und der Ironie bewußt, die damit verbunden war, beschrieb Newman 1868 W. Gladstone und sich selbst als »Anti-Liberale«[3]. – Newmans frühe Einstellung in den dreißiger Jahren war gegenüber dem theologischen Liberalismus zweifellos von der Theorie beeinflußt, die sein Freund R. H. Froude (1803 – 1836) vertrat, wonach die Ideen von Immanuel Kant und David Friedrich Strauß die logische Weiterentwicklung von Luthers Gedanken seien[4]. Um 1833 fand die grundlegende Kontroverse statt über die Beziehung zwischen der Kirche von England und dem Staat, um 1864 bezog sich das politische Problem von Kirche und Staat auf die zeitliche Macht des Papstes. In der Zwischen-

[1] G. Tolley, Meaning and purpose in higher education. Sheffield 1975, 8f.
[2] W. Ward, The Life of John Henry Newman, London 1913, Bd. II, 460
[3] LD XXIV, 191
[4] O. Chadwick, From Bossuet to Newman. Cambridge 1957, 248

zeit hatten die »Essays and Reviews« (1860)[5] und das Werk von Bischof J. W. Colenso (1814 – 1883)[6] eine angespannte Lehrkontroverse über Liberalismus in England hervorgerufen, während Newman selbst in wachsendem Maße durch ultramontane Entwicklungen in der katholischen Kirche insgesamt beunruhigt wurde. Infolge der geschichtlichen Ereignisse und im Zusammenhang mit seiner eigenen persönlichen Entwicklung änderte sich Newmans Einstellung zum Liberalismus.

I. Newmans Weg zur Fülle der christlichen Wahrheiten. Studium und theologischer Werdegang zwischen 1815 und 1833

In der *Apologia pro vita sua* (1864) erinnert Newman daran, daß er bis zum Alter von 15 Jahren keine festen religiösen Überzeugungen hatte, obgleich es ihm große Freude bereitet hatte, die Bibel zu lesen, und er eine vollständige Kenntnis des anglikanischen Katechismus besaß. Mit 14 fand er T. Paines (1737 – 1809) Argumente gegen das Alte Testament attraktiv, rühmte sich D. Humes (1711 – 1776) Abhandlungen über die Wunder zu lesen und fand Voltaires Ansichten gegen die Unsterblichkeit der Seele »schrecklich«, aber »einleuchtend«. In seinen *Autobiographical Writings* berichtet er, daß er tugendhaft hatte sein wollen, aber nicht fromm, und daß er nicht hatte verstehen können, welche Bedeutung es haben sollte, Gott zu lieben. Im März 1816 erlitt seine Familie nach einer Finanzkrise im Gefolge der napoleonischen Wirren eine drastische Vermögenseinbuße; er selbst machte eine schwere Krankheit durch, »die mich zu einem Christen machte — mit Erfahrungen vorher und hernach, die ehrfurchtgebietend und nur Gott bekannt sind«[7]. Als Ergebnis dieser seiner *ersten Bekehrung* »ging in meinem Denken eine große Änderung vor sich. Ich kam unter den Einfluß eines bestimmten Glaubensbekenntnisses, und mein Geist nahm dogmatische Eindrücke in sich auf, die durch Gottes Güte nie mehr ausgelöscht oder getrübt wurden«[8].

Newman bekehrte sich zum *Evangelikalismus*, aber seine Konversion war langsam, bedacht, intellektuell und keineswegs typisch evangelikal.

[5] Eine Sammlung theologischer Essays von sieben anglikanischen Autoren, darunter Mark Pattison, die die freie Forschung in Glaubensangelegenheiten forderten. Sie wurden auf Initiative des Bischofs S. Wilberforce durch die anglikanischen Bischöfe 1861 wegen ihres Liberalismus verurteilt.

[6] J. W. Colenso, anglikanischer Bischof von Natal in Südafrika, hatte in seinen Publikationen (1862–1879) die traditionelle Verfasserschaft und historische Genauigkeit des Hexateuch in Frage gestellt und sollte deshalb abgesetzt werden.

[7] SB 348

[8] A 21f.

Walter Mayers (1790 – 1828), ein evangelikaler Geistlicher, der sich selbst erst vor kurzem bekehrt hatte, war »das menschliche Werkzeug dieses Anfangs göttlichen Glaubens in mir«, sagt Newman, insofern er ihn mit verschiedenen theologischen Schriftstellern bekannt machte und insbesondere mit dem einen, »der auf meinen Geist einen tieferen Eindruck machte als jeder andere und dem ich (menschlich gesprochen) fast meine Seele verdanke – Thomas Scott von Aston Sandford«[9] (1747–1821). Scott, zunächst Deist und dann in gemilderter Form Calvinist, begründete in Newmans Geist den festen Glauben an die Dreifaltigkeit zusammen mit der Inkarnation und der Erlösung als lebendige Wirklichkeiten. Newman übernahm auch die praktische Verpflichtung, der Lehre von der Gegenwart und »Einwohnung des Heiligen Geistes« gemäß zu leben, ein weiteres wesentliches Element der Scott'schen Lehre. Newmans Geist war schließlich von der christlichen Offenbarung fasziniert und sein Herz vom Ideal christlicher Heiligkeit erfüllt. Als *Fellow des Oriel-College in Oxford* (1822 – 1845) gab Newman allmählich den Evangelikalismus auf. Er kam unter den Einfluß des liberal denkenden, aber anti-erastianischen *Richard Whately* (1787 – 1863), des späteren Erzbischofs von Dublin. Von Whately lernte Newman jene eine wichtige Offenbarungswahrheit: daß die christliche Kirche göttlicher Einsetzung war und eine eigenständige sichtbare Körperschaft, unabhängig vom Staat, ausgestattet mit eigenen Rechten, Privilegien und Vollmachten. – *Edward Hawkins* (1789 – 1882), ein anderer Fellow von Oriel-College, war es, von dem Newman die Lehre von der Wiedergeburt in der Taufe kennenlernte und die Bedeutung der Taufe für die Kirchengliedschaft; er lehrte ihn die Notwendigkeit, die Heilige Schrift im Licht der Lehre und Tradition der Kirche zu verstehen[10]. Um 1825, als Newman zum ersten Mal *Joseph Butlers* (1692 – 1752) Analogy of Religion (1736) las, war er nicht nur vom Argument der Analogie beeindruckt, sondern auch von dessen Insistieren auf einer »sichtbaren Kirche, dem Orakel von Wahrheit und Vorbild der Heiligkeit, auf den äußeren Pflichten der Religion und dem geschichtlichen Charakter der Offenbarung«[11]. Es ist daher kaum überraschend, daß Newman als Kaplan von St. Clemens in Oxford über die Sichtbarkeit der katholischen und apostolischen Kirche predigte. Als *Richard Hurrell Froude* (1803 – 1836), ein Schüler J. Kebles, im April 1826 zum Fellow von Oriel gewählt wurde, kam Newman mit zwei

[9] Ebd. 23

[10] Vgl. dazu G. Biemer, Überlieferung und Offenbarung. Die Lehre von der Tradition nach J. H. Newman, Freiburg 1961 (engl. 1967); N. Schiffers, Schrift und Tradition bei J. H. Newman: Schrift und Tradition, hrsg. von der AG für Mariologie, Essen 1962, 250–266; J. Stern, Bible et tradition chez Newman, Paris 1967

[11] A 28

hervorragenden Vertretern der alten hochkirchlichen Tradition in Verbindung. Froudes eigenes persönliches Ideal war die theokratische Kirche des Mittelalters. Durch ihn lernte Newman die Frömmigkeit und Lehre der Kirche von Rom schätzen. Froude brachte Newman zur Annahme der Lehre von der apostolischen Sukzession, der Realpräsenz und der Verehrung der Allerseligsten Jungfrau Maria.
Newman war für einige Zeit von »liberalen« Anschauungen fasziniert, als er durch eine weitere providentielle Krankheit im Jahre 1827 und durch den plötzlichen Tod seiner Lieblingsschwester im darauffolgenden Jahr davor bewahrt wurde, in die Richtung des theologischen Liberalismus abzugleiten. Insbesondere der Tod seiner Schwester Mary (1809 – 1828) ließ seinen Sinn für die unsichtbare Welt neu lebendig werden, die ihm mehr galt als das sichtbare Universum, das nur »wie ein Schleier« für die unsichtbare Welt war.
Newman war sich auch bewußt, daß er durch die *Kirchenväter* beeinflußt war, die er sehr verehrte. Er konnte sich nie erinnern, wann er die Bedeutung der alten Kirche als des wahren Exponenten der Lehre und als Grundlage der Kirche von England zuerst erkannt hatte. Aber als Ergebnis des Väterstudiums rundete Newman schließlich seine Kenntnis der Fülle der christlichen Offenbarung ab und kam zu der Überzeugung, daß *die Kirche des Altertums der wahre Garant der geoffenbarten christlichen Lehre* war. Vom Ende des Jahres 1832 an predigte Newman die christliche Offenbarung in jener umfassenden Weise, die er im späteren Leben zwar noch weiter entfaltete, aber nie mehr grundsätzlich änderte. Die Predigten zeigen auch, wie ideal Newmans Begriff von der Katholischen Kirche war, die zwar gespalten, aber doch von Christus herkam und das Werkzeug seines Geistes blieb. Die Kirche war sowohl der Weg der Offenbarung wie auch die Vermittlerin der Sakramente, durch die die Menschen mit Christus vereinigt werden konnten. Newmans Einstellung zum Glaubensbekenntnis kommt lebendig in solchen Ermahnungen zum Ausdruck: »Halten wir mittlerweile voll Eifer diesen und jeden anderen Teil unseres Credo fest, damit uns nicht die darin verborgenen Wahrheiten entschwinden, wenn wir ein Jota oder ein Strichlein fallen lassen«[12].
Für Newman war die *Offenbarung* geschichtlich, lehrhaft und systematisch. Offenbarung sollte in ihrer Ganzheit angenommen und an ihren Formulierungen sollte streng festgehalten werden, denn die Offenbarung war durch Worte und Ereignisse gekommen und nicht anders. Aber andererseits verstand er den Glaubensschatz der Kirche nicht einfach als eine Summe von Sätzen. Das dogmatische Prinzip hieß, daß übernatürliche Wahrheiten in menschlicher Sprache gefaßt waren und

[12] DP II, 237f.

insofern zwar unvollkommen, aber gleichzeitig notwendigerweise definitiv aufgrund ihrer göttlichen Geoffenbartheit. Worte drücken eine Idee aus, und die Idee repräsentiert die Wirklichkeit; das Dogma ist der kirchliche Ausdruck der Wirklichkeit, die zu glauben ist. Newman erörterte die Probleme, die durch Bemühungen um die Offenbarungswahrheiten und die Notwendigkeit von Glaubensdefinitionen entstanden waren, in *»The Arians of the Fourth Century«* (Die Arianer des 4. Jahrhunderts, 1833), ein Werk, das von I. v. Döllinger (1799 – 1890) später als eine Modellarbeit ihrer Art beschrieben worden ist. Newman argumentiert darin, daß es besser wäre, die Glaubenswahrheiten ohne Glaubensbekenntnisse, Formeln und Definitionen zu haben, aber daß eine systematische Behandlung der offenbarten Lehre, die in der Heiligen Schrift vermittelt wird, zur Verteidigung des Glaubens gegen Irrtümer der Häretiker, aber auch zur reflektierten Darlegung für Konvertiten notwendig sei. »Die Christen wurden gegen ihren Willen zum Sprechen gezwungen, damit es nicht die Irrlehrer an ihrer Stelle taten,« schrieb Newman[13]. Als die Offenbarungswahrheiten der Heiligen Schrift diskutiert wurden, war es notwendig, sie formal deutlicher darzustellen, selbst auf die Gefahr hin, daß man zu erklären schien, was für den menschlichen Geist zu hoch war: so beschrieb Newman die dogmatische Diskussion des vierten Jahrhunderts.
Die Formeln des Glaubens, die so zustande gekommen sind, sind leider notwendig, um die Offenbarungswahrheiten zu bewahren. Andererseits: Obgleich sie wahr sind, ist die Kirche doch nicht auf sie festgelegt. Dogmen sind nur die Symbole der göttlichen Wirklichkeit, die selbst durch tausend Glaubenssätze nicht adäquat beschrieben oder verstanden werden kann. Das implizite Wissen, so argumentiert Newman in den Oxford University Sermons *(Oxforder Universitätspredigten),* ist nicht das explizite Bekenntnis der geoffenbarten Glaubenswirklichkeiten des Evangeliums. So verteidigte er die Gültigkeit von Glaubenssymbola oder Dogmen, wohl wissend um ihre Beschränktheit, widersetzte sich jedoch gegenüber »liberalen« Theorien, die Glaubensaussagen nach Zeit und Ort relativierten. »Die Sprache ist für Newman ein Werkzeug, das hinreichend gut für die Entfaltung besonderer praktischer oder sogar spekulativer Zusammenhänge geeignet ist, aber das bis zur Zerreißprobe angespannt wird, wenn man versucht, von Gott oder der Seele oder dem Glauben zu sprechen. Die Sprache ist dazu geformt, sich mit unseren Alltagsvorgängen, mit der Welt der Sachen und Personen zu befassen, nicht mit dem Gegenstand der Theologie. Es ist die Tragik der Berufung des Theologen — oder des Philosophen —, daß er auf dem Weg des Analysierens und Definierens vorgehen muß, aber die Natur

[13] Ebd. 38

der Sprache ist so, daß jeder Kommentar, den er macht, ungenau ist, jede Beschreibung eine Umschreibung, jede Definition eine Verstümmelung.«[14]

II. Glaube und Vernunft: Zur Begründbarkeit des Christentums nach Newmans Universitätspredigten zwischen 1825 und 1843

J. M. Cameron hat gezeigt, daß in philosophischer Hinsicht Newman nach seiner Geistesart und intellektuellen Sympathie stets auf seiten der empirischen Schule war, besonders bei D. Hume, obgleich Newman anschaulich darstellte, daß die Sachverhalte der Logik komplexer waren, als Hume selbst angenommen hatte. Zudem bewegte sich Newman gelegentlich auf neue philosophische Einsichten zu, die einerseits jenen S. Kierkegaards (1813 – 1855) und einiger Existentialisten ähnlich waren, und andererseits jenen, die philosophische Probleme mit Hilfe der Funktion der Sprache bedenken. Aber im Grunde ging es Newman um die *Herausforderung des Christentums im Skeptizismus,* und er meinte, daß sich die zeitgenössischen christlichen Apologeten mit den falschen Problemen befaßten. Natürlich gibt es eine gesunde Skepsis: einen rationalen Prozeß, ohne Vorurteile zu Schlüssen zu gelangen. Aber es gibt auch eine gefährliche Skepsis: einen irrationalen Unglauben, der sich weigert, scheinbar unannehmbare Meinungen zu bedenken. Newman selbst maß rationalistisch dogmatischer Argumentation im Kampf gegen den Skeptizismus nur begrenzten Wert bei. Die meisten Argumente kamen seinerzeit von *W. Paley* (1743 – 1805) und anderen Theologen, die sich über Gebühr von der Entwicklung der Naturwissenschaften hatten beeinflussen lassen. Nach Newmans Meinung war z. B. der (theologische) Gottesbeweis aus der Zielgerichtetheit der Welt trügerisch und nicht geeignet, Menschen zu einem lebendigen Glauben an Gott zu bekehren. Er fragte sich sogar, ob nicht *mit den Phänomenen der physischen Welt* Atheismus ebensosehr philosophisch vereinbar war wie der Glaube an eine Schöpfermacht, die die Welt leitete[15].

Newman verurteilte das »Zeitalter der Beweissuche« (für das Christentum) als rationalistisch, als eine Zeit, da »die Liebe erkaltete« (Mt 24, 12), und als unphilosophisch, weil der Stellenwert »vorausbestehender Erwägungen« vernachlässigt wurde. War es nicht so, daß das Evangelium religiöse Geister eher infolge der vorausbestehenden Wahrscheinlichkeit anzog, es enthalte die Offenbarung, und aufgrund der Art und

[14] J. M. Cameron, The Night Battle, London 1962, 204f.

[15] Glaube und Vernunft als gegensätzliche Haltungen des Geistes (6. 1. 1839), P 148

Weise, wie diese Offenbarung den Nöten der condition humaine entsprach? Beweise können in bestimmten Fällen nützlich sein, aber »erst die vorausliegenden Wahrscheinlichkeiten geben den Argumenten aus Tatsachen, die gewöhnlich Beweise für die Offenbarung genannt werden, ihren eigentlichen Sinn... Wo das Herz lebendig ist, genügt auch ein verkümmerter und unvollständiger Beweis zur Überzeugung, wohingegen tote Beweise, und seien sie noch so perfekt, nur einen toten Glauben hervorrufen können«[16].

Mit anderen Worten: Ein Beweis ist auch ein Beweis, wenn es keine Analyse für ihn gibt. *Glaube ist vernünftig,* jedoch nicht notwendigerweise in dem Sinne, daß er auf Untersuchungen oder Argumente gegründet ist. Um ein vernünftiges menschliches Wesen zu sein, war es im Sinne Newmans nicht nötig, seine geistigen Fähigkeiten so zu gebrauchen, wie Historiker, Naturwissenschaftler oder Mathematiker sie einsetzen, entscheidend war vielmehr, dem Anspruch des Sittlichen und der Religiosität nach den Kriterien der »logischen Grammatik« zu entsprechen. Es ist unrealistisch sich vorzustellen, daß es nur einen Glauben geben kann, wenn er sich auf Beweise gründet, und es ist andererseits oberflächlich gedacht, wenn man den Anspruch erhebt, daß Glauben von vernünftiger Argumentation verschieden sei.

Apologeten wie W. Paley nahmen an, daß z. B. eine bewußte Untersuchung oder Verifizierung von Wundern das einzige Mittel sei, um die (Glaubwürdigkeit der) Offenbarung zu beweisen. Newman hingegen glaubte, daß Gründe zu einer inneren Annahme führen können, die nach außen nur unzureichend entfaltet werden können. Es war jedenfalls unmöglich, im vorhinein zu entscheiden, welche Gründe für die Offenbarung angeboten werden sollen, die in der Tat vielleicht ohne übernatürliche Elemente (Wunder) »von einem jeden, je nachdem sein Herz damit sympathisiert, angenommen oder abgelehnt« werden[17].

Natürliche war es legitim, die *Begründbarkeit einer Religion* zu erforschen, aber eine solche Untersuchung sollte eine systematische Analyse aller Gründe für die Annahme des Christentums sein und sich nicht auf Paleys Argumente beschränken, »die den Untersuchungsgegenstand, den sie beweisen sollen, als Existenzbedingung voraussetzen«[18]. Manche Argumente haben persönliche Beweiskraft und sind deshalb zu verschiedenen Zeiten verschieden wirkungsvoll. *Wissenschaftliche Beweisverfahren* können nicht jene konvergierenden Gründe skizzieren oder überprüfen, von denen letzten Endes die persönliche Überzeugung abhängt. Newman behauptete gegen die Vertreter der Evidenzapologe-

[16] Ebd. 152

[17] »Implizite und explizite Vernunft« (29. Juni 1840), P 188–206; 195

[18] Ebd. 197

tik, die Begründungsmuster der genannten Art vorlegten (z. B. Wunder), in Wirklichkeit würden die Leute die Offenbarungswahrheit aus anderen Gründen annehmen als die von ihnen ausgearbeiteten.
Glaube ist ein Akt des ganzen Menschen, nicht nur der Vernunft. Menschen kommen nicht aufgrund der Überprüfung von Beweisergebnissen zum Glauben, meinte Newman, sondern aufgrund der Spontaneität des Herzens. Glaube ist die Annahme von Wahrheiten aufgrund eines persönlichen Verantwortungssinnes (Gewissen). Diese Annahme geschieht vorwiegend unter dem Einfluß im voraus bestehender Erwägungen: insbesondere wenn jemand den Glauben an Gott als Möglichkeit gelten läßt und die Wahrscheinlichkeit einer Offenbarung nicht ausschließt. Glaube im christlichen Sinne ist dann nicht Ergebnis von fundamentaltheologischen Beweisgängen, sondern von Wahrscheinlichkeiten, die, je nach individuellen ethischen Voraussetzungen und Werturteilen, verschiedenen Stellenwert erhalten. Glaube ist schließlich nicht Zustimmung zu einer Argumentation, nachdem die Wahrscheinlichkeit der Evidenz erwogen worden ist, sondern Zustimmung zu Gott, zu seinem Zeugnis in der Offenbarung und somit eine Gabe Gottes. Das tiefste Glaubensmotiv ist nicht der Beweis, sondern die Übereinstimmung des Gewissenszeugnisses für Gott mit den Inhalten des Christentums über Gott. Glaube ist ein Gewissensakt, d. h. er beruht auf dem moralischen Urteil des Gewissens, das hier wie in jedem anderen praktischen Urteil im Leben auf eine Evidenz hin handelt, die keiner Beweisführung bedarf.
Newmans eigene Apologetik, die er in den *Oxforder Universitätspredigten* (aus den Jahren 1826 – 1843) entfaltet hat, hatte er von Bischof J. Butler (1692 – 1752) übernommen. Sie beruhte auf der Entsprechung von natürlicher Religion und Offenbarung, der Korrespondenz von Gewissen und göttlicher Vorsehung. Newman appellierte an das *Gewissen* als »den wesentlichen Ursprung (Prinzip) und Bestätigungsort der Religion im Geist«, die Grundlage der natürlichen Religion, die zum Begriff eines persönlichen Gottes und zum Glauben an die christliche Botschaft zu führen vermochte. Dabei unterscheidet Newman zwischen einem philosophischen und theologischen Verständnis des Gewissens: »Für Coleridge ist Gewissen ein Prinzip —, es ist Kants praktische Vernunft. Für Newman ist eine solche Ansicht lediglich natürliche Religion, der Tatsache der Offenbarung inadäquat«[19]. Nach Newman befähigt das Gewissen als der Sinn für das Ethische den Menschen zum richtigen Urteil in Angelegenheiten religiöser Pflichten. Newman verstand das Gewissen in vieler Hinsicht wie Bischof *J. Butler:* als Instanz, mit der der Mensch auf natürliche Weise und unvermeidbar Handlun-

[19] J. Coulson, Newman and the Common Tradition. Oxford 1970, 63

gen billigte oder mißbilligte; also eine Instanz, die ihre eigene Autorität in sich trug; als ein natürlicher Führer, den Gott den Menschen gab. Wenn die Leute ihrem Gewissen folgten, dann würden sie dazu gebracht, die Existenz eines transzendenten Richters anzuerkennen und das Leben des Glaubens anzunehmen.

Newman schloß die üblichen Gottesbeweise aus der Natur bei seinen Überlegungen aus und argumentierte, daß selbst die Naturwissenschaft nicht fähig war, eine bessere Begründung zu liefern als die, die von »einer sorgfältigen Aufmerksamkeit gegenüber den Lehren des Herzens kommt und vom Vergleich der Ansprüche des Gewissens mit der Botschaft des Evangeliums«[20]. Ein solches Argument zum Aufweis der Existenz Gottes oder der Wegbereitung zum Christentum sei Gebildeten wie Ungebildeten einsehbar und sei »logisch schlüssig« wie »praktisch überzeugend«. Newmans Apologetik basierte auf dem Glauben an Gott und der Notwendigkeit, dem Sinn für ethische Verantwortung zu folgen.

Auch in späteren Schriften hat Newman daran festgehalten, daß *in der Religion Beweise,* also Argumente aus der natürlichen Theologie und besonders aus der Teleologie, unwirksam und philosophisch ungenau sind. Solche Argumente hätten wenig Einfluß auf die Bekehrung von Menschen oder darauf, sie vor Skeptizismus und Unglauben zu bewahren. Die Art des menschlichen Denkens wurde dabei zu wenig beachtet, denn solche Beweise waren zu eng mit der Struktur naturwissenschaftlichen Denkens verbunden. Nach Newmans Meinung war die *natürliche Theologie,* wie sie üblicherweise verstanden wurde, nur eine private und persönliche Deutung der physikalischen Welt und nichts anderes als eine Reihe frommer aber kontroverser Bemerkungen über die physikalische Welt aus religiöser Sicht. Aber Gott dürfe nicht auf die wissenschaftliche Erkenntnis des Menschen oder die Naturgesetze eingegrenzt werden. Außerdem – so argumentierte Newman – war die christlich-jüdische Religion geoffenbart, und Offenbarung beschäftigte sich mit einer anderen Perspektive, Gegenstandswelt und Wahrheitsordnung als naturwissenschaftliche Beobachtungen. Zu gleicher Zeit sollen jedoch religiöse und weltliche Erkenntnis nicht getrennt oder fragmentiert werden, denn ihre beiden Quellen, *Glaube und Verstand, sind gegenseitig voneinander abhängig und ergänzen sich.* Naturwissenschaft und Religion kommen vom selben Schöpfer, und ein endgültiger Widerspruch zwischen Natur und Offenbarung ist unmöglich.

Es gibt dabei jedoch offenkundig Unvereinbarkeiten aufgrund der Tatsache, daß der begrenzte menschliche Verstand nicht jedes Detail der

[20] Voraussetzungen für den Glauben (4. Adventssonntag 1856): Predigten zu verschiedenen Anlässen: DP X, 78–94; 94

ganzen Wirklichkeit richtig einzuschätzen vermag. Wirkliche Widersprüche können schon allein dadurch entstehen, daß Übergriffe auf fremde Zuständigkeitsbereiche erfolgen. Die wirklichen Konflikte können auf mehrere Ursachen zurückgeführt werden. Zum Beispiel unterscheiden sich Naturwissenschaft und Religion in ihren Forschungsmethoden: Naturwissenschaft ist in induktiver Weise von Phänomenen abhängig, Theologie in deduktiver Weise von ersten Prinzipien. Naturwissenschaftler beschäftigen sich mit physikalischen und nicht mit finalen Ursachen, und die unvermeidbaren Gefahren dieses beschränkten Ansatzes sind von Theologen durch ihre Einmischung in rein naturwissenschaftliche Angelegenheiten oft übertrieben worden. Natürlich können offensichtliche Diskrepanzen die Vorstellungskraft alarmieren, aber solche Spannungen erfordern Geduld und Respekt sowohl von Theologen wie von Naturwissenschaftlern. Offensichtliche Widersprüche zwischen Theologie und Naturwissenschaft sollten weder hastige Versuche auslösen, zu Vereinbarung und falscher Harmonisierung zu kommen, noch zu vorzeitigen Folgerungen führen; denn Naturwissenschaft und Heilige Schrift, Vernunft und Offenbarung sind Aspekte, Vergegenwärtigungen und verschiedene Arten von Annäherungen an die eine »erschreckende, unbekannte Wahrheit«.

Obgleich Newman zugab, daß der Beweis durch *Wunder* eines der Hauptargumente zugunsten der Offenbarung war, bezweifelte er dessen apologetischen Wert. Wunder waren nur ein Beweis für die Göttlichkeit des Christentums zur Zeit seiner Entstehung. Die meisten biblischen Wunder erbringen so wenig Beweise für die Offenbarung wie kirchliche Wunder – also solche aus der Geschichte der Kirche – deren übernatürliche Herkunft heute beweisen. In beiden Bereichen gibt es nur wenige Wunder, die von sich aus überzeugend wirken, und diese bereiten die Grundlage dafür, daß man die anderen glaubt.

Newman war in seiner Einstellung zu *kirchlichen Wundern* von der Erkenntnis geleitet, daß es unmöglich sei, einen willkürlichen Unterschied zwischen der apostolischen und nachapostolischen Zeit zu machen und D. Humes Argument (gegen die Wunder) nur auf die letzteren anzuwenden. »Er wußte, daß die harte Grenzlinie, die die Protestanten gezogen hatten, als die Zeitgrenze, an der Wunder aufgehört hätten, durch keinen geschichtlichen Maßstab vernünftigerweise verteidigt werden konnte.«[21] Newman argumentierte, daß D. Hume durch sein vorausbestehendes Unwahrscheinlichkeitsurteil, also durch seine eigene Voreingenommenheit Wunderzeugnisse mißbilligte. Newman hingegen erlag zweifellos der Versuchung, den Wert der Beweise zu überschätzen und die Stärke seiner eigenen Voraussetzung zu unter-

[21] J. A. Froude, Short Studies on Great Subjects. London 1893, IV 289

schätzen, inbesondere seines Glaubens, daß die Tatsache der Inkarnation – das größtmögliche Wunder – eine vorausliegende Wahrscheinlichkeit geschaffen habe zugunsten anderer außerordentlicher Ereignisse. »Wenn wir nur so weit gehen, daß wir für wahr und wirklich halten, was das Christentum ist... und was für erstaunlich überwältigende Tatsachen in der Lehre einer göttlichen Inkarnation enthalten sind, dann werden wir spüren, daß danach kein Wunder mehr groß sein kann, nichts mehr seltsam oder wunderbar, nichts jenseits der Erwartungen.«[22] Newman erhob Anspruch, daß Hume irrational und ungeschichtlich gehandelt habe, als er jede Art von Evidenz zugunsten von Wundern verwarf.

Dieser Anspruch Newmans muß allerdings seinerseits im Lichte seiner eigenen Voraussetzung bzw. theologischen Grundsätze verstanden werden. Nur ein gläubiger Mensch kann außerordentlichen Ereignissen religiöse Bedeutung zusprechen und sie als Wunder ansehen. Zumindest im Fall des *»Essay on Ecclesiastical Miracles«* (Essay über kirchliche Wunder, 1843) konzentrierte sich Newman so sehr auf vorausbestehende Wahrscheinlichkeiten *zu* deren Gunsten oder schrieb doch in solcher Weise darüber, daß er des Fideismus und Skeptizismus angeklagt wurde. Er versuchte eine kritische Analyse der Beweiskraft einiger Wunder, die die meisten Kommentatoren als Fehlschlag ansahen. Hätte sich Newman damit begnügt, die Diskussion auf die vorausbestehende Wahrscheinlichkeit zugunsten von Wundern zu beschränken, auf deren Beziehung zur Beweiskraft, auf die Rolle des Glaubens und auf die Kraft wissenschaftlicher Evidenz, die persönliche Natur von Glaube und Gewißheit, er wäre nie in solchem Ausmaß kritisiert worden, wie es tatsächlich der Fall war.[23]

Newman hat die Bedeutung oder die Kraft des Arguments von der Einheit der Natur trotz seiner Anerkennung von Zweitursachen und seines Wissens um die Bedeutung wissenschaftlicher Entdeckungen in diesem Kontext allem Anschein nach deshalb nicht recht eingeschätzt, weil er die Wunder-Problematik immer vom historischen Standpunkt aus anging. Es scheint, daß Newman nie seine Erkenntnis der Gültigkeit von Zweitursachen mit der Wunder-Frage verbunden hat, und das ist seltsam, wenn man sieht, wie sehr eine solche Erkenntnis mit seinem Begriff des sakramentalen Prinzips zusammengepaßt hätte. Wenn das, was geschichtlich menschlich war, zugleich göttliche Lehre sein konnte, dann konnten göttliche Eingriffe in die Geschichte aus dem Glauben heraus *als Manifestation der göttlichen Vorsehung* gesehen werden und *weniger als Wunder im traditionellen Sinn.* Es ist bezeichnend, daß eine

[22] Two Essays on Biblical and on Ecclesiastical Miracles. London 1901, 189
[23] Vgl. E. P. Abbot, Philomythus. An Antidote against Credulity, London 1891

Reihe von Newmans Aussagen über Wunder in diesem Sinn interpretiert werden können. Selbst in Newmans frühen Schriften wurde diese Sicht der Dinge, wonach das geschichtlich Menschliche göttliche Lehre sein könne und gewöhnliche Phänomene eine verborgene innere Wirklichkeit oder Bedeutung haben konnten, auf »Wunder« angewandt. So war er fähig, historische oder wissenschaftliche Evidenz gegen ein bestimmtes »Wunder« anzunehmen und es zugleich weiterhin im Kontext der göttlichen Vorsehung zu sehen.

Die *göttliche Vorsehung* kann nach Newman ordentliche Kräfte benützen, und es ist unmöglich, zwischen ordentlichen und außerordentlichen Handlungen Gottes zu unterscheiden. Mitunter kann Glaube ein ganz natürlicher Gund dafür sein, von einer Krankheit geheilt zu werden, mitunter aber auch ein wunderbares Mittel. Die Verwendung von Öl kann medizinisch nützlich sein oder in analoger Weise zum sakramentalen Taufwasser werden. Plötzliche Stürme oder Stille mögen in der Gegend des Sees Genesaret üblich sein, aber die besonderen Umstände im Bericht des Evangeliums können die Zeugen überzeugt haben, daß diese Situation wunderbarer Art war. In all diesen Fällen werden die Ereignisse oder ihre Ursachen gemäß den Voraussetzungen derer beurteilt, die darin verwickelt wurden, auch wenn die Tatsachen noch andere Ursachen haben mögen, die unbekannt bleiben oder verworfen werden. »Unsere Ansicht über die Beweiskraft wird praktisch von unseren theologischen Ansichten entschieden. Es sind zwei Systeme der Vorsehung unter uns am Werk: das sichtbare und das unsichtbare, die sich gegenseitig durchdringen und einen gewissen Bereich gemeinsam haben; und in vielen Fällen wissen wir die genauen Grenzen eines Systems nicht, wie wir auch nicht die genau detaillierten Tatsachen wissen, die von den Berichterstattern einem wunderbaren Verursacher zugeschrieben wurden... – und natürlich leugnet man durchgehend ihren äußeren Triumph (d. h. der Kirche), wenn man ihre innere Kraft nicht wirklich erfaßt.«[24]

Das *sakramentale Prinzip* ist mit einer lebendigen Bewußtheit der göttlichen Vorsehung verbunden: »Offenbarung verschmilzt so sehr mit der Vorsehung, daß wir keine Trennungslinie zwischen beiden ziehen können. Wunderbare Ereignisse stufen sich auf natürliche Ereignisse hin ab, Visionen auf Träume, Typen auf Ähnlichkeiten. Die Inspiration hat sich bisher auch unter Götzendienern und Heiden gezeigt; die Kirche selbst reicht bis in die Welt hinein«[25].

Newman betonte weiterhin die Tatsache der göttlichen Vorsehung und des Eingreifens Gottes in der Geschichte. Er anerkannte auch, daß dies

[24] Two Essays... on Miracles, a. a. O., 186–188

[25] VM I, 92

eine Sache des Glaubens sei, und faßte seine spätere Einstellung zu Wundern in der *Grammar of Assent* (1870) klar zusammen: Die Rechtfertigung des Wunders hing (danach) von seinem wunderbaren Charakter ab, von der vorausbestehenden Wahrscheinlichkeit zu seinen Gunsten und von der Beweiskraft. Newman hatte jedoch schon lange erkannt, daß aufgrund der notwendigen Voraussetzungen für die Anerkennung von Wundern diese keinen absoluten Beweischarakter hatten. Er wies vor allem darauf hin, daß die Existenz der Naturwissenschaften das Verständnis des Wunderbereichs verändert hatten, daß die Wunder dem Bereich des Privaturteils und des Glaubens überlassen werden mußten. »Obschon es für den Katholiken eine Glaubenssache ist, daß Wunder in der Kirche niemals aufhören, so ist es doch meistens nur eine Sache der Meinung, ob dieses oder jenes Wunder wirklich stattgefunden hat. Und wenn man es glaubt – sei es auf Zeugnis oder auf Tradition hin –, so heißt dies nicht, daß dieser Glaube alle Zweifel in bezug auf die Tatsache selbst oder auf den Wundercharakter ausschließe.«[26]

III. Suche nach der wahren katholischen und apostolischen Kirche. Die Zeit der Oxfordbewegung bis zu Newmans Konversion (1833 – 1845)

Newman datierte den Anfang der Oxford-Bewegung auf den 14. Juli 1833, den Tag, an dem John Keble seine Predigt über die nationale Apostasie der Kirche gehalten hat. Die Bewegung behauptete die Unabhängigkeit der Kirche von staatlicher Einmischung aufgrund der Tatsache, daß ihre Autorität apostolischen Ursprungs war. Den staatlichen Einfluß in kirchlichen Angelegenheiten gutzuheißen, wäre Verrat an der Offenbarungswahrheit, deren Wächter die Kirche war. Im ersten der *Tracts for the Times* (1833) wurde deshalb die Unabhängigkeit der Kirche verteidigt und die apostolische Sukzession proklamiert. Zu dieser Zeit war sich Newman sicher, die Ansprüche der Kirche von Rom zurückweisen zu müssen und hatte volles Vertrauen in seine eigene religiöse Position, die er später in der Apologia als prinzipiell dogmatisch beschrieb: »Von meinem fünfzehnten Lebensjahr an war das Dogma das Fundamentalprinzip meiner Religion; eine andere Religion kenne ich nicht; den Begriff einer anderen Religion kann ich mir nicht denken;... Zweitens: ich hatte festes Vertrauen in die Wahrheit einer bestimmt ausgesprochenen Glaubenslehre, die auf dieses Fundament

[26] Z 139

des Dogmas gegründet war; daß es nämlich eine sichtbare Kirche gebe mit Sakramenten und Riten, welche die Kanäle der unsichtbaren Gnade sind«[27].

In drei der *Tracts* entfaltete Newman sein Argument, daß »es der Ruhm der englischen Kirche ist..., die Via Media... *zwischen* den (sogenannten) Reformern und den Römischen« genommen zu haben.[28] Um seine Idee weiter zu klären, gab er eine Vorlesungsreihe *»Über das prophetische Amt der Kirche in bezug zum römischen System und zum populären Protestantismus«* (1837). Newman war der Ansicht, daß die sichtbare Kirche ein wesentliches Element des Christentums sei und das Prinzip der wahren Katholizität, was jedoch die römische Kirche pervertiert und die protestantische geleugnet hätte. Die geoffenbarte Wahrheit konnte man nur in der ungeteilten Kirche: in der Lehre der Heiligen Schrift, im Altertum und bei den Kirchenvätern erreichen. Sowohl die römisch-katholische Betonung der kirchlichen Unfehlbarkeit wie die protestantische Behauptung des Privaturteils verfehlten den wahren Begriff kirchlicher Autorität. Obgleich die Offenbarung nur vor der Zerstörung der kirchlichen Einheit ungetrübt war, glaubte Newman gleichwohl, daß Gott die Kirche immer leite, daß sie weiterhin in ihrer Lehre untrüglich sei, und zwar mehr als Zeuge denn als Richter. Allerdings erkannte Newman eine offenkundige Schwierigkeit: das Papsttum und der Protestantismus waren eine wirkliche Religion, während die Via Media, wie er sagte, nur auf dem Papier existierte. Newman und seine Freunde, die Traktarianer, setzten all ihre Energie ein, um diesen Defekt zu beheben.

In dieser Zeit war Newmans eigene theologische Position offen irenisch, nicht spezifisch »katholisch«. In seinen *»Vorlesungen über die Lehre von der Rechtfertigung«* (1838), die *I. von Döllinger* später als »eines der besten theologischen Bücher, die in diesem Jahrhundert publiziert worden sind«, bezeichnete, versuchte Newman zu vollenden, was er von Thomas Scott gelernt hatte: den Aufweis der Vereinbarkeit protestantischer und römisch-katholischer Lehre über Gottes Gabe der Gnade an die Menschen. Die Ansichten, daß Rechtfertigung entweder durch Glaube oder durch geistliche Erneuerung vor sich gehe, sei unzureichend. *»Gerechtfertigtwerden heißt dies:* die göttliche Gegenwart in uns erhalten und zu einem Tempel des Heiligen Geistes werden.« »Die Rechtfertigung kommt *durch* die Sakramente, wird durch den Heiligen Geist empfangen, *besteht* in Gottes innerer Gegenwart und ist *lebendig* im Gehorsam.«[29] Der Christ werde ein Mitglied

[27] A 71
[28] VM II, 28; vgl. VM I, 16f., 190, 269
[29] Just 144, 278

J. H. Newman, 1844. Bleistiftzeichnung von George Richmond (1809–1896) des Leibes Christi und ein Tempel des Heiligen Geistes durch die Taufe. Gott erkläre den Sünder für gerecht durch eine wirklich wirksame Anrechnung des menschgewordenen Wortes, des auferstandenen Christus, durch die Wirksamkeit des Heiligen Geistes und durch das Instrument der Taufe. Die Einheit mit dem auferweckten Christus werde weiter gefestigt und intensiviert durch den Empfang der Heiligen Kommunion, den Heiligen Leib Christi. Der Christ sei aber nicht das passive Objekt der Rechtfertigung, sondern er »empfange« sie durch seinen Glauben, der durch die Gegenwart Christi aus einer bloßen Bedingung (condition) zu einem Werkzeug der Rechtfertigung verwandelt werde. Der Glaube seinerseits erweise sich lebendig in Werken der Liebe und des Gehorsams, die die Früchte der Einwohnung des Geistes sind. Rechtschaffenheit komme nicht vom Christen selbst, sondern von der Gegenwart Gottes, und der Glaube an Christus bewahre davor, daß solche Werke in Selbstgerechtigkeit degenerierten.

In den großen Ferien 1839 studierte Newman die *Kirchengeschichte des fünften Jahrhunderts* und sah eine — wie er sagte — verwirrende Analogie zur Via Media in der gemäßigten Sekte der Monophysiten, die in der orientalischen Kirche eine große Rolle spielte. – Kurz darauf veröffentlichte *N. Wiseman* (1802 – 1865) einen Artikel über die Donatisten, in dem er Augustins Methode schilderte, theologische Kontroversen durch Appell an den allgemeinen Konsens der Christenheit zu entscheiden. Das augustinische Prinzip »Securus iudicat orbis terrarum« schien ein einfacherer Weg zur Lösung von Schwierigkeiten zu sein als ein Appell an die Kirche der ersten fünf Jahrhunderte. Für einen Augenblick schien es Newman, als könne die Kirche von Rom schließlich doch Recht haben, obgleich in der Folgezeit sein Vertrauen in den Anglikanismus unerschüttert bis zum Sommer 1841 weiterbestand. Damals entdeckte er eine andere historische Analogie zur Via Media im Semi-Arianismus. – Während dieser Zeit sah sich Newman zu der Einsicht genötigt, daß die Kirche von England eindeutig von der übrigen Christenheit getrennt war. Gleichzeitig kamen ihm Zweifel, ob die Kirche von Rom tatsächlich den Glauben der frühen Kirche durch Zusätze verfälscht habe. »Es ist eine Schwierigkeit (zu beweisen), wie die große Gesamtheit der Christen in die Irre gegangen sein soll, selbst wenn wir von unserer Annahme ausgehen, es sei so. Es bereitet keine Schwierigkeit, daß die große Gesamtheit der Christen den Glauben durch Zusätze erweitert haben soll, wenn wir von ihrer Annahme ausgehen, daß sie die Vollmacht dazu hatten.«[30] Oder wie er es später formuliert hat: »Ich bin viel sicherer, daß England in einem Schisma ist,

[30] ECH II, 12

als daß die römischen Zusätze zum ursprünglichen Credo nicht Entwicklungen sein können.«[31]

Inzwischen begannen Mitglieder der Oxford-Bewegung zu fürchten, daß die protestantischen Teile in der Kirche von England ihren Anspruch, ein Zweig der katholischen Kirche zu sein, leugnen könnten. Das war insbesondere im Blick auf die 39 Artikel der anglikanischen Kirche der Fall, die klar und bewußt protestantisch zu sein schienen. Darum veröffentlichte Newman im Februar 1841 den Tract 90, in dem er behauptete, daß die 39 Artikel dem Wortlaut nach der katholischen Lehre nicht widersprechen würden und daß sie deshalb durchaus von denen akzeptiert werden könnten, die die katholischen Lehren der Tractarianer glaubten. Die feindselige Reaktion auf diesen »Traktat« zeigte, daß Newmans Position als Führer der Oxford-Bewegung in der Kirche von England unhaltbar wurde. Zusätzlich erschien die Errichtung eines anglikanischen Bischofssitzes in Jerusalem in Kooperation mit den preußischen Protestanten als ein direkter Widerspruch gegen die Zweigtheorie der Kirchen. Die Gleichzeitigkeit beider Ereignisse verstärkte nun die Zweifel, die durch Newmans historische Studien 1839–1841 entstanden waren, in dramatischer Weise.

Das Studium der Kirchengeschichte ist offensichtlich eine sehr wichtige, aber nicht die einzige Erklärung für die wachsende Sympathie Newmans zur Kirche von Rom. Newman selbst spricht davon, daß ihn die Kirchenväter katholisch gemacht hätten, und verweist auf seine Konversion in geschichtlichen Begriffen. Er hatte die anglikanische Kirche dem Test der »alten Kirche« unterworfen, aber die Öffentlichkeit der anglikanischen Kirche und die Meinung ihrer Bischöfe in den 40er Jahren des 19. Jahrhunderts hatten die Prinzipien zurückgewiesen, für die er focht. Die Theorie der Via Media wurde durch historische Fakten und durch zeitgenössische Ereignisse zerstört; sie hatte keine hinreichende Basis in der Geschichte und konnte mit zeitgenössischer Praxis nicht vereinbart werden. Wenn Newmans Prinzipien stimmten, dann mußten sie sich in einer der existierenden christlichen Kirchen finden lassen und die römische Kirche erschien als die einzig mögliche. Folglich war Newman gezwungen, die Ansprüche Roms noch einmal zu überprüfen.

Trotz offensichtlicher Verbindungen mit der alten Kirche warf man der römischen Kirche vor, daß sie die Offenbarung durch Zusätze zu den ursprünglichen Lehren verändert habe. Als Newman überlegte, ob die modernen römischen Lehren legitime Entwickungen der frühchristlichen Theologie waren, schrieb er den *Essay on the Development of Christian Doctrine* (Essay über die Entwicklung der christlichen Lehre,

[31] CK 219

1845), um die Gründe für seine Meinungsänderung zu erklären und seine Theorie der Entwicklung darzustellen. Der Essay wurde geschrieben, um Einwände zu widerlegen und nicht, um die Wahrheit der römisch-katholischen Kirche zu beweisen. Er ist eine Hypothese, die eine Schwierigkeit klären sollte: die Differenz zwischen der Lehre der frühen und der römischen Kirche. Allerdings, wenn die Theorie richtig war, würde sie auch ein positives Argument zugunsten der Ansprüche Roms liefern.

Lord *J. E. Dalberg-Acton* (1834 – 1902), der einmal T. Carlyles »Past and Present« als »das bemerkenswerteste Stück historischen Schrifttums in (englischer) Sprache« bezeichnet hatte, schrieb später über Newmans *Essay über die Entwicklung:* »Es ist mehr vom Begriff der Geschichte darin als in jedem anderen Buch der Zeit, selbst mehr als in Past and Present«.[32] Newman hat oft den Begriff und Inhalt von *Heilsgeschichte* bedacht, am unmittelbarsten im Essay über die Entwicklung. Christliche Offenbarung ist nicht eine Reihe von Sätzen, sondern eine Reihe geschichtlicher Ereignisse mit der Inkarnation als ihrer Mitte. Diese Offenbarung hat ihre eigene Geschichte, und der Weg zu Christus geht durch die lebende Kirche: »Wenn das Christentum eine universale Religion sein soll, nicht nur einem Ort oder einer Periode angemessen, sondern allen Zeiten und Orten, dann muß es in seinen Beziehungen und seinem Verhalten zur Umwelt variieren, mit anderen Worten: Es wird sich entwickeln. Prinzipien erfordern eine recht unterschiedliche Anwendung, entsprechend der Verschiedenheit der Personen und Umstände, und müssen immer neue Gestalten annehmen, entsprechend den Gesellschaftsformen, auf die sie Einfluß nehmen sollen. Daher entwickeln alle christlichen Gemeinschaften, seien sie rechtgläubig oder nicht, die Lehren der Schrift«[33]. Newman war einer der ersten katholischen Theologen, der die Spannung zwischen Geschichtsbewußtsein und dem Glauben an die Unveränderbarkeit der christlichen Lehre erfuhr und aushielt.

Als ein Werk der Apologetik war Newmans Arbeit ein Versuch, auf seine eigene Theorie der Via Media zu antworten, die er zwischen 1833 und 1839 erarbeitet hatte. Newman bietet die Tatsache der Entwicklung als eine Hypothese gegen die Alternative: entweder Unwandelbarkeit oder Verderbnis der Glaubenslehre[34]. Newman interpretiert die Werde-

[32] H. A. MacDougall, The Acton-Newman Relations. Fordham 1962, 153f.

[33] E 56

[34] Vgl. dazu die besten neueren Darstellungen: N. Lash, Newman on Development. London 1975, worauf sich die Darstellung dieses Abschnitts weithin stützt. – Zur positiven Kritik von Newmans historischer Methodologie vgl. P. Misner, Papacy and Development. Newman and the Primacy of the Pope. Leiden 1976.

struktur der Lehre, des Gottesdienstes und der Institutionwerdung der Kirche, die sich in der Kirchengeschichte ablesen läßt, so, daß der Anspruch plausibel wird: Diese Veränderungen haben nicht zu einer Verderbnis der christlichen Botschaft geführt. Die römisch-katholische Kirche war der ursprünglichen »Idee« des Christlichen gegenüber nicht radikal untreu, ja sie war es von allen existierenden christlichen Gemeinschaften am wenigsten. Mehr als viele andere katholische Apologeten war Newman sensibel für die politischen Faktoren, die zur Entstehung des Papsttums geführt hatten, und seine Argumentation in dieser Hinsicht war eher eingrenzend: Wenn man davon ausgeht, daß das Papsttum eine höchstwahrscheinlich zu erwartende Entwicklung war, dann gibt es nichts, was in der frühen Geschichte der Kirche dieser Erwartung widerspricht.

Newmans spezifischer und apologetischer Ansatz schränkt den Wert des *Essay über die Entwicklung* für die heutige theologische Diskussion ein, aber die Bescheidenheit seines Anspruchs zeigt, daß er die Komplexität der geschichtlichen Prozesse richtig einzuschätzen vermochte und daß er eine größere Sensiblität für die Behandlung der Problematik besaß als eine Reihe späterer Autoren. Aus apologetischen Gründen stellte sich Newman nur einem Teil der kritischen Fragen; andererseits wäre es anachronistisch, von ihm Überlegungen zu erwarten, die erst durch die heutigen Entwicklungen des Ökumenismus und des theologischen Pluralismus ermöglicht und notwendig geworden sind. Eine der Leistungen Newmans war jedenfalls *die Erkenntnis, daß selbst das Credo jenem Prozeß der Geschichtlichkeit unterworfen ist,* der jeden menschlichen Ausgriff auf die Wahrheit betrifft. Eine seiner Schwächen war es, daß er einen Begriff der Einheit der Kirche annahm, der für andere Glaubensgemeinschaften außer der römisch-katholischen Kirche keinen Raum für reales Kirchesein ließ.

Newmans pionierhafte Bemühung, dem Anspruch von Dogma und Geschichte gerecht zu werden, ohne Zuflucht im Fideismus zu suchen, erforderte einen besseren Offenbarungsbegriff, als er damals vorhanden war. Zudem entwarf Newman *Elemente einer Theologie der Überlieferung*, die sich in der Folgezeit unter den meisten christlichen Kirchen als akzeptabel erwiesen haben, wobei seine Einschätzung der Häresie mehr geschichtliches Gespür verrät und eine theologisch konstruktive Bewertung zuläßt im Unterschied zu anderen katholischen Theologen seiner Zeit.

Zudem ermöglichte seine *Unterscheidung zwischen Prinzip und Lehre* über das, was Christen als ihre Glaubensanschauungen bezeugen, hinauszuverweisen auf die tiefen Prinzipien, die sich jeweils im Leben der Kirche manifestieren.. Mehr als die rein theologischen Äußerungen würdigte Newman die Texte der Liturgie und Glaubensbekenntnisse als

Mittel und Möglichkeiten, mit denen die Kirche sich ihrer Vergangenheit erinnern, ihre gegenwärtige Heilserfahrung ausdrücken und ihre Hoffnung auf Zukunft verkörpern soll. Newman bezog sich auf ein weites Feld von Realitäten, das prinzipiell alle Aspekte des Lebens der Kirche und ihrer Erfahrung einbezieht, wohingegen allzu viele Theologen ihre Theologie einfach auf biblische Aussagen oder Konzilsäußerungen beschränken.

Wie sehr Newman auch aus apologetischen Gründen die Notwendigkeit der Autorität des kirchlichen Amtes betont, so ist doch der Gesamtzusammenhang seiner Argumentation die Vermittlung des Evangeliums, das in der Kirche als ganzes lebendig sein soll. Der »rechte Zustand des Herzens« sei die beste Gewähr für die Bewahrung des Glaubens in der Kirche sowohl wie im einzelnen Christen. Der Appell an die »äußere« Autorität im Entwicklungsprozeß der Kirche verweist nach Nicholas Lash darauf, daß in Newmans *Essay über die Entwicklung* die großen Linien der »prophetischen« und der »episkopalen« Überlieferung weiterleben, die Newman in den »Vorlesungen über das prophetische Amt der Kirche« ausgearbeitet hatte[35]. Newmans spätere Ekklesiologie, wie sie besonders im Vorwort zur dritten Ausgabe der Via Media zum Ausdruck kommt[36], schließt infolge ihrer komplexen dialektischen Struktur die Möglichkeit aus, den Entscheidungen der kirchlichen Autorität allein und ausschließlich normative Bedeutung zuzuerkennen. Der Stellenwert, den Newman der *Theologischen Forschung* und Diskussion für die Ausweitung spezifischer Anschauungen über die Offenbarung der Kirche einräumt, ist mit der Ansicht, daß das Urteil kirchlicher Autorität der einzige Garant der Wahrheit einer Entwicklung sei, unvereinbar[37].

Da Newman nach der logischen Struktur vorausbestehender Wahrscheinlichkeiten argumentiert, erhebt er den Anspruch, daß die Gegebenheit einer wirklichen Offenbarung Gottes in der Geschichte notwendigerweise eine lebende Autorität erforderlich macht, die sie vor Irrtum bewahrt; denn umgekehrt konnte eine zum Irrtum degenerierte Offenbarung nicht von Gott sein. Diese Autorität war die Kirche, »die Säule und Grundfeste der Wahrheit« (1 Tim 3,15). — Hatte sich Newman früher auf die ungeteilte Kirche des Altertums berufen, so berief er sich jetzt auf die lebendige Autorität der Kirche der Gegenwart.

[35] G. Biemer, Überlieferung und Offenbarung, a. a. O. (s. o. A 10), 63–85; Vgl. L. Allen, John Henry Newman and the Abbé Jager. London 1975

[36] Die Einheit der Kirche und die Mannigfaltigkeit ihrer Ämter. Freiburg ^{2}1947. Das von K. Schmidthüs übersetzte Vorwort der dritten Ausgabe der Via Media erschien als Bändchen in der Reihe »Zeugen des Wortes« (s. u. Teil 5 III)

[37] Vgl. dazu N. Lash, Responsibilities of a Theologian. Theological Ministry: H. Fries/W. Becker/G. Biemer, Hrsg., Newman-Studien XI, Nürnberg 1980, 159–171

Aber sein früheres Prinzip blieb gleichwohl gültig: Daß *die* Kirche die Kirche Jesu Christi ist, die geschichtlich gesehen in der Sukzession der Kirche der Väter steht.

Newmans apologetische Argumentation zugunsten des römischen Katholizismus war unvermeidbar eng mit seiner *Apologetik für das Christentum allgemein* verbunden: Es gab und gibt eine Offenbarung Gottes; die christliche Botschaft ist diese Offenbarung; die katholische Lehre ist ihre legitime Darstellung. – Die historische Evidenz aus der Geschichte zugunsten der Herkunft des Christentums und der Kirche von Gott war und ist nicht überwältigend, aber hinreichend, »wenn Menschen darauf aus sind, ihre Sache vor ihrem Schöpfer und Richter gut zu machen«[38].

Es ist bezeichnend, daß Newmans spätere Einschätzung seiner anglikanischen Position der seiner katholischen Situation bemerkenswert ähnlich ist. In der Lehre von der Via Media und im *Essay über die Entwicklung* beansprucht er, die weitest mögliche Annäherung an die ursprüngliche Wahrheit in der frühen Kirche gesucht und gefunden zu haben. Es ist auch interessant, daß er sich dabei des subjektiven Zuschnitts seiner Weise, Geschichte zu erfassen, bewußt ist: »Meines Erachtens ist der überwältigend überzeugende Beweis (daß die Kirche von Rom die Kirche der Väter ist, G. B.) dieser: Wenn der heilige Athanasius und der heilige Ambrosius jetzt in London wären, gingen sie zum Gottesdienst nicht in die St. Pauls Kathedrale, sondern in die Warwick-Street oder nach Moorfields. Diese meine eigene Lesart der Geschichte ist für mich zu einem Axiom geworden und sie hat *mich* bekehrt, obgleich ich natürlich ihre (Beweis-)Kraft nicht anderen vermitteln kann.«[39]

IV. Der Glaube in der Herausforderung durch Naturwissenschaft und historische Kritik des 19. Jahrhunderts. Newmans Positionen in seiner katholischen Zeit, insbesondere bei den Vorträgen an der Katholischen Universität in Dublin (1851 – 1858)

Als Newman katholisch wurde, verwarf er seine Vergangenheit nicht. Er schreibt in der Apologia: »Daß mein Übertritt irgendeine intellektuelle oder moralische Änderung in meinem Geist bewirkt hätte, kann ich nicht sagen; auch empfand ich nichts von einer Festigung des Glaubens an die großen Offenbarungswahrheiten oder von einer größeren Fähigkeit der Selbstbeherrschung; ich hatte nicht mehr Eifer als zuvor; aber es

[38] LD XXV, 197
[39] LD XIII, 295

schien mir, als hätte ich nach stürmischer Fahrt den sicheren Hafen erreicht; und das Glück, das ich darüber empfand, hat bis heute ununterbrochen angehalten.«[40]

Auf theologischer Ebene markiert Newmans Bekehrung keine größere Veränderung, und die neuen Überzeugungen, die er nun annahm, waren vergleichsweise unbedeutend. Seine grundlegende Theologie blieb dieselbe, aber nachdem er die gegenwärtige römisch-katholische Kirche als die Kirche des Ambrosius und Athanasius identifiziert hatte, nahm er jetzt ihre Lehre und Autorität an, wenn auch nicht immer ohne Kritik.

So hatte Newman beispielsweise schon vorher an die Lehre von der Realpräsenz geglaubt und als Katholik nahm er die Transsubstantiation an, obgleich er wußte, daß die Gegenwart Christi in der Eucharistie nicht adäquat in Worten erklärt werden konnte. »Was weiß ich von der Substanz oder Materie? Genauso viel wie die größten Philosophen, und das ist nichts.«[41] Seine lebenslangen Prinzipien über die Hingabe an die Offenbarung, der Primat des Gewissens, der Weg zur Gewißheit in Sachen des Glaubens, der konkrete und persönliche Zuweg zu Glaube und Wissen, zu biblischer und patristischer Theologie, all das wurde in seine Gedankenwelt als römischer Katholik überführt. Wie C. S. Dessain sagte: »Das grundlegende Interesse von Newmans Leben war seine Hingabe an die Sache der Offenbarungsreligion. Er war dazu geführt worden, sie als Junge aus ganzem Herzen anzunehmen und nach ihrem vollen und abgewogenen Inhalt zu suchen. Diese Hingabe gab seinem Leben die Einheit. Sie führte ihn dazu, der Führer einer Bewegung zu werden, die die übernatürlichen Elemente in der Kirche von England starkmachen wollte; sie führte ihn dazu, sie zu verlassen, um der Kirche von Rom willen; sie veranlaßte ihn, verschiedene Defizienzen, die er in ihr vorfand, zu beheben und Auswüchse zu mildern.«[42]

Vielleicht ist die wahre Entwicklung und wirkliche Konsistenz in Newmans Leben und Lehre am besten aufweisbar in dem Fortschritt von den Lectures on the Prophetical Office of the Church (Vorlesungen über das prophetische Amt der Kirche, 1837) bis zur Bekehrung im Jahre 1845 und von seiner Bekehrung bis zum Vorwort zur 3. Auflage der Via Media (1877).

Für eine gewisse Zeit öffnete sich Newman der römischen Kirchenpraxis und übernahm sogar einige der übertreibenden Frömmigkeitsformen, obgleich ihn z. B. die Ablässe störten. Diese Phase dauerte nicht

[40] A 175
[41] Ebd. 276
[42] C. S. Dessain, John Henry Newman. London 1966, S. XII (dtsch., Freiburg 1981)

lange. Schon als er 1847 nach Rom ging, um sich dort durch theologische Studien auf die katholische Priesterweihe vorzubereiten, war er gegenüber der italienischen Tendenz, Religion und Moral zu trennen, kritisch eingestellt. Er kritisierte auch, was er dort vorfand: »Einen tiefen Argwohn gegen Veränderungen«, verbunden »mit der vollkommenen Unfähigkeit, den Erfordernissen der Zeit entsprechend etwas Positives zu schaffen«[43]. Newman war gewarnt worden, daß er *in Rom sehr wenig Theologie* finde, und als Ergebnis seiner eigene Erfahrung kam er zu dem Schluß, daß man *auch sehr wenig Philosophie* fand. Von der Zeit an, da Newman katholisch geworden war, nahm er mit Erschrecken den niedrigen intellektuellen Standard allzu vieler seiner Glaubensgenossen wahr, denen inbesondere eine kritische Würdigung der Theologie zu fehlen schien. Newman beobachtete auch scharfsichtig den wachsenden Klerikalismus im römischen Katholizismus, und in seiner brillanten satirischen Attacke auf antikatholische Vorurteile in den *Lectures on the Present Position of Catholics in England* (Vorlesungen über den gegenwärtigen Zustand der Katholiken in England, 1851) schloß er in einem Appell an die Laien: »Ich wünsche eine Laienschaft, nicht anmaßend, nicht unbedacht in der Rede, nicht diskussionslüstern, aber Leute, die ihre Religion kennen, die in sie eindringen, die genau wissen, wo sie stehen, und die wissen, was sie glauben und was nicht, die ihr Credo so gut kennen, daß sie Rechenschaft darüber ablegen können, die so viel von Geschichte verstehen, daß sie es verteidigen können. Ich wünsche eine intelligente und wohlgebildete Laienschaft.«[44]

Eine Gelegenheit für die höhere Bildung der Laien und ein Rahmen, in dem Klerus und Laien zusammen arbeiten könnten, fand sich, als Newman eingeladen wurde, eine *katholische Universität in Dublin* zu errichten (1851). Mit der Zeit führten allerdings die Einschränkung der Möglichkeiten im Universitätsaufbau und die Erfordernisse seines häuslichen Oratoriums in Birmingham dazu, daß er die Sache aufgab. Inzwischen war Newman jedoch mit einem ersten Dilemma konfrontiert worden, das er in den »Discourses on the Nature and Scope of University Education« abhandelte (jetzt Teil der Monographie Idea of a University, 1852). In Oxford war die gefährliche Tendenz gewesen, die Bedeutung der Offenbarung zu verkleinern; bei der vorgesehenen katholischen Universität in Dublin war die umgekehrte Gefahr zu befürchten, den anderen Disziplinen die Theologie vorzuenthalten. Newman vertrat die Ansicht, die Universität solle den weiten Bereich des Wissens decken, und deshalb sei es nicht tragbar, Theologie dort auszuschließen. In der Tat, wenn Theologie an der Universität nicht

[43] LD XI, 279; vgl. XII, 104
[44] PresPos, 390

gelehrt werde, so würden andere Disziplinen unvermeidlich ihren Bereich und ihre Funktion usurpieren. »Ich sage, wenn die verschiedenen Wissenszweige, die den Lehrgegenstand einer Universität ausmachen, derart zusammenhängen, daß keiner vernachlässigt werden kann, ohne damit die Vollkommenheit der übrigen zu schädigen, und wenn die Theologie ein Wissenszweig von weiter Verbreitung, von philosophischer Struktur, von unermeßlicher Bedeutung und von höchstem Einfluß ist, zu welch anderer Schlußfolgerung können wir aufgrund dieser beiden Prämissen gelangen als zu der, daß der Ausschluß der Theologie in öffentlichen Schulen nichts Geringeres bedeutet als eine Minderung der Vollständigkeit und damit eine Schädigung der Vertrauenswürdigkeit und der Wahrheit all dessen, was tatsächlich in ihnen gelehrt wird?«[45]

Newman selbst glaubte, daß die Schwäche der zeitgenössischen katholischen Theologie weithin das Ergebnis der *Zerstörung der großen katholischen theologischen Schulen* war, die während der Unruhen zu Beginn des 19. Jahrhunderts stattgefunden hatte. – Natürlich war eine Universität kein Kloster oder Seminar, und ihre Lehre durfte nicht vom Zusammenhang mit der Welt getrennt werden. »Wenn die Literatur zum Studium der menschlichen Natur dienen soll, so kann man keine christliche Literatur haben. Es ist ein offensichtlicher logischer Widerspruch, eine sündenlose Literatur des sündigen Menschen schaffen zu wollen.«[46] Wenn man einem Studenten »die Meister der menschlichen Gedanken (vorenthält), die ihn in gewissem Sinne gebildet hätten, wegen der ihnen beiläufig anhaftenden moralischen Verderbtheit«, hat man alles erreicht, außer dem: »daß man ihm die Welt zu einer Universität gemacht hat«[47].

Natur und Gnade, Vernunft und Offenbarung können einander nicht widersprechen, da sie vom selben Schöpfer kommen; gleichwohl ist der Name Galilei eine hinreichende Erinnerung an die »Eifersucht und Feindseligkeit« zwischen *Theologen und Naturwissenschaftlern*[48]. Der »herrscherliche Intellekt« weiß, »daß die Wahrheit der Wahrheit nicht widersprechen kann...; daß die Wahrheit oft *scheinbar* mit der Wahrheit in Widerspruch steht...; daß wir solchen Schein geduldig ertragen müssen und nicht vorschnell die Behauptung wagen dürfen, er sei wirklich von gefährlicherer Natur«[49].

Im Jahre *1875* machte Newman die interessante Bemerkung, daß man mit T. Huxley (1825 – 1895) auskommen könnte, wenn er in seiner

[45] U 68
[46] U 222
[47] U 225
[48] U 214
[49] U 274

Lehre bescheiden wäre, aber da er intolerant sei, sei er unerträglich[50]. »Selbst was wahr ist, kann auf eine unwahre Weise gesagt werden oder zur Unzeit. Es ist für jedes Ding eine Zeit.«[51] Wenn eine naturwissenschaftliche oder historische Erkenntnis im Widerspruch zu den Glaubenslehren zu stehen scheint, dann »wird sich schließlich herausstellen, daß dieser Punkt entweder *nicht* bewiesen ist oder gar *keinen Widerspruch* enthält oder aber nicht etwa einem *wirklichen Offenbarungsinhalt*, sondern etwas anderem widerspricht, was man mit Offenbarung verwechselt hatte.«[52]

Zwar hätten Naturwissenschaftler Glaubensaussagen zu respektieren und Ärgernis zu vermeiden, aber sie müßten nicht auf religiöse Meinungen, volkstümliche Überlieferungen oder selbst theologische Ansichten Rücksicht nehmen, die außerhalb ihres Forschungsbereiches liegen. Akademische Freiheit, so sicher und günstig sie für die Theologie sei, sei jedenfalls für wissenschaftlichen Fortschritt und für die Überprüfung intellektueller Schwierigkeiten absolut notwendig. Solche Freiheit unterbinden hieße das Studium der Naturwissenschaften und der Geschichte unmöglich machen. »Der Irrtum mag eine zeitlang in Blüte stehen, aber am Ende wird die Wahrheit siegen. Die einzige positive Wirkung des Irrtums besteht schließlich in der Förderung der Wahrheit.«[53] Unter Umständen seien Irrtümer fruchtbarer als manche Wahrheiten: »Vielleicht sind seine Irrtümer (scil. eines Schriftstellers) gewisse von seinem System oder seiner Geistesart nicht zu trennende Zufälligkeiten, die sich unwillkürlich ergeben, aber nicht hartnäckig von ihm verteidigt werden. Jedes menschliche System, jeder menschliche Schriftsteller ist gerechter Kritik unterworfen. Aber zwingt man ihn, seine Akten zu schließen, gut, so verliert man vielleicht dadurch ein Werk, das im Ganzen trotz gelegentlicher Irrtümer (direkt oder indirekt je nach der Art des Themas) eine der besten Verteidigungen der Offenbarung gewesen wäre, die der Welt jemals gegeben wurden.«[54]

Zu Lebenszeiten Newmans rief die Entwicklung der *naturwissenschaftlichen und historischen Kritik* bedeutende Kontroversen über Interpretation und Verständnis der christlichen Offenbarung hervor. Newmans ausführliche Auseinandersetzung mit der Beziehung von Heiliger Schrift und Glaubenssymbola in *Tract 85* muß offenkundig als Teil von Newmans »katholischer« Apologetik jener Zeit verstanden werden. Darin zeigt sich sein Bewußtsein für das menschliche Element bei der

[50] LD XXVII, 379
[51] W. Ward (vgl. o. A 2), I, 423
[52] U 278
[53] U 287
[54] U 286

Abfassung und Bewahrung der Bibel, für die Rolle der frühen Kirche bei der Schaffung und Definition des Kanon und bei der bewußten und unbewußten Übernahme von christentumsfremden Praktiken und Überzeugungen. Newmans Verständnis der göttlichen Offenbarung und sein Glaube an das sakramentale System machten es ihm möglich zu zeigen, daß Gott menschliche Mittel als Werkzeuge göttlicher Gnade benützen konnte. Durch die Geschichte hindurch habe die Kirche »Lehren, die sie vorgefunden hat, wahrgenommen und aufgesucht...; für sich beansprucht, was sie richtig sagten, und ihre Irrtümer korrigiert; ihre Mängel ausgeglichen, ihre Anfänge vollendet, ihre Vermutungen erweitert und solchermaßen mit ihrer Hilfe die Reichweite ihrer Lehre ausgedehnt und deren Sinn verfeinert. Weit entfernt davon, daß ihr Credo von zweifelhafter Glaubwürdigkeit wäre, weil es fremden Theologien ähnlich ist, glauben wir sogar, daß es ein spezieller Weg war, auf welchem die göttliche Vorsehung uns göttliches Wissen zuteil werden ließ, indem sie die Kirche befähigte, es aus der Welt zusammenzuholen und zu sammeln«[55].

Newman scheint z. B. nie eine Schwierigkeit gehabt zu haben, die naturwissenschaftlichen Beweise zugunsten der Evolution mit dem biblischen Bericht über die Schöpfung zu vereinbaren. Im Dezember 1863 erörterte er, daß der Begriff einer Erschaffung von verschiedenen Species genauso kompliziert sei wie der einer Erschaffung von ausgewachsenen Bäumen mit ihrem eigenen Samen oder von Felsen, die Fossilien enthielten. Es sei gleichermaßen eigentümlich, daß Affen Menschen so ähnlich sind, ob man eine Verbindung leugnet oder behauptet. Es sei gleichermaßen wunderbar, ob es einen Geschichtsverlauf gegeben hat, der erklärt, wie Fossilien in die Felsen kamen oder nicht. Newman hielt an der Ansicht fest, daß er entweder *ganz mit Darwin einig gehen müsse oder die Geschichte völlig ignorieren* und die Erschaffung von Felsen mit Fossilien und verschiedener Species annehmen. Newman konnte sich nie vorstellen, weshalb »der Darwinismus als unvereinbar mit der katholischen Lehre betrachtet werden solle« und sah »nichts in der Theorie einer Evolution, was mit einem allmächtigen Schöpfer und Erhalter unvereinbar sei«. Deshalb gab er 1870 E. B. Pusey zu bedenken: »Darwin behauptet nicht, daß er der Religion widerstreite. Ich denke, daß er so gut einen Grad verdient wie viele andere, die einen hatten.«[56]

Anfang der 1860er Jahre benützte Newman *das Beispiel von Galilei*, um zu zeigen, daß zeitgenössische Konflikte zwischen Naturwissenschaft und Religion nicht mit Krisenstimmung und heftigen Gegenaktionen

[55] ECH II, 232

[56] LD XXV, 138; vgl. LD XXVII, 44; vgl. PhNb II, 158

behandelt zu werden brauchen – aus dem simplen Grund, weil dies schon früher und zwar unnötigerweise der Fall gewesen sei. Die Erkenntnis, daß die Genesis von »ökonomischer« Art war, daß es mit Vernunft begabte Präadamiten gab, daß seit Noach schon 20000 Jahre vergangen sein sollten, konnte doch nicht so alarmierend sein oder der Offenbarung »bedrohlich« wie die Tatsache, daß früher die größten Theologen der Überzeugung gewesen waren, wissenschaftliche Fachergebnisse widersprächen der Heiligen Schrift, und daß sie als häretisch verurteilten, was tatsächlich wahr war. Das Schicksal Galileis habe deutlich gemacht, daß die inspirierten Schriftsteller kein profanes Wissen offenbarten, daß natürliche Wahrheit nicht dazu gebraucht werden dürfe, die Offenbarung zu leugnen und daß in allen theologischen Kontroversen Mäßigung und Ruhe notwendig war. Obgleich die Kirche das Recht habe, gewisse Veröffentlichungen zu verbieten, gebe doch der Fall Galilei Anlaß, an der Klugheit eines solchen Verfahrens zu zweifeln, da die Autoritäten, die solche Verbote einst ausgesprochen hätten, sie später wieder hätten rückgängig machen müssen[57].

Besonders erhellend für diesen Zusammenhang dürfte sein, was Newman 1857 schrieb: »Ein gutes Beispiel für die Unterscheidung zwischen Vorstellungskraft (Imagination) und Verstand ist dies: daß ich keine Befürchtung habe, ein Buch wie das von M. Comte zu lesen, von dem man sagt, es sei atheistisch, während ich Angst *habe,* in das Leben Christi von Strauß hineinzuschauen.«[58]

Aber obgleich Newman in der Gesamttendenz gegenüber historischen Ansprüchen vorsichtiger war als gegenüber naturwissenschaftlichen, akzeptierte er die Möglichkeit des Mythos und des Irrtums in der Heiligen Schrift. 1872 sagte er zu H. P. Liddon (1829 – 1890), Kanonikus an der St. Pauls Kathedrale in London, daß es offenkundig notwendig sei, sich mit der Frage auseinanderzusetzen, ob nicht gewisse Partien im Alten Testament mythisch seien. Einige Jahre zuvor hatte er in einem Brief von 1865 mit R. H. Hutton (1826 – 1897) darüber korrespondiert: »Warum halten Sie es für ausgemacht, daß ich in der Bibel keine historischen Irrtümer zugebe? Das ist eine Frage der Tatsachen – Tatsache ist Tatsache und kann bewiesen werden. Vielleicht hält ein anderer für einen Beweis, was ich nicht dafür halte. Vielleicht werde ich aus Ehrfurcht und Verehrung einem heiligen Schriftsteller

[57] J. Seynaeve, Cardinal Newman's Doctrine on Holy Scripture. Louvain 1953, 60*ff.

[58] J. D. Holmes, Ed., The Theological Papers of John Henry Newman on Biblical Inspiration and on Infallibility. Oxford 1979, 46. – A. Comte (1798–1857) veröffentlichte sein Hauptwerk »Système de politique positive« bereits 1822. – »Das Leben Jesu« des evangelischen Tübinger Theologen David Friedrich Strauß (1808–1874), in dem die Mythen-Theorie auf die Evangelien bzw. auf Jesus angewendet wird, erschien 1835/36.

gegenüber nicht an dem herumkratzen, was ein anderer für einen ausreichenden moralischen Beweis hält –, aber ich werde sicher meine Augen nicht vor historischen Beweisen verschließen; noch ist es unvereinbar damit, daß ich Katholik bin, wenn ich das sage. Allerdings ist der Fall anders, wenn man zur ›moralischen Autorität‹ des geschriebenen Wortes kommt, weil, so denke ich, wir nicht dieselbe natürliche Fähigkeit haben, moralische Fragen zu klären, wie Tatsachen ausfindig zu machen.«[59]

Theoretisch nahm Newman also die Möglichkeit an, daß eine naturwissenschaftliche oder historische Tatsache, von der christlicher Glaube abhängt, widerlegt werden könnte, obgleich er aus dem Glauben heraus darauf vertraute, daß das niemals der Fall sein würde. Einmal spricht Newman von feindseligen Wissenschaftlern, die darauf vertrauen, daß sie schließlich eine »harte Tatsache« finden würden, die der Offenbarung widerspräche[60]. Aber selbst, wenn ein Beweis geliefert würde, der ein geschichtliches Ereignis von besonderer theologischer Bedeutung widerlegte, so sei es ganz legitim, argumentiert Newman, geduldig auf weitere Ergebnisse zu warten, die zu einem anderen Schluß kommen. Das ist ein Aspekt seiner geistigen Gesamttendenz. Newman bestand darauf, daß die Vernunft, wenn sie richtig gebraucht wird, letzten Endes den Gottesglauben und das Christentum rechtfertigen würde. In der konkreten Situation jedoch, wenn der Mensch in Versuchung war, die unsichtbare Wirklichkeit zu vergessen und zu ignorieren, war deshalb ein *autoritativer Wächter der Offenbarung* notwendig, um die religiöse Wahrheit zu bewahren.

Während der Kontroversen über die Freiheit theologischer und insbesondere exegetischer Forschung, die der Veröffentlichung der Essays and Reviews vom Jahre 1860 folgten, konnte Newman darauf hinweisen, daß Katholiken davon nicht so sehr betroffen waren wie andere Christen, weil Katholiken nicht allein von der Heiligen Schrift abhängig waren, sondern eine ausreichende Basis des Glaubens in der unfehlbaren Kirche hatten. Newman nahm an, daß der Glaube an die *biblische Inspiration* Katholiken keine Schwierigkeiten verursachte. Erst als das Erste Vatikanische Konzil den Begriff der Inspiration genauer definierte und so die Freiheit, mit der Katholiken vorher biblische Fragen hatten erörtern können, beträchtlich eingrenzte, sah sich Newman 1884 verpflichtet, *die Lehre der Kirche über die Inspiration der Heiligen Schrift* darzustellen. Er schrieb zwei Artikel als Antwort auf den Einwand einiger Katholiken wie anderer Christen, daß die katholische Kirche darauf bestehe, gewisse biblische Aussagen ohne Rücksicht auf

[59] LD XXI, 482f.; vgl. LD XXVI, 66
[60] U 324

die Erkenntnisse der Bibelkritik anzunehmen. Newman argumentierte, daß die Irrtumslosigkeit der Bibel als religiöse Urkunde sich nicht auf naturwissenschaftliche und geschichtliche obiter dicta (d. h.: nebenbei Gesagtes) erstreckt, sondern auf Aussagen über Glaube und Sitte und die damit verbundene Geschichte.

Obgleich Newmans Essays ein Versuch waren, die kirchliche Lehre darzustellen bzw. auszulegen, nahm er die Gelegenheit wahr – und das ist für ihn charakteristisch –, seine Vorstellung über die *pastorale Rolle von Theologen* und ihre Verantwortung gegenüber weniger informierten Mitgliedern der Kirche zu erläutern. »In bestimmten Fällen, wenn es sich nicht um glaubensverpflichtende Dinge handelt, kann es eine Pflicht des Schweigens geben. Wir wollen annehmen, daß eine neue Ansicht über die Heilige Schrift und ihren Inhalt gut begründet ist und daß eine überlieferte Ansicht in einem Fall, in dem die Kirche bisher nichts entschieden hat, bezweifelt wird, so daß auf eine neue Frage eine neue Antwort aussteht. Hier ist die Verkündigung der neuen Ansicht abstrakt gesehen erlaubt, aber in der Praxis nicht immer zulässig. Die neue Ansicht kann so erschreckend sein, daß es ganz gewiß sein muß, daß sie wahr ist. Sie könnte so seltsam sein, daß sich die Frage erhebt, ob sie nicht weniger Gebildete beunruhigen wird – d. h., obgleich also die Veröffentlichung keinen Verstoß gegen den Glauben enthält, könnte sie ein Verstoß gegen die Liebe sein. Sie muß nicht häretisch sein, und doch kann sie zu einer bestimmten Zeit oder an einem bestimmten Ort so sehr der vorherrschenden Meinung in der katholischen Bevölkerung entgegenstehen – wie im Fall Galilei –, daß der Eifer für die oberste Geltung des Wortes Gottes, die Unterordnung unter die bestehenden Autoritäten, die Liebe zu den Schwachen und Unwissenden und das Mißtrauen sich selbst gegenüber einen Menschen davon abhalten sollte, stürmisch oder nachlässig in Umlauf zu setzen, was er selbst auf jeden Fall für wahr hält und nicht leugnen kann, wenn er danach gefragt wird. Das Gottesvolk hat in solchen Dingen einen Anspruch auf unsere Feinfühligkeit, den Kritik und Geschichte nicht haben.«[61]

In einer bewegten Zeit, als öfter alte Erkenntnisse revidiert werden mußten, versuchte Newman selbst die Lösung der schwierigen Aufgabe, die verschiedenen Verantwortlichkeiten als Seelsorger und als Forscher miteinander zu verbinden. Er nahm die Verpflichtung der Liebe zu den Unwissenden ebenso ernst wie den Anspruch der Gebildeten. Erstere sucht er vor unklugen Übertreibungen von Theologen und anderen Wissenschaftlern zu schützen und letztere vor den Eingriffen unerleuchteter Vertreter kirchlicher Autorität. Die Kirche ist nicht nur

[61] J. D. Holmes/R. Murray, Ed., J. H. Newman – On the Inspiration of Scripture. London 1967, 104f.

das Organ der Wahrheit, sondern auch eine Organisation, die sich mit dem religiösen Leben und dem Frömmigkeitsleben der Gemeinschaft der Christen befaßt. Eine Schwierigkeit, die Newman in diesem Zusammenhang erkannte, war, daß »Neues für die, die nicht darauf vorbereitet sind, oft soviel wie Irrtum ist, weil es nicht bruchlos in ihre Vorstellungswelt eingeht«[62].

Newman war in allen theologischen Fragen Glaube und Liebe verpflichtet, beides »konservative« Prinzipien: eines auf Offenbarung und Dogma bezogen, das andere auf die Gefahr, dem Volk Gottes Ärgernis zu geben.

V. Polemische Schriften zu aktuellen Grundfragen des Glaubens (1859 – 1875)

Obgleich Newman einen »festen, ungetrübten Glauben an die katholische Kirche« hatte, war er sich auch »der elenden Mängel (bewußt), die es gab«[63]. Die Kirche ist die Wächterin der Offenbarung und hat das göttliche Versprechen, daß sie diese Offenbarung letzlich nicht verderben oder zerstören könne. Trotzdem kann die Kirche geoffenbarte Wahrheiten verdunkeln oder übertreiben, ihre christlichen Vorzüge nicht genügend schätzen und zu wenig Verständnis für Gottes Gegenwart zeigen. Die Position der Laien oder des Episkopats können z. B. unterschätzt werden in einer Zeit, in der die päpstlichen Kreise in wachsendem Maße mit der Verteidigung ihrer irdischen Macht beschäftigt sind und da die Autorität in der Kirche zunehmend zentralisiert wird. Newman widmete sich auf der praktischen und auf der apologetischen Ebene der Aufgabe, diese »elenden Mängel« zu beseitigen, die die Sache der Kirche bei ihrer Verkündigung der Offenbarung in England hinderte.

Zwischen 1848 und 1864 wurde Newman in die *Geschichte der Zeitschrift »Rambler«* verwickelt, und infolge einer Kontroverse über die Position der Laien wurde er zuerst gebeten, die Herausgeberschaft der Zeitschrift zu übernehmen und danach sie wieder aufzugeben. Newman schrieb einen Artikel *»On Consulting the Faithful in Matters of Doctrine«* (Über die Befragung der Gläubigen in Sachen der Glaubenslehre, 1859), in dem er erklärte, daß eines der Mittel, die Offenbarungswahrheit herauszufinden, darin bestand, die Glaubensüberzeugungen der einfachen Gläubigen zu erforschen. Er betonte den *Konsens der Gläubigen als einen Kanal der Glaubensüberlieferung;* damit berührte

[62] VM I S. LII (vgl. dtsch. – s. o. A 36, S. 41)
[63] LD XIX, 10

er seine Entwicklungstheorie, insofern er auf eine Entwicklung des impliziten Glaubens verwies. Die Gläubigen seien mehr als nur Zeugen der Wahrheit, sie hätten vielmehr einen Instinkt für den Inhalt des Glaubens und würden durch einen »illative sense« (Folgerungssinn)[64] erleuchtet; sie hätten den Heiligen Geist empfangen und würden von ihm geleitet.

»Ich denke, daß die Ecclesia docens (die lehrende Kirche) sicher glücklicher ist, wenn sie solche begeisterte Anhänger um sich hat, wie es hier dargestellt ist«, schreibt Newman im Blick auf die Kirche des Altertums, »als wenn sie die Gläubigen vom Studium ihrer göttlichen Lehren sowie vom Mitfühlen ihrer heiligen Betrachtungen fernhält und von ihnen nur eine ›fides implicita‹ an ihr Wort haben will, die bei Gebildeten mit Indifferenz und bei Armen mit Aberglauben enden wird.«[65]

Die Kirche sei nicht nur ein Rechtsorgan, das von Beamten regiert werde, sondern eine Gemeinschaft mit einem gemeinsamen Gewissen all ihrer Mitglieder. Bischöfe und Priester bildeten mit den Laien eine Körperschaft, der zu vertrauen und die zu konsultieren sei. Diese Ansichten fanden bei Vertretern klerikaler hierarchisierender Tendenzen keine Sympathie. Newman wurde seines Artikels wegen in Rom angezeigt und infolge von Mißverständnissen blieb er in den Jahren nach 1859 verdächtig. Einst hatte seine Treue zur Kirche ihn dazu geführt, katholisch zu werden; aber jetzt schien er in dieser Kirche nutzlos und zur Untätigkeit verurteilt. So schrieb er im Jahre 1863: »Die Katholiken in England sehen eben infolge ihrer Blindheit nicht ein, daß sie blind sind. Die Lage und Verfassung der katholischen Gemeinschaft bessern zu wollen durch eine sorgfältige Überwachung ihrer argumentativen Basis und ihrer Stellung zu der Philosophie und dem Charakter der Zeit, durch Mitteilung richtigerer Meinung, durch Ausweitung und Verfeinerung ihres Geistes, mit einem Wort durch Bildung, ist darum (in ihren Augen) mehr als ein Zuviel oder ein Steckenpferd, es ist eine Beleidigung. Es deutet ja darauf hin, daß sie in gewichtigen Punkten Mängel aufweisen. Von Anfang an ist Bildung in diesem weiten Sinn des Wortes stets meine Grundrichtung gewesen, und neben der Enttäuschung, die sie verursachte, weil sie Konversionen verhältnismäßig in den Hintergrund drängte, und neben dem Ärgernis, das sie erregte, weil sie darauf bestand, bei den Katholiken sei noch Raum zu Verbesserungen, hat sie zudem noch die leitenden Kreise hier und in Rom ernstlich verdrossen:

64 Der Illative sense ist nach Newman das Äquivalent im noetischen Bereich zum Gewissen im ethischen. Vgl. dazu u. a. J. Artz, Illative Sense und Gewissen: H. Fries u. a., Newman-Studien XI, Nürnberg 1980, 123–142

65 P 292

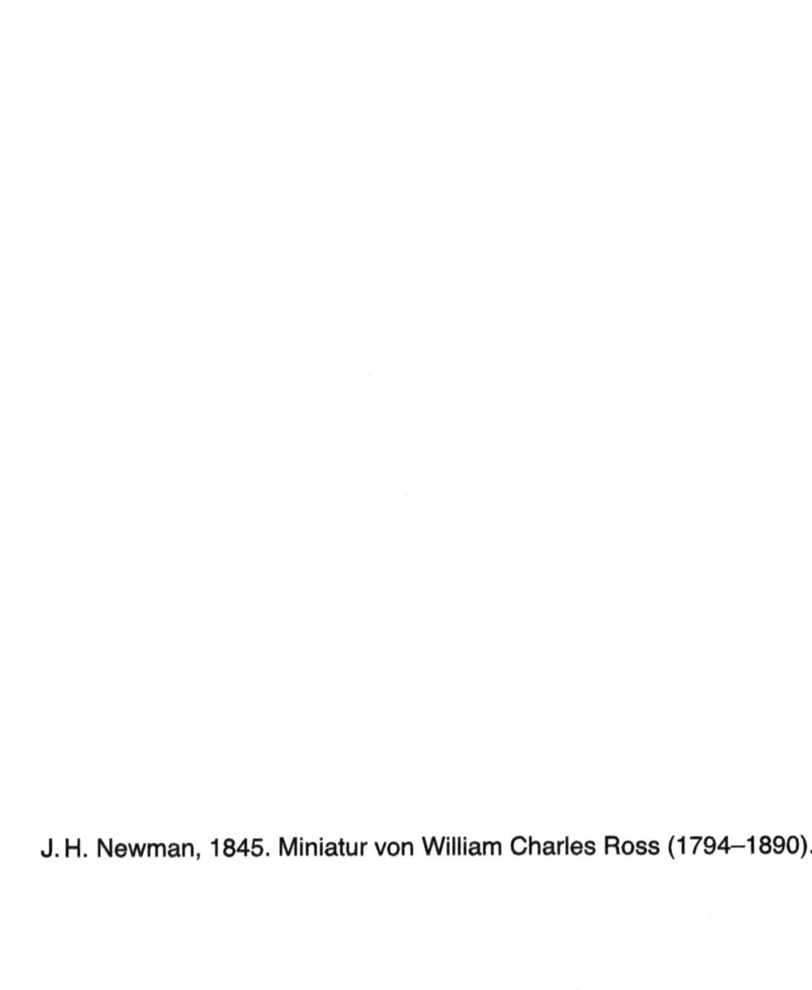

J. H. Newman, 1845. Miniatur von William Charles Ross (1794–1890).

in Rom jene philosophischen Kreise, die sich mit Polemik befassen. *Ich* möchte tatsächlich gerne den Versuch machen, die großen Tagesfragen des Unglaubens etc. zu widerlegen, aber Propaganda und Episkopat, die selbst nichts tun, betrachten jeden, der es versucht, mit dem größten Mißtrauen. Sie geben keine Anerkennung für das, was einer recht macht, und stürtzen sich dagegen mit Strenge auf jeden Punkt, in dem er gefehlt haben mag.«[66]

Als sich Newman zu Beginn des Jahres 1864 solchermaßen entmutigt und vernachlässigt fühlte, wurde er in eine Kontroverse mit dem anglikanischen Theologen und Schriftsteller Charles Kingsley (1819 – 1875) verwickelt, die die Publikation seiner *Apologia pro Vita sua* zur Folge hatte. Zu jener Zeit war Newman durch die äußeren Umstände ein »unvermeidlicher Autobiograph« (O. Chadwick) geworden. Als Kingsley Newmans Leben als Anglikaner und seine Treue zur Kirche von England vor 1845 in Frage stellte, war Newman deshalb willens und in der Lage, seinen Lebensverlauf und seine Rolle als Führer der Oxfordbewegung im Rückblick noch einmal zu überschauen.

Das Ergebnis zeigte, daß »es möglich war, römisch-katholisch zu werden und nicht auf der Gemeinschaft herumzutrampeln, der du einmal deine höchsten Ideale schuldetest«[67]. Das Buch hatte für einige Anglikaner eine erschütternde Wirkung: »Wärme statt Eis, Großzügigkeit statt Enge, Zuneigung, wo sie auf Ärger gefaßt waren. Als die Jahre dahingingen, trug die Apologia dazu bei, bei protestantischen Engländern verstehen zu helfen, daß römisch-katholische Priester menschlich sein könnten *und* englisch und weitherzig.«[68]

Ultramontane Katholiken waren jedoch verärgert über die liberalen Züge in diesem Buch, über die bekundete Kontinuität mit der Kirche von England und die Sympathie für sie, vor allem über Newmans Darstellung der Unfehlbarkeit. Als römischer Katholik mußte sich Newman der Frage stellen, wie die Kirche der Vorkämpfer für die christliche Offenbarungsreligion sein konnte, wenn sie diese Offenbarung dem ipse dixit ihrer eigenen *Unfehlbarkeit* unterwarf. Zu Beginn des Jahres 1864 hatte Papst Pius IX. ein *Breve an den Erzbischof von München* geschickt, im dem die Rede des Münchener katholischen Kirchengeschichtlers I. v. Döllinger (1799 – 1890) implizit verurteilt wurde, die er bei einem Kongreß deutscher katholischer Gelehrter gehalten hatte. Döllinger hatte die Bedeutung der historisch-kritischen Forschung in der Theologie betont und die Notwendigkeit, zwischen göttlicher Offenbarung und theologischer Spekulation zu unterschei-

66 SB 336
67 O. Chadwick, The Victorian Church. London 1970, II, 413
68 Ebd. 415

den. Er hatte Denunziationen und Zensuren beklagt, die ernsthaftes Forschen entmutigten und hatte die italienische und scholastische Theologie in einem Vergleich der Gelehrsamkeit deutscher theologischer Schulen hintangesetzt. Das Münchener Breve forderte, daß alle *theologische Forschung im Geist des Respekts und der Unterordnung unter die kirchliche Autorität* zu geschehen habe. Katholisches Denken solle vom ordentlichen Lehramt der Kirche, von dogmatischen Definitionen und den Lehren anerkannter Theologen geleitet sein. Das päpstliche Schreiben schloß ein, daß katholische Gelehrte die Entscheidungen der römischen Kongregationen zu respektieren hätten, wozu auch der Index der verbotenen Bücher von 1864 gehörte und zeitgenössische theologische Meinungen, soweit sie von den Bischöfen akzeptiert seien.

Newman verstand das Breve als eine Aufforderung, sich nicht mehr zu äußern. Es band ihm die Hände als Apologet und nahm Wissenschaftlern den Spielraum, den sie zur Forschung brauchten. Um 1863 äußerte Newman die Ansicht, daß die englischen Katholiken unter einem fast militärischen Gehorsam gegenüber der römischen Propaganda-Kongregation standen, die wie ein Geschäftsmann mit Zivilbediensteten mit ihnen umging. Ihre Haltung machte jeden Versuch, zeitgenössische Probleme zu lösen, zu einem Kampf unter der Peitsche oder mit Ketten am Arm[69]. Später gab Newman seinen Befürchtungen Ausdruck, daß ultramontane Einstellung zu unausgewogenen kirchlichen Entscheidungen führen und eine einengende Wirkung auf die Kirche selbst haben könnte, die er als eine Art Novatianismus beschrieb. John Dalberg-Acton drängte Newman aufgrund des Erfolgs der *Apologia pro Vita sua* und der Sympathie, die er damit errungen hatte, nicht nur seine eigene Integrität zu verteidigen, sondern sich mit denen zu befassen, die geradezu »zur Unwahrheit in der Kirche positiv ermutigen« würden, und Newman versprach ihm, »so weit (zu gehen) wie ich überhaupt je kann«[70]. Die Verteidigung des katholischen Systems im fünften Kapitel der *Apologia* ist ein impliziter Angriff gegen die *Ultramontanen.* Auch die Kritik fremder Frömmigkeit (italienischer Andachten), die nicht zur englischen Mentalität passe, ist in dieser Richtung zu verstehen, ebenso das Lob für die Kirche von England und die Hervorhebung spezifisch englischer Dinge. Newman bestätigte seine Glaubenstreue und verteidigte die Notwendigkeit der Lehre von der Unfehlbarkeit, aber er verwies auch auf ihre negative und einschränkende Seite und verurteilte die gewaltsame katholische Gruppe, die Meinungen in Dogmen umsetzen und jede Gedankenrichtung außer ihrer eigenen unterbinden wollte.

[69] Vgl. A 307
[70] LD XXI, 94

Newman verteidigte die akademische Freiheit und unabhängiges Denken. Nach seiner Meinung war es auch der Sinn der Unfehlbarkeit, extreme theologische Positionen zu verhindern und die Freiheit und Kraft des menschlichen Denkens zu garantieren. Am Ende werde es nur wenige unfehlbare Äußerungen geben, war Newmans feste Ansicht 1864, und sie würden sich auf Glaube und Sitte beschränken, sie würden nur nach langen Untersuchungen über die gegenwärtige Glaubensüberzeugung der Katholiken gemacht werden. Es ist so gesehen nicht unverständlich, daß Newmans Ansichten von den Ultramontanen heftig angegriffen wurden und man Anstrengungen unternahm, um ihn in Rom weiter anzuschwärzen.
Als Anglikaner hatte Newman versucht, die geoffenbarte Religion und ihre Integrität wiederherzustellen, als Katholik versuchte er, Exzesse zu mildern, wenn z. B. ultramontane Kreise für extreme Interpretationen der päpstlichen Unfehlbarkeit eintraten oder für übertriebene Andachtsformen zur seligen Jungfrau Maria.
Im Jahre 1865 veröffentlichte Newmans einstiger Mitstreiter in der Oxford-Bewegung E. B. Pusey (1800 – 1882) ein *Eirenicon,* in dem er behauptete, die übertriebene Verehrung Marias und die überzogenen Ansprüche der päpstlichen Unfehlbarkeit seien die Haupthindernisse für die Einheit der Kirchen. Obgleich Newman die Kritik Puseys nicht für fair hielt, erkannte er die Bedeutung seiner Vorwürfe und würdigte die Ansicht, daß die Einheit der Christen von der Beseitigung sowohl der Übertreibungen auf römisch-katholischer Seite als auch von der Behebung von Mängeln auf anglikanischer Seite abhing. In einem *Letter to Pusey* (1865) distanzierte sich Newman ausdrücklich von ultramontanen Ansichten und bestritt, daß ihre Meinungen über Mariologie und Infallibilität allgemein in der römisch-katholischen Kirche vertreten würden. Die *Marienfrömmigkeit* könne nicht mit der Christusfrömmigkeit verglichen werden:
»Er allein hat Zugang zu unserer Seele. Er allein liest unsere geheimen Gedanken, spricht zu unserem Herzen, wendet uns geistliche Verzeihung und Kraft zu. Von ihm allein hängen wir ab. Er allein ist unser inneres Leben. Er gibt uns nicht nur das Leben wieder, sondern (um Worte zu gebrauchen, die einem noch höheren Geheimnis angemessen sind) semper gignit; Er erneuert immerfort unsere neue Geburt und unsere himmlische Sohnschaft. In diesem Sinne kann Er wie der Natur so auch der Gnade nach unser wahrer Vater genannt werden. Maria ist nur unsere Mutter durch göttliche Berufung; sie wurde uns vom Kreuz herab geschenkt. Ihre Gegenwart ist über, nicht auf der Erde; ihr Walten ist äußerlich, nicht in uns. Ihren Namen hört man nicht bei der Spendung der Sakramente. Ihr Werk ist nicht das eines priesterlichen Dienstes an uns; ihre Macht ist indirekt. Es sind ihre Gebete, die uns zu

Hilfe kommen, und ihre Gebete werden wirksam durch das Fiat dessen, der unser Alles in Allem ist.«[71]

Seit 1845 hatte Newman die *Lehre von der Unfehlbarkeit* der Kirche angenommen, aber seine Interpretation dieses Glaubenssatzes war gemäßigter als die der ultramontanen Gruppe in England und andernorts und er war gegen die Definition dieser Lehre zu einer Zeit, da sich kirchliche Vollmacht in zunehmender Weise in Rom zu zentralisieren schien. Seine Gegner machten sich die weltweit unter den Katholiken herrschenden Sympathie für Pius IX. während des italienischen Risorgimento und die damit ausgelöste Unterstützung des Papstes zunutze, um ihre Sicht der päpstlichen Unfehlbarkeit als eine Qualität zu propagieren, die *jeder* offiziellen päpstlichen Äußerung eigen sei. Wäre dieser Anspruch zum Glaubenssatz erhoben worden, hätte er den Begriff der geoffenbarten Religion völlig unterhöhlt. Deshalb machte Newman aufmerksam, daß ein solches Verständnis der päpstlichen Unfehlbarkeit nur schwerlich oder gar nicht mit der Offenbarung und den historischen Tatsachen vereinbar war. Aus diesem Grund betonte Newman nun in der Folgezeit die Grenzen der Unfehlbarkeit des Papstes. Er wies darauf hin, daß eine Definition dieser Lehre nicht bedeuten würde, daß man damit »mehr« glauben müßte, sondern lediglich den Sitz der Unfehlbarkeit deutlicher herausstellen würde, also welche Autoritäten in der Kirche vor Irrtum geschützt seien, wenn sie in feierlicher Weise Offenbarungslehren verkünden. Wenn der Papst als unfehlbar definiert werde, sei er dies nur, insofern er als Haupt der unfehlbaren Kirche handle. Newman war der Ansicht, daß eine Definition der Glaubenslehre unzeitgemäß sei, unnötig die Katholiken beunruhigen und den Indifferentismus unter ihnen fördern würde, daß die apologetischen Aufgaben dadurch noch schwieriger würden und man Christen anderer Kirchen befremde. Dies war der Hintergrund zu einem der leidenschaftlichsten und vertraulichsten Briefe, die Newman je in seinem Leben geschrieben hat.

»Zu einem Zeitpunkt, da wir uns alle in Ruhe befinden, keine Zweifel haben und zumindest praktisch, um nicht zu sagen der Lehre nach, glauben, daß der Heilige Vater unfehlbar ist, erschallt plötzlich aus heiterem Himmel ein Donner und man sagt uns, wir sollen uns auf etwas vorbereiten, von dem wir nicht wissen, was es ist, das unseren Glauben auf die Probe stellen würde, ohne daß wir wissen wie. Es ist keine drohende Gefahr abzuwenden, sondern nur eine große Schwierigkeit zu schaffen. Ist das die richtige Aufgabe für ein ökumenisches Konzil? Was mich persönlich anbelangt, so erwarte ich Gott sei Dank gar keinen Kummer; aber ich kann nicht anders, als mit verschiedenen Seelen die

[71] P 59

Leiden mitzuleiden, und ich schaue mit Sorge auf die Aussicht, Entscheidungen verteidigen zu müssen, die für mein privates Urteil keine Schwierigkeit bereiten, aber die angesichts historischer Tatsachen nur unter größten Schwierigkeiten sachlogisch zu halten sein werden. Was haben wir getan, um so behandelt zu werden, wie Gläubige noch nie behandelt worden sind? Wann war eine Definition de fide ein Luxus der Frömmigkeit und nicht eine ernste schmerzliche Notwendigkeit? Warum soll einer aggressiven unverschämten Gruppe erlaubt werden, ›das Herz des Gerechten traurig zu machen, dem der Herr keine Sorge bereitet hat‹? Warum kann man uns nicht in Ruhe lassen, da wir den Frieden suchen und nichts Übles gedacht haben?«[72]

Am Ende war die endgültige Form der Definition maßvoll genug, um sich innerhalb der nächsten paar Jahre für alle katholischen Bischöfe als akzeptabel zu erweisen. Aber Newman sah sich genötigt, einen Großteil seiner Zeit mit der Erklärung der Definition bei vielen Mitkatholiken aufzuwenden, die oft verwirrt und enttäuscht waren.

»Was die Definition angeht, so tut es mir leid, daß Sie dadurch Kummer hatten. Nach diesem Glaubenssatz hat der Heilige Stuhl schon Jahrhunderte *gehandelt* – der einzige Unterschied besteht darin, daß er jetzt eigentlich *anerkannt* ist. Ich weiß: Das ist ein Unterschied; denn auf den ersten Blick scheint es, daß er den Papst einlädt, seine jetzt anerkannte Macht zu *gebrauchen*. Aber wir müssen ein wenig Glauben haben. Abstrakte Vorlagen bewirken wenig – die Theologie umgibt sie mit einer Reihe von Einschränkungen, Erklärungen usw. Keine Wahrheit steht für sich selbst – insofern als jede durch andere Wahrheiten in einer Ordnung und Harmonie gehalten wird. Die Dogmen in bezug auf die Heilige Dreifaltigkeit und die Inkarnation sind auch nicht alle auf einmal produziert worden, sondern Stück um Stück: Ein Konzil vollbrachte eine Sache, ein anderes eine zweite – und so wurde das ganze Dogma erstellt.

Sah der erste Teil davon extrem aus – und entstanden darüber Kontroversen –, führten diese Kontroversen zum zweiten und dritten Konzil; und diese *kehrten* das erste nicht um, sondern *erklärten* und *vollendeten*, was zuerst getan worden war. So wird es auch jetzt sein. Zukünftige Päpste werden Erklärungen geben und in gewissem Sinne ihre eigene Macht beschränken. Das wäre unwahrscheinlich, wenn sie nur als Menschen handelten, aber Gott wird über ihnen walten. Pius ist überstimmt worden – ich glaube, er wünschte sich ein viel stringenteres Dogma, als er es bekommen hat. Lassen Sie uns Glaube und Geduld haben.«[73]

[72] LD XXV, 18f.
[73] Ebd. 330

Viel von der Verwirrung, die in England durch die Definition der päpstlichen Unfehlbarkeit hervorgerufen worden war, war aufgrund der Kontroverse entstanden, die durch *W. Gladstones* herausfordernde Publikation »The Vatican Decrees in their Bearing on Civil Allegiance« (Die vatikanischen Dekrete in ihrer Auswirkung auf die bürgerliche Treue, 1874) erfolgte. Gladstone behauptete, daß die Definition der päpstlichen Unfehlbarkeit bedeute, jetzt sei die päpstliche Macht absolut geworden, weil eine Erklärung ex cathedra sich kaum auf Glaube und Sitte beschränken lassen werde, zumal Sitte und allgemeine Benehmensformen nahezu gleichbedeuten l seien. Das englische Volk erwartete also schon aus rein bürgerlich staatlichen Gründen, daß die Katholiken nach der Einführung von solchen Prinzipien, die ihren bürgerlichen Pflichten entgegenzustehen schienen, eine Erklärung abgaben.

Als Newman *Gladstone* antwortete, war er sich dessen bewußt, daß er wieder die Ultramontanen kritisieren mußte, wie es in der *Apologia* und im Brief an Pusey geschehen war:

»Ich gestehe mit tiefem Schmerz, die Katholiken haben es sich zum großen Teil selbst und niemandem sonst zuzuschreiben, daß sie sich einem so tiefreligiösen Geist entfremdet haben. Es gibt, wie man zugeben muß, Leute unter uns, die sich schon seit Jahren so aufgeführt haben, als wäre mit bösen Worten und anmaßenden Taten keinerlei Verantwortung verbunden. Sie legten Wahrheiten in der seltsamsten Form dar, und sie spannten Grundsätze so weit, daß sie beinahe zerrissen. Sie taten alles, was sie vermochten, um das Haus in Brand zu stecken, doch sie überließen es schließlich anderen, die Flammen zu löschen.«[74]

Im *Letter to The Duke of Norfolk* (Brief an den Herzog von Norfolk, 1875) betonte Newman die Tatsache und den Primat des Gewissens sowie die praktischen und psychologischen Grenzen der päpstlichen Macht. Der entscheidende Punkt war nicht, was der Papst befiehlt, sondern ob man ihm gehorchte, und dieser Gehorsam sei nur gegeben, solange der Papst innerhalb des moralischen Rahmens bleibe, der im Grunde die Quelle seiner Macht sei, auf die er sich stütze. Newman lehnte Gladstones Begriff von der Souveränität im Sinne eines Anspruchs auf absoluten Gehorsam ab. Es gebe Grade des Gehorsams, die die Art der Souveränität bestimmten, und der einzige Gehorsam, den ein Mensch üben könne, sei der, der mit seiner ethischen Einstellung zu vereinbaren sei. Sowohl Macht wie Gehorsam seien auf die Gewissenszustimmung eines Menschen gegründet.

»Wenn Anglikaner, Wesleyaner, die verschiedenen Sekten der Presbyterianer in Schottland und andere Denominationen unter uns vom

[74] P 114

Gewissen reden, dann meinen sie das, was wir meinen, nämlich die Stimme Gottes in der Natur und im Herzen des Menschen zum Unterschied von der Stimme der Offenbarung... Sie betrachten es, darin den Katholiken gleich, als den inneren Zeugen sowohl für das Dasein als auch für das Gesetz Gottes... Das Gewissen ist der ursprüngliche Statthalter Christi, ein Prophet in seinen Mahnungen, ein Monarch in seiner Bestimmtheit, ein Priester in seinen Segnungen und Bannflüchen. Selbst wenn das ewige Priestertum in der Kirche aufhören könnte zu existieren, würde im Gewissen das priesterliche Prinzip fortbestehen und seine Herrschaft ausüben.«[75]

Newman verteidigte die Autorität gegen »Liberalismus« im subjektivistischen Sinne, allerdings Autorität verstanden als die rechtmäßige Macht, zu deren Respektierung der einzelne verpflichtet war, über welche Verpflichtung darum auch jeder einzelne selbst entscheiden sollte. H. J. Laski bezeichnete den Beitrag Newmans in der Gladstone-Kontroverse »als die vielleicht profundeste Diskussion über das Wesen des Gehorsams und der Souveränität, die in englischer Sprache zu finden ist«[76].

Newman berief sich auf das »Prinzip der Sparsamkeit« (minimizing), das für eine »weise und behutsame Theologie« notwendig sei[77]. Die Offenbarung sei den Aposteln gegeben und von der Kirche überliefert worden. Dabei sei es das Amt der Kirche, die von den Aposteln anvertraute Wahrheit in ihrem ganzen Umfang und unverfälscht zu bewahren. Nach dem Tod des letzten Apostels gebe es keine neue Offenbarung mehr. Während die Unfehlbarkeit der Apostel deshalb viel weitreichender und positiver Natur gewesen sei, beschränke sich die der Kirche auf die *Bewahrung vor Irrtum* in ihrer Verkündigung der Offenbarung. Folglich habe die Kirche die Reichweite der Wahrheiten, die verpflichtend für den Glauben seien, sorgfältig auf die zu beschränken, die in der ursprünglichen göttlichen Offenbarung enthalten seien.

Newman befaßte sich auch mit der Beziehung zwischen *Dogma und Geschichte*. Zur Zeit des Konzils war Newman den historischen Schwierigkeiten und Einwänden gegen die Unfehlbarkeitsdefinition nicht ausgewichen, wie sich aufgrund seiner detaillierten Bemerkungen über die Fälle von Liberius oder Honorius zeigen läßt. Aber diese Problematik war für Newman nie eine Schwierigkeit in der Weise gewesen, wie sie andere Katholiken fühlten, vielmehr behandelte er sie immer als Einwand gegen eine Behauptung, die bereits bewiesen war. Da er die römische Kirche als die authentische Stimme der christlichen Offenba-

[75] P 161 f.
[76] H. J. Laski, Studies in the Problem of Sovereignty. London 1917, 202
[77] P 220

rung identifiziert hatte, war er bereit, als offensichtliche Konsequenz daraus die Überzeugungen und Lehren dieser Kirche anzunehmen und dieses Konzept hatte er schon lange vor den Ereignissen von 1870 akzeptiert. Im Brief an Norfolk explizierte Newman seine methodologische Konzeption im Zusammenhang mit seiner Bezugnahme auf *I. v. Döllinger,* der die päpstliche Unfehlbarkeit aus historischen Gründen abgelehnt und folglich die Kirche verlassen hatte. Newman leugnete nicht Döllingers Bezug zu den Tatsachen, aber er stellte die Art und Weise in Frage, wie jener sie benutzt hatte. Döllinger und seine Freunde hätten offenkundig mehr von der Geschichte erwartet als die Geschichte geben könne und hätten zu wenig Vertrauen in die Führung durch die göttliche Vorsehung.

»Ich für meinen Teil würde einfach erklären, daß keine Lehre der Kirche durch historische Evidenz streng bewiesen werden kann; doch zugleich auch, daß keine Lehre durch sie schlechthin widerlegt werden kann. Die historische Evidenz hat für den Erweis der katholischen Lehren eine mehr oder minder große Reichweite. Oft erbringt sie den Nachweis für die ganze Lehre, manchmal bestimmt sie nur die Richtung der Lehren, manchmal gibt es (geschichtlich gesehen) nur den Ausschluß einer Evidenz für eine ihnen entgegengesetzte Schlußfolgerung; ja, bisweilen findet sich eine offensichtliche Tendenz zu einer entgegengesetzten Schlußfolgerung. Auf jeden Fall aber bleibt ein Spielraum für die Ausübung des Glaubens an das Wort der Kirche. Wer die Dogmen der Kirche nur glaubt, weil er sie rational aus der Geschichte abgeleitet hat, der ist kaum Katholik. Der Katholik glaubt an die dogmatische Verwendung der Geschichte durch die Kirche... Schließlich liegt in allen Fällen für den Geist des Katholiken das unmittelbare Motiv für ihre Annahme nicht darin, daß die Vernunft oder die Geschichte sie ihm bewiesen hat, sondern darin, daß die Offenbarung sie vermittels jenes hohen kirchlichen Magisteriums erklärt hat, das ihr legitimer Exponent ist.«[78]

VI. Eine Phänomenologie des Glaubens (1870)

Einer der Gründe, weshalb Newman mehrere Einladungen, das Erste Vatikanische Konzil zu besuchen, ablehnte, war der, daß er am Essay in Aid of a *Grammar of Assent* arbeitete. Es war sein Versuch, das Recht des Menschen auf *Gewißheit in Glaubensfragen* grundzulegen. Newmans Gegenstand war zweifacher Art: »Der erste Teil zeigt, daß man glauben kann, was man nicht verstehen kann; der zweite Teil, daß man glauben kann, was letzten Endes nicht zu beweisen ist.«[79]

[78] P 206f.

[79] C. S. Dessain, J. H. Newman, a. a. O., 148

Begrifflichkeit und Lebendigkeit

Teil I befaßt sich mit der *Bedeutung und dem Wert von Lehrsätzen des Glaubens.* Newman leugnete immer, daß ein dogmatisch fundierter Glaube lebendiger Religiosität hinderlich sei. Obgleich lehrhafte Glaubensformeln lediglich als intellektuelle Begriffe angenommen werden könnten, würden doch solche Begriffe Tatsachen zum Ausdruck bringen und seien ebenso notwenig, wie Sprache notwendig ist. Es sei unmöglich, Gott zu lieben, ohne ihn zu *kennen,* und religiöse Hingabe erfordere ein absolutes Gegenüber, das in diesem Fall durch Wortaussagen repräsentiert werden müsse, da sinnliche Phänomene nicht in Frage kommen können. Religiöses Gefühl oder Verstehen müsse immer vom Verstand kontrolliert werden; und obgleich Theologie als Wissenschaft nicht die Lebendigkeit von *Glauben* haben mag, könnte dieser ohne *Theologie* nicht überleben. Frömmigkeit wird durch das Dogma geschützt. Glaubensformeln erhellen den Gegenstand, in den sich Vorstellungskraft und Gefühle investieren. Natürlich sei Theologie selbst ein intellektueller Prozeß, der es mit allgemeinen Begriffen zu tun habe, wohingegen es beim Glaubensakt um wirkliche Zustimmung zu einer konkreten Wirklichkeit gehe, die durch die Imagination (Vorstellungskraft) und das Herz aufgenommen werde. – Das verbindende Prinzip zwischen dem Geschöpf und dem Schöpfer ist das *Gewissen.* Es ist das Mittel, durch das Menschen eine *lebendige* Zustimmung zur Existenz Gottes geben können, die viel umfassender und darum stärker ist als rein intellektuelle Begriffe.

Gewißheit aufgrund von Wahrscheinlichkeiten

Teil II befaßt sich mit dem Problem der *Gewißheit in der Religion.* Glaube ist ein vernünftiger Akt, selbst wenn er nicht auf einem im strengen Sinn wissenschaftlichen Beweis gegründet ist. Newman dachte sowohl an die einfachen und ungebildeten Leute, die nach seinem Dafürhalten das Recht hatten, ohne Durchführung eines logischen Beweises zu glauben, wie auch an die rationalistischen Agnostiker, die es als einen Verstoß gegen die Wahrheit betrachteten, mehr anzunehmen als im strengen Sinne beweisbar ist. William Froude zum Beispiel, der Bruder von Newmans engstem Freund Richard Hurrell, auf dessen Verlangen hin die *Grammar of Assent* überhaupt geschrieben worden ist, konnte es nie verstehen, wie Wahrscheinlichkeit je zur Gewißheit führen sollte. Er leugnete, daß es in Bereichen wie Geschichte oder Politik Gewißheit geben könne. »Stärker als ich etwas anderes glaube, glaube ich dies: Niemand – weder im Bereich der üblichen Tatsachen, mit denen sich unsere tägliche Erfahrung deckt, noch im Bereich der

Geschichte oder der Polititk und a fortiori in dem der Theologie – ist nach meiner Ansicht (....) fähig, einen absolut sicheren Schluß zu ziehen. Obgleich natürlich einige Schlüsse sicherer sind als andere, ist in allen ein Element der Ungewißheit.«[80] – Newman argumentierte, daß die Agnostiker des 19. Jahrhunderts denselben Fehler machten wie die christlichen Apologeten des 18. Jahrhunderts. Es sei nicht sachgemäß, für alle Zustimmungen und Gewißheiten des Lebens strikt logische Beweise zu verlangen. Newman beanspruchte, die Tatsachen des Lebens zu akzeptieren: »Wir sind ebensowenig imstande, unsere geistige Konstitution anzunehmen oder abzulehnen wie unser Sein.«[81] »Wir müssen die Konstitution des menschlichen Geistes nehmen, wie wir sie vorfinden, und nicht, wie sie vielleicht nach unserem Urteil sein müßte.«[82] »Unser Besitz von Gewißheit ist ein Beweis dafür, daß es nicht eine Schwäche oder Absurdität ist, gewiß zu sein.«[83]

Die Grammar of Assent ist mindestens ebensosehr ein psychologisches wie ein epistemologisches (erkenntnistheoretisches) Werk. *Aldous Huxley* anerkennt, wie sehr er Newmans Psychologie des Denkens verpflichtet sei, die er als eine der scharfsinnigsten und sicherlich elegantesten Darstellungen dieser Thematik bezeichnet, die je verfaßt worden seien[84].

Informelle Folgerung und Illative sense

In den *Oxforder Universitätspredigten* hatte Newman zwischen explizitem und implizitem Denken unterschieden, was er dann in der Grammar of Assent als formales und informales Folgern bezeichnete. Formale Folgerung ist die in Worte gefaßte Logik, die bei aller Begrenztheit, die sie aufweist, den Menschen befähigt zu argumentieren. Newman aber geht es noch um die Erfassung einer anderen Denkweise: »Die Denkprozesse, die legitimerweise zu Zustimmung, Handeln, Gewißheit führen, sind tatsächlich zu vielgestaltig, zu subtil, zu vielartig, zu implizit, als daß sie ein Messen nach Regeln gestatteten; sie sind letzten Endes persönlich. Verbale Beweisführung aber stiftet nur dann Nutzen, wenn sie einer höheren Logik untergeordnet wird.«[85] Ein impliziter Denkvorgang, also informelles Folgern ist begrifflichem Denken nicht

[80] G. H. Harper, Ed., Cardinal Newman and William Froude, F. R. S., A Correspondence. Baltimore 1933, 119f.

[81] Z 43 – Repräsentativ unter den Apologeten, mit denen sich Newman auseinandersetzt, ist W. Paley, Evidences of Christianity, London 1794

[82] Z 150

[83] Z 241

[84] A. Huxley, Proper Studies. The proper Study of mankind is man. London 1957

[85] Z 212

entgegengesetzt; er erbringt vielmehr volle und legitime Evidenz, die jedem begrifflichen Beweis vorausliegt. »Zustimmen aufgrund von Folgerungen (reasonings), die keine strengen Beweise sind (not demonstrative), ist viel zu sehr ein weithin anerkannter Akt, als daß es unvernünftig sein könnte, es sei denn, die menschliche Natur sei unvernünftig; ein Akt, klugen und hellen Köpfen zu vertraut, um eine Schwäche oder Extravaganz zu sein. Niemand von uns kann denken oder handeln, ohne die Annahme von Wahrheiten, die weder intuitiv erfaßt noch demonstriert sind und doch unumschränkt gelten. Wenn unsere Natur überhaupt eine Konstitution und irgendwelche Gesetze hat, so ist eines von diesen diese absolute Hinnahme von Sätzen als wahr, von Sätzen, die außerhalb des engen Kreises von Folgerungen liegen, an denen die Logik, die formale wie die virtuelle, fest gebunden ist. Auch hat keine philosophische Theorie die Macht, uns eine Regel aufzuzwingen, die nicht einmal einen Tag lang durchzuführen ist.«[86] Wenn man (im Alltagsleben) die Aussagen akzeptiert, die weder selbst evident noch wissenschaftlich beweisbar sind, dann geht die Zustimmung über die Evidenz hinaus auf einen Punkt zu, der nur noch angedeutet ist. Die Möglichkeiten des wahren vernünftigen Denkens im Unterschied zu bloß naturwissenschaftlich-empirisch überprüfendem Beweisen fordert die Existenz einer Beweismöglichkeit, die sich *nichtbegrifflicher* Faktoren bedient. In diesem Bereich spielt sich der Denkprozeß des Illative sense ab. Dieser ist einfach die Vernunft oder der Verstand, der als geistige Kraft des Folgerns und Urteilens durch die Erfahrung vervollkommnet ist.

Newman hält durchgehend daran fest, daß alles vernunftmäßige Denken, religiöser oder profaner Art, von Vorausetzungen abhängig ist, von konvergierenden Wahrscheinlichkeiten und der Betätigung des Illative sense. Es ist das Gesetz der menschlichen Natur, durch Wahrscheinlichkeiten subjektive Gewißheit erzeugen zu können.– Newman schreibt seine Theorie in bildhafter Weise einem seiner Korrespondenten: »Die beste Illustration von dem, was ich (für richtig halte) ist die eines *Kabels,* das aus einer Anzahl von verschiedenen Drähten gemacht ist, von denen jeder (einzeln genommen) schwach ist, zusammen jedoch (sind sie) so mächtig wie eine Eisenstange. Die Eisenstange steht für die mathematische oder strikte Beweisführung; das Kabel für einen moralischen Beweis, der eine Sammlung von Wahrscheinlichkeiten ist, die einzeln genommen nicht zur Gewißheit ausreichen, jedoch zusammen unwiderlegbar sind. Ein Mensch, der sagt: ›Ich vertraue meinem Kabel nicht, ich muß eine Eisenstange haben‹, wäre in bestimmten Fällen irrational und unvernünftig. So ist es auch mit einem Menschen, der sagt: ›Ich muß

[86] Ebd. 124

eine logisch strenge Beweisführung haben, nicht eine moralische Beweisführung für religiöse Wahrheit.‹«[87]

Newman hat seine allgemeine Erkenntnistheorie auf Glaube und Überzeugung angewendet. Er sieht die Fähigkeiten des Illative sense im Gewissen gegeben[88].

J. M. Cameron hat behauptet, daß Newman in der Grammar of Assent den Versuch unternommen habe, zu dem damals niemand in England fähig gewesen sei: *eine Phänomenologie des Glaubens* zu schreiben, und daß man unter der Oberfläche von Newmans Gedankengang einen anderen und tiefer reichenden Argumentationsgang ablesen könne. Man müsse nicht Newmans Art und Weise der Darstellung akzeptieren, und könne gleichwohl sehen, daß er in die richtige Richtung geht, indem er auf dem überzeugungsträchtigen Charakter einer unendlichen Vielfalt von sicher wahren empirischen Feststellungen insistiert und zeigt, daß sie eine entscheidende Funktion für den menschlichen Diskurs haben. »Newman war darin einzigartig, daß er sah, wo der Anfang des Problems lag. Es lag an seiner Befangenheit im Netz der empiristischen Tradition, daß er glaubte, die Sache könne am besten in Begriffen empirisch verifizierbarer Merkmale menschlicher Fähigkeiten bzw. vermuteter Fähigkeiten erfaßt werden ... Newman ist der seltene Fall eines Menschen mit Einfällen eines philosophischen Genies in Kombination mit Mangel an philosophischem Talent. Er hat mit den Problemen, die in der Grammar of Assent diskutiert werden, viele Jahre gerungen. Er hat sie nicht gelöst. Er hat jedoch Besseres geleistet als sonst irgend jemand –, er sah genau, wo auf der Landkarte des Diskurses die kritischen Gebiete liegen.«[89]

Der Aufweis des Christentums

Newmans eigener apologetischer Ansatz in seinem *Entwurf einer Zustimmungslehre* basiert

- auf der Notwendigkeit der moralischen Disposition bei der Suche nach religiöser Wahrheit,
- auf der Wichtigkeit vorausbestehender Wahrscheinlichkeiten als Instrument der Überzeugung und
- auf dem Wert konvergierender Wahrscheinlichkeiten für die Erstellung eines existentiell motivierenden Beweises.

[87] LD XXI, 146

[88] Z 74f., LD XII, 228

[89] Dies ist eine Zusammenfassung der Überlegungen J. M. Camerons aus seinen Vorträgen bei den Newman-Kongressen in Luxemburg (1970) und Dublin (1975). Vgl. ders., Newman and Locke. A note on some themes in an Essay in Aid of a Grammar of Assent: H. Fries/W. Becker, Newman-Studien IX, Nürnberg 1974, 197–205

Aber Newman räumt auch ein, daß Argumente gegen die Religion überzeugender und logischer aussehen können als die Antworten und daß Fragen an die Religion unter Umständen gar keine Antworten zulassen. Nach seiner Ansicht ist es deshalb mitunter besser, »Material« für apologetische Lernprozesse vorzugeben, das den Illative sense in Bewegung bringt. Inhalte der Heiligen Schrift, der Kirchengeschichte, christlicher Biographien können die Gegenwart Gottes eher offenkundig machen als logische Argumentation und besser eine Grundlage für Glauben anbieten. Die Zeugnisstruktur des Handelns und Sprechens bringt das konkret-reale Denken und Handeln ins Spiel. »Auf diesen Gebieten des Forschens und Suchens (ist) Egotismus (sic!) echte Bescheidenheit. Bei religiösem Suchen kann jeder nur für sich selber sprechen, und für sich selber hat er ein Recht zu sprechen. Seine eigenen Erfahrungen reichen hin für ihn selber, aber für andere kann er nicht sprechen: er kann nicht ein Gesetz aufstellen. Er kann nur seine eigenen Erfahrungen zu dem gemeinsamen Vorrat psychologischer Erfahrungen hinzubringen. Er weiß, was ihn selber befriedigt hat und befriedigt; wenn es ihn befriedigt, wird es wahrscheinlich auch andere befriedigen; wenn es wahr ist – und das glaubt er und ist sich dessen gewiß –, wird es sich auch bei anderen bewähren, denn es gibt nur *eine* Wahrheit. Und zweifellos findet er auch wirklich, daß – bei aller Berücksichtigung des Unterschieds der Geister und der Redeweisen – doch das, was ihn überzeugt, auch andere überzeugt. Es wird wohl viele Ausnahmen geben, aber diese werden sich schon erklären lassen.«[90]

[90] Z 270

TEIL 1

»GESCHICHTE MEINER RELIGIÖSEN ÜBERZEUGUNGEN.« NEWMANS GLAUBENSWEG NACH SEINEN AUTOBIOGRAPHISCHEN SCHRIFTEN

I. Apologia pro Vita sua (1864)

1. *»Schon von Kindheit an...«*

Schon von Kindheit an wurde ich angehalten, gern in der Heiligen Schrift zu lesen; doch hatte ich bis zu meinem fünfzehnten Lebensjahr keine eigentlichen religiösen Überzeugungen. Meinen Katechismus kannte ich natürlich gründlich. Als ich erwachsen war, schrieb ich die Gedanken und Gefühle über religiöse Dinge nieder, die mir aus meiner Kindheit und Jugendzeit im Gedächtnis geblieben waren, sie hatten sich meinem Geist so tief eingeprägt, daß ich sie damals der Erwähnung für wert hielt. Die Niederschrift geschah in den großen Ferien des Jahres 1820 und wurde im Jahre 1823 überarbeitet und mit Zusätzen versehen. Von diesen Erinnerungen wähle ich zwei aus, die sich durch besondere Deutlichkeit auszeichnen und zu meinen späteren Überzeugungen in Beziehung stehen.

1. »Ich hatte den Wunsch, die arabischen Märchen möchten wahr sein; meine Phantasie beschäftigte sich mit unbekannten Mächten, magischen Kräften und Zaubermitteln. Das Leben war mir Traum, ich ein Engel und die ganze Welt eine Täuschung; meine Mitengel verbargen sich im Scherz vor mir und narrten mich mit dem Schein einer materiellen Welt.«

Ferner: »Im Frühling 1816 las ich einen Satz aus (Dr. Watts) *Remnants of Time* (Überreste der Zeit); es war im Zusammenhang die Rede von den Heiligen, welche die Welt nicht kannte; und es hieß von ihnen, nichts in ihrem Äußern oder in ihrem Gesicht unterscheide sie von andern Menschen...; das verstand ich so, als spreche er von den Engeln, die verborgen in der Welt lebten.«

2. Die andere Aufzeichnung lautet: »Ich war sehr abergläubisch, und in der Zeit vor meiner Bekehrung (als ich fünfzehn Jahre alt war), machte ich jedesmal das Kreuz, wenn ich einen dunklen Ort betreten mußte.«

Offenbar muß ich diesen Brauch irgendwo gesehen haben; doch kann ich gar nicht mehr sagen, wo. Von der katholischen Religion hat sicher nie jemand zu mir gesprochen, ich kannte sie nur dem Namen nach. Der Lehrer des Französischen war ein ausgewanderter Priester, aber wir hielten ihn nur zum besten, wie damals die französischen Lehrer überhaupt; auch sprach er nur gebrochen englisch. Im Dorf wohnte eine katholische Familie, alte Jungfern, die ich aber nicht näher kannte. Später erfuhr ich, daß einige katholische Knaben in unserer Schule waren, doch entweder wurde uns diese Tatsache sorgfältig verheimlicht, oder sie machte keinen Eindruck auf uns. Mein Bruder wird bezeugen können, wie sehr die Schule von katholischen Ideen frei war.
Einmal besuchte ich mit meinem Vater die Kapelle in der Warwick-Straße; er wollte meines Wissens einer musikalischen Aufführung beiwohnen. Alles, was mir davon in Erinnerung blieb, war eine Kanzel, ein Prediger und ein Knabe, der ein Weihrauchfaß schwang.
Als ich in Littlemore war, musterte ich einmal meine alten Schulhefte durch und entdeckte unter ihnen mein erstes lateinisches Versebuch. Auf der ersten Seite stieß ich auf eine Zeichung, bei deren Anblick mir vor Überraschung fast der Atem stockte. Das Heft liegt vor mir, und ich habe es soeben auch anderen gezeigt. Auf dem ersten Blatt steht in meiner Schülerhandschrift: »John H. Newman, den 11. Februar 1811, Verse-Buch«; dann kommen meine ersten Verse. Zwischen »Verse« und »Buch« habe ich ein großes, gerades Kreuz gezeichnet und daneben etwas, was man sehr wohl für eine Halskette halten könnte, doch kann ich es für nichts anderes als einen Rosenkranz mit einem kleinen Kreuz ansehen. Ich war damals noch nicht zehn Jahre alt. Wahrscheinlich hat mich ein Roman etwa von Mrs. Radecliffe oder Miß Porter auf diesen Gedanken gebracht; auch ein religiöses Gemälde kann es gewesen sein. Das Merkwürdige aber ist, wie unter den tausend Dingen, die einem Knaben vor Augen kommen, gerade dies so fest in meinem Gedächtnis blieb, daß ich es in dieser Weise verwertete. Das weiß ich bestimmt, daß ich weder in den Kirchen, die ich besuchte, noch aus meinen Gebetbüchern dazu angeregt wurde. Man muß berücksichtigen, daß die anglikanischen Kirchen und Gebetbücher damals keinerlei Schmuck hatten, wie es wohl heute der Fall ist.
Mit vierzehn Jahren las ich Paines Abhandlungen gegen das Alte Testament, und mit Vergnügen dachte ich über die Einwände nach, die sie enthielten. Auch einige von Humes *Essays* las ich, und vielleicht den über die *Wunder*. So gab ich wenigstens meinem Vater zu verstehen, es kann jedoch sein, daß ich damit nur großtun wollte. Ebenso erinnere ich mich, daß ich französische Verse, vermutlich von Voltaire gegen die Unsterblichkeit der Seele, abschrieb und mir dabei sagte: »Wie schrecklich, und doch wie einleuchtend!«

Als ich fünfzehn Jahre alt war (im Herbst 1816), ging in meinem Denken eine große Änderung vor sich. Ich kam unter den Einfluß eines bestimmten Glaubensbekenntnisses, und mein Geist nahm dogmatische Eindrücke in sich auf, die durch Gottes Güte nie mehr ausgelöscht und getrübt wurden. Vor allem haben die Predigten eines ausgezeichneten, nun längst verstorbenen Mannes, Rev. Walter Mayers vom Pembroke College in Oxford, sowie meine Unterhaltungen mit ihm, den göttlichen Glauben in mir aufkeimen lassen. Dazu kam ganz besonders die Einwirkung der Bücher, die er mir zu lesen gab und die alle zur Schule Calvins gehörten. Eines der ersten, das ich las, war ein Werk von Romaine; ich erinnere mich weder seines Titels noch seines Inhalts; nur eine Lehre ist mir im Gedächtnis geblieben, der ich jedoch natürlich keinen göttlichen Ursprung zuschreibe, nämlich die von der Beharrlichkeit der Bekehrten bis ans Ende. Ich faßte sie sofort auf und glaubte, die innere Umkehr, deren ich mir bewußt war (und von der ich heute noch fester überzeugt bin, als daß ich Hände und Füße habe), werde ins künftige Leben hinüber dauern und ich sei für die ewige Seligkeit auserwählt. Ich habe nicht das Empfinden, daß mich dieser Glaube irgendwie zur Gleichgültigkeit gegenüber Gottes Wohlgefallen verleitet hatte. Er begleitete mich bis zu meinem 21. Lebensjahr, dann schwand er allmählich. Doch ich glaube, daß er meine Ansichten in der Richtung, jener bereits erwähnten kindlichen Vorstellungen bestimmte, das heißt, er isolierte mich von den Dingen meiner Umgebung, befestigte mich in meinem Mißtrauen gegen die Wirklichkeit der materiellen Erscheinungen und ließ mich in dem Gedanken Ruhe finden, daß es zwei und nur *zwei Wesen* gebe, die absolut und von einleuchtender Selbstverständlichkeit sind: *ich selbst und mein Schöpfer;* – denn ich hielt mich selbst zum ewigen Heil vorherbestimmt, machte mir aber nicht viele Gedanken über andere, sie waren für mich einfach von Gottes Gnade übergangen, ohne zum ewigen Tod vorherbestimmt zu sein. Ich dachte nur an Gottes Erbarmen gegen mich.
Wenn mich mein Gedächtnis nicht stark trügt, wird die eben erwähnte verabscheuungswürdige Lehre von einem Schriftsteller, der auf meinen Geist eine tieferen Eindruck machte als jeder andere, und dem ich (menschlich gesprochen) fast meine Seele verdanke, schlechthin verneint und verworfen — es ist *Thomas Scott* von Aston Sandford. Ich hatte eine solche Freude an seinen Schriften und bewunderte sie so sehr, daß ich mich als Student mit dem Gedanken trug, ihn in seiner Pfarrei zu besuchen, um den Mann meiner Verehrung persönlich kennenzulernen. Ich glaube kaum, daß ich den Plan dieses Besuches aufgegeben habe, selbst als ich mein Examen gemacht hatte; denn die Nachricht von seinem Tod im Jahre 1821 war für mich ein Schmerz und eine Enttäuschung. Ich hing an den Lippen von Daniel Wilson, dem späteren

Bischof von Kalkutta, als er in zwei Predigten in der Johanneskapelle Scotts Leben und Sterben schilderte. Schon als Knabe war ich entzückt von seinem Werk *Force of Truth* (Macht der Wahrheit) und seinen *Essays;* seinen Kommentar kaufte ich mir als Student.

Was meines Erachtens auf viele, die Scotts Geschichte und Werke lesen, einen tiefen Eindruck macht, ist sein stark weltabgewandter Sinn und die kraftvolle Unabhängigkeit seines Geistes. Er folgte der Wahrheit, wohin sie ihn führte; er begann als Unitarier[1] und endigte im eifrigen Glauben an die hochheilige Dreieinigkeit. Er war es, der diese Grundwahrheit der Religion meinem Geiste zuerst tief einprägte. Mit Hilfe von Scotts *Essays* und dem wundervollen Werk von Jones of Nayland legte ich, kaum sechzehnjährig, eine Sammlung von Schrifttexten an mit (vermutlich) eigenen Bemerkungen, um diese Lehre zu beweisen; wenige Monate später schrieb ich mir eine Reihe von Stellen heraus als Beleg für jeden einzelnen Vers des Athanasianischen Glaubensbekenntnisses. Diese Aufzeichnungen besitze ich noch.

Neben Scotts Weltabgewandtheit erregte auch sein entschiedener Kampf gegen den Antinomianismus[2] und der ausgesprochen praktische Charakter seiner Werke meine Bewunderung. Sie zeigten ihn als echten Engländer, und ich fühlte ihren Einfluß auf mich; jahrelang gebrauchte ich die Grundsätze, die ich als Endziel und Kernpunkt seiner Lehre ansah, fast sprichwörtlich: »Heiligkeit geht vor dem Frieden« und »Wachstum ist der einzige Beweis des Lebens«.

Die Kalvinisten scheiden scharf zwischen den Auserwählten und der Welt; vieles bei ihnen ist mit der katholischen Lehre gleichlautend oder verwandt; wie ich sie aber verstehe, gehen sie in starker Abweichung vom Katholizismus so weit, zu behaupten, der Mensch könne Bekehrte und Nichtbekehrte voneinander unterscheiden; der Gerechtfertigte sei sich des Standes der Rechtfertigung bewußt, und der Wiedergeborene könne nicht mehr abfallen. Die Katholiken stufen den schrecklichen Gegensatz zwischen Gut und Bös, der zu ihren Dogmen gehört, ab und mildern ihn durch den Glauben, daß es verschiedene Stufen der Rechtfertigung gebe, daß die Sünden ihrer Schwere nach sehr verschieden seien, daß die Möglichkeit und Gefahr, verlorenzugehen, nicht aufhöre, und daß kein Mensch bestimmt wisse, ob er im Stande der Gnade sei, und noch viel weniger, ob er bis zum Ende darin ausharren

[1] »Unitarier« nannte man eine Glaubensrichtung (der in seinen späteren Jahren auch Newmans jüngerer Bruder Francis angehörte), die die Dreifaltigkeit Gottes und damit die gesamte biblische Gotteserfahrung leugnete.

[2] Gewöhnlich Antinomismus genannt, eine Theorie, welche trotz der Anerkennung der christlichen Wahrheit die verpflichtende Kraft des Sittengesetzes bestreitet. Der Name kam auf im Streite zwischen Luther und Johannes Agricola von Eisleben. Im Altertum hießen die Anhänger dieser Lehre Antitakten.

werde. Von den kalvinistischen Lehrsätzen schlug nur einer in meinem Geiste Wurzeln: die Tatsache von Himmel und Hölle, von göttlicher Huld und göttlichem Zorn, vom gerechtfertigten und nicht gerechtfertigten Menschen. Die Ansicht, daß der Wiedergeborene und Gerechtfertigte ein und derselbe seien, und daß der Wiedergeborene ohne weiteres die Gnade der Beharrlichkeit habe, gab ich, wie schon gesagt, nach einigen Jahren wieder auf.

Diese wichtigste katholische Lehre vom Kampf zwischen der Stadt Gottes und den Mächten der Finsternis wurde mir durch ein Werk von ganz entgegengesetztem Charakter, *Laws* »Serious Call« (Ernster Ruf), tief eingeprägt.

Von der Zeit an nahm ich die Lehre von der ewigen Strafe, wie unser Herr selbst sie den Menschen übergeben hat, mit rückhaltloser innerer Zustimmung und ebenso festem Glauben an wie die Lehre von der ewigen Seligkeit; nur suchte ich auf verschiedene Weise die Schrecken dieser Wahrheit für unsere Einbildungskraft herabzumindern.

Noch zwei andere Werke habe ich zu nennen, die im selben Herbst 1816, als ich fünfzehn Jahre alt war, einen tiefen Eindruck auf mich machten; allein da sie einander geradezu entgegengesetzt waren, erzeugten sie in mir ein geistiges Schwanken, das mich jahrelang lähmte. Ich las *Joseph Milners* Kirchengeschichte und war wie bezaubert von den langen Auszügen aus dem hl. Augustinus, Ambrosius und den anderen Vätern, die ich darin fand. Ich erblickte in ihnen die Religion der ersten christlichen Zeiten. Aber gleichzeitig mit Milner las ich *Newtons* Werk über die Prophezeiungen; die Folge war, daß ich zu der festen Überzeugung gelangte, der Papst sei der Antichrist, der von Daniel, vom hl. Paulus und dem hl. Johannes vorhergesagt ist. Unter den Nachwirkungen dieser Lehre litt meine Vorstellungskraft bis zum Jahre 1843. Vernunft und Urteil sagten sich früher von ihr los; der Gedanke aber haftete fest in mir wie ein irriges Gewissen. Daraus entsprang der geistige Konflikt, den außer mir noch so viele empfunden haben; er verführte manche dazu, zwischen zwei einander so widerstreitenden Ideen einen Ausgleich zu suchen – andere nötigte er, sich eine derselben aus dem Sinn zu schlagen; – und für mich selbst endete er damit, daß nach vielen Jahren geistiger Unrast die eine von ihnen allmählich zurücktrat und schließlich verschwand – ich sage nicht, daß sie eines gewaltsamen Todes gestorben sei, denn wenn ich sie jemals gemordet hätte – warum sollte ich es dann nicht schon früher getan haben?

Ich fühle mich verpflichtet, noch auf eine andere intensive Vorstellung zu sprechen zu kommen, die mich im Herbst 1816 gefangennahm; es geschieht mit großem Widerstreben – aber die Tatsache steht zweifellos fest: Ich war überzeugt, der Wille Gottes habe für mich ein eheloses Leben bestimmt. Dieses Vorgefühl, das mit Ausnahme weniger Monate

bis zum Jahre 1829 und von da ohne jede Unterbrechung in mir lebte, hing in meiner Seele mehr oder weniger mit der Vorstellung zusammen, daß mein Lebensberuf ein solches Opfer, wie der Zölibat es in sich schloß, verlange, so z. B. wenn ich als Missionar unter den Heiden wirken wollte, was jahrelang mein Wunsch war. Die Vorstellung bestärkte mich auch in der Abkehr von der sichtbaren Welt, von der ich oben schon gesprochen habe.
Im Jahre 1822 kam ich unter Einflüsse, die von den bisherigen ganz verschieden waren. In dieser Zeit erwies mir der damalige *Dr. Whately*, der spätere Erzbischof von Dublin, in den letzten Monaten seines Wirkens in Oxford, kurz vor seinem endgültigen Scheiden von dort, große Freundlichkeit. Als er im Jahre 1825 Rektor von Alban Hall wurde, gab er mir neue Beweise seiner Güte und ernannte mich zu seinem Subregens und Tutor. Ich werde gleich nachher auf ihn zurückkommen. Vom Jahre 1822 bis 1825 verkehrte ich meist mit dem gegenwärtigen Rektor vom Orielkolleg, *Dr. Hawkins*, damals Pfarrer an St. Mary; als ich im Jahre 1824 die (Diakonats-)Weihe empfing und eine Kuratie in Oxford erhielt, verbrachte ich die großen Ferien vor allem in seiner Gesellschaft. Ich kann aufrichtigen Herzens sagen, daß ich ihn liebte und nie aufgehört habe, ihn zu lieben. Ich betone das, um dem Folgenden die Härte zu nehmen. Denn im Laufe der vielen Jahre, die wir später miteinander verlebten, reizte er mich manchmal sehr. Obwohl ich überzeugt bin, daß ich ihn ein gutes Stück mehr gereizt habe. Zudem war eine solche Herausforderung meinerseits ganz ungehörig, denn einmal war er der Vorsteher meines Kollegs, und dann hatte er mich in den ersten Jahren unseres Verkehrs in mancher Beziehung geistig gefördert.
Er war der erste, der mich lehrte, meine Worte abzuwägen und mit meinen Behauptungen vorsichtig zu sein. Er leitete mich an, in Diskussion und Kontroverse meine Ansicht knapp und klar vorzubringen, zwischen verwandten Ideen zu unterscheiden und Mißverständnisse im voraus zu vermeiden; zu meiner Überraschung herrschte von da an sogar in Freundeskreisen die Auffassung, meine Art, zu polemisieren, habe einen römischen Beigeschmack. Hawkins ist selbst ein Mann von ganz klarem Geist, und er tadelte mich streng, als er meine ersten geschriebenen Predigten und andere Aufsätze las, an denen ich arbeitete, und die er die Güte hatte, durchzusehen.
Was den Inhalt der Lehre betrifft, verdanke ich ihm viele Bereicherungen meines Glaubens. Wie ich an anderer Stelle erwähnte, gab er mir das Werk von *Sumner*, dem nachmaligen Erzbischof von Canterbury, »Abhandlung über die Lehre der Apostel«, dessen Studium mich endgültig vom Kalvinismus abbrachte und zur Annahme der Lehre von der Wiedergeburt durch die Taufe bewog. Auch sonst hat er mir viel

genützt bei meinen Studien, die halb theologische, halb philosophische Fragen betrafen.
Dr. Hawkins war es auch, der mich zuerst auf einen nahe bevorstehenden Angriff auf die Bücher und den Kanon der Schrift vorbereitete. Auf dieselbe Vermutung brachte mich der Gedankenaustausch mit *Blanco White;* ihm verdanke ich auch eine freiere Auffassung über die Inspiration, als sie damals in der englischen Kirche üblich war. Noch ein anderes Prinzip, das mehr als alles bisher Gesagte zum Katholizismus in unmittelbarer Beziehung steht, vermittelte mir Dr. Hawkins: die Lehre von der Tradition. Als Student hörte ich in der Universitätskirche seine berühmte Predigt über diesen Gegenstand, und ich erinnere mich, daß sie mir sehr lang vorkam, obwohl er damals ein geradezu packender Prediger war; aber als ich sie von ihm zum Geschenk bekam, sie las und studierte, machte sie einen nachhaltigen Eindruck auf mich. Er ging meiner Ansicht nach nicht einen Schritt über die Grenze der anglikanischen Lehre hinaus, ja er erreichte sie nicht einmal; aber er nahm seine Sache gründlich, seine Auffassung war originell und sein Gegenstand damals neu. Er stellte eine Behauptung auf, die jedem, der die Heilige Schrift auf ihre Anlage hin geprüft hat, sofort einleuchten mußte: Der heilige Text sei nie dazu bestimmt gewesen, in einer Lehre zu unterrichten, er sollte sie nur beglaubigen, und wir müßten uns, um die Lehre kennenzulernen, an die Formulare der Kirche, den Katechismus und das Credo halten. Er meint, der Forscher müsse die Lehren des Christentums, nachdem er sie sich aus diesen Formularen angeeignet habe, aus der Schrift beweisen. Diese Ansicht, die im allgemeinen ganz richtig und in ihren Folgerungen überaus fruchtbar war, öffnete mir ein weites Forschungsgebiet. Auch Dr. Whately stimmte ihr zu. Eine ihrer Wirkungen war, daß das Prinzip, auf dem die Bibelgesellschaft ruhte, an der Wurzel getroffen wurde. Ich gehörte dem Oxforder Zweigverein an; mein Austritt war jetzt nur mehr eine Frage der Zeit, wenn ich ihn auch nicht gleich vollzog.
Mit Freude gedenke ich hier auch des Rev. *William James,* damals Fellow am Orielkolleg, der mich um das Jahr 1823 mit der Lehre der apostolischen Sukzession bekannt machte; es war meines Wissens auf einem Spaziergang um die Rasenfläche des Christ-Church-College, und ich erinnere mich, daß mir damals die Frage gar nicht recht in den Sinn wollte.
Um dieselbe Zeit, glaube ich, las ich Bischof *Butlers* »Analogy«, deren Studium für mich wie für so viele einen Wendepunkt in den religiösen Ansichten bildete. Butler lehrt mit allem Nachdruck eine sichtbare Kirche als Verkündigerin der Wahrheit und Vorbild der Heiligkeit und schärfte die Pflichten äußerer Religionsübung und den historischen Charakter der Offenbarung ein; darin besteht das Wesentliche an

diesem großen Werke, das den Leser sofort gefangennimmt. Für mich persönlich waren besonders zwei Punkte wertvoll von denen ich später zu sprechen Gelegenheit haben werde; es handelt sich um die grundlegenden Prinzipien eines großen Teiles meiner Lehre. Erstens, schon der Gedanke einer Analogie zwischen den verschiedenen Werken Gottes führt zu dem Schluß, daß das weniger bedeutende System von Werken im Dienste der Heilsordnung oder sakramental mit dem bedeutenderen System verbunden ist (Butler beginnt bezeichnenderweise sein Werk mit einem Zitat aus Origenes), und das letzte Ergebnis dieses Schlusses ist die Theorie von der Unwirklichkeit der materiellen Erscheinungen, zu der ich schon als Knabe neigte. Ich vermochte damals noch nicht zu unterscheiden zwischen dem materiellen Ding an sich und seinen Erscheinungen, was für die Behandlung der Frage notwendig und selbstverständlich ist. Zweitens brachte mich Butlers Theorie, daß die Wahrscheinlichkeit Führerin durchs Leben sei, zum mindesten unter den Einfluß einer Lehre, zu der ich ein paar Jahre später geführt wurde, auf die Frage, über die ich so viel geschrieben habe: ob der Glaube sich logisch-zwingend erweisen lasse. Diese beiden Prinzipien meiner Lehre, die mich in den Verdacht der Schwärmerei wie des Skeptizismus brachten, führe ich also auf Butler zurück.
Und nun zu *Dr. Whately*. Ihm verdanke ich sehr viel. Er war ein Mann mit einem großmütigen und warmen Herzen. Seinen Freunden war er besonders treu ergeben, und, um ein Sprichwort zu gebrauchen: »Alle seine Gänse waren Schwäne.« Als ich 1822 noch unbeholfen und ängstlich war, nahm er mich bei der Hand und stand mir als liebevoller und ermutigender Lehrer zur Seite. Er vor allem war es, der meinen Geist erschloß, mich denken und meinen Verstand gebrauchen lehrte. Nachdem er so im Jahre 1822 zum ersten Male auf mich aufmerksam geworden war, traten wir uns im Jahre 1825, als ich sein Subregens an Alban Hall war, innerlich sehr nahe. Ich gab dieses Amt ein Jahr später wieder auf, als ich zum Tutor meines Kollegs ernannt wurde; von da an nahm sein Glauben an mich allmählich ab. Er hatte sein Werk an mir vollbracht oder wenigstens zum größten Teil vollbracht, als er mich gelehrt hatte, mit eigenen Augen zu sehen und auf eigenen Füßen zu stehen. Nicht als ob ich nicht auch von andern noch viel zu lernen gehabt hätte, aber ich beeinflußte sie so gut wie sie mich; mit ihnen war es mehr ein Zusammenarbeiten als bloßes Nachfolgen. Dr. Whatelys geistige Anlage war zu verschieden von der meinigen, als daß wir lange dieselbe Richtung hätten einhalten können. Ich erinnere mich, wie unzufrieden er mit einem meiner Artikel in der London Review war, den Blanco White wohlwollend einfach platonisch nannte. Als Meinungsverschiedenheiten mich von ihm trennten (was ihm leid tat), hatte ich die Absicht, ihm mein erstes Buch zu widmen mit den Worten, er habe mich

nicht bloß denken, sondern auch selbständig denken gelehrt. Er verließ Oxford im Jahre 1831; von der Zeit an sah ich ihn, soviel ich mich erinnere, nur noch zweimal bei seinem Besuch an der Universität, einmal auf der Straße im Jahre 1834 und ein andermal, 1838, war ich mit ihm im gleichen Raum. Nach seinem Abschied, habe ich sein Andenken treu in Ehren gehalten; ich muß mich so ausdrücken, denn er selbst wollte, wenigstens vom Jahre 1834 an, für mich tot sein. In Wirklichkeit hatte er mich schon seit 1831, als er Erzbischof geworden war, aufgegeben. Doch entspann sich 1834 zwischen uns ein Briefwechsel, der zwar besonders von seiner Seite in freundschaftlichem Ton geführt wurde, aber eine solche Verschiedenheit der Ansichten verriet, daß er als endgültiger Abschluß unserer Beziehungen gelten kann. Ich sehe ein, wir hätten unmöglich länger den gleichen Weg gehen können, auch wenn er in Oxford geblieben wäre; doch liebte ich ihn zu sehr, um ihn ohne Schmerz zu verlieren. Nach einigen Jahren ging es mir allmählich auf, daß sein Einfluß auf mich eine intellektuelle Förderung bedeutet hatte, in höherem Betracht jedoch (freilich ohne seine Schuld) nicht ganz wohltätig gewesen war. Soviel ich weiß, hat er in seinem späteren Werke scharfe Bemerkungen über mich einfließen lassen. Sie kamen mir nie zu Gesicht, und ich hielt es nicht für nötig, einer Sache nachzugehen, deren Kenntnis mir nur sehr wehe tun mußte.

An religiösen Meinungen lehrte er mich vor allem die Existenz der Kirche als eines selbständigen Organismus oder einer geformten Gemeinschaft; sodann hat er jene anti-erastianischen[3] Ansichten vom Kirchenregiment in mir befestigt, die zu den hervorstechendsten Zügen der traktarianischen Bewegung gehörten. In diesem Punkt, und soviel ich weiß, in diesem Punkt allein, stimmten er und Hurrell Froude aufs engste überein; Froudes Entwicklung in diesem Punkte war freilich jüngeren Datums. Im Jahre 1826 sprach Whately auf einem Spaziergange viel von einem Werk, das unter dem Titel »Letters on the Church by an Episcopalian« (Briefe über die Kirche von einem Episkopalisten) eben erschienen war. Er sagte, es werde mein Blut in Wallung bringen. Tatsächlich war es eine Arbeit von mächtiger Wirkung. Einer unserer gemeinsamen Freunde erzählte mir, daß er nach seiner Lektüre nicht still sitzen konnte, sondern im Zimmer hin und her rannte. Es wurde sofort Whately zugeschrieben; ich vertrat lebhaft die gegenteilige Ansicht, Oxford glaubte aber so fest daran, daß ich nicht dagegen ankonnte. Ob mit Recht oder Unrecht, ich ergab mich der öffentlichen Meinung und habe weder damals noch später je gehört, daß die

[3] Der Erastianismus ist eine dem calvinischen Arzte Thomas Erastus (eigentlich Lieber, geboren 1524 in der Schweiz) verbreitete und in England mit Enthusiasmus aufgenommene Richtung, nach der die Kirche kein eigenes Recht hat, sondern Verfassung und Leitung ganz vom Staate erhält.

Urheberschaft Dr. Whatelys von jemand in Abrede gestellt worden ist. Der Hauptinhalt diese hervorragenden Werkes ist folgender: Erstens, Kirche und Staat sollen voneinander unabhängig sein; der Verfasser spricht von der Pflicht des Protestes »gegen die Entweihung des Reiches Christi durch die *doppelte Usurpation:* der Einmischung der Kirche in zeitliche und des Staates in geistliche Dinge« (S. 191); und zweitens, die Kirche könne nach Recht und Gerechtigkeit ihr Eigentum behalten, auch nach der Trennung vom Staat. »Der Klerus«, sagt er S. 133, »kann ganz mit Recht seine Einkünfte weiterbeziehen, obwohl er kein Lohndiener der Staatsgewalt sein soll; und der Staat ist nicht berechtigt, sich in das geistliche Gebiet einzumengen, aber er darf den Anspruch erheben, von den Dienern der Religion und allen anderen Christen gestützt zu werden, und wird dies unter dem System, das ich empfehle, auch viel wirksamer erreichen.« Wer immer der Verfasser dieses Werkes war, er führte diese beiden Punkte mit großem Nachdruck, mit Scharfsinn und draufgängerischer Heftigkeit aus; dies erklärt sich vielleicht daraus, daß er nicht in eigener Person schrieb, sondern ausdrücklich in der Eigenschaft eines schottischen Episkopalisten. Sein Werk wirkte zwar stufenweise, aber um so tiefer auf mich ein.

Sonst weiß ich von keiner religiösen Überzeugung, die ich Dr. Whately verdankte. Für seine besonderen theologischen Lehrmeinungen hatte ich keine Vorliebe. Im folgenden Jahre, 1827, sagte er mir einmal, er glaube, daß ich dem Arianismus zuneige. Der Fall lag so: Ich hatte bis dahin weder Bischof *Bulls* »Defensio«[4], noch die Väter gelesen, trat aber trotzdem gerade damals ganz entschieden für die vornizänische Fassung der Trinitätslehre ein, der manche Schriftsteller, Katholiken wie Nichtkatholiken nachsagten, sie sehe fast wie Arianismus aus. Dies ist der Sinn einer Stelle in *Froudes* »Remains« (nachgelassenen Schriften), worin er mir anscheinend vorwirft, ich wende mich gegen das Athanasianische Glaubensbekenntnis. Ich hatte die beiden Seiten der Trinitätslehre, die das Athanasianische und das Nizänische Glaubensbekenntnis vor Augen stellen, miteinander verglichen. Meine Besprechung sollte zeigen, daß manche Sätze des ersteren unnötig wissenschaftlich formuliert seien. Ich lieferte damit einen Beweis für eine gewisse Geringschätzung des Altertums, die nun schon seit mehreren Jahren allmählich die Oberhand über mich gewonnen hatte. Sie äußerte sich in der Encyclopedia Metropolitana durch vorlautes Gerede über die Väter, von denen ich damals nur wußte, was ich als Knabe von Joseph Milner gelernt hatte. Als ich im Jahre 1825/1826 über die Wunder in der Heiligen Schrift schrieb, hatte ich *Meddletons* Werk über die Wunder in der ursprünglichen Kirche gelesen und einen Teil seines Geistes in mich aufgenommen.

[4] »Defensio fidei nicaeni« – ein auch in der katholischen Theologie angesehenes Werk.

Die Wahrheit ist, daß ich anfing intellektuelle Vortrefflichkeit der moralischen Güte vorzuziehen; ich trieb in der Richtung des herrschenden Liberalismus. Doch wurde ich schon gegen Ende des Jahres 1827 durch zwei harte Heimsuchungen aus meinem Traum rauh aufgeweckt – durch Krankheit und einen schmerzlichen Verlust.

2. *»Von da an gewann ich Einfluß...«*

Von da an gewann ich einen im Lauf der Jahre immer mehr wachsenden Einfluß. Meine Schüler hingen an mir, und mit zwei unserer jungen Kollegen Robert Isaac *Wilberforce* (später Archidiakon) und Richard Hurell *Froude* verband mich eine innige und herzliche Freundschaft. Es kann wohl sein, daß Whately mit seinem Scharfsinn die Anzeichen einer Parteibildung erblickte, deren Mittelpunkt ich war, ohne es selbst zu ahnen. Wir erkennen darin die ersten Elemente jener Bewegung, die später die traktarianische genannt wurde.

Das wahre und eigentliche Haupt der Bewegung war übrigens, wie es bei großen treibenden Kräften meistens der Fall ist, außer Sicht. Schon in früher Jugend auf den Gipfel der höchsten akademischen Ehren gelangt, hatte er sich von der Bewunderung, die seine Schritte begleitete, abgewandt und suchte in der Seelsorge auf dem Lande eine bessere und höhere Befriedigung. Ich brauche nicht zu sagen, daß ich von *John Keble* spreche. Das erste Mal bin ich ihm begegnet, als ich zum Fellow am Orielkolleg gewählt und in den »Turm« gerufen wurde, um den Rektor und die Kollegen zu begrüßen. Wie fest haftet diese Stunde in meinem Gedächtnis nach all den Wechselfällen von 42 Jahren; 42 Jahre gerade heute, da ich dies schreibe! Vor kurzem kam mir ein Brief in die Hand, den ich damals an meinen guten Freund *John William Bowden* schrieb, mit dem ich meine Studentenjahre fast ausschließlich verlebte. »Ich mußte«, heißt es darin, »in den Turm kommen, um die Glückwünsche der Kollegen entgegenzunehmen, und ich ertrug es, bis Keble mir die Hand reichte; da fühlte ich mich so beschämt und der mir erwiesenen Ehre so unwürdig, daß ich glaubte, in den Erdboden versinken zu müssen.« Sein Name war der erste, den ich mehr mit Ehrfurcht als mit bloßer Bewunderung nennen hörte, als ich nach Oxford kam. Ich ging eines Tages mit meinem eben genannten Jugendfreund auf der Hauptstraße spazieren, da rief er plötzlich mit großem Eifer: »Das ist Keble«, und mit unbeschreiblicher Ehrfurcht schaute ich auf ihn. Ein anderes Mal hörte ich einen Magister artium meines Kollegs erzählen, wie er eben Gelegenheit gehabt habe, mit Keble bekannt zu werden, und wie freundlich, höflich und herzlich derselbe gegen ihn gewesen sei, so daß er die Fassung beinahe verloren habe. Auch wurde berichtet, ob mit Recht oder Unrecht, weiß ich nicht, ein angesehener Mann mit berühmtem Namen, der gegenwärtige Dekan von St. Paul, *Dr. Milman,* bewundere und liebe ihn, und man fügte bei, Keble sei anders als alle andern. Übrigens war er zur Zeit meiner Wahl zum Mitglied des Orielkollegs dort nicht ansässig, und er mißtraute mir jahrelang, weil man mir die evangelikale und liberale Schule anmerkte.[5] Wenigstens habe ich das immer vermutet. Hurrell Froude machte uns um das Jahr 1828 näher miteinander bekannt. In seinem Nachlaß findet sich folgende Äußerung: »Kennst du die Geschichte von dem Mörder, der einmal in seinem Leben etwas Gutes getan hat? Nun wohl, wenn ich je gefragt werde, was ich Gutes getan habe, so kann ich sagen: Ich habe Keble und Newman einander verstehen gelehrt.« Im Jahre 1827 erschien *»The Christian Year«* (Das christliche Jahr). Es ist nicht nötig und auch kaum angebracht, ein Buch zu loben, das bereits einen Platz unter den klassischen Werken unserer Sprache erhalten hat. In einer Zeit, als der vorherrschende Ton der religiösen Literatur saft- und kraftlos war, schlug Keble eine neue Saite an und weckte in den Herzen Tausender eine nie gehörte Musik, die Musik einer Schule, die man in England schon lange nicht mehr kannte. Ich darf es nicht wagen, an meiner Person die Wirkung einer so tiefen, reinen und schönen religiösen Belehrung auseinanderzusetzen. Wenigstens habe ich es bis jetzt nie versucht; ich glaube aber mit Recht sagen zu dürfen, die beiden großen Vernunftwahrheiten, die mir dies Werk deutlich machte, hatte ich schon bei Butler gefunden, jetzt waren sie freilich vom schöpferischen Geist meines neuen Lehrers umgeformt. Die erste dieser Wahrheiten kann man im weitesten Sinne des Wortes das sakramentale System nennen, d.h. die Lehre, daß die materiellen Erscheinungen sowohl Typen als Ausdrucksmittel der unsichtbaren wirklichen Dinge sind – diese Lehre schließt den anglikanischen wie den katholischen Glauben von den Sakramenten im eigentlichen Sinne in sich, enthält den Artikel von der »Gemeinschaft der Heiligen« seinem ganzen Umfange nach und ebenso die Kernwahrheiten des Glaubens. Der Zusammenhang zwischen dieser religiösen Weltanschauung und dem sogenannten »Berkeleyismus« wurde schon erwähnt; ich wußte jedoch damals außer dem Namen nicht viel von Berkeley[6] und habe ihn auch nie studiert. Über das zweite

[5] Unter »evangelical« verstand man die pietistische Richtung innerhalb der anglikanischen Staatskirche, die einen stark kalvinistischen Einschlag hatte.

[6] Berkeley (1684–1753), anglikanischer Theologe und Philosoph, leugnete die Erkennbarkeit und die Realität der Außenwelt – aber in ganz anderem Sinne als Newman, dessen Denken realistisch im Sinne der Scholastik ist: ausgehend von der Sinnenwelt, aber vordringend bis zur Erkenntnis ihrer übernatürlichen Bedeutsamkeit. (Berkeley: Gott bewirkt die Vorstellung einer materiellen Welt in den [allein existierenden] gegenseitigen Wesen.)

intellektuelle Prinzip, das ich Keble verdanke, wäre viel zu sagen, doch ist hier nicht der Ort dafür. Es zieht sich durch viele meiner Schriften und hat mir manch hartes Wort eingetragen. Butler lehrt uns, die Wahrscheinlichkeit sei die Führerin durchs Leben. Die Gefahr dieser Lehre liegt darin, daß sie in vielen die absolute Gewißheit zerstört und sie veranlaßt, jedes Urteil in Zweifel zu ziehen und die Wahrheit in eine bloße Meinung aufzulösen, die man ohne Schaden befolgt und bekennt, aber unmöglich mit voller innerer Zustimmung bejahen kann. Wenn das richtig wäre, dann könnte das berühmte Wort: »O Gott, wenn es einen Gott gibt, rette meine Seele, wenn ich eine Seele habe«, als der höchste Ausdruck der Andacht gelten; wer aber kann wirklich zu einem Wesen beten, über dessen Existenz er ernstlich im Zweifel ist?

Meiner Ansicht nach begegnete Keble dieser Schwierigkeit dadurch, daß er die innere Festigkeit, mit der wir den religiösen Wahrheiten zustimmen, nicht von den Wahrscheinlichkeitsgründen, die für sie sprechen, abhängig machte, sondern von der lebendigen Kraft des Glaubens und der Liebe, mit der wir sie aufnehmen. In Sachen der Religion, will er anscheinend sagen, ist es nicht bloße Wahrscheinlichkeit, auf die sich unsere intellektuelle Gewißheit gründet, sondern eine durch Glaube und Liebe gestützte Wahrscheinlichkeit. Glaube und Liebe geben der Wahrscheinlichkeit eine Kraft, die nicht in ihr selbst ist. Glaube und Liebe sind auf ein Objekt gerichtet; sie leben aus der Betrachtung dieses Objektes. Und dieses in Glauben und Liebe angenommene Objekt macht es vernunftgemäß, die Wahrscheinlichkeit als hinreichenden Grund für die innere Überzeugung zu nehmen. So wurde in Fragen der Religion der Wahrscheinlichkeitsbeweis zu einem Beweis aus der Persönlichkeit, der in Wirklichkeit eine Form des Beweises aus der Autorität ist. Als Illustration führt Keble gern die Worte des Psalmisten an: »Ich will dich leiten mit meinen Augen. Sei nicht wie Roß und Maultier, die keinen Verstand haben; du zwingst ihre Backen mit Zaum und Gebiß, wenn sie dir nicht folgen wollen« (Ps 32,8-9). Dies ist seiner Ansicht nach gerade der Unterschied zwischen Sklaven und Freunden oder Kindern. Freunde brauchen keine ausdrücklichen Gebote; ihre persönliche Kenntnis des Sprechenden hilft ihnen, seine Andeutungen zu verstehen, und aus Liebe zu ihnen kommen sie seinen Wünschen zuvor. Daher spricht er in seinem Gedicht auf den Tag des hl. Bartholomäus von dem »Auge des Wortes Gottes«; und in der Anmerkung zitiert er *Milner* vom Worcesterkolleg, der in seinen Bampton-Vorlesungen über die besondere Kraft der Schrift sagt, »dieses Auge gleiche denjenigen eines Porträts, die unverwandt auf uns gerichtet sind, wir mögen uns hinwenden, wohin wir wollen«. Die von Keble ausgesprochene Ansicht ist in einer der ersten »Zeitgemäßen Abhandlungen« ausführlicher dargelegt. In Nr. 8[7] schrieb ich: »Das Evangelium ist ein

Gesetz der Freiheit. Wir werden als Söhne, nicht als Knechte behandelt. Wir sind nicht einem Gesetzbuch von ausdrücklichen Befehlen unterworfen, sondern das Evangelium richtet sich an solche, die Gott lieben und ihm zu gefallen wünschen.«

Ich bestritt diese Ansicht durchaus nicht, sondern machte sie mir selbst zu eigen; aber ich war nicht ganz befriedigt von ihr, weil sie die Schwierigkeiten nicht an der Wurzel faßte. Sie war schön und religiös, aber sie machte nicht gerade den Anspruch auf logische Geltung. Darum versuchte ich, sie in meinen Universitätspredigten und in meinen beiden Abhandlungen über die Wunder und die Lehrentwicklung durch eigene Erwägungen zu ergänzen. Mein Gedankengang war im allgemeinen folgender: Die absolute Gewißheit, zu der wir in Sachen der natürlichen Theologie wie in der Frage nach der Tatsächlichkeit der Offenbarung gelangen können, sei das Ergebnis einer *Häufung* zusammenlaufender, konvergierender Wahrscheinlichkeiten, und beides entspreche der Anlage des Menschengeistes und dem Willen seines Schöpfers. Sicherheit sei ein Zustand des Geistes und Gewißheit eine Eigenschaft von Behauptungen. Wahrscheinlichkeiten, die für eine logische Gewißheit nicht ausreichen, können eine geistige Sicherheit schaffen, welche dem Maß und der Beweiskraft nach der Sicherheit gleichkomme, die sich aus der strengsten wissenschaftlichen Beweisführung ergebe. Eine solche Sicherheit zu haben, könne in gewissen Fällen und für gewisse Menschen eine einfache Pflicht sein, für andere in andern Umständen dagegen nicht.

Ferner, wie es Wahrscheinlichkeiten gebe, die eine Sicherheit gewährleisten, so gebe es andere, auf Grund deren man sich mit Recht eine Meinung bilde. Es könne in gewissen Fällen und für gewisse Menschen ebenso eine Pflicht sein, sich über eine Tatsache eine Meinung von bestimmter Kraft und Konsequenz zu bilden, wie es bei größeren und zahlreicheren Wahrscheinlichkeiten Pflicht sei, eine Gewißheit zu haben; demgemäß seien wir also zu einer größeren oder geringeren Sicherheit auf Grund von etwas wie einer Art Stufenleiter der Zustimmung verpflichtet, je nach dem Grade nämlich, wie die Wahrscheinlichkeitsgründe einer vorgeblichen Tatsache uns zur persönlichen Überzeugung werden: und, je nach der Lage der Sache hätten wir dann ihr gegenüber wirklich einen frommen Glauben oder nur eine fromme Meinung, oder eine religiöse Vermutung zu hegen oder endlich wenigstens bei andern Duldung eines solchen Glaubens, solcher Meinungen oder Vermutungen zu üben; andererseits könne es, wie es in bestimmten Fällen Pflicht war, mehr oder weniger fest zu glauben, in andern wenigstens geduldet werden. Wie man gegebenenfalls die Pflicht habe,

[7] Erschienen 1833 in der Reihe der berühmten »Tracts for the Times«.

mehr oder weniger fest zu glauben, so könne es in anderen Fällen Pflicht werden, nicht zu glauben, keine Meinung oder Vermutung zu haben, ja, nicht einmal den Gedanken zu dulden, daß eine Behauptung wahr sei, sofern es Leichtgläubigkeit oder Aberglaube oder ein anderer moralischer Fehler wäre, es zu tun. So weit gehe der Geltungsbereich des Privaturteils in Sachen der Religion, d. h. eines Privaturteils, das nicht willkürlich und nach menschlicher Laune oder Neigung, sondern mit Gewissenhaftigkeit und Pflichtbewußtsein gebildet werde.

Solche Erwägungen warfen auf die Frage der Wunder ein neues Licht und haben mich anscheinend veranlaßt, meine in der Abhandlung vom Jahre 1825/26 niedergelegte Ansicht zu überprüfen. Ich weiß weder den Zeitpunkt, wann diese Meinungsänderung in mir vorging, noch die Gedankenfolge, auf die sie gegründet war. Große Wunder waren schon geschehen, wie die in der Schrift erzählten, z. B. die Auferstehung; dadurch stand der Grundsatz fest, daß die Naturgesetze bisweilen von ihrem göttlichen Urheber aufgehoben wurden; darum enthielt der Gedanke eines wunderbaren Eingreifens Gottes in späteren Zeiten prinzipiell eine gewisse Wahrscheinlichkeit, oder wenigstens keinerlei Unwahrscheinlichkeit, und Wunderberichte waren im Zusammenhang mit der Wahrscheinlichkeit, dem Zweck, den Mitteln, dem Charakter, dem Zeugnis und den Umständen, unter denen sie sich uns darbieten, zu betrachten; nach dem Endergebnis dieser verschiedenen Erwägungen richtete sich unsere Pflicht, uns zu einer Gewißheit, zu einem Glauben, einer Meinung oder einer Vermutung zu bekennen, den Gedanken zu dulden oder zu verwerfen und zu leugnen. Der hauptsächlichste Unterschied zwischen meinem Aufsatz über die Wunder vom Jahre 1826 und dem vom Jahre 1842 ist der: Im Jahre 1826 war ich der Ansicht, die Wunder zerfielen in zwei strenge Klassen, in solche, die man annehmen und in solche, die man verwerfen müsse; im Jahre 1842 dagegen sah ich ein, daß sie nach ihrer größeren oder geringeren Wahrscheinlichkeit zu bewerten seien, die in manchen Fällen eine Gewißheit zu geben vermag, in anderen Fällen nur einen Glauben oder eine Meinung zuläßt.

Übrigens führte mich der Analogiebeweis, der dieser Betrachtung der Frage zugrunde liegt, auf einen weiteren Gedanken, der zugunsten der kirchlichen Wunder spricht. Er stützte sich auf die Theorie der Kirchengeschichte, die ich mir als Knabe von Joseph Milner angeeignet hatte. Milner lehrt, daß die göttliche Gnade zu gewissen Zeiten immer wieder in Strömen über die sichtbare Kirche ausgegossen werde (Effusions of divine grace). Dies ist der Leitgedanke seines Werkes. Er beginnt mit dem Pfingsttag, als »der ersten dieser *Ausgießungen* des Geistes Gottes, die seit der Ankunft Christi von Geschlecht zu Geschlecht über die Erde ergangen, sind« (Bd. I, S. 3). In einer Anmerkung fügt er hinzu, »das

Wort ›Ausgießung‹ (Effusion) schließe *nicht* den Begriff einer wunderbaren oder außerordentlichen Wirksamkeit des Geistes Gottes in sich«. Es war für mich jedoch natürlich: Wenn ich Milners allgemeine Theorie anerkannte und das Prinzip der Analogie auf sie anwandte, so konnte ich nicht da, wo er plötzlich abbrach, mit einem ipse dixit (der Meister hat's gesagt) stehen bleiben, sondern mußte kühn dem Schlusse zusteuern, der sich aus anderen einleuchtenden Gründen ergab: daß ebenso wie die erste, auch spätere Ausgießungen der Gnade von Wundern begleitet sein können. Es ist sicherlich eine naheliegende und im allgemeinen wahre Voraussetzung (Ausnahmen für einzelne Fälle natürlich zugegeben), daß Gaben und Gnaden zusammengehören; nach der alten katholischen Lehre galt die Wundergabe als Begleiterin und Spiegelbild der übernatürlichen Heiligkeit. Eine solche Heiligkeit trat aber nicht jeden Tag in Erscheinung, und die Perioden der Kirchengeschichte waren ganz verschieden voneinander: es gab, wie Joseph Milner sagen würde, ganze Geschlechter und Zeitalter des Niedergangs, der Auflösung und Zeichen der Wiedergeburt; in dem einen Gebiet stand der religiöse Eifer im Zenith, während in einem anderen Zwielicht und Dämmerung herrschte. Es entbehrte darum jeder Beweiskraft, wenn man aus dem Umstand, daß wir mit eigenen Augen keine Wunder sehen, gewöhnlich den Schluß zog, es konnten auch in früheren Zeiten keine Wunder geschehen sein, noch heutzutage in anderen Ländern geschehen; diesem Argument fehlt jede Beweiskraft. Doch ich darf nicht länger bei einem Gegenstand verweilen, dem man unmöglich mit wenigen Worten genügen kann.

Hurrell Froude war ein Schüler Kebles; ihm verdankte er seine Bildung und wirkte wieder auf ihn zurück. Ich lernte ihn zuerst im Jahre 1826 kennen; von 1829 bis zu seinem Tode (1836) verband uns die innigste und vertrauteste Freundschaft. Er war ein Mann von höchster Begabung, so wahrhaft vielseitig, daß es anmaßend wäre, ihn mehr als in seinen Beziehungen zu mir schildern zu wollen. Ich kann hier auch nicht von seinem Edelmut und natürlichen Zartsinn, von seiner Heiterkeit, der freien, elastischen Kraft und anmutigen Lebhaftigkeit seines Geistes sprechen, noch von seiner nachsichtigen, gewinnenden Rücksichtnahme in der Diskussion, die ihn allen teuer machte, denen er sein Herz aufschloß; denn ich habe es im ganzen nur mit Fragen des Glaubens und Meinens zu tun, und wenn ich andere Persönlichkeiten in meiner Geschichte erwähne, so geschieht es nicht ihrer selbst wegen oder weil ich sie liebe und geliebt habe, sondern soweit und weil sie meine theologischen Ansichten beinflußt haben. Unter diesem Gesichtspunkt spreche ich also auch von Hurrell Froude als einem Manne von höchster intellektueller Begabung und von einem überfließenden Reichtum an originellen Gedanken und Ansichten, die zu zahlreich und zu gewaltig waren für seine körperliche Kraft und in ihrem Ringen nach Klarheit, Gestaltung und Ausdruck sich drängten und gegeneinander anstürmten. Sein Verstand war ebenso kritisch und logisch, wie spekulativ und kühn. Er starb vor der Zeit, im Konflikt und Übergangsstadium der Meinungen; daher haben seine religiösen Ansichten gerade wegen ihrer Zahl und Tiefe den letzten Abschluß nicht gefunden. Seine Überzeugungen nahmen mich gefangen und beeinflußten mich, selbst wenn ich ihnen nicht beipflichten konnte. Er bekannte offen seine Bewunderung für die römische Kirche und seinen Haß gegen die Reformatoren. Ihn entzückte der Gedanke einer hierarchischen Ordnung, der priesterlichen Gewalt und der vollen kirchlichen Freiheit. Der Grundsatz: »Die Bibel und die Bibel allein ist die Religion der Protestanten«, erregte seinen Spott, und er rühmte sich seiner Anerkennung der Tradition als eines hauptsächlichen Werkzeuges zur Weitergabe der Glaubenslehre. Er hatte einen hohen und strengen Begriff vom inneren Wert der Jungfräulichkeit und sah in der allerseligsten Jungfrau ihr großes Vorbild. Der Gedanke an die Heiligen machte ihm große Freude; für den Begriff der Heiligkeit, ihre Möglichkeit und ihre verschiedenen Stufen hatte er eine lebhafte Wertschätzung und neigte sehr zu dem Glauben, ein oftmaliges wunderbares Eingreifen Gottes im Altertum und Mittelalter sei nicht zu leugnen. Er bekannte sich zum Prinzip der Buße und Selbstverleugnung und hatte eine große Andacht zur wirklichen Gegenwart Christi im heiligsten Sakrament, an die er fest glaubte. Zur mittelalterlichen Kirche fühlte er sich mächtig hingezogen, jedoch nicht zur Urkirche.

Er hatte einen scharfen Blick für abstrakte Wahrheiten; aber als echter Engländer hielt er sich fest an das Reale und Konkrete. Ein geradezu klassischer Geschmack und eine geniale Begabung für Philosophie und Kunst waren ihm eigen; mit Vorliebe trieb er geschichtliche Studien und Religionspolitik. Für die Theologie im eigentlichen Sinne hatte er keine Neigung; die Schriften der Väter, die Einzelheiten und die Entwicklung der Lehre, die ausdrücklichen Überlieferungen der Kirche, ihrem Inhalt nach betrachtet, die Lehre der allgemeinen Konzilien oder die Streitfragen, über die sie zu entscheiden hatten, alles dies schätzte er nicht nach Gebühr. Er überblickte die Dinge im ganzen rasch und bildete sich beherzt ein Urteil. Ich möchte sagen, seine Fähigkeit, in den Geist anderer einzudringen, hielt den Vergleich mit seinen übrigen Gaben nicht aus; er konnte z.B. nicht glauben, daß ich die römische Kirche wirklich für die des Antichrists hielt. In vielen Punkten beharrte er auf der Meinung, daß ich mit ihm übereinstimme, auch wenn es nicht der Fall war. Meine Schwierigkeiten schien er nicht zu verstehen. Die seinen waren anderer Art, sie bezogen sich auf den Widerspruch zwischen Theorie und Wirklichkeit. Er war ein Hoch-Tory von ritterlichem

Gepräge und fühlte sich von dem Toryismus abgestoßen, dem die Gegner des Reformgesetzes huldigten. Seine ganze Liebe gehörte der theokratischen Kirche. Als er auf das Festland kam, war er entsetzt über die Entartung, der seiner Ansicht nach die Katholiken Italiens verfallen waren.

Es ist schwierig, genau aufzuzählen, welche Bereicherungen meine theologische Überzeugung durch einen Freund erfuhr, dem ich so viel verdanke. Er lehrte mich die römische Kirche ebenso bewundern wie die Reformation verurteilen. Den Gedanken der Verehrung der allerseligsten Jungfrau prägte er mir tief ein und führte mich schrittweise zum Glauben an die wirkliche Gegenwart Christi im hl. Sakrament.

Noch eine weitere Quelle meiner religiösen Überzeugungen muß ich erwähnen, und zwar keineswegs die unwichtigste. In dem Maße, als ich aus dem Schatten des Liberalismus, der über meinem Weg gelagert war, heraustrat, kehrte meine frühere Verehrung für die Väter zurück. In den großen Ferien des Jahres 1828 fing ich an, sie in chronologischer Reihenfolge zu lesen; ich begann mit Ignatius und Justin. Ungefähr um das Jahr 1830 machte mir *Hugh Rose*, der mit Lyall (dem späteren Dekan von Canterbury) Mitarbeiter für eine theologische Bibliothek zu gewinnen suchte, den Vorschlag, eine Geschichte der bedeutendsten Konzilien dazu beizusteuern. Ich ging darauf ein und machte mich sofort an das Konzil von Nizäa. Es war wie ein Sprung ins Meer mit seinen zahllosen Strömungen; zuerst warf es mich auf die vornizänische Geschichte und dann auf die Kirche von Alexandrien zurück. Schließlich erschien das Werk unter dem Titel: »Die Arianer des vierten Jahrhunderts«. Von seinen 422 Seiten galten die ersten 117 der Einführung in den Gegenstand; das Konzil von Nizäa erschien erst auf S. 254 und umfaßte höchstenfalls zwanzig Seiten.

Ich weiß nicht, wann ich zum erstemal im Altertum den wahren Inbegriff der Lehren des Christentums und die Grundlage der englischen Kirche erblicken lernte. Höchstwahrscheinlich bin ich durch die Werke von Bischof *Bull*, die ich damals las, in dieses Prinzip eingeführt worden. Die zur Abfassung meines Werkes notwendige Lektüre war ganz dazu angetan, diese Auffassung in meinem Geist zur Entwicklung zu bringen. Was mich in der vornizänischen Periode am meisten anzog, war die große Kirche von Alexandrien, damals der historische Mittelpunkt der Lehre. Von Rom ist mehrere Jahrhunderte verhältnismäßig wenig bekannt. Der arianische Kampf wurde zuerst in Alexandrien ausgefochten. Athanasius, der große Vorkämpfer der Wahrheit, war Bischof von Alexandrien; in seinen Schriften erwähnt er die großen Namen des christlichen Glaubens aus den ersten Zeiten, Origenes,

Dionysius und andere, die der Ruhm seiner Bischofsstadt oder ihrer Schule gewesen waren. Die großzügige Philosophie des Clemens und Origenes riß mich fort; – die Philosophie, nicht die theologische Lehre; einzelne Züge der ersteren habe ich in meinem Buch mit dem Eifer und der Frische, aber auch mit der Parteilichkeit des Neophyten gezeichnet. Manche an sich bewundernswerte Teile ihrer Lehre klangen meinem inneren Ohr wie Musik, sie waren wie die Antwort auf Ideen, die ich lange, fast ohne äußere Anregung, mit mir herumgetragen hatte. Diese wurzelten in dem mystischen oder sakramentalen Prinzip und sprachen von den verschiedenen Abstufungen in den Mitteilungen des Ewigen. Meiner Auffassung nach wollten die Ausführungen zeigen, daß die äußere Welt, die physische und historische, nur die nach außen in Erscheinung tretende Offenbarung größerer Realitäten sei. Die Natur war ein Gleichnis, die Schrift eine Allegorie; die heidnische Literatur, Philosophie und Mythologie im eigentlichen Sinne nur eine Vorbereitung auf das Evangelium. Die griechischen Dichter und Weisen waren gewissermaßen Propheten; denn »Gedanken, die über ihr Denken hinausgingen, waren diesen großen Sängern gegeben«. Den Juden war eine unmittelbare Offenbarung zuteil geworden; aber auch die Heiden hatten in gewissen Sinne eine Offenbarung empfangen. Er, der den Samen Jakobs zu seinem auserwählten Volke gemacht hatte, verstieß deswegen das übrige Menschengeschlecht nicht aus seinen Augen. In der Fülle der Zeit waren Judentum und Heidentum zunichte geworden. Das äußere Fachwerk, das die lebendige Wahrheit in sich barg und zugleich mitteilte, war nie zur Fortdauer bestimmt; es löste sich auf unter den Strahlen der Sonne der Gerechtigkeit, die darüber aufging und es durchleuchtete. Der Umwandlungsprozeß ging langsam vonstatten, nicht hastig, sondern nach Maß und Gesetz, »zu verschiedenen Zeiten und auf verschiedene Weise« (Hebr 1,1), eine Offenbarung folgte der andern, bis die ganze Lehre des Evangeliums im vollen Lichte dastand. So war Raum geschaffen für die Vorahnung weiterer und tieferer Offenbarungen und Wahrheiten, die vom Schleier des Buchstabens noch bedeckt waren und zu ihrer Zeit verkündet werden sollten. Die sichtbare Welt harrt ihrer göttlichen Deutung noch immer entgegen; die heilige Kirche selbst wird in ihren Sakramenten und in ihrer hierarchischen Ordnung bis zum Ende der Welt fortbestehen nur als Sinnbild der himmlischen Dinge, welche die Ewigkeit erfüllen. Ihre Geheimnisse sind nichts anderes als die in menschliche Sprache gekleideten Formeln von Wahrheiten, die der Menschengeist nicht zu fassen vermag. Es ist klar, wie eng alles das in Beziehung stand zu den Gedanken, die mich in meiner Jugend angezogen hatten, und mit der Lehre, die ich bereits im Zusammenhang mit der »Analogie« Butlers und dem »Christlichen Jahr« Kebles behandelt habe.

3. *»Während ich mit der Niederschrift meines Werkes beschäftigt war...«*

Während ich mit der Niederschrift meines Werkes über die Arianer beschäftigt war, traten in der Heimat und auf dem Festland große Ereignisse ein, die den verschiedenen religiösen Anschauungen, die ich im Laufe der Zeit in mich aufgenommen hatte, feste Gestalt und leidenschaftlichen Ausdruck gaben. Kurze Zeit vorher hatte Frankreich eine neue Revolution erlebt; die Bourbonen waren vertrieben worden. Meiner Ansicht nach war es unchristlich, wenn die Völker ihre Herrscher einfach stürzten; um so mehr, wenn ein Souverän im Besitz des göttlichen Erbrechts war. Ferner gingen, während ich schrieb, die Wogen der großen Reformbewegung rings um mich hoch. Die Whigs (Liberalen) waren zur Herrschaft gelangt; Lord Grey hatte den Bischöfen bedeutet, sie sollten Ordnung in ihrem Hause schaffen; einzelne Prälaten waren in den Straßen Londons beschimpft und bedroht worden. Die Lebensfrage war: Wie konnte die Kirche vor dem Liberalismus bewahrt werden? In einzelnen Kreisen stand man der Frage gleichgültig gegenüber, in anderen herrschte eine unsinnige Aufregung; die wahren Prinzipien der Kirchlichkeit schienen vollständig in Verfall geraten zu sein, und in den Versammlungen des Klerus nahm die Verwirrung überhand. Blomfield, der damalige Bischof von London, ein tatkräftiger und offenherziger Mann, hatte sich jahrelang eifrig bemüht, die hochkirchliche Orthodoxie zu schwächen, indem er Mitglieder der evangelikalen Partei auf einflußreiche Stellen und Vertrauensposten berief. Er hatte, wie man erzählt, bei Männern, die mit mir im Glauben an die apostolische Sukzession einig waren, argen Anstoß erregt durch die unbedachte Äußerung, dieser Glaube sei mit den Non-jurors[8] ausgestorben. »Wir können euch an den Fingern zählen«, sagte er zu einigen der ernstesten und ehrwürdigsten Persönlichkeiten der alten Schule. Und die evangelikale Partei selbst schien mit ihren neuen Erfolgen jene Einfachheit und Weltabgewandtheit eingebüßt zu haben, die ich an Milner und Scott so sehr bewundert hatte. Ich habe allerdings Männer wie Ryder, den damaligen Bischof von Lichfield, und andere ähnlicher Geistesrichtung, die noch keinen Rang unter dem Klerus hatten, verehrt, aber als Klasse galten mir die Evangelikalen nicht viel. Es schien mir, daß sie den Liberalen in die Hände arbeiteten. Ich stellte einen Vergleich an zwischen unserm Kirchenwesen, das innerlich so zerrissen und wankend war und seine wahre Kraft selbst nicht kannte, und dem frischen, lebendigen Geist, der mir aus den

[8] Die Jakobitische Partei, die nach Vertreibung Jakobs II. (1685/88) dem neuen Herrscherhaus den Eid verweigerte.

Schriften der ersten Jahrhunderte entgegenwehte. In ihrem sieghaften Eifer für jenes »ursprüngliche Geheimnis«, das ich seit meiner Jugend mit ganzer Seele verehrte, erkannte ich den Schritt meiner geistigen Mutter. »Incessu patuit Dea« (Im Schritt offenbarte sich die Göttin). Die Selbstverleugnung ihrer Asketen, die Geduld ihrer Märtyrer, die unwiderstehliche Festigkeit ihrer Bischöfe, der freudige Schwung ihrer Ausbreitung erhob und demütigte mich zugleich. Ich sagte mir: »Betrachte dieses Bild und dann das andere.« Für meine Kirche empfand ich Zuneigung, aber keine schonende Liebe; ihre Aussichten für die Zukunft flößten mir große Besorgnis ein und ihre untätige Ratlosigkeit erregte in mir Ärger und Groll. Der Liberalismus schien mir des Endsieges sicher zu sein, sobald er einmal in ihr Fuß gefaßt hatte. Ich sah, daß die Grundsätze der Reformation nicht die Macht hatten, sie zu retten; sie zu verlassen, kam mir nie in den Sinn, wohl aber stand der Gedanke mir ständig vor der Seele, daß es etwas Größeres geben müsse als die Staatskirche und daß dieses Größere die am Anfang gestiftete katholische und apostolische Kirche sei, von der unsere Kirche nur die lokale Verkörperung und das Organ war. Wenn sie das nicht war, dann war sie überhaupt nichts. Es mußte mit aller Kraft gehandelt werden, um ihr zu helfen, sonst war sie verloren. Sie bedurfte einer zweiten Reformation.

In dieser Zeit war ich von meinen Pflichten am Kolleg entbunden; meine Gesundheit war infolge der Anstrengung, welche die Abfassung meines Buches mit sich brachte, angegriffen. Im Juli 1832 war es druckfertig, wurde aber erst gegen Ende des Jahres 1833 veröffentlicht. So war ich leicht zu überreden, mich Hurell Froude und seinem Vater anzuschließen, die wegen der Gesundheit des ersteren eine Reise nach dem Süden Europas antraten.

Wir brachen im Dezember 1832 auf. Während dieser Fahrt sind meine Gedichte entstanden, die in der *Lyra Apostolica* erschienen sind; nur ein paar wurden vorher und eines oder zwei nachher verfaßt. Nun trat für mich eine große Wendung ein: ich verließ meine geregelte Lehrtätigkeit und einen gelehrten, stillen und liebenswürdigen Freundeskreis, in dem ich die letzten sechs Jahre verlebt hatte, um hinauszuziehen in fremde Länder und in eine unbekannte Zukunft; daher kam mir unwillkürlich der Gedanke, daß auch innere Umwandlungen und ein weiterer Wirkungskreis meiner warteten. In Whitchurch, wo ich die Provinzpost von Falmouth erwartete, schrieb ich das Gedicht an meinen Schutzengel, das mit folgenden Worten beginnt: »Sind das die Spuren eines himmlischen Freundes?«, und dann von »der Vision« spricht, die mir vorschwebte: – Diese Vision kommt in der ganzen Folge der Dichtungen mehr oder weniger zum Ausdruck.

Ich besuchte verschiedene Küsten des mittelländischen Meeres, trennte mich in Rom von meinen Freunden, ging gegen Ende April zum zweitenmal nach Sizilien und anfangs Juli kehrte ich über Palermo nach England zurück. Das Ungewohnte des fremden Lebens führte mich ins eigene Innere zurück. Ich fand Gefallen an historischen Stätten und schönen Bildern, nicht an den Menschen und ihren Sitten. Vom Verkehr mit Katholiken hielten wir uns auf der ganzen Reise fern. Einmal unterhielt ich mich mit dem Dekan von Malta, einem sehr liebenswürdigen Mann, der vor kurzem starb, jedoch nur über die Väter und die Bibliothek der großen Kirche. In Rom lernte ich den Abbate Santini kennen, der mir die Gregorianischen Tonarten abschrieb. Froude und ich machten zwei Besuche bei Monsignore (jetzt Kardinal) Wiseman im englischen Kolleg, kurz bevor wir Rom verließen. Einmal hörten wir ihn in einer Kirche auf dem Corso predigen. Sonst erinnere ich mich nicht, mit einem Geistlichen zusammengetroffen zu sein, außer einem Priester von Castro-Giovanni in Sizilien, der mich besuchte, als ich krank war, und mit dem ich mich über einige Kontroversfragen unterhalten wollte. Von kirchlichen Feierlichkeiten besuchten wir nur die Tenebrae in der Sixtinischen Kapelle, um das Miserere zu hören; das war alles. Mein allgemeines Empfinden war: »Alles, außer dem Geist dieser Menschen, ist göttlich.« Ich sah nur das Äußere; vom inneren Leben der Katholiken hatte ich keine Ahnung. Immer mehr zog es mich in mich selbst zurück; ich fühlte meine Einsamkeit. England allein lag mir im Sinn, aber die Nachrichten von dort kamen selten und unvollständig. Das Gesetz zur Aufhebung der irischen Bischofssitze[9] war in Vorbereitung und beherrschte mein ganzes Denken. Ich war voll Zorn gegen die Liberalen.

Der Fortschritt der liberalen Sache zerrieb mich innerlich. Ich wurde wild über ihre Maßnahmen und ihre Kundgebungen. Ein französisches Kriegsschiff lag in Algier; ich mochte nicht einmal seine Flagge sehen. Auf meiner Rückreise war ich gezwungen, mich einen Tag in Paris aufzuhalten, trat aber die ganze Zeit nicht vor meine Türe und sah die prächtige Stadt nur von der Diligence aus. Der Bischof von London hatte schon nach mir gefahndet, um mir eine der Predigerstellen in Whitehall anzubieten, die er eben damals neu organisiert hatte. Aber ich war empört über die Richtung, die er eingeschlagen hatte, und schrieb von meinem Dampfer aus einen Brief in die Heimat, worin ich das Amt

[9] In Irland, das doch im Ganzen katholisch geblieben war, gab es unverhältnismäßig viele und überreich dotierte anglikanische Bischofssitze, deren missionarische Wirksamkeit seit Jahrhunderten gleich Null war. Es entsprach dem praktischen Sinn der Liberalen, der Fiktion ein Ende zu machen, daß Irland ein anglikanisches Territorium sei, und zunächst einen Teil der Diözesen aufzuheben.

ablehnte für den Fall, daß es mir angetragen würde. Besonders unzufrieden war ich damals mit Dr. Arnold; später habe ich allerdings meine Gesinnung wieder geändert. Meines Wissens hatte einmal jemand in Rom im Laufe der Unterhaltung gefragt, ob eine bestimmte Auslegung der Schrift christlich sei, worauf die Antwort erfolgte, daß Dr. Arnold sie dafür halte; da machte ich die Bemerkung: »Aber ist *er* ein Christ?« Der Vorfall kam mir sogleich ganz aus dem Sinn; als er mir später zum Vorwurf gemacht wurde, konnte ich zur Erklärung nur das eine vorbringen, ich hätte vermutlich einige freie Anschauungen Dr. Arnolds über das Alte Testament im Auge gehabt. Wahrscheinlich wollte ich damit sagen: »Arnold bürgt für die Auslegung, aber wer bürgt für Arnold?« In Rom begannen wir auch die *Lyra Apostolica,* die jeden Monat im British Magazine erschien[10]. Das Motto zeigt, was Froude und ich zu jener Zeit empfanden; wir liehen uns von Bunsen[11] einen Homer, und Froude wählte die Worte, die Achilles bei der Rückkehr in den Kampf spricht: »Ihr sollt den Unterschied sehen, wenn Achill wieder dabei ist.«

Besonders in einsamen Stunden überkam mich der Gedanke, daß ein Befreiungswerk nicht die Tat vieler, sondern einzelner sei, daß es nicht von Gemeinschaften, sondern von Persönlichkeiten ausgehen müsse. Es muß um dieselbe Zeit gewesen sein, daß ich mir die seit meiner Kindheit teuren Worte wiederholte: »Exoriare aliquis!« – und Southeys schönes Gedicht »Thalaba«, für das ich eine große Vorliebe hatte, wollte mir nicht aus dem Sinne. Es erwachte in mir der Glaube, daß ich eine Mission zu erfüllen habe. Die Briefe an meine Freunde müssen Äußerungen dieser Art enthalten, falls sie nicht vernichtet sind. Als wir von Msgr. Wiseman Abschied nahmen, äußerte er in höflichen Worten den Wunsch, wir möchten einen zweiten Besuch in Rom machen; da sagte ich mit großem Ernst: »Wir haben ein Werk in England zu vollbringen«. Ich reiste sogleich ab nach Sizilien, und das Empfinden wurde immer stärker. Ich drang ins Innere der Insel und erkrankte in Leonforte am Fieber. Mein Diener fürchtete, ich müsse sterben und erbat von mir die letzten Weisungen. Ich willfahrte seinem Wunsch, sagte aber: »Ich werde nicht sterben, denn ich habe nicht gegen das Licht gesündigt; ich habe nicht gegen das Licht gesündigt.« Was ich damit meinte, konnte ich nie ganz erklären.

Ich ging nach Castro-Giovanni und mußte hier fast drei Wochen liegen. Gegen Ende Mai brach ich nach Palermo auf, brauchte aber drei Tage zu

[10] Dichtungen z.T. mit kirchenpolitischer Tendenz, deren Verfasser (Bowden, Keble, Newman, Froude, Williams) zunächst anonym blieben; 1836 in Buchform erschienen.

[11] Christian v. Bunsen, mit dessen militantem Protestantismus Newman einige Jahre später zusammenstieß, war bis 1838 preußischer Gesandter (»Ministerresident«) beim Vatikan.

dieser Reise. Ehe ich am Morgen des 26. oder 27. Mai mein Gasthaus verließ, setzte ich mich aufrecht ins Bett und fing bitterlich an zu weinen. Mein Diener, der mich mit größter Sorgfalt gepflegt hatte, fragte mich, was mir fehle. Ich konnte nur antworten: »Ich habe ein Werk in England zu vollbringen.«

Mit Schmerzen sehnte ich mich nach der Heimat; da jedoch kein Schiff fuhr, mußte ich drei Wochen in Palermo warten. Ich fing an, die Kirchen zu besuchen, sie wirkten beruhigend auf meine Ungeduld, obwohl ich nie einem Gottesdienst beiwohnte. Von der Gegenwart des Allerheiligsten Sakramentes wußte ich nichts. Endlich reiste ich mit einem Orangenboot, das nach Marseille bestimmt war, ab. Aber Windstille hielt uns eine ganze Woche in der Straße von Bonifacio fest. Damals schrieb ich das kleine Gedicht: »Lead, kindly light« (Leite, liebes Licht), das seitdem sehr bekannt geworden ist. Während der ganzen Zeit meiner Überfahrt schrieb ich Gedichte. Endlich erreichte ich Marseille und trat von dort die Fahrt nach England an. Die Anstrengungen der Reise waren jedoch zu viel für mich, und ich mußte mehrere Tage in Lyon bleiben. Endlich vermochte ich weiterzureisen und eilte rastlos, Tag und Nacht, abgesehen von einem unfreiwilligen Aufenthalt in Paris, bis ich England und das Elternhaus erreichte. Mein Bruder war einige Stunden vorher von Persien heimgekommen. Es war ein Dienstag, Am folgenden Sonntag, den 14. Juli, hielt Keble in der Universitätskirche die Sessionspredigt, die später unter dem Titel *»Nationale Apostasie«* veröffentlicht worden ist. Ich habe diesen Tag immer als den Ausgangspunkt der religiösen Bewegung vom Jahre 1833 angesehen und in Ehren gehalten.

4. »Ich habe von dem festen Vertrauen in meinen Standpunkt ...«

Ich habe von dem festen Vertrauen in meinen Standpunkt gesprochen; nun will ich diesen Standpunkt und die wissenschaftlichen Grundsätze, auf die ich mich stützte, noch genauer darlegen. Es waren folgende drei Punkte:

1. Zuerst das *dogmatische Prinzip.* Mein Kampf galt dem Liberalismus. Unter Liberalismus verstehe ich das antidogmatische Prinzip und seine Konsequenzen. Dies war der erste Punkt, der für mich feststand. Hier habe ich eine Bemerkung zu machen: In einem empfangenen Glauben beharren ist kein vollwertiges Zeugnis für seine Wahrheit; ihn aufgeben aber ist für den, der seiner gewiß war, zum wenigsten ein Makel. Soweit ich also im Jahre 1832 von der Wahrheit später aufgegebener Meinungen

fest überzeugt war, trifft mich eine gewisse Schuld, nicht allein wegen meines ungerechtfertigten Vertrauens, sondern auch wegen der verschiedenen Handlungen, welche daraus folgten. Dagegen kann ich mit Genugtuung feststellen, daß ich in diesem ersten Punkt nichts zu widerrufen und nichts zu bereuen habe. Das große Prinzip der Bewegung ist mir heute noch so teuer, wie es mir immer war. Ich habe mich in vielen Dingen geändert, darin aber nicht. Von meinem fünfzehnten Lebensjahr an war das Dogma das Fundamentalprinzip meiner Religion; eine andere Religion kenne ich nicht; den Begriff einer anderen Art der Religion kann ich mir nicht denken; Religion als bloßes Gefühl ist für mich Traum und Blendwerk. Man könnte ebensogut von Kindesliebe ohne Eltern sprechen, als von Frömmigkeit ohne die Tatsache eines höchsten Wesens. Was ich im Jahre 1816 festhielt, das hielt ich auch im Jahre 1833 aufrecht und halte es jetzt im Jahre 1864 noch ebenso fest. Gebe Gott, daß ich bis ans Ende meines Lebens daran festhalte. Selbst unter Dr. Whatelys Einfluß fühlte ich nie die Versuchung, gegen die großen Dogmen des Glaubens gleichgültig zu werden, und bei verschiedenen Gelegenheiten bin ich seinen Gedanken entgegengetreten, wenn sie mir (mit Recht oder Unrecht) dieselben zu verdunkeln schienen. Das war das Grundprinzip der Bewegung vom Jahre 1833.

2. Zweitens hatte ich ein festes Vertrauen in die Wahrheit einer bestimmt ausgesprochenen Glaubenslehre, die auf dieses Fundament des Dogmas gegründet war; daß es nämlich eine *sichtbare Kirche* gäbe mit Sakramenten und Riten, welche die Kanäle der unsichtbaren Gnade sind. Dies hielt ich für die Lehre der Schrift, der frühen Kirche und des Anglikanismus. Auch darin habe ich meine Ansicht nicht geändert. Meine Gewißheit über diesen Punkt ist jetzt noch so groß wie im Jahre 1833, und sie hat mich nie verlassen. Im Jahre 1834 und in den folgenden Jahren stellte ich die Lehre von der Kirche auf eine breitere Grundlage, nachdem ich Laud, Bramhall, Stillingfleet und andere anglikanische Theologen gelesen, sowie die Studien über die Väter fortgesetzt hatte; aber es war nur eine Festigung der Lehre vom Jahre 1833, keine Änderung. Als ich die Traktate begann, gründete ich die erwähnte Hauptlehre auf die Schrift, auf die Briefe des hl. Ignatius und auf das (liturgische) Gebetbuch der anglikanischen Kirche. (1.) Für die Existenz einer sichtbaren Kirche berief ich mich in Traktat 11 auf die Schrift, und zwar auf die Apostelgeschichte und die Briefe. (2.) Für die Sakramente und sakramentalen Riten stützte ich mich auf das Gebetbuch. Ich verwies auf den Ritus der Ordination, wo der Bischof die Worte spricht: »Empfange den heiligen Geist!« –; auf die Vorschrift des Krankenbesuchs, welche die Lehre von der Beicht und der Lossprechung enthält; auf den Taufritus, in dem der Priester nach der Taufe das Kind als Wiedergeborenen bezeichnet; auf den Katechismus, wo die sakramen-

tale Kommunion Empfang »des wahren Leibes und Blutes Christi« bedeutet; auf den Ritus der *comminatio* (Androhung), in dem wir ermahnt werden, »Werke der Buße« zu tun; auf die Kollekten, Episteln und Evangelien, auf den Kalender und die Rubriken des offiziellen Gebetbuches, worin die Feste der Apostel, die Gedächtnistage anderer Heiliger, Fast- und Abstinenztage zu finden sind. (3.) Das *Episkopalsystem* gründete ich auf die Briefe des hl. Ignatius, die es in verschiedenen Formen einschärfen. Besonders eine Stelle machte tiefen Eindruck auf mich: er spricht von Fällen des Ungehorsams gegen die kirchliche Obrigkeit und sagt: »Der Mensch versündigt sich nicht gegen den Bischof, den er sieht; er hintergeht vielmehr den unsichtbaren Bischof, und so sündigt er nicht gegen Fleisch und Blut, sondern gegen Gott, der die Geheimnisse des Herzens kennt.«

Ich war bestrebt, dieses Prinzip buchstäblich zu erfüllen und darf zuversichtlich sagen, daß ich es bewußt nie übertreten habe. Ich wollte vor den Augen des Bischofs so handeln, als stünde ich sozusagen vor Gottes Angesicht. Das war eines meiner besonderen Schutzmittel gegen mich selbst und meine Anhänger; ich konnte nicht ganz in die Irre gehen, solange ich annehmen durfte, daß ich ihm in keiner Weise mißfalle. Ich leistete nicht bloß einen rein formellen Gehorsam gegen die mir selbst gegebene Regel, sondern wünschte, ihm persönlich zu gefallen, da ich in ihm die von Gottes Hand eingesetzte Obrigkeit sah. Gewissenhaft erfüllte ich meine priesterlichen Pflichten, nicht nur weil es Pflichten *waren,* sondern weil ich mich einfach für den Diener und das Werkzeug meines Bischofs hielt. Um die Gesamtheit der Bischöfe kümmerte ich mich nur, soweit sie die Stimme meiner Kirche waren; auch nach einem Provinzialkonzil oder nach einer Diözesansynode unter dem Vorsitz meines Bischofs hätte ich nicht viel gefragt. Alle diese Dinge galten mir nur jure ecclesiastico (auf Grund kirchlichen Rechtes), dagegen war die Stimme meines Bischofs in eigener Person für mich jure divino (göttlichen Rechtes) Mein Bischof war mein Papst; einen anderen kannte ich nicht; er war der Nachfolger der Apostel und Stellvertreter Christi. Dies war nur die praktische Auslegung der anglikanischen Theorie von der kirchlichen Regierung, wie ich sie mir nach verschiedenen anglikanischen Theologen zurechtgelegt hatte. Danach habe ich immer gehandelt. Als ich schließlich im Jahre 1845 Bischof Wiseman, in dessen Vikariat ich lebte, brieflich meine Konversion mitteilte, wußte ich ihm nichts Besseres zu sagen, als daß ich dem Papst gehorchen wolle, wie ich in der anglikanischen Kirche meinem Bischof gehorcht hatte. Treue Pflichterfüllung ihm gegenüber war mir Ehrensache; sein Mißfallen konnte ich nicht ertragen. Ich glaube, daß es eine edle und ehrenhafte Gesinnung war, und zum Lohn dafür hatte ich das Glück, während der ganzen Zeit unter einem kirchlichen Oberhirten zu stehen, dem ich vor jedem anderen Bischof des Landes den Vorzug gegeben hätte, wenn ich die Wahl gehabt hätte; sein Andenken blieb mir stets teuer. *Dr. Bagot* war ein Mann von vornehmer Gesinnung und ebenso herzensgut als einsichtig und edel. In den Kämpfen, die über mich kamen, bewies er mir stets seine Teilnahme; es war mein eigener Fehler, wenn ich nicht in noch vertrautere Beziehungen zu ihm trat, als sie zu meiner Freude an sich schon waren. Sein Name sei gesegnet für immer!

Zum Schluß meiner Ausführungen über den zweiten Punkt, auf dem mein Vertrauen ruhte, wiederhole ich, daß ich auch hier dem wesentlichen Inhalt nach nichts zu widerrufen habe. Wie meine Klarheit in der Annahme des dogmatischen Prinzips seit den Jahren 1833 und 1816 dieselbe geblieben ist, so wenig wurde mein Glaube an eine sichtbare Kirche, an die Autorität der Bischöfe, an die Gnade der Sakramente und den religiösen Wert der Bußwerke, wie ich ihn im Jahre 1833 bekannte, erschüttert. Zu meinem Glaubensbekenntnis habe ich neue Artikel hinzugewonnen; aber die alten, die ich damals mit übernatürlichem Glauben festhielt, sind mir immer geblieben.

3. Der dritte Punkt meiner Stellung vom Jahre 1833, den ich seinem vollen Umfang nach widerrufen und verdammt habe, betrifft meine damalige Ansicht von der *römischen Kirche;* ich will darüber so genau wie möglich sprechen. Wie ich bereits erwähnte, hielt ich in meiner Jugend und noch als ich erwachsen war, den Papst für den Antichrist. Am Weihnachtsfest des Jahres 1824/25 hielt ich eine Predigt dieses Inhalts. Aber schon im Jahre 1827 bekannte ich mich gerne zu der Stanze im »Christlichen Jahr«: »Sprich *mild* von deiner Schwester Fall«, die viele zu gelinde hielten. Von der Zeit an, da ich mit Froude verkehrte, nahm diese meine Bitterkeit allmählich ab, Ich nannte die römische Kirche eine Verbündete der »*Sache* des Antichrist«, *eine* von den »*vielen* antichristlichen Erscheinungen«, die der hl. Johannes vorhergesagt hat, oder vom »*Geist* des Antichrist« beeinflußt, und eine Einrichtung, die etwas »wahrhaft Antichristliches« oder »Unchristliches« an sich habe. Von meiner Kindheit an und noch im Jahre 1824 betrachtete ich im Anschluß an protestantische Autoritäten den hl. Gregor I. (ums Jahr 600) als den ersten Papst, der als Antichrist gelten konnte, und hielt ihn doch auch wieder für einen großen und heiligen Mann; im Jahre 1832/33 aber wandte ich mich der Ansicht zu, die römische Kirche sei vom Konzil zu Trient der Sache des Antichrist ausgeliefert worden. Wann sich meine Urteilskraft von der Meinung, daß am Namen der römischen Kirche ein Makel hafte, vollständig und nach jeder Richtung hin frei machte, kann ich nicht sagen; aber ich scheute, soweit ich mich erinnern kann, infolge irriger Gewissenhaftigkeit oder aus Vorurteil bis zum Jahre 1843 vor ihrer Preisgabe zurück, selbst als meine Vernunft es mir

gebot. Übrigens sah ich, wenigstens zur Zeit der traktarianischen Bewegung, ihr wesentliches Unrecht in den Ehrenbezeigungen, die der allerseligsten Jungfrau und den Heiligen von ihr gezollt wurden. Und je mehr ich selbst die Andacht zu unserer Lieben Frau und den Heiligen pflegte, desto ungehaltener wurde ich über die römischen Gebräuche; ich meinte, diese verklärten Geschöpfe würden durch die ihnen erwiesene ungehörige Verehrung verletzt, wenn sie überhaupt leidensfähig seien.

Anderseits gab sich Froude im vertrauten Meinungsaustausch immer Mühe, mich von dieser Idee abzubringen. In einem seiner Briefe aus dem Ausland spielt er wahrscheinlich auf meine gewöhnlichen Einwände an, wenn er schreibt: »Ich halte die Menschen für unverständig, welche die römischen Katholiken wegen der Verehrung der Heiligen, der allerseligsten Jungfrau, der Bilder usw. angreifen. Diese Dinge sind vielleicht abgöttisch; ich kann ihnen auch nichts abgewinnen; aber nach meinem Begriff ist der Karneval die wahre, praktische Abgötterei, nach dem Wort der Schrift: »Das Volk setzte sich nieder, um zu essen und zu trinken und stand auf, um zu tanzen‹.« (Ex 32,6; 1 Kor 10,7.) Der Karneval gehört, nebenbei bemerkt, in der Tat zu jenen wirklichen Mißbräuchen, welchen sich seit mindestens drei Jahrhunderten fromme Katholiken stets widersetzt haben, wie wir aus dem Leben des hl. Philipp Neri erfahren; ganz zu schweigen von unseren Tage; doch davon wußte er nichts. Überdies flößte mir Froude eine tiefe Verehrung für die großen Päpste des Mittelalters ein; und als ich einmal dahin gelangt war, das Konzil von Trient für den Wendepunkt in der Geschichte des christlichen Rom zu betrachten, verstand es sich von selbst, daß ich freimütig und freudig in ihr Lob einstimmte. Bei meiner Auslandsreise machte der Anblick so vieler berühmter Stätten, ehrwürdiger Reliquien und prächtiger Kirchen einen tiefen Eindruck auf meine Phantasie. Auch mein Herz war ergriffen. Als ich einmal zu Fuß einen Ausflug durch eine abgelegene Gegend in Sizilien machte, kam ich morgens gegen sechs Uhr zu einer kleine Kirche; ich hörte Stimmen und schaute hinein. Sie war gedrängt voll und alles sang. Ohne Zweifel war es die heilige Messe, aber das wußte ich damals noch nicht. Und in den schweren Tagen zu Palermo war ich nicht undankbar für den Trost, den ich in dem häufigen Kirchenbesuch fand; er blieb mir stets unvergeßlich. Auch das eifrige Festhalten an der Lehre und an der Vorschrift des Zölibats, den ich als apostolisch anerkannte, und die treue Übereinstimmung mit dem Altertum in so vielen anderen Punkten, die mir teuer waren, war ein Beweis und eine Verteidigung zugunsten der großen römischen Kirche, so wurde ich allmählich milder gegen sie gestimmt; meine Vernunft blieb davon aber noch ganz unberührt. Mein Urteil gegen sie, als Institution betrachtet, war ihr so feindlich wie immer.

5. *»Vermutlich war es der Einfluß und das Beispiel ...«*

Vermutlich war es der Einfluß und das Beispiel Dr. Puseys, die mich veranlaßten, umfangreichere und gründlichere Werke zur Verteidigung der Prinzipien unserer Bewegung zu schreiben und durch andere schreiben zu lassen; sie erschienen im Lauf mehrerer Jahre, – einzelne derselben erforderten oder erfuhren von ihren Autoren eine solch sorgfältige Behandlung, daß sie erst erschienen, als die Bewegung ihren Charakter und ihre Bedeutung bereits geändert hatte. Ich machte mich sofort an ein Werk, in dem unsere Beziehungen zur römischen Kirche genau festgestellt wurden. Ehe das nicht geschehen war, konnten wir keinen Schritt mit Ruhe tun. Es war eine absolute Notwendigkeit und unabweisbare Pflicht, sobald als möglich eine ausführliche Darlegung zu geben, um unsere Freunde zu ermutigen und zu beruhigen und den Angriffen unserer Gegner widerstehen zu können. Von allen Seiten war der Ruf zu hören, daß die Traktate und die Schriften der Väter uns zum Katholizismus führen werden, bevor wir dessen gewahr würden. Mitglieder der evangelikalen Partei, die sich im Jahre 1836 mit uns verbunden hatten, um gegen eine wichtige Verfügung des Premierministers auf der Provinzialsynode Protest zu erheben, sprachen das laut aus. Diese Geistlichen äußerten damals sogar den Wunsch, daß ihre nächste Stimmabgabe in Oxford den Zweck haben möchte, dem Papismus in der Bewegung ein Ende zu machen. Ein anderer und höchst wichtiger Grund war folgender: Monsignore Wiseman hatte mit dem Scharfsinn und Eifer, der von diesem großen Prälaten zu erwarten war, das Kommende vorausgesehen, war im Jahre 1836 nach England zurückgekehrt, hatte in London Vorträge über die katholischen Lehren gehalten und im Lande den Eindruck hervorgerufen, den auch wir teilten: daß wir nicht bloß mit unseren Brüdern, sondern außerdem mit unseren Erbfeinden zu kämpfen hätten. Diese Umstände veranlaßten mich zur Herausgabe des Werkes *»Das Prophetenamt*[12] *der Kirche in seiner Beziehung zum Romanismus und zum populären Protestantismus betrachtet«*.

Dies Werk beschäftigte mich drei Jahre lang, von Anfang 1834 bis Ende 1836. Es war auf Grund einer sorgfältigen Berücksichtigung und Vergleichung der bedeutendsten anglikanischen Gottesgelehrten des 17. Jahrhunderts abgefaßt. Zuerst schrieb ich es in Form einer brieflichen Kontroverse mit einem gelehrten französischen Priester; darauf wurde es umgearbeitet und zu Vorträgen in der Marienkirche verwendet;

[12] Unter »prophetical office« versteht die anglikanische Theologie unsern Begriff des »Lehramtes« der Kirche. Aus der üblichen Übersetzung »Prophetenamt« wird nicht deutlich, daß es sich hier um eins der drei großen Ämter der Kirche handelt.

schließlich wurde es mit beträchtlichen Kürzungen und Zusätzen veröffentlicht.
Es war ein Versuch, die Grundzüge, aus welchen der christliche Glaube und die christliche Lehre hervorgehen, aufzuzeigen und mit deren Hilfe die Beziehungen des römischen und anglikanischen Systems zueinander zu bestimmen. Auf diese Weise zeigte es sich, daß eine Verschmelzung der beiden unmöglich sei, und daß vom Anglikanismus so wenig gesagt werden könne, er neige zum Romanismus, als von diesem, daß er sich dem Anglikanismus nähern wolle. Der Geist des Buches ist der römischen Kirche nicht so freundlich wie Traktat 71, der ein Jahr früher erschienen war; im Gegenteil, er ist sehr scharf. Das schreibe ich dem Umstand zu, daß es eine theologische Lehrschrift ist, während der Traktat als Kontroversschrift in den Streitfragen so wenig wie möglich behauptet und so viel wie möglich zugesteht, und die übereinstimmenden Punkte ebenso hervorhebt wie die abweichenden. Ein weiterer Grund, der sich ganz unmittelbar geltend machte, war der, daß ich mich in diesem Buch mit dem »Romanismus« (wie ich mich ausdrückte) nicht so sehr in seinen formellen Entscheidungen und nach dem Wesen seines Bekenntnisses, als in seiner traditionellen Tätigkeit und in seiner autorisierten Lehre befaßte, wie sie durch seine hervorragendsten Schriftsteller dargestellt wird; der Traktat dagegen ist zu dem Zweck geschrieben, die Verschiedenheit der Kirchen mit der Absicht einer Versöhnung derselben zu erörtern. Es gibt noch eine dritten Grund, auf den ich weiter unten eingehen werde.
Das Werk zeigte jedoch weiter als nur auf den Kampf gegen das römische System. Es war der Versuch, ein theologisches System nach anglikanischem Begriff und mit der Gründung auf anglikanische Autoritäten aufzustellen. *Palmer* hatte zu derselben Zeit die Absicht, ein Werk ähnlicher Natur nach seiner Art in Angriff zu nehmen. Es wurde meines Wissens unter dem Titel »Eine Abhandlung über die christliche Kirche« veröffentlicht. Wie es von dem Autor nicht anders erwartet werden konnte, war es eine überaus gelehrte und sorgfältige Arbeit; der Form nach war sie, ich möchte sagen, polemisch. Wenigstens folgte er der logischen Mehtode der römischen Schulen so erfolgreich, daß P. Perrone in seiner Abhandlung über die dogmatische Theologie ihn als einen Kämpfer von echtem Schrot und Korn anerkannte und als einen Feind begrüßte, der würdig sei, widerlegt zu werden. Andere Soldaten dieses Kampfplatzes scheint er nicht höher bewertet zu haben als die Landsknechte des Mittelalters und wahrlich mit gutem Grund. Als ich diesen ausgezeichneten und herzensguten Mann später in Rom kennenlernte, erlaubte er mir, ihm für die geringschätzigen Gedanken, die er einst über mich hegte, volle Genugtuung aufzuerlegen, indem ich seine kostbare Zeit mit meinen theologischen Fragen in Anspruch nehmen

durfte. Palmers Buch war von der Art, wie es außer ihm kein Anglikaner schreiben konnte – soweit ich mich erinnere, in keiner Hinsicht ein bloßer Versuch. Der Stoff der Kontroverse war in festumrissene Teile gegliedert, und jeder Einwurf erhielt seine Antwort. Die Methode ist besonders geeignet für die autoritative Belehrung der Jugend; das Werk war in der Tat für Studenten der Theologie bestimmt. Mein eigenes Buch dagegen war offenkundig nur ein Versuch mit ausgesprochen empirischem Charakter. Ich wollte aus dem Material, das dank der Mühe großer Gottesgelehrter schon zubereitet und behauen bereitlag, eine anglikanische Theologie aufbauen. Dies konnte jedoch nicht das Werk eines einzigen Mannes sein; noch viel weniger konnte es sogleich in der anglikanischen Theologie Eingang finden, auch wenn es noch so wohl getan war. Das gab ich rückhaltlos zu; und obgleich ich das feste Vertrauen hatte, daß meine Darlegungen der Lehre sich als zutreffend und bedeutsam erweisen würden, schrieb ich doch, wie man zu sagen pflegt, unter dem »Vorbehalt späterer Berichtigungen«.
Noch ein anderes Motiv, persönlicher Natur, war der Anlaß zu meiner Veröffentlichung; auch dies muß ich meines Erachtens erwähnen. Ich empfand es damals und immer als eine intellektuelle Feigheit, für seinen Glauben keine vernünftige Grundlage zu haben, und als eine moralische Feigheit, für diese Grundlage nicht offen Zeugnis zu geben. Ich hätte mich als Mann geschämt, sie nicht klar zu formulieren, ganz gleich, welcher Art sie war. Dies ist ein Hauptgrund, warum ich das »Prophetenamt« schrieb und veröffentlichte. Bei einer Versammlung der Mitglieder des Lehrkörpers im Frühling 1836 anläßlich des damals entfachten Kampfes gegen eine Whig-Verordnung stellte jemand den Antrag, wir alle sollten, wenn ich recht verstand, lediglich im Rahmen der Kollegdiskussion bleibend nach konservativen Gesichtspunkten handeln und möglichst wenig mit Behauptungen in der Öffentlichkeit hervortreten; da gab ich aus demselben Empfinden heraus zu Antwort, die Persönlichkeit, der wir entgegentreten wollten, hätte ihren Standpunkt schriftlich dargelegt, und wir müßten dasselbe tun. Dies war wiederum ein Hauptgrund für die Herausgabe des Traktats 90. Leider sollte es jahrelang mein Los sein, keine befriedigende Grundlage für mein religiöses Bekenntnis zu finden und in einem Zustand moralischer Trockenheit zu verharren, ohne Ruhe im Anglikanismus, und nicht imstande, mich Rom anzuschließen. Aber ich ertrug es, bis im Lauf der Jahre mein Weg klar vor mir lag. Wenn mir hier entgegengehalten wird, daß ich während dieser Zeit in meinen Schriften oft auf Dinge hindeutete, die ich nicht klar ausdrückte, so gebe ich zu bedenken, daß es nur vorkam, wenn ich beim besten Willen nicht mehr wußte, ob mir die schuldige Rücksicht auf die Geistesverfassung und das Empfinden anderer zu reden oder zu schweigen gebot. Übrigens wird sich noch

Gelegenheit bieten, mehr darüber zu sagen. Nun aber zurück zum »Prophetenamt«.
In der Einleitung zu einem Werk sagte ich: »Die Untersuchung hat den Zweck, Richtlinien für die Aufstellung einer anglikanischen Theologie zu geben, die als Lösung einer ihrer Spezialfragen ein Recht auf Anerkennung hat. Der gegenwärtige Stand unserer Gottesgelehrsamkeit ist folgender: Die kraftvollsten, klarsten und fruchtbarsten Gelehrten wurden von Gottes Barmherzigkeit in den Dienst unserer Kirche gestellt, Männer, die ebenso ehrwürdig und heiligmäßig, als von der alten Wahrheit würdig durchdrungen und in den Schriften der Väter ebenso bewandert als geistig begabt waren. Das ist in der Tat eine große Gnade Gottes, für die wir stets dankbar sein müssen. Die Lehre des Urchristentums ist nach allen Richtungen hin für uns durchforscht, und die ursprünglichen Prinzipien des Evangeliums und der Kirche sind mit unermüdlichem Fleiß ans Licht gestellt worden. Doch eines fehlt noch: Unsere Vorkämpfer und Lehrer haben in stürmischen Zeiten gelebt; politische und andere Einflüsse haben in ihren Tagen in verschiedener Weise auf sie eingewirkt und auch nachher eine sorgfältige Befestigung und Vertiefung ihrer Urteile verhindert. Wir haben ein reiches Erbe, aber keinen Überblick über unsere Schätze. Wir haben alles in reicher Fülle empfangen; uns bleibt die Aufgabe, zu zählen, zu ordnen, einzuteilen, auszuwählen, in Einklang zu bringen und zu vervollständigen. Wir haben mehr, als wir zu gebrauchen wissen; Reichtümer an Wissen, aber wenig davon ist präzisiert und praktisch verwendbar; allgemein gültige Wahrheiten und individuelle Meinungen, grundlegende Prinzipien und geniale Vermutungen, alles in den denselben Werken bunt gemischt und der Sichtung harrend. Wir begegnen Wahrheiten, die überschätzt oder mißbraucht, und Einzelfragen, die verschieden aufgefaßt werden, Tatsachen, die ungenügend geprüft oder verwertet sind, und Regeln, welche man nicht immer mit demselben Nachdruck eingeschärft oder widersprechend ausgelegt hat. Das ist allerdings der Zustand jeder tiefen Philosphie in ihren Anfangsstadien, daher auch der theologischen Wissenschaft. Was wir im Augenblick für das Wohl unserer Kirche brauchen, ist weder Erfindungsgabe, noch Originalität oder Scharfsinn, nicht einmal große Gelehrsamkeit unserer Theologen, wenigstens nicht in erster Linie, obwohl alle Gaben Gottes in gewissem Maße nötig sind und nie unzeitgemäß sein können, wenn sie mit religiösem Sinn gebraucht werden; aber vor allem brauchen wir gesundes Urteil, ruhiges Denken, die Unterscheidungsgabe, einen aufnahmefähigen Geist, Verzicht auf alle privaten Vermutungen, Launen und persönlichen Neigungen – mit einem Wort, *göttliche Weisheit*«.
Den Hauptinhalt des Buches bildet die Lehre von der *Via media*, ein Name, der von bedeutenden Schriftstellern bereits auf das anglikanische

System angewandt wurde. Es ist eine anspruchsvolle Bezeichnung, aber nicht ganz befriedigend, weil sie auf den ersten Blick nur eine Verneinung enthält. Das war auch der Grund meiner Abneigung gegen das Wort »Protestant«; es bezeichnet kein Bekenntnis zu einer Religion und ist für Unglauben ebenso verwendbar. Eine Via media war nur ein Meiden von Extremen; daher mußte ich diesem Ausdruck erst Gestalt und Charakter geben; er hatte auf unsere Wertschätzung erst dann Anspruch, wenn er als eindeutig, verständlich und folgerichtig erwiesen war. Das war die erste Bedingung für eine vernunftgemäße Behandlung der Via media. Die zweite, ebenso unerläßliche Bedingung stand nicht in meiner Macht. Ich konnte nur hoffen, daß sie eines Tages erfüllt würde. Selbst wenn die Via media ein ganz positives religiöses System war, so war sie doch noch nicht objektive Wirklichkeit; es gab nirgends ein Original, das sie zur Darstellung brachte. Einstweilen war sie nur eine papierene Religion. Das gab ich in meiner Einleitung zu. Ich schrieb: »Protestantismus und Papismus sind wirkliche Religionen ..., die *Via media* aber, als abgeschlossenes System betrachtet, hat außer auf dem Papier noch kaum existiert.« Ich erkannte den Einwand als berechtigt an, suchte ihn aber abzuschwächen: »Es bleibt noch immer der Versuch zu machen, ob der sogenannte Anglo-Katholizismus, die Religion eines Andrewes, Laud, Hammond, Butler und Wilson geeignet ist, bekannt, betätigt und für einen weiten Wirkungskreis aufrechterhalten zu werden, oder ob er eine bloße Abart, ein Übergangsstadium des Romanismus oder des volkstümlichen Protestantismus darstellt.« Ich rechnete darauf, daß die Via media sich eines Tages als Religion von Fleisch und Blut erweisen werde.

Um Mißverständnissen vorzubeugen, möchte ich bemerken, daß diese Unentschiedenheit in der Frage nach der wissenschaftlichen Gültigkeit der Theorie von der Via media keinen Zweifel an drei Fundamentalpunkten in sich schloß, auf die sie nach meiner obigen Darlegung gegründet war; nämlich das Dogma, das System der Sakramente und den Gegensatz zur römischen Kirche.

6. *»Solche Gedankengänge erwog ich ...«*

Solche Gedankengänge erwog ich bei meiner Untersuchung, wie weit die Artikel eine katholische oder gar römische Auslegung erlaubten; so sah die Verteidigung aus, die ich für den Versuch in meinem Traktat unternahm, weil ich ihn nun einmal gemacht hatte. Aus dem bereits Gesagten wird deutlich, daß ich heutigen Tages weder die Neigung noch die Absicht habe, jede einzelne Auslegung aufrechtzuerhalten, die ich im Laufe meiner Untersuchung vorgebracht hatte, ja ich hatte sie nie. Ob es klug war oder nicht, ob es verständig war oder nicht, ich hatte einmal einen ersten Versuch gemacht zu einer notwendigen Arbeit, einen Versuch, bei dem ich ganz darauf gefaßt war, daß er Überprüfung und Änderung nötig hatte gemäß den Einsichten, die ich aus den Kritiken anderer gewinnen sollte. Jede Behauptung, die mir als irrig nachgewiesen werden konnte, hätte ich freudig zurückgezogen. Ich hielt meine Arbeit für fehlerhaft und Einwände herausfordernd, geradeso wie ich heute meine anglikanischen Schriftauslegungen für irrig ansehe, aber nur in diesem Sinne. Darum wundere ich mich, daß die Menschen über die Ausleger der Heiligen Schrift im allgemeinen nicht dieselben harten Urteile fällen wie über den Verfasser von Traktat 90. Er bekannte sich zu einem großen theologischen System und legte danach die Artikel aus: Episkopale, Lutheraner, Presbyterianer und Unitarier bekennen ein großes theologisches System und legen danach die Heilige Schrift aus. Jede Theologie hat ihre Schwierigkeiten. Die Protestanten glauben an Rechtfertigung allein durch den Glauben, obgleich kein Text des hl. Paulus dies verkündet und obgleich der hl. Jakobus es ausdrücklich verwirft. Nennen wir darum die Protestanten unehrlich? Sie leugnen, daß die Kirche eine göttliche Sendung hat, obgleich der hl. Paulus von ihr sagt, sie sei die »Säule und Grundfeste des Glaubens«. Sie halten den Sabbat, obgleich der hl. Paulus sagt: »Keiner soll euch verurteilen wegen eurem Essen oder Trinken oder .... der Sabbattage wegen.« Jedes Glaubensbekenntnis hat Texte zu seinen Gunsten und solche, die ihm zuwider laufen; dies wird allgemein zugegeben. Und so fühlte ich sehr schmerzlich: – Warum hatte ich in Traktat 90 schlechter gehandelt als Anglikaner, Wesleyaner und Kalvinisten täglich in ihren Predigten und Veröffentlichungen? Warum sollte ich schlechter gehandelt haben als die evangelikale Partei in ihrer Ex-animo-Aufnahme der Riten von Taufe und Krankenbesuch?

Warum sollte ich unredlich sein und jene untadelig? Einmal kam eine Gelegenheit, wo unser Herrgott eine Antwort gab, die auf meinen eigenen Fall paßte, als der Aufruhr gegen meinen Traktat ausbrach: »Wer ohne Sünde ist, der werfe den ersten Stein auf ihn!« Ich hätte gemeint, daß das Bewußtsein ihrer eigenen Schwierigkeiten bei der Auslegung die große Partei, von der ich sprach, zu einiger Vorsicht oder wenigstens Mäßigung hätte führen müssen bei ihrem Kampf gegen den Lehrer einer gegnerischen Schule. Aber ich fürchte, ihre Unruhe und ihr Ärger übertönten ihren Gerechtigkeitssinn.

In dem plötzlichen Sturm der Entrüstung, mit dem der Traktat im ganzen Lande bei seinem Erscheinen aufgenommen wurde, erkenne ich viel echtes religiöses Empfinden, viel ehrenhafte und wahre Grundsatztreue, viel von einem geraden, wenn auch sturen, gesunden Menschenverstand. In Oxford war auch ein unverfälschtes Mitfühlen, doch schwelte dort eine finstere, starke Animosität gegen den Verfasser, keineswegs unnatürlich, zum Teil aus Vernunftgründen. Ein falscher Schritt war gemacht worden, nun konnte man handeln. Ich habe gehört, daß sogar schon vor der Veröffentlichung des Traktats übertriebene Gerüchte über seinen Inhalt ins feindliche Lager gekommen waren. Man verlor keinen Augenblick und ging zur Tat über, sobald ich den Philistern in die Hände gefallen war. Ich stand dem Ausbruch ziemlich fassungslos gegenüber und war erschrocken über seine Heftigkeit. Ich glaube nicht, daß ich Angst hatte. Ich muß gestehen, ich bin sogar nicht ganz sicher, daß es nicht vielmehr in einer Hinsicht eine Erleichterung für mich war.

7. »Die Parteien in der Kontroverse ...«

Die *Parteien* in der Kontroverse waren demnach: die anglikanische *Via media* und die Volksreligion Roms. Und der *Ausgangspunkt,* auf den der Streit zurückgeführt werden mußte, war folgender: der Anglikaner stütze sich auf das Altertum oder die Apostolizität, der Römer auf die Katholizität. Der Anglikaner machte dem Römer gegenüber geltend: »Es ist nur *ein* Glaube, der alte, und ihr habt ihn nicht festgehalten«; und der Römer entgegnete: »Es gibt nur eine *Kirche,* die katholische, und ihr steht außerhalb derselben«. Der Anglikaner behauptete weiter: »Eure eigentümlichen Glaubensansichten, Gebräuche und Gewohnheiten sind im Alterum nirgends zu finden«; und der Römer warf ein: »Ihr habt mit *keiner* Kirche Gemeinschaft, als nur mit eurer eigenen und ihren Abarten; und ihr habt Prinzipien, Lehren, Sakramente und Gebräuche aufgegeben, die im Osten und Westen Geltung haben und stets Geltung hatten.« Die wahre Kirche, wie sie in den Glaubensbekenntnissen definiert wird, war beides, katholisch und apostolisch; wie ich die Streitfrage, in die ich verwickelt war, auffaßte, hatten England und Rom diese Merkmale oder Vorzüge untereinander geteilt: die Frage war also: Apostolizität gegen Katholizität.

8. »Mein Bollwerk war das Altertum ...«

Mein Bollwerk war das Altertum. Nun fand ich anscheinend hier, in der Mitte des 5. Jahrhunderts, das Christentum des 16. und 19. Jahrhunderts abgespiegelt. Ich sah mein Gesicht in diesem Spiegel, und *ich war Monophysit.* Die Kirche der Via media nahm dieselbe Stellung ein wie die orientalische Gemeinschaft; Rom war damals dasselbe, was es jetzt ist; die Protestanten waren die Eutychianer. Seit die Welt besteht, ist zwar schon viel Merkwürdiges passiert, aber wem wäre je der Gedanke gekommen, sich durch die Worte und Handlungen des alten Eutyches, dieses delirius senex, wie ihn Pretavis (meine ich) nannte, und die Ungeheuerlichkeiten des charakterlosen Dioskorus nach Rom führen zu lassen!

9. *»Kaum hatte ich die Werke zu Ende gelesen ...«*

Kaum hatte ich die Werke zu Ende gelesen, als mir von einem Freund, welcher der Sache Roms günstiger gesinnt war als ich, die Dublin Review vom August desselben Jahres übergeben wurde. Sie enthielt einen Artikel über den »anglikanischen Rechtstitel« von Bischof Wiseman. Das war ungefähr Mitte September. Er handelte von den Donatisten und brachte sie in Verbindung mit dem Anglikanismus. Ich las ihn, fand aber nicht viel in ihm. Die donatistische Streifrage kannte ich, wie ich oben zeigte, schon seit mehreren Jahren. Der Fall stand zur anglikanischen Kirche in keiner Parallele. Der hl. Augustinus schrieb in Afrika gegen die Donatisten in Afrika. Sie waren eine Partei, die mit ihrem Fanatismus ein Schisma in der afrikanischen Kirche zustande brachte, darüber hinaus reichte ihr Einfluß nicht. Es war eine Frage zwischen Altar und Altar, zwischen zwei Bischöfen, die um denselben Stuhl stritten, ähnlich wie zwischen den Nonjurors in England und der Staatskirche; es stand nicht eine Kirche wider die andere, wie Rom gegen die orientalischen Monophysiten. Aber mein Freund, damals wie jetzt ein gewissenhaft religiöser Mann, der mir sehr teuer war und übrigens noch Protestant ist, wies auf die ausgezeichneten Worte des hl. Augustinus hin, die eines der Zitate in der Review enthielt und meiner Aufmerksamkeit entgangen waren; sie lauteten: »Securus judicat orbis terrarum« (verläßlich urteilt der Erdkreis). Er wiederholte diese Worte wieder und wieder, und als er gegangen war, klangen sie in meinen Ohren fort. »Securus judicat orbis terrarum«, das waren Worte, die über die Angelegenheiten der Donatisten hinausgingen und auch für die Monophysiten Geltung hatten. Sie gaben dem Artikel eine zwingende Kraft, die mir zuerst entgangen war. Sie entschieden kirchliche Fragen auf Grund einer einfacheren Regel, als das Alterum war; ja der hl. Augustinus war selbst eine der vorzüglichsten Stimmen des Altertums; hier sprach also das Altertum gegen sich selbst. Welch ein Licht fiel damit auf jede Auseinandersetzung in der Kirche! Es war durchaus nicht gesagt, daß die Menge in ihrem Urteil nicht für einen Augenblick fehlen kann, – daß im arianischen Sturm nicht zahllose Bischofssitze seiner wilden Gewalt erlagen und vom hl. Athanasius abfielen, – oder daß die Mehrzahl der orientalischen Bischöfe nicht die Stimme und die Augen des hl. Leo nötig hatten, um den Streit zu überstehen, sondern daß das wohlüberlegte Urteil, in dem schließlich die ganze Kirche zusammenstimmt und sich beruhigt, ein unfehlbares Gebot und einen endgültigen

Schiedsspruch gegen solche Teile darstellt, die sich auflehnen und abfallen. Wer kann Rechenschaft geben über die Eindrücke, die auf ihn wirken? Denn ein bloßer Ausspruch, die Worte des hl. Augustinus, trafen mich mit einer Wucht, wie ich sie nie zuvor empfunden hatte. Sie waren, um ein bekanntes Beispiel zu wählen, gleich dem »Kehr zurück, Whittington« der Glocke, oder, um ein ernsteres anzuführen, sie glichen dem »Tolle, lege – tolle, lege« des Kindes, das den hl. Augustinus bekehrte. »Securus judicat orbis terrarum.« Diese großen Worte des alten Kirchenvaters lösten die Theorie der Via media vollständig in Staub auf.

10. »Im Sommer 1841 ...«

Im Sommer 1841 war ich in Littlemore und innerlich ganz frei von Unruhe und Sorgen. Ich hatte mich entschlossen der Kontroverse ganz zu entsagen und meine Übersetzung des hl. Athanasius weiterzuführen; zwischen Juli und November aber trafen mich drei Schläge, unter denen ich zusammenbrach.

1. Ich war in meiner Arbeit noch nicht weit gekommen, als meine Unruhe wieder erwachte. Der Geist erschien zum zweitenmal. In der Geschichte der Arianer stieß ich auf dieselbe Wahrnehmung, nur in viel ausgeprägterer Gestalt, als in der Geschichte der Monophysiten. Im Jahre 1832 hatte ich das noch nicht bemerkt. Seltsam, daß das über mich kommen mußte! Ich hatte nicht danach gesucht; ich las und schrieb, fern von allen Auseinandersetzungen des Tages, über eine in der Richtung meiner Studien liegende sogenannte »metaphysische« Frage. Aber da sah ich klar, daß in der Geschichte des Arianismus die reinen Arianer die Stelle der Protestanten, die Semiarianer die der Anglikaner einnahmen, und daß *Rom jetzt noch dasselbe war wie damals.* Die Wahrheit lag also nicht in der Via media, sondern in dem, was man damals die »extreme Partei« nannte. Da ich keine Kontroversschrift schreibe, ist es nicht nötig, auf das Argument näher einzugehen; in einem bereits zitierten Werk[13] habe ich einiges darüber gesagt.

2. Während ich unter dieser neuen Unsicherheit litt, traf mich ein zweiter Schlag. Die Bischöfe begannen einer nach dem andern, mich anzugreifen. Es war eine regelrechte, abgekartete Bewegung. Das war die wahre »Verständigung«; aus der beim ersten Erscheinen des Traktats 90 von mir angestrebten war nichts geworden. Damals hatte man mir meines Wissens ungefähr folgendes gesagt: »Es könnte sein, daß es der eine oder andere Bischof für nötig halten würde, in seinem Hirtenschrei-

[13] Gemeint sind Newmans Vorträge über »Schwierigkeiten, die die Anglikaner bezüglich der katholischen Lehre empfinden«.

ben eine Äußerung zu tun«; aber jetzt waren sie über die Schwierigkeit des Traktats hinweg, und nicht einer setzte die »Verständigung« durch. Sie fuhren in dieser Weise fort und richteten ein Hirtenschreiben nach dem andern gegen mich, drei Jahre lang. Ich sah darin eine Verurteilung, dies war die einzige Art von Verurteilung, die in ihrer Macht stand. Erst wollte ich protestieren, aber dann gab ich hoffnungslos den Gedanken auf.

Am 17. Oktober schrieb ich einem Freund: »Ich denke, es wird nötig sein, dem Traktat 90 in dieser oder jener Form aufs neue Geltung zu verschaffen; sonst könnte es nach diesen bischöflichen Hirtenschreiben scheinen, er sei zum Schweigen gebracht worden, was nicht geschehen ist und was ich auch nicht geschehen lassen will. Ich wünsche, Ruhe zu halten, aber wenn die Bischöfe sprechen, werde ich es auch tun. Wenn die in diesem Traktat vertretene Ansicht zum Schweigen gebracht würde, könnte ich nicht in der Kirche bleiben, und viele andere könnten es auch nicht; und da sie *nicht* zum Schweigen gebracht ist, werde ich Sorge tragen, dies zu zeigen.«

Einige Tage später, am 22. Oktober, schrieb mir ein Unbekannter, die »Zeitgemäßen Traktate« hätten einen ihm befreundeten jungen Mann veranlaßt, katholisch zu werden, und er bat mich, »ich möchte die Güte haben, ihn zur Rückkehr zu bewegen«. Ich gab ihm zur Antwort: »Wenn die ›Traktate‹ Übertritte nach Rom zur Folge haben, so schreibe ich nicht diesen die Schuld zu, sondern denjenigen, welche die darin enthaltenen anglikanischen Grundsätze der Theologie und der kirchlichen Hierarchie nicht anerkennen und ihnen entgegentreten. Ob der Einfluß der Traktate bedeutend oder unbedeutend ist, sie können ebenso machtvoll für Rom werden, wenn unsere Kirche sie verwirft, wie sie es für diese sein würden, wenn sie dieselben annähme. Wenn unsere Vorgesetzten entweder gegen die Traktate sprechen oder ganz schweigen, wenn manche von ihnen die darin enthaltenen Prinzipien nicht bloß nicht billigen, sondern nicht einmal dulden, so müssen unsere Anhänger die Überzeugung gewinnen, daß sie entweder diese Prinzipien oder die Kirche aufgeben müssen. Wenn die Dinge sich nicht ändern, so prophezeie ich mit tiefer Betrübnis, daß nicht einige, sondern viele zur römischen Kirche übertreten werden.«

Zwei Jahre später sagte ich im Hinblick auf das Vergangene: »Vor der Verurteilung des Traktats 90 gab es keine Übertritte zur Kirche Roms.«

3. Als ob das alles nicht genug sei, kam noch die Angelegenheit mit dem Bischofssitz von Jerusalem dazu; und mit einer kurzen Erwähnung derselben werde ich schließen. Ich darf wohl mit Recht sagen, der preußische Hof habe seit Jahren den Wunsch gehabt, der neuen evangelischen Religionsgemeinschaft, welche die lutherischen und kalvinistischen Gemeinschaften jenes Landes in sich aufnehmen sollte,

einen Episkopat zu geben. Ich meine fast, als ich im Jahre 1833 in Rom war, im Hause des preußischen Geschäftsträgers Bunsen, der gegen alle Engländer, die ihn besuchten, also auch gegen meine Freunde und mich, sehr gastfreundlich und gütig war, von dem Plan gehört zu haben. Vermutlich hatte der König von Preußen einen ganz anderen Begriff vom Episkopat, als er in der traktarianischen Schule gelehrt wurde; doch ebenso nahe liegt auch die Annahme, die Begründer dieser Schule hätten die Ausführung einer solchen Einrichtung in Preußen gerne gesehen, wären sie ohne Preisgabe jener Prinzipien, die für das Wesen einer Kirche unentbehrlich sind, du·chgeführt worden. Um die Zeit der Veröffentlichung des Traktats 90 wollten Bunsen und der damalige Erzbischof von Canterbury die Sache damit zur Ausführung bringen, daß sie einen Bischof für Jerusalem ernannten und weihten. Jerusalem wurde wahrscheinlich als ein Platz betrachtet, wo man den Versuch am sichersten wagen konnte; es war von Preußen zu weit entfernt, um daheim den Argwohn einer Partei wachzurufen. Schlug der Plan fehl, so geschah niemand ein Schaden, gelang er, so gab er dem Protestantismus im Osten eine Stellung, die in Verbindung mit den Monophysiten oder Jakobiten und den nestorianischen Gemeinschaften für England ein politisches Werkzeug bildete, ähnlich dem, das Rußland in der griechischen und Frankreich in der lateinischen Kirche hatte.

11. »So kam ich zu dem Grundsatz der Lehrentwicklung ...«

So kam ich zum Grundsatz der Lehrentwicklung in der christlichen Kirche, dem ich Ende 1842 in mir Raum gab. Ich habe ihn schon in einem Abschnitt erwähnt, den ich weit früher in diesem Buch aus den »Heimatgedanken in der Fremde« (1836 erschienen) angeführt hatte. Und schon zu einem früheren Zeitpunkt, in meiner »Geschichte der Arianer« (1832), hatte ich ihn angewandt. Er war mir überhaupt nie bei meinen Gedankengängen außer Sicht gekommen. Es wird auch in der Abhandlung des Vinzenz von Lerin anerkannt, der so oft als Grundlage des Anglikanismus angesehen worden ist. Im Jahre 1843 begann ich, mich ihm intensiv zuzuwenden. Ich machte ihn zum Inhalt meiner letzten Universitätspredigt am 2. Februar, und die Gesamtanschauung, zu der ich gekommen war, ist in einem Brief an einen Freund vom 14. Juli 1844 dargestellt:

»Die Art von Überlegung, die bei mir den Ausschlag gibt, ist folgende: 1. Ich bin weit mehr gewiß (nach der Beschäftigung mit den Vätern), daß wir uns in einem Zustand schuldhafter Trennung *befinden,* als daß Entwicklungen aus dem Evangelium *nicht* existieren und daß die römischen Entwicklungen nicht die wahren sind. 2. Ich bin weit sicherer, daß *unsere* (modernen) Lehren falsch sind, als daß die (modernen) römischen falsch sind. 3. Gesetzt, die (besonderen) römischen Dogmen sind in der frühen Kirche nicht bereits ausgebildet, so glaube ich, daß in ihr genügend Spuren vorhanden sind, um die Lehren zu empfehlen und anzuerkennen, auf Grund der Annahme, daß die Kirche göttliche Führung hat, wenn auch nicht genügend, um sie aus sich selbst zu beweisen. So wendet sich die Frage einfach der Natur des Versprechens zu, daß der Geist immer bei der Kirche ist. 4. Der Beweis der (modernen) römischen Lehre ist im Altertum so stark (oder noch stärker) als der von gewissen Lehren, die wir und die Römer, beide, festhalten, z. B. ist mehr Evidenz im Altertum für die Notwendigkeit der Einheit als für die apostolische Sukzession; mehr für den Vorrang des römischen Bistums als für die Gegenwart des Heilandes in der Eucharistie; mehr für die Übung der Anrufung (der Heiligen) als für gewisse Bücher im gegenwärtigen Kanon der Schrift usw. 5. Die Analogie von Altem und Neuem Testament führt zu der Anerkennung von Lehrentwicklungen.«

Und so wurde ich zu einer weiteren Überlegung geführt. Ich sah, daß das Prinzip der Entwicklung nicht nur Ausdruck für gewisse Tatsachen war, sondern auch in sich ein bemerkenswertes philosophisches Phänomen, das dem ganzen Weg des christlichen Gedankens seinen Charakter gab. Es war nachweisbar von den ersten Jahren der katholischen Lehrverkündigung an bis zur Gegenwart und gab dieser Lehrverkündigung Einheit und Individualität. Es diente als eine Art von Beweis, den die anglikanische Lehre nicht beibringen konnte, daß das moderne Rom in Wahrheit dasselbe wie das alte Antiochien, Alexandria und Konstantinopel ist, wie eine mathematische Kurve, die ihr besonderes Gesetz und ihre Form besitzt.

Und so wurde ich wiederum weiter veranlaßt, noch viel aufmerksamer das zu prüfen, was ohne Zweifel schon seit langem mein Gedanke war: nämlich die Kette von Beweisen, durch die der Geist von seiner ersten zu seiner endgültigen religiösen Idee aufsteigt; und ich kam zu dem Schluß, daß es in der wahren Philosophie kein Mittelding zwischen Atheismus und Katholizität gibt, und ein ganz konsequenter Geist unter den Bedingungen, in denen er sich hier auf Erden befindet, sich entweder zum einen oder zum andern bekennen muß. Davon bin ich noch heute überzeugt: ich bin Katholik durch die Kraft meines Glaubens an Gott; und wenn man mich fragt, warum ich an Gott glaube, antwortete ich: weil ich an mich selbst glaube. Denn ich finde es unmöglich, an mein eigenes Dasein zu glauben (und dieser Tatsache bin ich ganz sicher), ohne auch an das Dasein dessen zu glauben, der als persönliches, alles sehendes, alles richtendes Wesen in meinem Bewußtsein lebt. Ich darf nun wohl sagen, daß ich mich nicht mit philosophischer Genauigkeit ausgedrückt habe, weil ich mich nicht dem Studium dessen hingegeben

habe, was die Metaphysiker über diesen Gegenstand gesagt haben. Aber ich glaube, ich habe etwas ganz Richtiges im Sinn mit meinen Worten, das einer Prüfung standhalten wird.
Ich fand mich aber überdies bestärkt durch die Tatsache des logischen Zusammenhanges von Theismus und Katholizismus in einem Gedankengang parallel zu dem, den ich über das Thema »Entwicklung des Dogmas« beschritten hatte. Die Tatsache, daß das Prinzip der Dogmenentwicklung von Anfang bis zum Ende bei den Offenbarungswahrheiten wirksam ist, ist ein Argument zugunsten der Identität von Rom mit dem frühen Christentum; aber wie es ein Gesetz gibt, das in der dogmatischen Theologie wirksam ist, so gibt es ebensolches für den religiösen Glauben. Im ersten Kapitel dieses Berichtes sprach ich von Gewißheit als Folge, die Gott anstrebt und von uns fordert auf Grund der gehäuften Kraft gewisser gegebener Gründe, die, einzeln betrachtet, nur Wahrscheinlichkeiten wären. Es sei daran erinnert, daß ich historisch berichte über meinen Geisteszustand in derjenigen Lebensperiode, die ich gerade betrachte. Ich spreche hier nicht theologisch, habe auch keine Absicht, mich in Kontroversen einzulassen oder mich zu verteidigen. Aber wenn ich historisch darstelle, wovon ich im Jahr 1843–44 überzeugt war, dann sage ich, daß ich an einen Gott glaubte auf Grund einer Wahrscheinlichkeit, daß ich an das Christentum auf Grund einer Wahrscheinlichkeit glaubte und daß ich an den Katholizismus auf Grund einer Wahrscheinlichkeit glaubte, und daß diese drei Wahrscheinlichkeitsgründe, selbstverständlich dem Gegenstand nach völlig verschieden, doch jeder einzelne ganz gleich sind in der Natur des Beweises, als Wahrscheinlichkeiten – Wahrscheinlichkeiten einer besonderen Art, einer gehäuften, einer transzendenten Wahrscheinlichkeit, aber immer Wahrscheinlichkeit; insofern als Er, der uns erschaffen hat, es so wollte, daß wir in der Mathematik wirklich durch strengen Beweis zur Gewißheit gelangen sollten, aber in der religiösen Untersuchung zur Gewißheit durch gehäufte Wahrscheinlichkeit gelangen sollen. Er, wie gesagt, hat gewollt, daß wir so vorgehen, und da Er es will, hilft Er uns bei unserm Tun und ermöglicht uns, damit zu tun, was Er von uns getan haben will, und bringt uns, wenn nur unser Wille mit dem seinen gleichgerichtet ist, zu einer Gewißheit, die stärker ist als die logische Kraft unserer Folgerungen. Und so ward mir zu meiner Befriedigung die klare Erkenntnis, daß ich in die Kirche von Rom nicht auf dem Wege über irgendwelche zweitrangigen und zusammenhanglosen Vernunftgründe gelangte oder durch einzelne Teilansichten in der Kontroverse, sondern ich war geschützt und gerechtfertigt, auch wenn ich jene zweitrangigen oder Teilargumente anwandte, durch ein großes, weitausgreifendes Prinzip. Aber es möge beachtet werden, daß ich eine Tatsache *mitteile,* nicht verteidige. Und wenn irgendein Katholik

daraufhin sagte, daß ich auf dem falschen Wege zur Konversion gelangte, kann ich das heute nicht ändern.
Jetzt habe ich nichts mehr über den Wandel meiner religiösen Überzeugungen zu sagen. Auf der einen Seite kam ich Schritt für Schritt zu der Ansicht, daß die anglikanische Kirche formell im Unrecht war, auf der anderen, daß Rom formell recht hatte; dann: daß keine überragenden Gründe für ein Verbleiben im Anglikanismus mehr bestanden, und wiederum keine überzeugenden Gegengründe gegen einen Übertritt zur römischen Kirche sich fanden. Dann hatte ich also nichts mehr hinzuzulernen; was noch bis zu meiner Konversion zu tun blieb, war nicht mehr ein neuer Wandel der Überzeugung, sondern daß sich die Überzeugung selbst zur Klarheit und Festigkeit intellektueller Gewißheit wandle.

II. Selbstbiographische Schriften

1. »Wie war mein Leben einsam ...« (1863)

Wie war doch mein Leben einsam und grämlich, seit ich katholisch geworden bin. Hier war der Gegensatz – als Protestant empfand ich meine Religion grämlich, aber nicht mein Leben, und nun, als Katholik, ist mein Leben grämlich, aber nicht meine Religion. Unsere frühen Jahre sind ja (menschlich gesprochen) die besten – und es erscheinen die Ereignisse durch den Abstand im milderen Licht, und so blicke ich auf meine Jahre in Oxford und Littlemore mit zärtlicher Liebe zurück. Dies war die Zeit, da ich eine bedeutende Sendung hatte – aber wie habe ich mich sogar im Aussehen verändert. Bis zu der Geschichte mit Nr. 90 und meiner Übersiedlung nach Littlemore, war mein Mund halb geöffnet und gewöhnlich ein Lächeln auf meinen Lippen – von da an war mein Mund geschlossen und zusammengepreßt, und jetzt sind die Muskeln so gelagert, daß mein Aussehen nur noch ernst und abweisend sein kann. Schon im Jahre 1847, als ich mit Dalgairns durch den Vatikan ging, und wir vor einer Statue der Schicksalsgöttin stehen blieben, die sehr auffallend war und düster und melancholisch, sagte er: »Wem sieht sie wohl gleich? Ich kenn das Gesicht so gut« – und sogleich fügte er hinzu, »ach *Sie* sind es.« Und heute bin ich mir meines düsteren Aussehens so bewußt, daß ich kaum noch jemanden sehen mag. Es fing an, als ich meine Blicke Rom zuwandte; und seit ich das große Opfer brachte, zu dem Gott mich rief, hat Er mich auf tausenderlei Arten belohnt: Ach, in wie vielem! Aber Er hat meinen Weg mit fast unaufhörlicher Abtötung gezeichnet. In der Tat, wenig Erfolge hat mir Sein gebenedeiter Wille im Leben gewährt. Ich zweifle daran, ob ich auf *ein* erfreuliches Ereignis in dieser Welt hinweisen kann, außer meinem

Stipendium am Trinity und meinem Fellow-Amt am Oriel. – Doch seit ich Katholik wurde, habe ich, so scheint es mir, persönlich nur Mißerfolg gehabt.

Wie grämlich war mein erstes Jahr in Maryvale (in meinem Brief an H. Wilberforce aus Rom habe ich mich anders ausgedrückt), wo ich ein Schauspiel für so viele Augen in Oscott war, wie ein wildes, seltsames Tier, vom Jäger gefangen, und ein Schauspiel für Dr. Wiseman zur Vorführung für die Fremden, denn er selbst war der Jäger, der es gefangen hatte. Ich habe dies damals noch nicht realisiert, es sei denn das Unbehagen, das es mir bereitet hat. Was ich jedoch realisiert habe, das war die Seltsamkeit der Methoden, Sitten und religiösen Übungen, in die ich hineingezogen wurde, ohne irgendeine Rücksicht auf mein persönliches Empfinden. J. B. Morris begab sich daran, mich zu belehren. Das war überhaupt die Methode derer[14], die vorher Protestanten gewesen waren, und sich nun anscheinend auf demselben Niveau mit mir fühlten. Morris, als das Organ von Dr. Wiseman schulmeisterte mich, Dalgairns schulmeisterte mich noch viel mehr von Frankreich aus als das Organ von Mr. Laurent, John Walker schulmeisterte mich unter der Inspiration von Dr. Acqueroni[15], Capes hatte uns schon geschulmeistert vom Priorpark aus auf Veranlassung von Dr. Baggs. Aber es gab noch unbedeutendere Typen, die hinterher ihre Zähne an mir versuchten und noch später andere, die ich mir jetzt nicht mehr ins Gedächtnis rufen kann. Ich war Verdemütigungen ausgesetzt bei Gelegenheit der Niederen Weihen und beim Examen für sie, und mußte mich mitten unter den Jungen von Oscott vor der Tür von Dr. Wisemann zur Beicht anstellen. Alles dies habe ich damals nicht als Verletzung meiner Würde realisiert, obwohl ich, wie gesagt, schon damals die Grämlichkeit spürte.

Als ich dann nach Rom kam, war mein erstes Handeln ein Mißgriff und eine Vorwegnahme und ein Beispiel meines späteren Lebensganges. Sehr gegen meinen Willen und nur aus Pflicht hielt ich eine Predigt in St. Isidoro über Miss O'Brien[16] [verbessert aus »Talbot«]. Oh, ich war

[14] Die hier erwähnten jungen Studenten aus der Oxforder Umgebung Newmans hatten, als Newman lange Zeit mit der Konversion zur katholischen Kirche zögerte, andere Wege gesucht, die schneller zu diesem Ziel führten, und sich auch persönlich unter den Einfluß der hier genannten katholischen Geistlichen gestellt.

[15] Dr. Acqueroni war 1846/47 der Seelsorger der Gemeinschaft Newmans in Maryvale. M. Laurent ist Kanonikus Lorain von Langres. Betreffs der übrigen Anspielungen hier und an anderen Stellen siehe W. Ward »The Life of Cardinal Newman«

[16] Newman war damals noch im Noviziat, das von einem italienischen Oratorianer, P. Rossi, geleitet wurde. Trotzdem beauftragte man ihn mit der Grabrede, als eine englische Aristokratin, eine Verwandte der Familie Talbot, während eines römischen Aufenthaltes gestorben war. Newman durfte, da er die Priesterweihe noch nicht empfangen hatte, nicht von der Kanzel reden, sondern von der Kommunionbank der

damals noch wie ein Säugling, so viel wußte ich von dem, was ich sagen sollte und was ich nicht sagen sollte, und sagte nichts richtig, nicht so sehr aus Mangel an Taktgefühl, als aus bloßer Unkenntnis. Die Predigt oder Grabrede(!) wurde das Tagesgespräch von Rom, und der Papst sprach sich darüber bekümmert aus. Und dann, wie grämlich (nach den glücklichen Monaten, Dank sei Gott, an der Propaganda), wie grämlich war P. Rossi und St. Croce, 1847! Und als ich dann nach Hause kam, war sogleich Faber schon da, um sich mit mir zu zanken, mich zum Narren zu halten und mit auszunützen. Und ebenso wie ich in St. Isidoro Aufsehen erregt hatte, führte ich mich, um Dr. Wiseman zu Gefallen zu sein, ganz wider Willen so unglücklich in London ein, mit den Fastenpredigten der Oratorianer zur Passionszeit des Jahres 1848, ein Mißgriff und ein Fehlschlag, an den ich auch heute noch nicht denken kann, ohne das Gefühl einer offenen Wunde[17]. Danach kam der Baron[18] 1849/50. Was dann folgte im Jahre 1851/52, ich meine die Sache mit Achilli[19], ist etwas Anomales im menschlichen Leben (mit Ausnahme dessen, was das Verhalten von Wiseman angeht[20]) und kommt hier nicht in Rechnung. Als alles vorbei war, im Februar 1853[21], sagte ich zu den Unsrigen, daß aller Voraussicht nach, wenn Gott uns liebte, noch mehr Prüfungen jenseits des Horizontes auf uns warteten, und sicher war es so. Ich wundere mich nicht, wenn Prüfungen kommen. Die Prüfungen sind unser Los auf Erden – doch was mich traurig macht, ist, daß ich, so viel ich sehe, so wenig *geleistet* habe, *mitten unter* den

kleinen Kirche aus. Der aggressive Ernst seiner Predigt stieß die anwesenden Protestanten ab, und der Papst meinte hinterher, daß Honig besser geeignet sei, Fliegen zu fangen als Essig.

17 Die Fastenpredigten Newmans und der übrigen Oratorianer in verschiedenen Londoner Kirchen geschahen vor leeren Bänken.

18 Ein deutscher Künstler, namens von Schroeter, ein Konvertit. Er wurde als Gast aufgenommen und stiftete dann Unzufriedenheit in der Gemeinschaft.

19 Bei der Erinnerung an den Verleumdungsprozeß, in den Newman verwickelt war, erkennt Newman, daß das Schicksal einer gerichtlichen Verurteilung – er war nur eben an einer Gefängnisstrafe vorbeigekommen –, das auf den ersten Blick das Schlimmste von allem war, sich am meisten positiv ausgewirkt hatte, als Ansporn zur Tätigkeit. Was seine Arbeitskraft lähmte, waren die täglichen Nadelstiche.

20 Bischof Wiseman war der Gewährsmann Newmans bei seinen Behauptungen über den Charakter seines Prozeßgegners gewesen. Er konnte aber dann die nötigen Dokumente nicht finden.

21 Bei der großen Zahl der Oratorianer bald nach der Gründung des Oratoriums in Birmingham war eine Teilung unbedingt nötig. (In einem Brief des Oratorianers Stanton an P. Rossi ist von 45 Mitgliedern die Rede!) F. W. Faber, der als Pfarrer einer Gemeinde mit einer Anzahl von jungen Menschen zur katholischen Kirche übergetreten war, war der geborene Leiter des Londoner Hauses. Im übrigen zeigte sich Newman mit der Art, wie die Teilung vorgenommen worden war, nicht recht zufrieden und forderte im Jahre 1853 einen der Londoner, den begabten jungen Priester Dalgairns, wieder zurück.

Prüfungen. Mein Leben war traurig und grämlich, weil es so viel von einem Fehlschlag an sich hat, wenn ich darauf zurückschaue.
Dann kam zuerst im Jahre 1853 der Mißgriff, den ich machte, als ich Dalgairns von dem Londoner Haus[22] anforderte. Dann meine Abreise nach Irland in der Absicht, Dr. Cullen umzustimmen, während Dalgairns in meiner Abwesenheit zu Hause intrigierte. Dann der große Anschlag von ihm, von Faber und anderen – meine Reise nach Rom – und die Behandlung, die ich bei der Propaganda erfuhr. Dann die tausend Gerüchte gegen mich im Oratorium in London, durch die schließlich erreicht worden ist, daß die katholische Gemeinde weithin voller Vorurteile gegen mich ist. Sodann die Art, wie der Kardinal mich behandelt hat, damals sowohl wie in der Sache der Übersetzung der Heiligen Schrift[23]. Dann kam meine Übernahme des »Rambler« – das geschah auf den Wunsch des Kardinals und unseres Bischofs, nach so genauer Überlegung, wie ich nur imstande war – aber auch hier machte ich einen Schnitzer – und infolge davon geriet ich in Ungelegenheiten in Rom. Von dieser Zeit verbanden sich alle Arten von Verdächtigungen und Verleumdungen mit meinem Namen. Und als wir dann die Schule eröffneten, sind diese nur noch angewachsen und auch gegen die Schule gelenkt worden. Ich sage es noch einmal: All diese Opposition und dieses Mißtrauen vermerke ich nicht um seiner selbst willen, denn auch der heilige Philipp hatte davon überreich, sondern deshalb, weil beides allem Anschein nach, meinen Einfluß und meine Brauchbarkeit zu zerstören vermochte. Menschen, die natürlicherweise ihre Blicke auf mich richten würden, Konvertiten, die naturgemäß zu mir kommen, Suchende, die natürlicherweise mich zu Rate ziehen würde, werden durch irgendein leichthin gesagtes oder unfreundliches Wort über mich davon abgehalten. Ich bin Vergangenheit, auf der absteigenden Linie, ich bin nicht vertrauenswürdig, ich bin sonderbar, wunderlich; ich gehe meine eigenen Wege und komme mit andern nicht aus. Dies oder anderes Verunglimpfende wird gesagt, ich werde beiseite gesetzt, nur weil ich beiseite gesetzt werden *müsse*, und so machen die Leute Feststellungen, die sie erst durch ihre Worte wahr machen. Es ist gar nicht seltsam, daß all diese Geringschätzung und Verachtung ihre

[22] Noch bevor das Londoner Haus ganz selbständig wurde, wollte es sich von verschiedenen Einschränkungen, die den Oratorianern auf Wunsch und Betreiben Newmans auferlegt waren, wieder frei machen, z. B. von dem Verbot, Beichtväter in Schwesternklöstern zu sein. Über solche Fragen trat man damals in direkte Verhandlungen mit Rom, hinter dem Rücken Newmans, der damals noch Oberer des Londoner Hauses war.

[23] Die Übersetzung der Heiligen Schrift, insbesondere des Neuen Testamentes, die eine Newman höchst angemessene Aufgabe gewesen wäre, wurde ihm zunächst übertragen, dann aber mit Rücksicht auf eine amerikanische Übersetzung wieder genommen.

Reaktion in meinem eigenen Geiste hervorruft. Ich ziehe mich von einer Gesellschaft zurück, die so ungerecht gegen mich ist. Ich muß sagen, die Konvertiten haben sich *mir* gegenüber viel übler betragen als die alten Katholiken, wo sie doch zumindest ein wenig Dankbarkeit mir gegenüber hätten zeigen müssen.

Ich wäre sehr undankbar, gedächte ich dessen nicht, was Gott durch mich zu tun geruht hat. Zuerst die Einführung des Oratoriums in England und die Gründung dieses Oratoriums; deswegen habe ich die großen Prüfungen nicht erwähnt, die wir durch Tod, Spaltung und in anderer Weise innerhalb unserer Mauern zu überstehen hatten[24] – denn das sind die zufälligen Prüfungen einer Neugründung gewesen, und sie haben ihr Gelingen nicht gestört. Zweitens die Gründung des Londoner Oratoriums, welches das Werkzeug für so viel Gutes geworden ist; – drittens, die Gründung der katholischen Universität; – und viertens, die Gründung unserer Oratoriumsschule. Das ist etwas ganz anderes. Es sind Werke mit meinem *Namen,* ich spreche von dem, was mich persönlich angeht, – von Dingen, die zu tun ich besonders geeignet gewesen wäre und die ich nicht getan habe, davon ich nicht eines getan habe ...

Rogers fragte vor kurzem Ward, warum mich die Katholiken so wenig verstünden, d. h. wahrscheinlich, warum sie so wenig von mir hielten. Und die Saturday Review schrieb anläßlich meines Briefes an »The Globe« vom letzten Sommer, ich hätte, seit ich Katholik sei, Freund und Feind durch Nichtstun enttäuscht. Der Grund ist ausgedrückt in der Bemerkung von Marshall aus Brighton letzte Woche zu Pater Ambrose: »Nun, er hat keine Konvertiten gemacht, wie Faber und Manning.« Das ist das wahre Geheimnis meines »Nichttuns«. Das einzige, was der Erwähnung wert ist, ist Frucht – bei dem Kardinal aber ist das unmittelbar ins Auge fallende Frucht, und Konversionen sind die einzige Frucht. Bei der Propaganda sind Konversionen, und sonst nichts, der Beweis dafür, daß man *etwas* tut. Überall unter Katholiken bedeutet Konvertitenmachen etwas tun, und keine machen, »nichts tun«. Noch mehr, in den Augen der Propaganda, des Kardinals[25] und der Katholiken im allgemeinen müssen es glänzende Konversionen großer Männer, vornehmer Männer, Gelehrter sein, nicht einfach Armer. Man erinnere sich der Hirngespinste in Rom, ganz England trete zur Kirche über, und nach ihren Begriffen bildete das Mittel für diese Bekehrung en masse die Bekehrung hochstehender Persönlichkeiten. »Il governo« ist in ihrer Vorstellung alles in allem. Vielleicht ist dieser

[24] Das Oratorium in Birmingham bestand schließlich nur noch aus sechs Priestern. Auch in der Schule ging nicht alles glatt. Einmal sah Newman sich in der Situation, daß alle Lehrkräfte gemeinsam gekündigt hatten.

[25] Kardinal Wiseman, der Erzbischof von Westminster.

Gedanke sogar in unserem Breve ausgesprochen, das uns zu den oberen Klassen sendet. Also ist Manning groß, und andere, die in London leben und durch ihre Position und ihren Einfluß Lords und Ladies konvertieren. Das ist es, was man von *mir* erwartete.
Aber ich bin ganz anders – meine Ziele, meine Art zu wirken, meine Fähigkeiten gehen nach einer anderen Richtung, einer Richtung, die in Rom und anderswo nicht verstanden oder angestrebt wird ... Ich habe niemals Menschen den Hof gemacht, sondern sie sind zu mir gekommen. 1829 schrieb ich von den »Segnungen der Freunde, die ungebeten, unerhofft vor meine Tür gekommen sind.« Und wenn sie nicht zu mir kamen, habe ich sie auch nicht gewonnen. Und als ich gar katholisch wurde, habe ich mir selbst die Möglichkeit genommen, daß sie mich erreichen könnten. Ich entschloß mich zu der Einsicht, daß es einem, der vorher an hervorragender Stelle gegen die Kirche gestanden hatte, nun nicht gezieme, an hervorragender Stelle gegen den Anglikanismus aufzutreten, daß vielmehr mein Platz die Zurückgezogenheit sei, was ja auch meiner Natur entsprach. »Ich zerbrach meinen Feldherrnstab«; und der Kardinal tat nichts dagegen. Er wirkte ja dazu mit, und ich saß fest in Birmingham. Aber dies war noch nicht das Ganze. Nicht Konversionen sind mir das Erste, sondern die Erbauung (die Stärkung) der Katholiken. So sehr habe ich mir das letztere zum Ziel gesetzt, daß die Welt bis heute bei der Behauptung verharrt, ich empfähle den Protestanten nicht, katholisch zu werden. Wenn ich als meine wahre Meinung geltend machte: ich schreckte davor zurück, aus gebildeten Menschen übereilte Konvertiten zu machen, aus Furcht, sie könnten »die Kosten nicht berechnet« haben und könnten nach ihrem Eintritt in die Kirche Schwierigkeiten bekommen, so gebe ich damit nur das gleiche zu verstehen, daß die Kirche ebenso für Konvertiten bereitet werden müsse, wie Konvertiten für die Kirche. Wie kann man das in Rom verstehen? Was weiß man dort von der Verfassung der englischen Katholiken, vom Geist englischer Protestanten? Was weiß man vom Antagonismus zwischen Protestantismus und Katholizismus in England? Der Kardinal könnte wohl einiges wissen, wäre er nicht so einseitig, so schwerfällig, sich in den Geist anderer hineinzudenken, so übereilt, so apologetisch und unphilosophisch in seiner Geisteshaltung, so begierig, sich bei den römischen Autoritäten beliebt zu machen. Die Katholiken in England sehen eben infolge ihrer Blindheit nicht ein, daß sie blind sind. Die Lage und Verfassung der katholischen Gemeinschaft bessern zu wollen durch eine sorgfältige Überwachung ihrer argumentativen Basis und ihrer Stellung zu der Philosophie und dem Charakter der Zeit, durch Mitteilung richtigerer Meinungen, durch Ausweitung und Verfeinerung ihres Geistes, mit einem Wort, durch Bildung, ist darum (in ihren Augen) mehr als ein Zuviel oder ein Steckenpferd, es ist

eine Beleidigung. Es deutet ja darauf hin, daß sie in gewichtigen Punkten Mängel aufweisen. Von Anfang an ist Bildung in diesem weiten Sinn des Wortes stets meine Grundrichtung gewesen, und neben der Enttäuschung, die sie verursachte, weil sie Konversionen verhältnismäßig in den Hintergrund drängte, und neben dem Ärgernis, das sie erregte, weil sie darauf bestand, bei den Katholiken sei noch Raum zu Verbesserungen, hat sie zudem noch die leitenden Kreise hier und in Rom ernstlich verdrossen: In Rom jene philosophischen Kreise, die sich mit Polemik befassen. *Ich* möchte tatsächlich gerne den Versuch machen, die großen Tagesfragen des Unglaubens etc. zu widerlegen, aber Propaganda und Episkopat, die selbst nichts tun, betrachten jeden, der es versucht, mit dem größten Mißtrauen ... Sie geben keine Anerkennung für das, was einer recht macht, und stürzen sich dagegen mit Strenge auf jeden Punkt, in dem er gefehlt haben mag. – Und zweitens besonders in England aus dem Grund, weil ich eine Schule eröffnet habe und so den althergebrachten Rechten, wie man es nennen kann, dieses oder jenes Kollegs oder Seminars in die Quere kam. Daher entstanden die starke Empfindlichkeit von Dr. Grant und den beiden Dr. Brown[26], nicht zu reden vom Kardinal, und die Menge der Verleumdungen, die verbreitet wurden und geglaubt wurden, über unsere Schüler und unsere Art, sie zu behandeln. Endlich, da der Rambler von Anfang an diese beiden Ziele verfolgt hat: den Zustand der Katholiken erstens durch Bildung und zweitens durch einen philosophischen Unterbau ihrer Beweisführung zu heben – und da der »Rambler« es unbesonnen, maßlos und auf falschen Wegen versucht hat, wenigstens bisweilen –, darum fällt das Odium für alle Fehler des »Rambler« auch auf mich, und das um so mehr, weil ich kurze Zeit Herausgeber des »Rambler« war und mir als solchem an den Verfehlungen der vorherigen und nachfolgenden Herausgeber ein entsprechender Anteil zugeschrieben wurde. Die Folge ist, daß die leitenden Kreise weit davon entfernt sind, zu denken, ich wirke Gutes, sie entmutigten mich vielmehr ganz und gar und betrachten mich mit Mißtrauen, als stiftete ich wirklich Schaden.

Ein besonderer Zeitumstand gibt diesem Gefühl des Mißtrauens eine besondere Intensität. In Rom ist gegenwärtig die weltliche Macht des Papstes der allerwichigste Punkt. Ich war der Meinung, in Ermangelung eines Schwertes müsse man eine zuverlässige Verteidigung mehr auf die Vernunft aufbauen, und war darum der Sache gegenüber gleichgültig; und diese Gleichgültigkeit wurde zu einer mutmaßlichen Parteinahme für Garibaldi aufgebauscht. Der Kardinal sagte vor einigen Jahren, ich hätte mich selbst aufs tote Gleis geschoben. Mein jetziger Standpunkt aber ist seiner Meinung nach noch weniger harmlos.

[26] Die Genannten sind Bischöfe.

2. *»Aus Schatten und Bildern ...« (1876)*

Geschrieben im Angesicht des Todes

Am 23. Juli 1876

Ich wünsche von ganzem Herzen, im Grabe des Pater Ambrose St. John begraben zu werden; das ist mein letzer, unwiderruflicher Wille [Vorstehendes bestätigt und bekräftigt und aufs neue angeordnet am 13. Februar 1881.]
Wenn eine Gedächtnistafel im Kreuzgang aufgestellt werden soll, ähnlich den drei andern, die schon dort angebracht sind, so wünsche ich folgende Aufschrift – vorausgesetzt, das das Latein gut ist, und sonst kein Einwand erhoben wird: wenn z. B. jemand, dessen Urteil mir etwas gilt, der Ansicht wäre, es sei skeptisch: [J. H. N. 13 Februar 1881]

Joannes Henricus Newman
ex umbris et imaginibus in veritatem
Die . . . . A. S. 18 . .
Requiescat in pace.

3. *Biglietto-Rede in Rom bei der Erhebung zum Kardinal (1879)*

... Zunächst möchte ich von der Verwunderung und der tiefen Dankbarkeit sprechen, die mich überkam und die mich nach wie vor erfüllt – Dankbarkeit angesichts der Herablassung des Heiligen Vaters, mich für eine solch übergroße Ehre auszuerwählen. Es war eine große Überraschung. Eine solche Erhebung war mir niemals in den Sinn gekommen und schien mit meinem ganzen bisherigen Leben nicht in Einklang zu stehen. Ich war durch viele Prüfungen gegangen, doch sie waren überstanden. Nun war fast das Letzte aller Dinge gekommen und ich war in Frieden. War es möglich, daß ich letztlich so viele Jahre auf dies hin gelebt hatte? ...
Ich habe nichts von jener erhabenen Vollkommenheit, die den Schriften von Heiligen eigen ist, daß sich nämlich in ihnen keinerlei Irrtum findet. Aber was ich getrost für all das von mir Geschriebene beanspruchen kann ist folgendes: eine ehrliche Absicht, ein Verzicht auf jeglichen persönlichen Nutzen, einen Willen zum Gehorsam, eine Bereitschaft, mich berichtigen zu lassen, einen Abscheu vor Irrtum, einen Wunsch, der Heiligen Kirche zu dienen und – durch Gottes Barmherzigkeit – ein

gewisses Maß an Erfolg. Und ich freue mich sagen zu können, daß ich mich von Anfang an einem großen Übel entgegengestellt habe. Über 30, 40, 50 Jahre lang hin habe ich mich unter vollem Einsatz meiner Kräfte dem Geist des Liberalismus in der Religion widersetzt. Niemals zuvor hatte die Heilige Kirche Streiter gegen ihn so bitter nötig wie jetzt, wo er wie ein Fallstrick als ein die ganze Erde umspannender Irrtum wirkt. Und bei diesem hohen Anlaß, bei dem es für jemanden, der sich an meiner Stelle befindet, natürlich ist, auf die Welt und auf die Heilige Kirche als einen Teil davon und auf deren Zukunft zu schauen, wird man es hoffentlich für nicht fehl am Platze halten, wenn ich den Protest gegen diesen Geist, den ich bereits so häufig erhoben habe, erneuere.
Liberalismus in der Religion ist die Lehre, daß es in der Religion keine positive Wahrheit gibt, sondern daß ein Bekenntnis so gut ist wie das andere, und dies ist die Lehre, die Tag für Tag an Einfluß und Macht gewinnt. Sie ist unvereinbar mit irgendeiner Anerkennung irgendeiner Religion als *wahr*. Sie lehrt, alles müßte toleriert werden, denn alles sei schließlich eine Sache der persönlichen Ansicht. Geoffenbarte Religion ist keine Wahrheit, sondern eine Sache des Gefühls und des Geschmacks, sie ist kein objektives Faktum, gehört nicht in den Bereich des Wunderbaren. Jeder einzelne hat darüber hinaus das Recht, ihr die Aussagen zuzuschreiben, die ihm gerade an ihr gefallen.
Frömmigkeit gründet nicht notwendigerweise auf Glauben. Die Leute können in protestantische wie auch katholische Kirchen gehen, können durch beide gute Menschen werden und doch keiner angehören. Sie können sich in spirituellen Gedanken und Empfindungen verbrüdern, ohne überhaupt gemeinsame Ansichten in bezug auf die Lehre zu haben oder deren Notwendigkeit einzusehen. Da Religion also eine dermaßen persönliche Eigenart und privater Besitz ist, müssen wir sie notwendigerweise im Umgang von Mensch zu Mensch unbeachtet lassen. Wenn jemand jeden Morgen eine neue Religion anlegt, was geht dich das an? Es ist genauso unverschämt, sich über die Religion eines Menschen Gedanken zu machen wie darüber, woher er sein Einkommen bezieht oder wie er seine Familie leitet. Religion ist in keiner Weise das Band, das die Gesellschaft zusammenhält.
Bisher war die Staatsgewalt christlich. Sogar in Ländern wie dem meinigen, wo Trennung von Kirche und Staat herrscht, galt zu meiner Jugendzeit noch das Wort: »Das Christentum war das Gesetz des Landes.« Nun aber wirft jene gesellschaftliche Verfassung, die eine Schöpfung des Christentums ist, das Christentum von sich. Die zitierte Aussage ist mit hunderten von anderen, die daraus folgten, verschwunden oder verschwindet überall und wird, falls der Allmächtige nicht eingreift, gegen Ende des Jahrhunderts *vergessen* sein. Bisher meinte man, allein die Religion mit ihrer übernatürlichen Bindung verfüge über

ausreichend Einfluß, die Unterwerfung der Massen unserer Bevölkerung unter Gesetz und Ordnung sicher zu stellen. Nun aber neigen Philosophen und Politiker zu der Meinung, dieses Problem ohne die Hilfe des Christentums zufriedenstellend lösen zu können. An die Stelle der Autorität und Lehre der Kirche würden sie zuallererst eine allgemeine und durch und durch säkulare Erziehung setzen, die darauf abgestellt ist, einem jeden einzelnen klarzumachen, daß ordentlich, fleißig und solide zu sein, seinen eigenen Interessen entspricht. Den großen pragmatischen Prinzipien, die den Platz der Religion einnehmen sollen, der Benutzung durch die Massen, die auf diese Weise sorgfältig gebildet werden, liefert diese Erziehung dann die umfassenden grundlegenden sittlichen Wahrheiten, die der Gerechtigkeit, der Güte, der Wahrhaftigkeit und dergleichen ... Was Religion anbetrifft, so ist sie ein privater Luxus, den man sich leisten kann, wenn man will, für den man aber natürlich zahlen muß und den man anderen nicht aufzwingen darf ...

Das allgemeine Erscheinungsbild dieser großen *Apostasie* ist überall einunddasselbe, aber es unterscheidet sich in verschiedenen Ländern doch in Einzelheiten und Eigentümlichkeiten .... Doch sollte man keinen Augenblick meinen, ich hätte etwa Angst vor dieser Lage. Ich bedaure sie zutiefst, weil ich voraussehe, daß sie das Verderben so mancher Seele sein kann. Doch habe ich keine Furcht, sie könne dem Wort Gottes, der Heiligen Kirche, unserem Allmächtigen König, dem Löwen des Stammes Juda, dem Treuen und Wahrhaftigen oder seinem Stellvertreter auf Erden irgendeinen ernsthaften Schaden zufügen. Das Christentum befand sich schon zu oft in einer vermeintlich tödlichen Gefahr, als daß wir nun eine neue Prüfung für es zu befürchten hätten. Das ist soweit gewiß. Was aber andererseits ungewiß ist und in diesen großen Auseinandersetzungen gewöhnlich ungewiß ist, und was meistens – ist man Zeuge davon – eine große Überraschung darstellt, ist die besondere Weise, mit der die Vorsehung im Ereignis selbst ihr auserwähltes Erbe rettet und bewahrt. Machmal wird unser Feind zu einem Freund, machmal wird er jener besonderen Ansteckungskraft des Bösen, die so bedrohlich war, beraubt, machmal zerfällt er selbst in Stücke; manchmal richtet er gerade nur soviel an wie heilsam ist, und wird dann entfernt. In der Regel aber hat die Kirche nichts anderes zu tun, als in Zuversicht und Frieden weiterhin die eigenen, ihr geziemenden Pflichten zu erfüllen: still zu halten und auf die Erlösung Gottes zu blicken.

»Die Stillen werden Land besitzen und sich der Fülle des Friedens erfreuen« (Ps 37,11).

Oriel College, Oxford. Newmans Räume in der mittleren Etage, rechts.

TEIL 2

DAS ERLANGEN DER WAHRHEIT HAT SITTLICHE VORAUSSETZUNGEN. DIE BEDEUTUNG VON BILDUNG UND ERZIEHUNG

I. Was ist eine Universität? (1854)[0]

Die Frage, was eine Universität ist, beantworte ich am kürzesten und bündigsten wohl damit, daß ich zurückgreife auf ihre einstige Bezeichnung *studium generale* oder »Schule für universales Studium«. Aus dieser Bezeichnung geht hervor, daß es sich dabei um eine Ansammlung von Fremden handelt, die von überallher an einem Ort zusammengekommen sind; – *von überallher;* denn wie ließen sich anders Professoren und Studenten für jedes Gebiet des Wissens finden? Und *an einem Ort;* denn wie wäre anders eine Schule möglich? Demnach stellt sie in ihrer anfänglichen, einfachen Gestalt eine Lehrstätte für jede Art Wissen dar und eine Gemeinschaft von Lehrenden und Lernenden aus allen Gegenden. So mannigfaltig die Dinge sein mögen, die zur Erfüllung und Vollendung dieser Idee notwendig sind, so besteht das Wesen einer Universität vor allem darin, daß sie eine Stätte ist, an der durch persönlichen Kontakt Gedanken übermittelt und über weite Landstrekken hinweg in Umlauf gebracht werden.
Von diesem Gesichtspunkt aus hat die Idee einer Universität nichts Weithergeholtes oder Abseitiges an sich; sie entspricht einem allgemeinen Bedürfnis unserer Natur und stellt ein Mittel vor – keineswegs das einzige –, diesem Bedürfnis auf einem bestimmten Gebiet zu genügen. Gegenseitige Erziehung im weitesten Sinn des Wortes gehört zu jenen großen, dauernden Aufgaben der menschlichen Gemeinschaft, an denen beständig, bald mit, bald ohne Plan gearbeitet wird. Eine Generation bildet die andere; die herrschende Generation selber erfährt unausgesetzt die Ein- und Gegenwirkung der ihr angehörigen Individuen. Daß in diesem Vorgang Bücher, *littera scripta* überhaupt, eine bedeutsame Rolle spielen, versteht sich von selbst. In besonderem Maße in unserem Zeitalter. Angesichts der erstaunlichen Entwicklung der Presse, welche die Welt mit einem ununterbrochenen Strom von Zeit- und Flugschrif-

[0] Dieser Beitrag erschien zuerst in den Spalten der »Catholic University Gazette« von Dublin, 1854; vgl. HS III, Advertisement.

ten, Abhandlungen, Reihenwerken und leichter Literatur überflutet, scheint diese Zeit, wie keine zuvor, jedes anderen Mittels der Information und des Unterrichts beinahe entraten zu können. Was brauchen wir denn noch, wird man sagen, für die intellektuelle Erziehung des ganzen Menschen und aller Menschen außer diesem mächtigen, vielgestaltigen und unerschöpflichen Strom von Wissen aller Art? Wozu, wird man fragen, dem Wissen nachlaufen, wenn das Wissen zu uns kommt? Die Sibylle schrieb ihre Weissagungen auf die Blätter des Waldes und verstreute sie; wir können uns solche Vergeudung unbesorgt um Verlust leisten dank des wunderbaren Werkzeugs der Vervielfältigung, das diese Spätzeit sich ersonnen hat. Wir haben Predigten in Stein und Bücher in laufenden Bächen; Werke, umfangreicher und umfassender als jene, die die Alten unsterblich machten, erscheinen jeden Morgen und werden mit einer Schnelligkeit von hundert Meilen am Tage bis an die Enden der Erde verbreitet. Auf unsere Sitzplätze und Gehwege flattern Schwärme kleiner Schriften, und selbst die Ziegelmauern unserer Städte predigen Weisheit, indem sie uns kundtun, wo sie billig zu haben ist.
Ich gebe all das zu und mehr; gewiß, dies ist die Volkserziehung und ihre Ergebnisse sind bemerkenswert. Doch auch in unseren Tagen wird jeder, dem es ernstlich um das zu tun ist, was man in der Handelssprache »einen guten Artikel« nennt, der etwas Exaktes, etwas Solides, etwas wirklich Gehalt- und Wertvolles haben will, einen anderen Markt aufsuchen; er wird, in welcher Gestalt auch immer, zur Gemeinschaftsmethode greifen, zur altehrwürdigen Methode der mündlichen Unterweisung, zur unmittelbaren Verbindung von Mensch zu Mensch, er wird statt des Lehrbuchs den Lehrer wählen, das persönliche Verhältnis zwischen Meister und Schüler, eine Methode also, die notwendig die Bildung großer Zentren in sich schließt, an denen Pilgerscharen zusammenströmen. Ein solcher Vorgang, denke ich, findet in allen Bezirken und Beziehungen der Gemeinschaft statt, wo ein Interesse sich stark genug erweist, Menschen aneinanderzubinden und das entstehen zu lassen, was man »eine Welt« heißt. Dies hat seine Geltung in der politischen Welt, in der gesellschaftlichen Welt und in der religiösen Welt; es gilt ebenso für die literarische und die wissenschaftliche Welt. Dürfen wir von den Taten der Menschen auf ihre Gesinnung schließen, dann sind wir berechtigt zu sagen: Geltung und Wert der *littera scripta* besteht darin, daß sie Tafeln der Wahrheit darstellt, Instanzen der Berufung und Lehrbehelfe in der Hand eines Lehrers; sobald wir uns aber genau und gründlich über irgendein vielseitiges, kompliziertes Thema unterrichten wollen, müssen wir uns an den lebendigen Menschen wenden und seine lebendige Stimme hören. Warum das so ist, braucht hier nicht erörtert zu werden, alles, was ich dazu sagen könnte, reichte nicht hin, das Problem in seinem ganzen Umfang zu klären; –

vielleicht vermag kein Buch die ganze Reihe kleinster Fragen durchzugehen, die sich zu jedem größeren Thema stellen läßt, oder auf die individuell bedingten Schwierigkeiten des jeweiligen Lesers einzugehen. Vielleicht liegt es daran, daß kein Buch den Geist und die Feinheiten seines Gegenstandes mit jener Schnelligkeit und Sicherheit wiedergeben kann, die allein der unmittelbaren Verbindung von Geist zu Geist vorbehalten ist, wo Auge, Blick, Ton und Gebärde die flüchtigste Äußerung und die ungesuchte Wendung im Gespräch beleben und erhellen. Was immer die Ursache sei, der Sachverhalt ist unleugbar. Wir mögen uns die Grundbegriffe der Wissenschaften daheim und aus Büchern aneignen; das Detail jedoch, die Farbe, den Ton, die Luft, das, Leben, wodurch sie in uns erst lebendig werden, müssen wir von denjenigen empfangen, in denen sie schon lebendig sind. Wir müssen den Französisch- oder Deutschlernenden nachahmen, der es sich nicht mit seiner Grammatik genug sein läßt, sondern nach Paris oder Dresden geht; wir müssen uns an dem jungen Künstler ein Beispiel nehmen, der danach trachtet, die großen Meister in Florenz und Rom zu sehen. Bis ein photographischer Apparat für den Intellekt erfunden wird, der uns befähigt, den Verlauf der Gedanken, Form, Zeichnung und Gestalt der Erkenntnis mit derselben Treue und Genauigkeit aufzunehmen wie die optische Linse den sichtbaren Gegenstand, müssen wir zu den Lehrern der Weisheit gehen, um Weisheit zu lernen, und den Quellgrund aufsuchen, wenn wir trinken wollen. Mögen Tropfen und Teile durch Bücher bis an die Enden der Erde gelangen, die strömende Fülle ist an einer Stelle allein. An solchen Sammel- und Vereinigungsstätten des Geistes werden Bücher, die Meisterstücke des menschlichen Genius, geschrieben oder doch entworfen.

Das Prinzip, auf das ich Nachdruck lege, ist so einleuchtend und bietet so viele Beispiele, daß jede weitere Darlegung ermüdend wirken müßte; ich füge nur zwei Illustrationen an meine Schilderung an, welche vielleicht minder klar war als ihr Gegenstand.

Anstand und guten Ton etwa, die so schwer zu erlangen, und wenn erlangt, so durchaus persönlicher Natur sind und von der Gesellschaft so bewundert werden, erwirbt man sich in der Gesellschaft. Alles, was den Gentleman ausmacht – Haltung, Gang, Benehmen, Stimme; die Ungezwungenheit, die Selbstbeherrschung, die Höflichkeit, die Gabe der Unterhaltung, die Kunst, nicht zu verletzen; die vornehme Gesinnung, die Feinheit des Geistes, der glücklich gewählte Ausdruck, der Geschmack und das Taktgefühl, die Großmut und Nachsicht, die Aufrichtigkeit und Ehrerbietung, die offene Hand –; alle diese Eigenschaften sind teils angeboren, teils in jeder Rangklasse vorhanden, teils unmittelbar Vorschriften des Christentums; ihre Gesamtheit aber, wie sie in der Einheit eines individuellen Charakters sichtbar wird, suchen wir sie in Büchern? Suchen wir sie nicht vielmehr dort, wo sie allein zu finden ist, nämlich in der guten Gesellschaft? Die Natur der Sache legt uns diesen Schluß nahe; man kann nicht fechten ohne einen Gegner und nicht zu einer Disputation auffordern, ohne eine These aufgestellt zu haben; ebenso kann man erst dann lernen, eine Konversation zu führen, wenn man die Welt als Partner hat; man wird seine natürliche Schüchternheit, Befangenheit und Steifheit oder jedes ähnliche Ungeschick nicht früher ablegen, als bis man seine Zeit in irgendeiner Schule des Umgangs abgedient hat. Und ist dies nicht auch wirklich der Fall? Die Hauptstadt, der Hof, die großen Häuser des Landes bilden die Zentren, die Kultstätten der verfeinerten Sitte und des guten Geschmacks, zu denen zu bestimmten Zeiten das Land herbeiströmt und von denen es nach einiger Zeit wieder heimkehrt, bereichert mit einem Teil jener gesellschaftlichen Kultur, die durch diese Besuche in den Besuchten erweckt und erhöht wird. Wir können uns nicht vorstellen, wie das, was man »gentlemanlike« nennt, sonst aufrechtzuerhalten wäre; und es wird auf diese Weise aufrechterhalten.

Und nun ein zweites Beispiel: auch hier spreche ich über einen Gegenstand, den ich nicht auf Grund persönlicher Erfahrung kenne. Ich habe, wie ich gestehe, weder im Parlament noch in der *beau monde* figuriert; ich meine aber, daß sich die Staatskunst wie die Lebensart nicht aus Büchern erlernen läßt, sondern nur in gewissen Bildungszentren. Das Parlament führt einen klugen Kopf in die Politik und in die Staatsgeschäfte ein, er weiß selbst kaum wie. Bei auch nur einiger Aufmerksamkeit und Beobachtungsgabe wird der Abgeordnete die Dinge alsbald mit neuen Augen zu sehen beginnen, selbst wenn er sonst seine Überzeugung beibehält. Worte gewinnen nun einen Sinn, Ideen eine Realität, die sie vorher nicht hatten. Vieles, was nie im Druck erscheint, erfährt er aus öffentlichen Reden und in Privatgesprächen. Die Bedeutungen von Maßnahmen und Ereignissen, die Tätigkeit der Parteien, die Personen von Freund und Feind werden ihm mit einer Klarheit vor Augen gebracht, wie sie ihm die eifrigste Zeitungslektüre nicht geben könnte. Es ist der Zugang zu den Quellen politischer Weisheit und Erfahrung, es ist der tägliche Umgang mit all denen, die sie aufsuchen, es ist der Zugang zu einer Vielheit von Tatsachen, Meinungen und Zeugnissen, die ihm diese neuen Einsichten eröffnen. Jede weitere Erörterung erübrigt sich; es ist klar, daß das Parlament und seine Atmosphäre so etwas wie eine Hochschule der Politik darstellt.

Was die Welt der Wissenschaft betrifft, so finden wir ein bemerkenswertes Beispiel für das hier zu illustrierende Prinzip in den während der letzten zwanzig Jahre veranstalteten periodischen Tagungen wissenschaftlicher Organisationen. Vielen mögen auf den ersten Blick diese Versammlungen lächerlich erscheinen. Werden doch besonders in den

Wissenschaften Kenntnisse aus Büchern geschöpft oder durch privates Studium erworben; Experimente und Untersuchungen führt man in der Stille durch; Entdeckungen macht man in der Einsamkeit. Was soll der Philosoph mit festlichen Veranstaltungen, was haben Feiern und Ehrungen zu tun mit mathematischen und physikalischen Erkenntnissen? Dennoch erweist sich bei näherem Zusehen, daß auch der Mann der Wissenschaft nicht verzichten kann auf die Anregungen, die Belehrung, den Anreiz, die Sympathie, die von dem Zusammenstrom einer Vielheit von Menschen ausgehen. Man wählt eine schöne Jahreszeit, wenn die Tage lang sind, der Himmel heiter ist, die Erde lächelt und Freude die ganze Natur verklärt; man sucht eine Stadt oder ein Städtchen aus von altehrwürdigem Namen oder mit modernem Komfort, wo der Raum nicht zu eng ist und die Gastlichkeit herzlich. Die Neuheit der Umgebung und der Umstände, der Anblick der fremden oder wohlbekannten Gesichter, die Begegnung mit Persönlichkeiten von Rang oder Genie, der freundschaftliche Verkehr mit Männern, die an sich selber und aneinander Gefallen finden; die gehobene Stimmung, der Gedankenaustausch, die Neugier; die Zusammenkünfte am Morgen, die Spaziergänge, die wohlbereiteten, wohlverdienten Mahlzeiten, die angemessene Heiterkeit, die Abendgesellschaften; der glänzende Vortrag, die Diskussionen, Zusammenstöße und Erörterungen unter bedeutenden Männern, die Schilderung von wissenschaftlichen Methoden, von Hoffnungen und Enttäuschungen, Kämpfen und Erfolgen, die prächtigen Prunk- und Lobreden; all das und was sonst noch zu solchen Jahrestagungen gehört, betrachtet man als wesentlichen und wirklichen Beitrag zur Förderung des Wissens, der auf keine andere Art geleistet werden kann. Sie finden natürlich nur gelegentlich statt und entsprechen etwa dem jährlichen Festakt oder der feierlichen Eröffnung einer Universität, nicht ihrem Alltagsbetrieb; doch haftet ihnen etwas vom Wesen einer Universität an und ich sehe ihren Nutzen wohl ein. Ihr Sinn und Zweck besteht darin, einen lebendigen, gleichsam körperlichen Zusammenhang des Wissens herzustellen, einen allgemeinen Ideenaustausch zu ermöglichen, den Vergleich und die Anpassung der einzelnen wissenschaftlichen Fächer, eine Verbreiterung des geistigen Horizonts in intellektueller und sozialer Hinsicht; sie sollen die Liebe für ein bestimmtes Studium erhöhen und den Eifer steigern.

Doch wie gesagt, solche Versammlungen finden nur in gewissen Zeitabständen statt und geben ein unvollkommenes Bild von der Idee einer Universität. Die Unruhe und das Gewühl, die sie gewöhnlich begleiten, passen schlecht zur Ordnung und zum Ernst wissenschaftlicher Erziehung. Wir wünschen, uns zu unterrichten, ohne unsere Lebensgewohnheiten unterbrechen zu müssen; und wir brauchen nicht lange zu suchen, der natürliche Lauf der Dinge bringt das hervor, worüber wir debattieren. Ohne unser Zutun wird in jedem großen Land die Haupt- und Residenzstadt notwendig zu einer Art Universität. Als Sitz des Hofes, der Gesellschaft, der Politik und der Justiz wird sie auch Zentrum der Literatur; so spielen gegenwärtig London und Paris die Rolle von Universitäten, wiewohl die berühmte Pariser Universität nicht mehr besteht und die Londoner nur als Verwaltungskörper. Die Zeitungen, Magazine, Revuen, Journale und Zeitschriften aller Art, die Verlagstätigkeit, die Bibliotheken, Museen und Akademien, die hier zu finden sind, die gelehrten und wissenschaftlichen Gesellschaften verleihen ihr notwendig die Funktion und den Charakter einer Universität; jene geistige Atmosphäre, die einstmals Oxford, Bologna oder Salamanca umgab, hat sich im Wandel der Zeiten um die Sitze der Regierungen und Behörden gebreitet. Hierher strömt die lernbegierige Jugend aus allen Teilen des Landes, die Studenten der Jurisprudenz, der Medizin und der schönen Künste sowohl wie die *Employés* der Literatur. Hier leben und hausen sie, wie der Zufall es fügt, und sind zufrieden mit ihrer zeitweiligen Heimstätte, da sie an ihr alles finden, was ihnen versprochen wurde. Sie sind, was den Zweck ihres Kommens betrifft, nicht vergeblich gekommen. Sie haben keine neue Religion, wohl aber ihr besonderes Fach gründlich studiert. Sie sind, darüber hinaus, vertraut geworden mit den Gewohnheiten, Umgangsformen und Meinungen ihres Aufenthaltsortes und haben ihr Teil dazu beigetragen, die Tradition hierin aufrechtzuhalten. Praktisch sind wir daher nie ohne Universitäten; jede Metropole ist eine solche: es fragt sich nur, ob die hier gesuchte und vermittelte Erziehung sich gründen soll auf Prinzipien und feste Leitsätze, die den höchsten Zielen dienen, oder dem bloßen Ungefähr und Nacheinander von Lehrern und Schulen zu überlassen sei mit einer betrüblichen Vergeudung von Geist und tiefer Unsicherheit der Erkenntnis.

Bis zu einem gewissen Grad bietet auch der Religionsunterricht eine Illustration zu unserem Thema. Nicht in dem Sinn, daß er nur in den Zentren der Welt zu finden ist; dies ist unmöglich nach der Natur der Sache. Er ist bestimmt für die vielen, nicht für die wenigen; sein Gegenstand ist die notwendige, nicht die verborgene und seltene Wahrheit; doch berührt er das Prinzip einer Universität insofern, als sein großes Werkzeug oder Organ eben das aller natürlichen Erziehung ist: die persönliche Anwesenheit eines Lehrers oder, in theologischer Sprache, die mündliche Tradition. Es ist die lebendige Stimme, die atmende Gestalt, das ausdrucksvolle Antlitz, welches predigt und katechisiert. So wird die Wahrheit, die etwas Subtiles, Unsichtbares, Mannigfaltiges ist, dem Geist des Schülers eingegossen durch Aug und Ohr, sie durchdringt seine Empfindungen, seine Phantasie und seine Vernunft; sie wird in seinen Geist gegossen und ihm dauernd eingeprägt durch Erklärung und Wiederholung, durch Aus- und Abfragen, durch Verbessern und Erläutern, durch Vorgehen und Zurückgreifen auf erste Prinzipien, durch alle Verfahren, die das Wort »katechisieren« in sich begreift. In den ersten Jahrhunderten war es das Werk einer langen Zeit; Monate, manchmal Jahre widmete man der mühsamen Aufgabe, den Geist des werdenden Christen von seinen heidnischen Irrtümern zu säubern und ihn dem Christentum gemäß umzubilden. Wohl war die Schrift vorhanden für diejenigen, die imstande waren, sie zu benutzen; doch der heilige Irenäus macht kein Hehl daraus, daß ganze Völker zum Christentum bekehrt wurden, ohne sie lesen zu können. Nicht lesen und schreiben können war damals keineswegs gleichbedeutend mit Mangel an Wissen: die Einsiedler der Wüsten waren in diesem Wortsinn ungebildet; dennoch erwies sich der große heilige Antonius, der die Buchstaben nicht kannte, im Gespräch den gelehrten Philosophen gewachsen, die kamen, ihn zu versuchen. Didymus wieder, der große alexandrinische Theologe, war blind. Die alte Lehre, die sogenannte *Disciplina Arcani,* schloß das gleiche Prinzip ein. Die heiligeren Dogmen der Offenbarung vertraute man zunächst nicht Büchern an, sondern der mündlichen Tradition. So scheinen die Dogmen der Heiligen Dreifaltigkeit und der Eucharistie hundert Jahre lang weitergegeben worden zu sein; und als sie zuletzt aufgezeichnet wurden, füllten sie viele Foliobände, in denen dennoch manches ungesagt blieb.

Aber ich habe nun mehr als genug zur Illustrierung gesagt; ich schließe, wie ich begonnen habe: eine Universität ist ein Ort des Zusammenstroms, zu dem Studenten aus allen Himmelsrichtungen kommen, sich Wissen aller Art zu erwerben. Das Beste von allem wird nicht überall feilgeboten; man muß es suchen in den großen Städten und Handelsplätzen. Hier wird man alles Erlesene aus Natur und Kunst beisammen finden, das man sonst nur getrennt, jedes an seiner Stelle, antrifft. Hier strömen alle Reichtümer des Landes und der Welt zusammen; hier gibt es die besten Märkte und die besten Werkleute. Hier ist das Zentrum des Handels, der Hochsitz der Mode, das Schiedsgericht für jeden Wettbewerb und der Wertmaßstab für alles Seltene und Kostbare. Hier sieht man in den Galerien die besten Gemälde, hier hört man die schönsten Stimmen und die wunderbarsten Künstler. Hier findet man die großen Prediger, die großen Redner, den hohen Adel, die großen Staatsmänner. Größe und Einheit gehören nach der Natur der Dinge zusammen; Glanz setzt immer einen Mittelpunkt voraus, von dem er ausstrahlt. Einen solchen also, ich sage es zum dritten und vierten Male, stellt eine Universität dar; ich hoffe, durch diese Wiederholungen den Leser nicht zu ermüden. Sie ist die Stätte, zu der tausend Schulen ihre Beiträge senden; wo der Intellekt nach Herzenslust herumschweifen und spekulieren kann und gewiß ist, irgendwo einen ebenbürtigen Gegner und im

Tribunal der Erkenntnis seinen Richter zu finden. Sie ist eine Stätte, wo die Forschung vorangetrieben wird, wo man Entdeckungen prüft und vervollkommnet, wo Übereilungen unschädlich gemacht und Irrtümer berichtigt werden durch den Zusammenstoß von Geist mit Geist und Wissen mit Wissen. Sie ist die Stätte, wo der Professor beredt wird und zum Missionar und Prediger der Wissenschaft, indem er sie vorführt in ihrer vollständigsten und gewinnendsten Gestalt mit dem Feuer des Enthusiasmus, das zündend wirkt in der Brust seiner Hörer. Sie ist die Stätte, wo der Unterweisende den Boden festigt, indem er ihn beschreitet und der Wahrheit den Weg bahnt Tag für Tag in das bereite Gedächtnis, sie hineindrängt in die sich weitende Vernunft. Sie ist eine Stätte, die den Jüngling anlockt durch ihren Ruhm, das Urteil des reifen Mannes besticht durch ihren Glanz und noch dem Gedächtnis des Greises teuer ist wegen der mit ihr verbundenen Erinnerungen. Sie ist eine Stätte der Weisheit, eine Leuchte der Welt, eine Dienerin des Glaubens, eine Alma mater der kommenden Generation. Das alles ist sie und noch ein gut Teil mehr, und es bedürfte eines besseren Kopfes und einer besseren Hand als der meinen, sie nach Gebühr zu schildern.
Dies war sie ihrer Idee und Absicht nach; dies ist sie vor Zeiten zu einem guten Teil auch wirklich gewesen. Wird sie es jemals wieder sein können? Wir wollen in der Kraft des Kreuzes und unter dem Schutz Marias darangehen, es zu versuchen.

II. Die Unverzwecktheit freier Bildung (1852)

Man kann eine Universität betrachten entweder in bezug auf ihre Studierenden oder in bezug auf ihre Studien. Das Prinzip, daß alles Wissen ein Ganzes bildet und die Einzelwissenschaften Teile eines Ganzen sind, dieses Prinzip, das ich bisher auf ihre Studien angewendet habe, ist von gleicher Wichtigkeit, wenn wir unsere Aufmerksamkeit auf ihre Studierenden richten. Ich wende mich also jetzt den Studenten zu und werde die Bildung betrachten, die ihnen eine Universität kraft dieses Prinzips zuteil werden läßt. Damit, meine Herren, komme ich dann zu der zweiten Frage, deren Erörterung ich Ihnen in Aussicht stellte, nämlich ob und in welchem Sinne ihr Lehrverfahren in seiner Beziehung zu den Lernenden den Charakter der Nützlichkeit an sich trägt.

Ich habe gesagt, daß alle Gebiete des Wissens miteinander verknüpft sind, weil der Gegenstand der Erkenntnis, nämlich die Taten und das Werk des Schöpfers, etwas aufs engste in sich Verbundenes und Geschlossenes darstellt. Daher kommt es, daß die Wissenschaften, in

denen, wie man sagen kann, unser Wissen Gestalt gewinnt, in mannigfachen Beziehungen zueinander stehen, miteinander innerlich verwandt sind und somit Vergleich und gegenseitige Anpassung zulassen, ja geradezu fordern. Sie ergänzen und berichtigen einander und halten sich das Gleichgewicht. Dieser Gedanke ist, falls er sich als begründet erweist, sehr wohl in Betracht zu ziehen, nicht nur hinsichtlich der Wahrheitsfindung, die ihr gemeinsames Ziel ist, sondern auch hinsichtlich ihres Einflusses auf solche, deren Bildung im Studium eben dieser Wissenschaften besteht. Ich habe schon gesagt, daß die ungebührliche Bevorzugung einer von ihnen die ungerechte Benachteiligung einer anderen bedeutet, daß die Vernachlässigung oder Verdrängung dieser die Ablenkung jener von ihrem eigentlichen Ziele zur Folge hat. Es hieße, die Grenzlinie zwischen Wissenschaft und Wissenschaft zu verschieben, ihre Tätigkeit zu beeinträchtigen und die Harmonie, die sie zusammenschließt, zu zerstören. An einer Stätte der Bildung wird ein solches Vorgehen entsprechende Früchte zeitigen. Es gibt keine Wissenschaft, die nicht etwas ganz anderes zu sagen weiß, wenn man sie als Teil eines Ganzen betrachtet, und offensichtlich etwas ganz anderes, wenn man sie, ich möchte sagen, ohne die Schutzwache anderer Wissenschaften für sich allein ins Auge faßt.
Gestatten Sie mir einen Vergleich! Bei der Kombination von Farben werden je nach der Art ihrer Auswahl und Zusammenstellung sehr verschiedene Wirkungen erzielt. Die Farben rot, grün und weiß wechseln in der Abtönung je nach dem Kontrast, dem sie ausgesetzt werden. In gleicher Weise ändern sich Sinn und Bedeutung einer Wissenschaft je nach der Gesellschaft, in der sie dem Studierenden entgegentritt. Beschränkt sich sein Studium lediglich auf ein einziges Fach, so führt dies, mag auch eine solche Arbeitsteilung dem Fortschritt einer Einzelforschung sehr zugutekommen, was ich hier nicht näher untersuchen will, doch unzweifelhaft zu einer Verengung seines Gesichtskreises. Ist es hingegen mit anderen Fächern verbunden, dann wird es in seiner Wirkung auf ihn von diesen mitbestimmt... So hätte Arkesilaos wohl eine andere Logik verfaßt als Aristoteles, und Aristoteles hätte die Dichter anders beurteilt als Plato, und das, obwohl Verstandestätigkeit und Dichtkunst an wissenschaftliche Regeln gebunden sind.
Es ist also auch im Interesse der Studierenden außerordentlich wichtig, den Kreis der an einer Universität betriebenen Studien zu erweitern. Obgleich sie sich nicht persönlich mit einem jeden der dargebotenen Fächer befassen können, werden sie allein schon dadurch gewinnen, daß sie mit und unter denjenigen leben, die den gesamten Umkreis des Wissens darstellen. Hierin besteht für mich, vom Standpunkte der Bildung betrachtet, der Vorzug einer Stätte universaler Gelehrsamkeit. Eine Anzahl gelehrter Männer voll Eifer für ihre eigenen Wissensgebiete

und im Wetteifer miteinander, kommen durch persönliche Fühlungnahme und um des intellektuellen Friedens willen dahin, die Ansprüche und Beziehungen ihrer jeweiligen Fächer, in denen sie forschen, miteinander in Einklang zu bringen. Sie lernen sich gegenseitig achten, raten und helfen. So wird eine geistige Atmosphäre geschaffen, deren reine, klare Luft auch der Student atmet, wenn er selbst sich auch nur mit einigen wenigen aus der großen Zahl der Wissenschaften näher vertraut machen kann. Er sieht sich getragen von einer geistigen Tradition, die unabhängig ist von den einzelnen Lehrern. Sie leitet ihn in der Wahl seiner Studien und gibt ihm die rechte Deutung für das, was er gewählt hat. Er lernt die großen Umrißlinien allen Wissens erfassen, die Prinzipien, auf denen es beruht, die Stufenfolge seiner Teile, sein Licht und seine Abtönung, seine Stärken und seine Schwächen, wie er sie sonst niemals erfassen könnte. Ebendarum wird seine Bildung »frei« genannt. Eine Verfassung des Geistes wird geformt, die das ganze Leben hindurch anhält: Freiheit, Unvoreingenommenheit, Gelassenheit, Maßhalten und Weisheit sind ihre charakteristischen Merkmale, mit einem Worte das, was ich in einem früheren Vortrage als »philosophische« Geistesverfassung zu bezeichnen wagte. Diese also möchte ich als die besondere Frucht der Bildung bezeichnen, die auf einer Universität gewährt wird im Gegensatz zu anderen Unterrichtsstätten und Lehrmethoden. Diese ist das Hauptziel einer Universität bei der Behandlung ihrer Studierenden...

Man fragt mich nach dem Zweck der Bildung auf der Universität und nach dem Zweck des »freien« oder »philosophischen« Bildungswissens, das die Universität meiner Auffassung nach vermittelt. Ich antworte, daß das Gesagte schon genügsam zu zeigen vermag, wie alles dies einen sehr greifbaren, der Wirklichkeit entsprechenden und ausreichenden Zweck hat, obwohl der Zweck von der Bildung ja gar nicht getrennt werden kann. Die Bildung kann sich selber Ziel und Zweck sein. Der menschliche Geist ist so beschaffen, daß Erkenntnis jeglicher Art, sofern sie dies wirklich ist, ihren Lohn in sich selbst trägt. Wenn das von jeder Erkenntnis überhaupt gilt, dann auch von jener besonderen »Philosophie«, von der ich sagte, sie bestehe in einer umfassenden Schau der Wahrheit in all ihren Verzweigungen, der Beziehungen von Wissenschaft zu Wissenschaft, ihrer wechselseitigen Verhältnisse und ihrer jeweiligen Werte. Ich gedenke hier nun nicht näher zu erörtern, was den Erwerb einer solchen Fähigkeit so begehrenswert macht im Vergleich zu anderen Dingen, die wir suchen, zu Reichtum, Macht oder Ehre oder den Annehmlichkeiten und Bequemlichkeiten des Lebens. Das aber möchte ich behaupten und klarstellen: Sie ist in ihrem Wesen tatsächlich und unleugbar ein so hohes Gut, daß sie für sehr viel Gedankenarbeit und Mühe beim Studium vollauf zu entschädigen vermag.

Wenn ich nun sage, daß die Bildung nicht bloß ein Mittel zu einem über sie hinausgehenden Zweck oder die Vorbedingung für bestimmte Berufe ist, zu denen sie naturgemäß hinführt, sondern ein Ziel, das sich selbst genügt und um seiner selbst willen erstrebenswert ist, dann spreche ich kein Paradoxon aus, sondern offenbar nur eine Selbstverständlichkeit, und als solche ist sie auch von jeher allgemein von den Philosophen beurteilt und von der Menschheit empfunden worden. Ich spreche aus, was die öffentliche Meinung unserer Tage wenigstens nicht so rasch in Abrede stellen sollte angesichts alles dessen, was uns die letzten Jahre von religionsfeindlicher Seite an mannigfaltig unterhaltendem und seltsamem Wissensstoff gebracht haben... Da unsere Natur, anders als bei der niederen Schöpfung, nicht auf einmal ihre Vollendung erfährt, sondern, um diese zu erreichen, einer Menge äußerer Hilfsmittel bedarf, so ist die Bildung als eine ihrer hauptsächlichsten Stützen allein schon dadurch wertvoll, daß ihr Dasein in uns *eine bestimmte Art von Geistesverfassung* bewirkt, auch wenn sie zu nichts weiterem nutzbar noch einem unmittelbaren Zwecke dienstbar gemacht wird.

Das ist der Grund dafür, daß Cicero beim Aufzählen der verschiedenen Punkte der Vollkommenheit des menschlichen Geistes dem Streben nach Erkenntnis um ihrer selbst willen die erste Stelle zuweist. »Dies ist mehr als alles andere der menschlichen Natur eigen«, sagt er, »denn wir alle lassen uns ziehen und rühren von unserem Drang nach Erkenntnis und Wissen; sich darin auszuzeichnen halten wir für etwas Vorzügliches, während es uns als Unglück und Schmach erscheint, unverständig, unwissend, falsch unterrichtet oder getäuscht zu sein« [Cicero, De officiis, Initium]. Er betrachtet die Erkenntnis als das, was nach der Befriedigung der physischen Bedürfnisse zuallererst unser Verlangen erweckt. Unmittelbar nach dem, was unsere leibliche Existenz an Forderungen und Pflichten – wie man sie nennen mag – gegen uns selbst, unsere Familie und unsere Mitmenschen mit sich bringt, folgt, wie er sagt, »die Suche nach Wahrheit. Sobald wir dem Drucke unvermeidlicher Sorgen entronnen sind, wünschen wir sogleich zu sehen, zu hören und zu lernen und halten die Kenntnis des Verborgenen oder Wunderbaren für eine Bedingung unseres Glückes.« ... Weit entfernt von dem Gedanken, Erkenntnis und Wissen zu pflegen unmittelbar oder hauptsächlich im Hinblick auf unser körperliches Behagen und Vergnügen, auf Leib und Leben, auf Gesundheit und auf das Zusammenleben in Ehe und Familie, auf soziale Bindungen und staatliche Sicherheit, hält der große Redner es für selbstverständlich, daß wir erst dann »den Wunsch haben können, zu sehen, zu hören und zu lernen«, wenn unsere körperlichen und politischen Bedürfnisse befriedigt und wir »frei von unumgänglichen Sorgen und Pflichten« sind. Auch erwägt er nicht im

geringsten die Art und Weise, in der die einmal erlangte Bildung auf jene materiellen Güter wirkt und zurückstrahlt, deren wir uns zuerst versichern müssen, bevor wir jene suchen können. Im Gegenteil, er leugnet ausdrücklich, daß sie überhaupt etwas mit dem bürgerlichen Leben zu tun habe, so seltsam auch ein solches Vorgehen denen erscheinen mag, die nach dem Aufkommen der Baconschen Philosophie leben; und er warnt uns davor, sie in einer Weise zu pflegen, die uns bei der Erfüllung unserer Pflichten gegen unsere Mitmenschen hinderlich sein könnte. »Alle diese Methoden«, so sagte er, »dienen der Erforschung der Wahrheit; es wäre Pflichtverletzung, wollte man sich durch das Streben nach ihr von den öffentlichen Betätigungen abbringen lassen. Denn der Ruhm der Tugend liegt ganz und gar im Handeln. Doch dazwischen gibt es häufige Ruhestunden, dann kehren wir zu den Studien zurück. Sodann ist die niemals ruhende Regsamkeit des Geistes an sich schon stark und lebendig genug, uns auch ohne Anstrengung unsererseits im Streben nach Erkenntnis vorwärtszutreiben.« Der Gedanke, »durch das Streben nach Erkenntnis und Wissenschaft« der Gesellschaft zu nützen, findet sich überhaupt nicht unter den Beweggründen, die er als ausschlaggebend für ihre Pflege namhaft macht.
Das war der Grund für die Gegnerschaft, die der ältere Cato der Einführung der griechischen Philosophie unter seinen Landsleuten entgegenbrachte, als Karneades und seine Gefährten anläßlich ihrer Gesandtschaftsreise die römische Jugend mit ihren beredten, sie erläuternden Darstellungen bezauberten. Als der typische Vertreter eines praktischen Volkes beurteilte Cato alles nach dem, was es einbrachte. Nun versprach aber das Streben nach Erkenntnis nichts über die Erkenntnis hinaus. Daher verachtete er diese Verfeinerung und Ausweitung des Geistes, für die ihm die Erfahrung fehlte.
Dinge, die es ertragen können, von jeglichem anderen abgeschnitten zu werden, und dann dennoch weiterleben, müssen Leben in sich haben. Studien, die auf nichts weiter hinauslaufen und sich dennoch Jahrhunderte lang behaupten, die man als bewundernswert empfindet, wenngleich sie sich noch nicht als nützlich erwiesen haben, müssen einen genügenden Zweck in sich selbst tragen, als was immer er sich auch schließlich erweisen möge. Der gleiche Schluß drängt sich uns auf, wenn wir Sinn und Gewicht des Eigenschaftswortes erwägen, mit dem der Sprachgebrauch die betreffende Bildung zu bezeichnen pflegt. Allgemein spricht man von »freiem Wissen«, von den »freien Künsten und Studien« und von einer »freien Bildung« als der charakteristischen Eigenschaft einer Universität und eines Gentlemen. Was ist eigentlich mit dem Worte gemeint? Nun, in seiner wörtlichen Bedeutung steht es zunächst im Gegensatz zu knechtlich, und unter »knechtlicher Arbeit« versteht man, wie unser Katechismus sagt, körperliche Arbeit, mechani-

sche Beschäftigung und dergleichen, woran der Geist nur wenig oder keinen Anteil hat. Mit diesen knechtlichen Arbeiten auf gleiche Stufe zu stellen sind jene gewerblichen »Künste« – wenn sie den Namen verdienen –, von denen der Dichter spricht[1], die ihren Ursprung und ihre Methode dem Zufall und nicht fachmännischer Ausbildung verdanken; wie zum Beispiel das Verfahren und die Handlungen eines Kurpfuschers. Wenn man diesen Gegensatz für die Erschließung des Wortsinnes in Anwendung bringt, kann man sagen: »Freie« Bildung und »freie« Betätigung sind Übungen des Geistes, der Vernunft und der Reflexion. Wir benötigen jedoch noch etwas mehr zur Erklärung; denn es gibt körperliche Übungen, die »frei« sind, und geistige, die es nicht sind. Zum Beispiel waren es im Altertum gewöhnlich Sklaven, die den Beruf eines praktischen Arztes ausübten; und doch war er eine Kunst, ebenso geistig in seiner Natur wie erhaben in seinem Ziele, obwohl damals wie heute Schein, Trug und Quacksalberei ihn in seiner Würde herabsetzen konnten. In ähnlicher Weise stellen wir eine »freie« Bildung einer kaufmännischen oder beruflichen Fachbildung gegenüber; und doch kann niemand leugnen, daß die Welt des Handels und die praktischen Berufe den höchsten und verschiedenartigsten Kräften des Geistes ein Betätigungsfeld bieten. Es gibt also eine große Menge verschiedenartiger geistiger Betätigungen, die mit dem Kunstausdruck »frei« nicht bezeichnet werden können; umgekehrt ist wohl zu beachten, daß es körperliche Übungen gibt, denen diese Benennung zukommt. Dazu gehörten zum Beispiel im Altertum die Palästra und die Olympischen Spiele, bei denen geistige wie körperliche Kraft und Geschicklichkeit um die Palme rangen. Bei Xenophon lesen wir, daß der junge persische Adel darin unterwiesen wurde, zu reiten und die Wahrheit zu sagen; beides gehörte zur feinen gesellschaftlichen Bildung eines vornehmen Herrn. Auch den Kriegsdienst, mag er eine noch so rauhe Betätigung sein, hat man immer als »frei« empfunden, bis auf die Fälle, in denen er heroisch wird, was uns aber auf ein anderes Gebiet führen würde.

Vergleichen wir nun diese verschiedenen Beispiele miteinander, so können wir unschwer das Prinzip feststellen, das den scheinbaren Schwankungen in der Anwendung des von mir untersuchten Ausdrucks zugrunde liegt. Kriegerische Tapferkeit sowie mit Mannhaftigkeit und Geschicklichkeit verbundene Spiele sieht man, obwohl sie körperlicher Natur sind, für »frei« an. Anderseits nennt man das, was rein berufsmäßig betrieben wird, mag es auch höchst geistiger Natur sein, ja sogar, wenn es im Vergleich zu kaufmännischer Betätigung und körperlicher Arbeit »frei« erscheint, nicht einfachhin »frei«, und Handelsgeschäfte

[1] »Die Kunst den Zufall liebt, der Zufall liebt die Kunst.« So Agathon, zitiert von Aristoteles, Nikomachische Ethik, VI.

sind es überhaupt nicht. Warum diese Unterscheidung? Weil das allein »freies« Wissen ist, was auf seinen eigenen Voraussetzungen beruht, was unabhängig von seinen Folgen ist, was keine Ergänzung fordert, was es ablehnt, sich von irgendeinem Zweck in seiner Wesensform bestimmen zu lassen (wie man sagt) oder in einer praktischen Fertigkeit aufzugehen, um sich unserer Betrachtung gebührend zu zeigen. Die allergewöhnlichsten Betätigungen tragen diesen besonderen Charakter, falls sie sich selbst genügen und in sich abgeschlossen sind; die höchststehenden verlieren ihn, sobald sie einem außer ihnen liegenden Zwecke dienen. Es wäre geschmacklos, wollte man eine Abhandlung über die Einrichtung von Knochenbrüchen und und ein Spiel Kricket oder eine Fuchsjagd hinsichtlich ihres Wertes und ihrer Bedeutung gegeneinander abwägen; und doch hat die körperliche Betätigung der beiden letzten die Eigenschaft, die wir als »frei« bezeichnen, und die geistige hat sie nicht. So verhält es sich mit den gelehrten Berufen überhaupt, wenn man sie rein als Berufe betrachtet. Mag auch der eine die für das Volk segensreichste, der andere die politisch wichtigste und der dritte die letztlich erhabenste aller menschlichen Bestrebungen als Aufgabe haben, so ist es dennoch gerade die Größe ihres Zweckes, nämlich der Gesundheit des Körpers, der Volksgemeinschaft oder des Heiles der Seele, die ihren Anspruch auf die Benennung »frei« vermindert, anstatt ihn zu steigern, und das um so mehr, je ausschließlicher sie auf die Erfordernisse dieses ihres Zweckes zugeschnitten sind. Wenn zum Beispiel die Theologie, anstatt rein betrachtend und beschaulich gepflegt zu werden, an die Zwecke des Lehrstuhls gefesselt oder im Katechismus dargestellt wird, so verliert sie nicht ihre Nützlichkeit, nicht ihren göttlichen Charakter, auch nicht ihre Verdienstlichkeit (eher erwirbt sie sich durch eine derart liebevolle Herablassung einen Anspruch auf diese Bezeichnungen), aber sie verliert eben diese besondere Eigenschaft, die ich zu erläutern suche, wie ein durch Weinen und Fasten abgehärmtes Gesicht seine Schönheit oder eines Schwerarbeiters Hand ihre Zartheit verliert. Denn die Theologie, die so betrieben wird, ist nicht einfachhin Erkenntnis, sondern eher eine praktische Betätigung oder eine Berufsbeschäftigung, die sich der Theologie bedient. Damit leuchtet ein, daß nicht einmal das Übernatürliche »frei« zu sein braucht, wie ja auch ein Held kein Gentleman zu sein braucht, aus dem einfachen Grunde, weil der eine Begriff vom anderen verschieden ist. In ähnlicher Weise versetzt die Philosophie Bacons, wenn sie ihre physikalischen Theorien in den Dienst der Menschheit stellt, diese eben dadurch aus der Ordnung der »freien« in die, ich sage nicht, untergeordnete, aber doch sich deutlich abhebende Klasse der nützlichen Studien. Daher ist es – um ein ganz anderes Beispiel anzuführen – wiederum augenscheinlich, daß, wo immer persönlicher Gewinn als Beweggrund auftritt, sich dies in seinem Einfluß auf den

Charakter einer bestimmten Betätigung noch unterscheidender auswirken muß. So gehörte das Wettrennen in Griechenland zu den »freien« Übungen, während es heutzutage seine Würde einbüßt, insofern es Veranlassung zum Hasardspiel wird.
Alles, was ich gesagt habe, läßt sich in einigen treffenden Worten des großen Philosophen zusammenfassen: »Von Besitztümern sind solche nützlich, die Früchte bringen, und solche frei, die dem Genusse dienen. Unter fruchtbringenden verstehe ich solche, die Ertrag abwerfen: unter genußbringenden solche, aus denen über ihren Gebrauch hinaus nichts Wertvolles erwächst« [Aristoteles, Rhetorik I, 5].

Denken Sie nicht, ich wolle durch eine solche Berufung auf die Alten die Welt um zwei Jahrtausende zurückdrehen und die Philosophie an die Beweisführungen des Heidentums fesseln. Solange die Welt besteht, werden die Lehren des Aristoteles über diese Dinge Geltung haben, denn er ist das Orakel der Natur und der Wahrheit. Solange wir Menschen sind, können wir gar nicht anders, als in einem weiten Ausmaß Aristotelesjünger sein; denn der große Meister gibt uns nichts Geringeres als die Analyse der Gedanken, Empfindungen, Anschauungen und Überzeugungen des Menschengeschlechts. Er hat uns den Sinn unserer eigenen Worte und Ideen erschlossen, noch bevor wir geboren waren. In vielen wesentlichen Dingen heißt richtig zu denken wie Aristoteles zu denken. Wir sind seine Jünger, ob wir wollen oder nicht und wenn wir es vielleicht auch gar nicht wissen. Was nun unser besonderes Beispiel betrifft, so bringt das Wort »frei« in seiner Anwendung auf die wissenschaftliche Bildung eine Idee besonderer Art zum Ausdruck, die immer war und immer sein wird, solange die Natur des Menschen die gleiche bleibt, genauso wie die Idee des Schönen oder des Erhabenen oder des Lächerlichen oder des Gemeinen besonderer Art ist. Sie ist jetzt in der Welt, sie war damals in der Welt; wie die Dogmen des Glaubens wird sie bezeugt durch eine ununterbrochene geschichtliche Überlieferung, und nie war sie aus der Welt von dem Augenblick an, als sie in die Welt kam. Wohl hat es von Zeit zu Zeit Meinungsverschiedenheiten gegeben in bezug auf die Frage, welche Studien und Wissensgebiete unter diese Idee fallen. Aber solche Unstimmigkeiten sind ja nur weitere Beweise für ihr tatsächliches Vorhandensein. Eine Idee, die sich inmitten all der Kämpfe und Wechselfälle behaupten konnte, die ferner zu jeder Zeit als Maßstab der Dinge gedient hat, die unverändert von einem Geist zum anderen überging, wo doch jeder Begriff und Gedanke, der nicht in unserer Natur fest begründet liegt, so sehr der Entstellung und Beeinflussung ausgesetzt ist, diese Idee, so sage ich, muß einen wesentlichen Gehalt in sich tragen. Wäre sie eine bloße Verallgemeinerung, dann hätte sie sich geändert mit den Dingen, auf

denen sie beruhte. Doch mögen auch die Gegenstände, auf die sie Anwendung findet, sich mit der Zeit wandeln, sie selbst wandelt sich nicht. Die Palästra mag einem Lykurg als »freie« Übung erscheinen und einem Seneka als »unfrei«; Wagenrennen und Preisfechten mögen in Elis bewundert und in England verworfen werden; die Musik mag in den Augen gewisser Moderner verächtlich scheinen und bei Plato und Aristoteles an erster Stelle stehen – das gleiche gilt für die Anwendung der einzelnen Begriffe des Schönen, des Guten oder der Sittlichkeit und Tugend; da gibt es Verschiedenheit im Geschmack und daher auch Verschiedenheit des Urteils –, doch diese Schwankungen erschüttern keineswegs die urbildliche Idee in ihrer Geltung, sie setzen sie vielmehr voraus. Sie ist ja nur eine im voraus gegebene Hypothese oder Bedingung, auf Grund deren man sich bei Meinungsverschiedenheiten in Erörterungen einläßt und ohne die es nichts zu streiten gäbe.
Ich darf also annehmen, daß man mir keinen Widersinn zur Last legen wird, wenn ich von einer Bildung rede, die sich selber Zweck ist; wenn ich sie eine »freie« Bildung oder die Bildung des Gentleman nenne, wenn ich zu ihr hin erziehe und sie zum eigentlichen Ziel und Zweck einer Universität erhebe. Noch weniger setzte ich mich einer solchen Anklage aus, wenn ich diese vorteilhafte Errungenschaft nicht in dem bestehen lasse, was man in einem unbestimmten und alltäglichen Sinne Bildung nennt, sondern in jener Bildung, die ich mit einem besonderen Ausdruck als »Philosophie« oder in einem weiteren Sinne des Wortes als wissenschaftliche Bildung bezeichnet habe. Denn so sehr auch die Bildung Anspruch darauf erheben darf, als Gut betrachtet zu werden, so kann sie dies doch in einem weit höheren Grade tun, wenn man sie nicht unbestimmt populär, sondern in dem scharf umrissenen, erkenntnismäßig apriorischen Sinne als »Philosophie« bezeichnet. Die Bildung, das möchte ich hier betonen, ist erst dann im eigentlichen Sinne »frei« oder sich selbst genug und von jedem äußeren über sie hinausweisenden Zweck unabhängig, sobald und soweit sie »philosophische« Bildung ist[2]. Das will ich jetzt darlegen.

Haben sie Geduld, meine Herren, wenn das, was ich sagen will, auf den ersten Blick etwas seltsam erscheint. Die »philosophische« oder wissenschaftliche Bildung verhält sich zum Einzelwissen folgendermaßen: Das Einzelwissen wird wissenschaftliche oder »philosophische« Bildung

[2] Es ist zu beachten, daß Newman hier nicht von »education«, sondern von »knowledge« redet, ein Wort, das ursprünglich Erkenntnis und Wissen bezeichnet, von Newman aber im Zusammenhang mit dem lebendigen Träger, dem Menschen, gesehen wird, der erkennend Bildung erwirbt. So ist »knowledge« auch an dieser Stelle durchweg mit Bildung wiedergegeben worden.

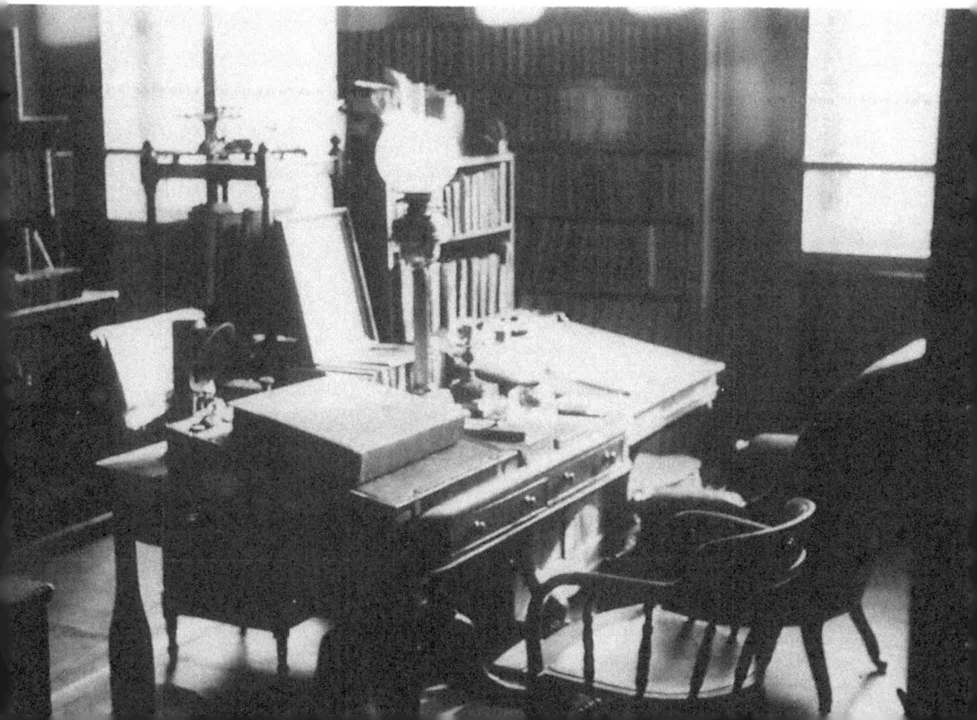

oben:
Cottage in Littlemore; der Teil, in dem Newman 1842–1846 wohnte und am 9. 10. 1845 in die röm. kath. Kirche aufgenommen wurde.

unten:
Newmans Arbeitszimmer im Oratorium in Birmingham.

genannt, sobald es vom Verstand bearbeitet, ausgeformt oder um einen starken Ausdruck zu gebrauchen, befruchtet wird. Der Verstand ist das Prinzip jener inneren Fruchtbarkeit des Wissens, die denen, die es besitzen, als sein besonderer Wert erscheint und sie der Notwendigkeit enthebt, nach einem Zweck außerhalb seiner zu suchen. Allerdings ist das Wissen, wenn es in dieser Weise zur wissenschaftlichen Bildung erhoben wird, auch Macht; es ist nicht nur etwas Vorzügliches in sich, welcher Art diese Vorzüglichkeit auch sein mag; es ist mehr, es liefert ein Ergebnis über sich selbst hinaus. Ohne Zweifel; aber das rührt zu weiteren Erwägungen, mit denen ich mich hier nicht befasse. Ich sage nur: bevor es eine Macht ist, ist es ein Gut; es ist nicht nur ein Werkzeug und Mittel zum Ziel, sondern selbst ein Ziel. Ich weiß wohl, es kann als Fach praktisch ausgeübt werden, es kann in einem mechanischen Vorgang oder in greifbaren Früchten endigen; aber es kann ebensogut zum Verstande zurückkehren, der ihm Gestalt gibt, und in seinem Endergebnis zur »philosophischen« Bildung werden. In dem einen Falle heißt es nützliches, in dem anderen »freies« Wissen. Vielleicht pflegt ein und dieselbe Person es auf beide Arten zugleich; aber dies hat wiederum mit meinem Thema nichts zu tun. Hier betone ich nur, daß es zwei Arten gibt, sich des Wissens zu bedienen; praktisch wird, wer es auf die eine Weise nutzt, davon wahrscheinlich nicht auf die andere Weise Gebrauch machen, oder doch wenigstens nur in sehr geringem Maße. Sie sehen also, es gibt zwei Bildungsmethoden; die eine hat ein »philosophisches«, die andere ein praktisches Ziel. Die eine steigt zu allgemeinen Ideen auf, die andere erschöpft sich im Besonderen und äußerlich Gegebenen. Man denke nicht, ich wolle die Notwendigkeit oder den Segen einer solchen Hingabe an das Besondere und Praktische bei den nützlichen und handwerklichen Betätigungen leugnen oder herabsetzen. Das Leben könnte nicht weitergehen ohne sie. Wir verdanken ihnen unser tägliches Wohlergehen; sie zu betreiben ist die Pflicht der vielen; und wir tragen an einer Dankesschuld den vielen gegenüber, weil sie diese Pflicht erfüllen. Ich sage nur, daß ein Wissen in dem gleichen Verhältnis, in dem es bestrebt ist, mehr und mehr Einzelwissen zu werden, aufhört, Bildungswissen zu sein. Es ist fraglich, ob Erkenntnis im eigentlichen Sinne vom Tier ausgesagt werden kann. Ohne auf die scharf-begriffliche Genauigkeit der Fachsprache Anspruch zu erheben, was bei dieser Gelegenheit unpassend wäre, sage ich, daß es mir unrichtig dünkt, dem passiven Empfinden oder Wahrnehmen der Dinge, wie es den Tieren eigen zu sein scheint, den Namen Erkenntnis zu geben. Wenn ich von Erkenntnis rede, meine ich etwas Verstandesmäßiges, welches das, was die Sinne darbieten, erfaßt und begreift, welches mehr sieht, als die Sinne ihm zutragen, und die Dinge untersucht und prüft. Es denkt nach über das, was es sieht –

und während es sieht –, und verbindet dies mit einer Idee. Es äußert sich nicht in bloßen Lauten, sondern in kurzen logischen Schlüssen. Es hat von vornherein etwas vom Wesen wissenschaftlicher Bildung an sich, und das verleiht ihm seine Würde. Dieser der Erkenntnis innewohnende Keim eines wissenschaftlichen oder »philosophischen« Prozesses ist der eigentliche Grund ihrer Würde; auf ihm beruht ihr Wert und ihre Erwünschtheit unabhängig von jeglichem Ergebnis. Daher kommt es, daß sie schon an sich Selbstzweck ist. Das ist der Grund dafür, daß sie es verdient, »frei« genannt zu werden. Die Dinge in ihren wechselseitigen Beziehungen nicht durchschauen zu können, heißt im Zustand der Sklaven und Kinder zu verharren; ein Bild des Universums zu entrollen, ist der Stolz oder zum mindesten das Streben der »philosophischen« Bildung.

Weiter – eine solche Bildung ist nicht nur ein äußerlicher oder zufälliger Vorteil, der heute uns und morgen einem anderen gehört, aus einem Buch gewonnen und leicht wieder vergessen werden kann, den wir nach Belieben gebrauchen oder mitteilen, den wir gelegentlich borgen, in der Hand umhertragen und auf den Markt bringen können, nein, sie ist der erworbene Zustand geistiger Erhellung und Gewöhnung, ein persönlicher Besitz, eine Ausstattung des Innern. Dies ist der Grund dafür, daß es richtiger und gebräuchlicher ist, von der Universität als von einer Stätte der Bildung und nicht des Unterrichts zu reden, obwohl Unterricht, da es sich ja um Wissen handelt, auf den ersten Blick als das angemessenere Wort erscheinen dürfte. Wir empfangen Unterricht zum Beispiel in Betätigungen der Handfertigkeit, in den schönen und nützlichen Künsten, in Handwerk und geschäftlichen Dingen; denn dies sind Arten der Schulung, die wenig oder gar keinen Einfluß auf den Geist selbst ausüben. Sie sind an Regeln gebunden, die dem Gedächtnis eingeprägt, von Tradition und Sitte gehütet werden und sich auf einen außerhalb ihrer selbstliegenden Zweck beziehen. Bildung dagegen ist ein höheres Wort. Sie besagt wesentlich eine Einwirkung auf die geistige Seite unserer Natur und die Formung des Charakters; sie hat etwas Beständiges und Persönliches eigener Prägung an sich. Man spricht gewöhnlich von ihr in Verbindung mit Religion und Tugend. Wenn wir also von der Mitteilung des Wissens als von Bildung reden, so meinen wir damit eigentlich, daß diese Bildung einen Zustand oder eine Verfassung des Geistes darstellt. Da nun die Geistesbildung sicherlich wert ist, um ihrer selbst willen erstrebt zu werden, so gelangen wir damit wieder zu der gleichen Schlußfolgerung, zu der uns die Worte »frei« und »Philosophie« schon hingeführt haben, daß es nämlich eine Bildung gibt, die auch dann schon wünschenswert erscheint, wenn sich nichts weiteres aus ihr ergibt, als daß sie ein Schatz an sich und ein genügender Lohn für Jahre der Mühe und Arbeit ist.

Das also ist die Antwort, die ich auf die Frage geben will, mit der ich diesen Vortrag eröffnete, Bevor ich nun dazu übergehe, von dem Ziel zu sprechen, das die Kirche erstrebt, wenn sie »philosophische« Bildung betreibt, und von dem Gebrauch, den sie von ihr macht, möchte ich behaupten, daß die Bildung sich selbst Ziel und Zweck ist. Mit dem Beweis habe ich wohl bereits begonnen. Ich vertrete also die Ansicht, daß es eine Bildung gibt, die zu besitzen sich um dessentwillen lohnt, was sie ist, und nicht nur um dessentwillen, was sie tut. Man kann also den Einwand erheben, daß wir zwar durchaus verständlich sprächen, wenn wir erklärten, nach Bildung zu streben um eines über diese Bildung selbst hinausliegenden Zieles willen, daß es aber – ganz gleich was die Menschen je darüber gesagt hätten und wie hartnäckig die Idee sich auch immer im Laufe der Jahrhunderte behauptet habe – einfach sinnlos sei zu sagen, wir suchten nach Bildung um ihrer selbst willen, ohne etwas anderes damit im Auge zu haben. Denn sie führe eben immer zu etwas hin, was über sie hinausgehe; dieses sei daher ihr Ziel und der Grund dafür, daß man sie wünschen müsse. Sodann sei dieses Ziel ein zweifaches, entweder diesseitig oder jenseitig; alles Wissen stehe im Dienste irdischer oder ewiger Ziele; wo weltliche Ziele in Frage kämen, werde es nützliches Wissen genannt, wo es ewigen Zielen gelte, bezeichne man es als religiöses oder christliches Wissen. Infolgedessen müsse diese »freie« Bildung, wenn sie, wie ich zugegeben hätte, dem Leibe oder dem Staat einen Nutzen bringe, wenigstens für die Seele nützlich sein. Falls es sich aber in Wirklichkeit damit so verhalte, daß sie einerseits weder ein physisches oder diesseitiges Gut noch anderseits ein geistig-sittliches Gut sei, dann könne sie überhaupt kein Gut sein und lohne somit auch nicht die Mühe, die für ihren Erwerb aufgewendet werden müsse.

Ferner wird man mich vielleicht daran erinnern, daß die Vertreter dieser »freien« oder »philosophischen« Bildung selbst in jedem Zeitalter diese Auslegung der Frage anerkannt und sich den daraus ergebenden Folgerungen unterworfen hätten. Denn sie hätten immer versucht, die Menschen tugendhaft zu machen, und wenn das nicht, so seien sie wenigstens der Meinung gewesen, daß die Veredelung des Geistes Tugend sei und daß sie als ihre Vertreter den tugendhaften Teil der Menschheit darstellten. Auf der einen Seite hätten sie nun dies verkündet, auf der anderen hätten sie mit ihren Verkündigungen so völlig Schiffbruch erlitten, daß sie sich damit für immer bei ernsten wie bei oberflächlichen Menschen zum Sprichwort und zur Zielscheibe des Spottes gemacht hätten. Auf diese Weise hätten sie, ohne sonst jemand dafür zu bemühen, selbst die Gründe und Mittel zu ihrer eigenen Bloßstellung geliefert. Mit einem Wort, was lehre denn die »philosophische« Bildung seit all der Zeit, da Athen die Universität der Welt war, die Menschen anderes als zu versprechen, zu halten, und zu erstreben, ohne etwas zu erreichen? Worin anders seien die tiefen und erhabenen Gedanken ihrer Jünger ausgemündet als in beredten Worten? Der Philosoph im »Rasselas« habe mit seiner Lehre übermenschliche Forderungen gestellt und sei dann ohne Kampf einer Versuchung von seiten seiner menschlichen Empfindungen erlegen. »Er redete«, so wird uns erzählt[3], »mit großem Nachdruck über die Beherrschung der Leidenschaften. Sein Aussehen war ehrwürdig, seine Vortragsweise gewinnend, seine Sprache klar und sein Stil erstklassig. Mit großer Eindringlichkeit und umfangreicher anschaulicher Erläuterung führte er aus, wie die menschliche Natur entwürdigt und erniedrigt werde, wenn die niederen Kräfte die höheren beherrschten. Er teilte mit, was von Zeit zu Zeit immer wieder an Regeln zur Besiegung der Leidenschaften aufgestellt worden sei, und schilderte das Glück solcher Menschen, die den wichtigen Sieg errungen hätten, wonach der Mensch nicht mehr der Sklave seiner Furcht oder der Narr seiner Hoffnung sei... Er brachte viele Beispiele von Helden, sie sich von Schmerz und Lust nicht bewegen ließen und mit Gleichmut auf die Wechselfälle des Schicksals herabblickten, denen der große Haufe die Bezeichnung ›gut‹ oder ›böse‹ gibt.«

Nach einigen Tagen fand Rasselas den Philosophen mit feuchten Augen und bleichem Antlitz in einem halbdunklen Zimmer. »Herr«, sagte er, »Ihr seid zu einer Stunde gekommen, da alle menschliche Freundschaft nutzlos ist; für mein Leid gibt es kein Heilmittel und für meinen Verlust keinen Ersatz. Meine Tochter, meine einzige Tochter, von deren zarter Sorglichkeit ich allen Trost und Beistand für mein Alter erhoffte, ist gestern abend am Fieber gestorben.« »Herr«, sagte der Fürst, »das Sterben ist ein Vorgang, durch den sich der Weise niemals überraschen läßt. Wir wissen, daß der Tod uns immer nahe ist; man sollte daher immer mit ihm rechnen.« »Junger Mann«, antwortete der Philosoph, »du redest wie einer, der nie den Schmerz der Trennung fühlte.« »Habt Ihr denn«, sagte Rasselas, »die Lehre ganz vergessen, die ihr so nachdrucksvoll einschärftet? Bedenkt, daß alles Äußere seiner Natur nach veränderlich ist, daß aber Vernunft und Wahrheit stets gleich bleiben.« »Welchen Trost«, fragte der Trauernde, »können Vernunft und Wahrheit mir bieten? Was vermögen sie jetzt, als mir zu sagen, daß meine Tochter nicht mehr zum Leben wiederkehren wird?«

Besser, weit besser, wird man sagen, überhaupt keine Versicherungen zu geben als die anderen mit dem, was wir nicht sind, zu betrügen und

[3] »Rasselas« ist ein Roman von Samuel Johnson um die Gestalt eines legendären Fürsten von Abessinien, der erfolglos die Welt durchwanderte, um zu erfahren, welche Lebensbedingungen oder Lebenssituationen die glücklichsten seien.

sie mit dem, was wir sind, zu ärgern. Der sinnliche Mensch oder der Weltmann ist jedenfalls kein Opfer schöner Worte; er erstrebt eine Wirklichkeit und erlangt sie auch. Die Nützlichkeitsphilosophie, so werden Sie sagen, meine Herren, hat wenigstens ihr Werk vollbracht... Die »freie« Bildung hat ebenso sicher ihr Werk nicht getan, unter der Voraussetzung natürlich, daß sie, was ihre Gegner behaupten, ebenso wie die religiöse Bildung die Vervollkommnung des Menschen zu ihrem unmittelbaren Ziele hätte. Das aber werde ich auch nicht für einen Augenblick zugeben, und falls ich es nicht zugebe, haben diese Gegner nichts zur Sache gesagt. Ich will zugestehen, oder vielmehr, ich unterstreiche, was sie geltend gemacht haben, denn für mich trägt die Bildung ihren Zweck in sich. Trotz allem, was ihre Freunde oder Feinde sagen mögen, bleibe ich dabei, daß es ebenso falsch ist, sie mit Religion oder Tugend zu belasten, wie es falsch ist, ihr eine direkte Beziehung zur praktischen Betätigung zu geben. Es ist nicht ihre unmittelbare Aufgabe, die Seele gegen Versuchungen zu festigen oder im Kummer zu trösten, ebensowenig, wie es ihre Aufgabe ist, den Webstuhl in Bewegung zu setzen oder einen Dampfwagen zu lenken. Mag sie auch noch so sehr das Mittel oder die Bedingung des materiellen und moralischen Fortschritts sein, dennoch macht sie, an und für sich genommen, ebensowenig unsere Herzen besser, als sie zur Besserung unserer zeitlichen Verhältnisse beiträgt. Wenn ihre Lobredner ihr eine solche Befähigung zuerkannt wissen wollen, dann begehen sie genau den gleichen Übergriff auf ein ihnen nicht zustehendes Gebiet wie der Volkswirtschaftler, der behaupten wollte, seine Wissenschaft bilde ihn für Kasuistik und Diplomatie heran. Bildung ist eines, und Tugend ist ein anderes. Gesunder Menschenverstand ist nicht Gewissen, Veredelung des Geistes ist nicht Demut, Weite des Gesichtskreises und Richtigkeit im Denken sind nicht Glaube. Die »Philosophie«, und sei sie auch noch so tief und erleuchtet, verleiht keine Herrschaft über die Leidenschaften, keine triebkräftigen Beweggründe und lebenschaffenden Grundsätze. Die »freie« Bildung macht nicht den Christen und nicht den Katholiken, sondern den Gentleman. Es ist gut, ein Gentleman zu sein; es ist gut, einen gebildeten Geist, einen verfeinerten Geschmack, einen lauteren, ausgewogenen und gelassenen Sinn, eine vornehme und edle Haltung in der gesamten Lebensführung zu besitzen: all diese Eigenschaften gehen naturgemäß mit einem reichen Wissen Hand in Hand; sie sind die Ziele einer Universität. Ich verteidige und vertrete sie, ich werde sie erläutern und sie unbedingt verlangen. Aber trotzdem, ich wiederhole es, bieten sie keine Gewähr für Heiligkeit oder auch nur für Gewissenhaftigkeit. Sie können dem Weltmann so gut wie dem Schurken und Herzlosen eigen sein – liebenswürdig und anscheinend, ach, wie reizend, wenn er sich in ihrem Schmucke zeigt. Für sich allein genommen, scheinen sie nur zu sein, was sie in Wirklichkeit nicht sind. Von ferne sehen sie wie Tugend aus, wer sie aber aus unmittelbarer Nähe beobachtet, dem wird auf die Dauer ihr wahres Wesen nicht verborgen bleiben. So kommt es, daß man sie im Volksmunde der Heuchelei und des falschen Scheines zeiht, nicht, ich wiederhole es, als ob sie selbst daran schuld wären, sondern weil ihre Verkünder und Bewunderer sie durchaus für etwas halten wollen, was sie in Wirklichkeit nicht sind, und sich eifrig bemühen, ein Lob für sie in Anspruch zu nehmen, das ihnen nicht zusteht. Spalte erst einmal den Granit mit dem Rasiermesser und vertäue dein Schiff mit einem Faden von Seide, dann darfst du auch hoffen, mit so feinen und scharfen Instrumenten wie der menschlichen Bildung und der menschlichen Vernunft gegen jene Riesen, die Leidenschaften und den Stolz des Menschen, den Kampf bestehen zu können.

Wir sind indessen wirklich nicht gezwungen, zu solchen Theorien unsere Zuflucht zu nehmen, wenn es gilt, die Würde und den Wert der »freien« Bildung zu verteidigen. Die Grundlagen, auf denen ihre Ansprüche beruhen, sind sicherlich nicht so geheimnisvoll und schwer verständlich, nicht so fremdartig und unwahrscheinlich. Es ist doch wahrlich wohl zu begreifen, wenn man definiert, und dies vertrete ich hier, daß die »freie« Bildung an sich betrachtet einfach die Ausbildung des Verstandes als solchen ist und ihr Ziel in nichts mehr und nichts weniger besteht als in intellektueller Vollendung... Es gibt eine sinnliche und eine moralische Schönheit. Es gibt eine Schönheit des Körpers, und es gibt eine Schönheit unseres sittlichen Seins, die natürliche Tugend ist. Ebenso gibt es eine Schönheit, eine Vollendung des Verstandes. Es gibt auf den verschiedenen Gebieten ein Ideal der Vollkommenheit, zu dem hin wir die Einzeldinge sich entwickeln sehen und die das Maß sind für alle Dinge überhaupt. Die griechischen Gottheiten und Halbgötter, wie der Bildhauer sie geformt hat mit dem Ebenmaß ihrer Gestalt, der hohen Stirn und den regelmäßigen Gesichtszügen, sind die Vollendung körperlicher Schönheit. Die Helden, von denen die Geschichte kündet, ein Alexander und Cäsar, ein Scipio und Saladin, sind die Verkörperungen jener Großmut und Selbstbeherrschung, auf der die Größe der menschlichen Natur beruht. Auch das Christentum hat seine Helden, und zwar in der übernatürlichen Ordnung, wir nennen sie Heilige. Der Künstler nimmt sich die Schönheit von Antlitz und Gestalt, der Dichter die Schönheit der Seele, der Prediger die Schönheit der Gnade zu seinem Gegenstand. Auch der Verstand, ich wiederhole es, hat seine Schönheit, und er hat solche, die sie erstreben. Den Geist aufzuschließen, ihn zu vervollkommnen und zu veredeln, ihm die Fähigkeit zu vermitteln, erkennen zu können, sein Wissen zu verarbeiten, es zu meistern, zu beherrschen und zu nutzen, ihm Macht zu geben über die eigenen

Möglichkeiten; Fleiß, Wendigkeit, Methode, kritische Exaktheit, Gedankenschärfe, Findigkeit, Geschicklichkeit, Ausdrucksfähigkeit, das ist ein Ziel so einleuchtend (denn hier untersuchen wir nicht, was die »freie« Bildung wert ist, auch nicht, welchen Gebrauch die Kirche von ihr macht, sondern was sie an und für sich ist), ich sage, ein Ziel so einleuchtend wie die Pflege der Tugend, während es gleichzeitig völlig von ihr verschieden ist...

III. Wissen in seiner Beziehung zur religiösen Pflicht (1852)

Verstandesbildung, die etwas in sich so Erhabenes darstellt, hat nicht nur ihre Beziehungen zum gesellschaftlichen und berufstätigen Leben, sondern auch zur Religion. Der gebildete Geist kann in einem gewissen Sinne als religiös bezeichnet werden, das heißt, er besitzt, was man als eine eigene Religion ansehen kann, die unabhängig vom Katholizismus teils mit diesem zusammen-, teils ihm entgegenarbeitet. In katholischen Ländern bedeutet sie einen Schutz, und doch auch wieder eine Störung für die Kirche; in Ländern außerhalb ihres Gebietes befindet sie sich bald in offenem Kriege, bald in einem Verteidigungsbündnis mit ihr. Die Geschichte der Schulen und Akademien sowie der Geistes- und Naturwissenschaften im allgemeinen wird, glaube ich, meine Worte rechtfertigen. Da es also in diesen Vorträgen mein Ziel ist, Aufgabe und Tätigkeit einer Universität an sich wie ihre Beziehungen zu den sonstigen verschiedenartigen Mitteln der Bildung und Unterweisung klarzulegen, so bliebe mein Überblick unvollständig, wenn ich nicht versuchte, ihre Beziehungen zur Religion darzustellen, was ich jetzt zu tun beabsichtige.

Die rechte Vernunft, das heißt die richtig gebrauchte Vernunft, führt den Geist zum katholischen Glauben, läßt ihn dort Wurzeln schlagen und lehrt ihn, in allen religiösen Spekulationen sich seiner Führung anzuvertrauen. Aber die Vernunft, betrachtet man sie als eine reale Wirkkraft in der Welt und als tätiges Prinzip in der menschlichen Natur mit historischem Hintergrund und bestimmten Ergebnissen, ist weit davon entfernt, eine so gerade und befriedigende Richtung einzuschlagen. Sie hält sich selbst von Anfang bis zum Ende für unabhängig und souverän. Sie will keine äußere Autorität, sie schafft sich selbst eine Religion. Auch dann, wenn sie den katholischen Glauben annimmt, schläft und ruht sie nicht. Sie hat ihre eigene Betätigungsweise und Entwicklung, wie auch die Leidenschaften, das sittliche Empfinden und das Prinzip der Selbstliebe sie haben. Die Gnade Gottes, um die Sprache der Theologie zu gebrauchen, hebt durch ihre Gegenwart die Natur nicht auf, auch läßt sich die Natur nicht auf einmal mit der Gnade in Einklang und zum Mitwirken bringen. Die Natur nimmt ihren Lauf, der sich bald mit dem der Gnade vereint, bald ihm parallel geht, bald sich mit ihm kreuzt, dann wieder von ihm wegstrebt und entgegengesetzt verläuft, immer im Verhältnis zu ihrer eigenen Unvollkommenheit sowie der Anziehung und Beeinflussung durch die Gnade. Was nun bei anderen Anlagen unserer Natur und ihrer Entwicklung der Fall ist, das finden wir auch bei der Vernunft. Er gibt bekanntlich eine Religion des Enthusiasmus, eine solche törichten Aberglaubens und eine Religion der Staatsräson; jede trägt Züge an sich, die Ähnlichkeit mit dem Katholizismus haben, und solche, die ihm widersprechen. Es gibt die Religion eines kriegerischen Volkes und die eines Hirtenvolkes. Wir kennen eine Religion barbarischer Zeiten und ebenso eine solche für Zeiten der Kultur. Dies ist die Religion des gebildeten Verstandes, des Philosophen, des Gelehrten und des Gentleman. Eben das ist jene Vernunftreligion, von der ich spreche. An sich betrachtet ist sie natürlich vom Katholizismus durchaus verschieden, mag sie ihm auch noch so nahe kommen; denn der Katholizismus ist ein Ganzes und läßt weder Abwandlungen noch Kompromisse zu. Doch damit sehen wir die Sache rein abstrakt. In der Wirklichkeit und bei einzelnen Personen können wir uns ohne Schwierigkeit diese »philosophische« Religion in einem katholischen Lande als möglich vorstellen, und zwar als einen geistigen Faktor, der bis zu einem gewissen Grade die Menschen zum Guten oder zum Bösen oder auch zu beidem beeinflußt. Es ist der Zeitgeist, der, wie bei Katholiken, sich mit noch größerem Einfluß und Erfolg in nichtkatholischen Ländern breitmacht; und doch ist es hier die gleiche Art, wie sie auch in einer katholischen Gemeinschaft anzutreffen ist. Das Problem also, dem wir uns heute gegenübersehen, besteht darin, die Kulturreligion in großen Zügen, soweit wir sie ermitteln können, darzulegen und ihr Verhältnis zu den Grundsätzen, Lehren und Regeln zu bestimmen, die der Himmel uns durch die katholische Kirche gegeben hat.

Auch hier ist es, wenn ich von der Offenbarungswahrheit spreche, wohl kaum nötig zu betonen, daß ich damit nicht die Hauptartikel und wichtigen Lehren des Glaubens, wie sie im Credo enthalten sind, meine. Wäre mein Ziel gewesen, die Hauptlinien einer Weltanschauung aufzuzeigen, die dem Glauben unmittelbar widerspricht, dann hätte ich von ihr nicht sagen können, sie sei mit dem katholischen Bekenntnis vereinbar. Die Weltanschauung, von der ich spreche, mag man sie nun als innerhalb oder außerhalb der Kirche befindlich betrachten, braucht nicht unbedingt das Credo zu berücksichtigen. ... Wenn ich vom Katholizismus rede, spreche ich also nicht von der gläubigen Annahme der großen Tatsachen des Glaubens, sondern ich betrachte ihn hauptsächlich als ein System pastoraler Unterweisung und sittlicher Verpflichtung. Ich habe mit seinen Lehren vornehmlich insofern zu tun, als sie im Dienste seiner Leitung des Gewissens und der Lebensführung stehen. Ich spreche von ihm beispielsweise insofern, als er den gefallenen Zustand des Menschen lehrt; von dessen völliger Unfähigkeit, den Himmel durch eigenes Tun zu gewinnen; von der moralischen Gewißheit, seine Seele zu verlieren, falls er sich selbst überlassen bleibt; vom gänzlichen Fehlen jeglichen Rechtes und Anspruchs des Geschöpfes an den Schöpfer sowie von den unbegrenzten Ansprüchen des Schöpfers an den Dienst seiner Geschöpfe. Ich spreche ferner von der gebieterischen und nötigenden Macht der Stimme des Gewissens und dem unübersehbaren Unheil der Sinnlichkeit. Ich spreche vom katholischen Glauben, insofern er lehrt, daß niemand in den Himmel kommen kann, außer einzig und allein durch die frei geschenkte Gnade Gottes und die Wiedergeburt des natürlichen Menschen. Ohne Glauben ist es unmöglich Gott zu gefallen. Das Herz ist der Sitz sowohl der Sünde als auch des Gehorsams. Die Liebe ist des Gesetzes Erfüllung. Die Eingliederung in die katholische Kirche ist das ordentliche Mittel des Heiles. Solcher Art sind die Lehren, die den Katholizismus als Volksreligion kenntlich machen; dies sind auch die Gegenstände, mit denen der gebildete Verstand sich praktisch beschäftigen wird. Ich habe hier nicht den dogmatischen, sondern den moralischen und soziologischen Lehrgehalt der Philosophie und Weltanschauung auf der einen und den des Katholizismus auf der anderen Seite zu vergleichen und gegenüberzustellen.

Wenn wir nun mit unserem Thema beginnen, sehen wir sogleich, daß der Philosoph den Hirten der Kirche wahrscheinlich von großem Nutzen sein wird. Offensichtlich besteht der erste Schritt, den sie bei der Bekehrung des Menschen und der Erneuerung seiner Natur tun müssen, darin, ihn aus jener fürchterlichen Versklavung an die Sinne, die sein gewöhnlicher Zustand ist, zu befreien. Die Fähigkeit, die Maschen dieser Sklavenfesseln zu durchbrechen und die Fäden, mit denen sie das Herz zehntausendfach umstrickt hält, zu entwirren und zu lösen, bedeutet, so möchte ich beinahe sagen, ihn schon halbwegs zum Himmel zu bringen. Nach dem Augenschein der Dinge zu urteilen, ist hier selbst die Gnade Gottes gewöhnlich machtlos und zieht sich ohne Stütze und Hilfsmittel angesichts dieser übermächtigen Bezauberung zurück. Die Religion scheint zu hoch und zu unirdisch, als daß sie einen dauernden Einfluß auf uns ausüben könnte. Ihr Bemühen, die Seele zu erheben, und die Anstrengung der Seele mitzuwirken, sind zu schwer, um anzudauern. Es ist wie das Ausstrecken des Armes seiner ganzen Länge nach oder das Tragen einer großen Last, wir bringen es nur eine

Zeitlang fertig, aber alsbald sind wir erschöpft und brechen zusammen. Nichts vermag über die eigene Natur hinaus zu wirken. Wenn wir also zum Übernatürlichen berufen werden, so ist, obwohl wir außergewöhnliche Hilfen vom Himmel empfangen, die uns das Gehorchen erst möglich machen, dieses dennoch sogar mit ihnen von ungeheurer Schwierigkeit. Jeden Augenblick werden wir mit der Leichtigkeit und Gewißheit der natürlichen Schwerkraft zur Erde herabgezogen; nur in plötzlichen Impulsen oder mit gewaltsamem Aufraffen versuchen wir, aufwärts zu steigen. Gewiß, die Religion erleuchtet, erschreckt, besänftigt; sie verleiht Glauben, weckt Reue, regt zu Entschlüssen an, löst Tränen, entflammt zur Frömmigkeit, aber nur bei besonderer Gelegenheit. Ich wiederhole, sie gibt eine innere Kraft, die mehr zustande bringen sollte als dies. Dabei vergesse ich nicht, daß ihre Hilfsmittel wirklich ausreichen; auch nicht, daß solche, bei denen sie unwirksam bleiben, dafür verantwortlich sind. Ich erörtere hier gar keine theologischen Fragen, sondern betrachte Erscheinungen, wie sie mir vor Augen schweben. Daher sage ich: der sündige Geist bereut und beteuert tatsächlich, er werde nie mehr sündigen; voller Abscheu und Entsetzen ist er auch wirklich eine Zeitlang vor der List und Tücke seines Feindes sicher. Aber dieser Feind weiß zu gut, daß solche Zeiten der Reue ein Ende zu nehmen pflegen. Er wartet geduldig, bis die Natur in der Anstrengung des Widerstandes erlahmt und hoffnungslos und willenlos dem nächsten Ansturm der Versuchung erliegt. Wir brauchen demnach ein Mittel oder Werkzeug, das wenigstens das Nahen unseres geistigen Feindes verhindert und abwehrt und dabei unserer Natur hinreichend entspricht und zusagt, um eine ebenso starke Anziehung für uns zu bedeuten wie die Verlockung der sinnlichen Freuden. Es wird Sache unserer Klugheit sein, die Natur gegen sich selber in Dienst zu nehmen. So sind Leid, Krankheit und Sorge die von der Vorsehung bestellten Streiter gegen die Unordnung unseres Innern. Sie kommen über uns im Lauf der Jahre und üben ihre natürliche Wirkung auf uns aus, soweit wir ihrem Einfluß unterworfen werden. Indessen, dies sind Gottes Werkzeuge, nicht unsere eigenen. Wir benötigen ein ähnlich wirkendes Hilfsmittel, das wir uns persönlich zu eigen machen können und zum Gegenstand und Zielpunkt einer unserer positiven Anlagen und unserer natürlichen Neigung machen dürfen; es muß fähig sein, im Geiste zu haften, in ihm Wohnung zu nehmen und ganz von ihm Besitz zu ergreifen und so der beherrschenden Gewalt der Sinnlichkeit ein ebenbürtiger Gegner und eine Art homöopathisches Heilmittel gegen das Übel zu werden. Hier also kann, so meine ich, die Ausbildung des Verstandes uns zur Rettung des Opfers von Leidenschaft und Eigenwillen ein mächtiges Hilfsmittel sein. Sie ersetzt nicht die religiösen Beweggründe; sie ist weder Ursache noch die notwendige Voraussetzung für etwas Übernatürliches; sie hat kein Anrecht auf himmlischen Beistand und Lohn; aber sie leistet eine Arbeit, die wenigstens materialiter gut ist (wie die Theologen sich ausdrücken), wie immer ihr wesentlicher und formaler Charakter sonst beschaffen sein mag. Sie verdrängt die sinnlichen Reize durch Einführung der geistigen.

Dies also ist der prima facie sich bietende Vorteil, den das Streben nach Bildung mit sich bringt. Es lenkt den Geist ab von Dingen, die ihm schaden können, und lenkt ihn hin auf solche, die eines vernunftbegabten Wesens würdig sind. Obgleich es ihn nicht über seine eigene Natur hinaushebt und auch nicht darauf eingestellt ist, uns in den Augen unseres Schöpfers wohlgefällig zu machen, trotzdem, bedeutet es denn nichts, wenn das an sich Unschädliche an die Stelle von etwas zumindest unsäglich Gefahrvollem gesetzt wird? Ist es etwas Geringes, einen ganzen Kreis von Ideen, die sicherlich sündhaft sind, gegen andere auszuwechseln, die das zweifellos nicht sind? Vielleicht werden Sie mit dem Apostel sagen: »Wissen bläht auf«; ohne Zweifel ist es möglich, daß diese Geistesbildung, selbst wenn sie in bezug auf den ihr von mir zugedachten Zweck erfolgreich ist, von vornherein nichts Besseres bedeutet als ein Ersetzen der Sinnlichkeit durch den Stolz. Ich gebe das zu und werde wohl gleich noch etwas hierüber sagen können. Aber dies ist nicht eine notwendige Folge, sondern nur ein zufälliges Übel, eine Gefahr, die ebensogut verwirklicht wie abgewendet werden kann, während wir in den meisten Fällen von Schuld, und zwar von ruchloser Schuld sprechen dürfen, wo der Geist sich ohne Zaum und Zügel, zucht- und gesetzlos gehen lassen darf. Es ist sicher an und für sich schon ein Gut und ein Gewinn, die Seele vor der Todsünde zu bewahren, was immer auch daraus folgen mag. Daher, wenn ein Freund in der Not doppelt Freund ist, haben, so meine ich, geistige Betätigungen, selbst wenn sie nur so viel tun, daß sie den Geist mit von Natur aus edlen und unschuldigen Dingen beschäftigen, einen besonderen Anspruch auf unsere Beachtung und unsere Dankbarkeit.

Das ist noch nicht alles. Die Bildung, die Zucht, durch die man sie gewinnt, und der Geschmack, den sie formt, neigen von Natur dazu, den Geist zu verfeinern und ihm eine ganz natürliche, wirkliche Abneigung, ja, mehr als das, einen Abscheu und Ekel einzuflößen gegen die Ausschreitungen und Ungeheuerlichkeiten des Bösen, zu denen schließlich im allgemeinen häufig kommt, wer nicht von Anfang an darauf acht gibt, sich dem Laster und Verbrechen entgegenzustellen. Sie erzeugt im Geist ein anspruchsvolles Feingefühl, ähnlich der wählerischen Empfindlichkeit, die eine gute Kost oder eine kränkliche Körperbeschaffenheit hinsichtlich der Ernährung bringt. Dieses anspruchsvolle Feingefühl ist zwar kein Beweis für das Vorhandensein hoher Grundsätze, bietet auch keinen Schutz in heftiger Versuchung und ist in seiner

Wirkungsweise nicht verläßlich. Aber es macht sich doch oft oder durchweg lebhaft genug geltend, um gegenüber gewissen Verstößen, weil sie eines Gentleman unwürdig erscheinen, einen ausgesprochenen Ekel, Haß und tiefe Verachtung wachzurufen, Verstößen, zu denen sich gröbere Naturen, selbst wenn sie zuweilen weit mehr von echter Religiosität in sich tragen, versuchen oder sogar verführen lassen. Wir können den Wert einer solchen Schutzwehr an ihrer Stelle gar nicht hoch genug anschlagen, wenn wir jener Scharen gedenken, die in den Strudel des Lebens hineingerissen werden oder sich den Augen der Menschen und dem hemmenden Einfluß der öffentlichen Meinung entzogen haben. Wo sie vorhanden ist, werden gewisse Vergehen, die den unter anderen Verhältnissen Lebenden ganz geläufig sind, bei vielen nicht einmal in Gedanken auftauchen. In anderen Fällen, wenn sie wirklich in Erscheinung treten, wirken das Schamgefühl und die lebhafte Furcht vor Entdeckung als ausreichende Hemmungen. Außerdem erzeugt das anspruchsvolle Feingefühl, von dem ich rede, einen gehörigen Haß gegen jenen unwürdigen und gemeinen Ton in der Unterhaltung, der bei seinem Umsichgreifen in der Welt einem beständigen Zunder für das Übel gleicht, der sich rings um die Seele aufhäuft. Überdies ruft es eine Unentschiedenheit und Unentschlossenheit, Böses zu tun, hervor, die als verborgene Hemmung wirkt, bis die Gefahr vorüber ist. Obwohl es, ich wiederhole, nicht danach strebt, das Herz zu bessern und es vor einer Herrschaft in anderer [raffinierterer] Gestalt gerade jener Übel zu bewahren, die das Feingefühl in den verschiedenen [gröberen] Arten der Annäherung, durch die sie über andere obsiegen, vertreibt, so können dennoch Fälle eintreten, in denen es nach begangener Sünde eine so tiefe Reue und bitteren Selbsthaß hervorruft, daß sie ausreichen, das Betreffende sittliche Gebrechen zu heilen und die Anwandlung und Neigung dazu für immer zu beseitigen. Wie es dem Verschwender in der Erzählung erging; nachdem er seine verlorenen Äcker von einer Anhöhe aus betrachtet hatte, stieg er als Geizhals hinunter und blieb ein Geizhals bis zu seinem Lebensende. ... Wir alle werden Persönlichkeiten begegnen, die verdientermaßen unsere Liebe und Bewunderung erregen und von der Welt als das Werk ihrer Hände fast vergöttert werden. Das Prinzip der Religion – der Glaube – ist hier freilich allem Anschein nach überhaupt nicht mehr da. Das Werk ist ebenso sicher nicht übernatürlich, wie es edel und schön ist. Das muß betont werden, damit dem Verstand sein Recht geschehe; dann aber auch um der Schlußfolgerungen willen, auf die ich unsere Untersuchung hinführen möchte. Denn der grundlegende Unterschied zwischen dieser Verfeinerung des Geistes und einer echten Religiosität bei aller scheinbaren Verwandtschaft beider ist gerade der Angelpunkt, um den meine gegenwärtige Erörterung sich dreht. Da jedoch anderseits vorschnell urteilende und der

Sache fernstehende oder sie unter einem ganz bestimmten Gesichtspunkt betrachtende Beobachter diese Verfeinerung des Geistes leicht auf einen christlichen Ursprung zurückführen könnten, halte ich es, da dies wirklich der Fall ist, für ratsam, Ihnen, bevor ich diese in ihren charakteristischen Zügen zu schildern beginne, deutlich die wesentlichen Prinzipien darzulegen, auf denen ihre Sittlichkeit beruht.

Meine Herren, Sie erinnern sich, daß ich soeben von dem Haß und der tiefen Verachtung gesprochen habe, die ein gebildeter Geist gewissen Arten des Lasters gegenüber empfindet, ferner von dem gewaltigen Abscheu und der tiefen Demütigung, die ihn überkommen können, wenn er ihnen irgendwie zum Opfer gefallen sein sollte. Nun kann dieses Gefühl seine Wurzel im Glauben und in der Liebe haben, aber es braucht das nicht. An sich betrachtet, enthält es nichts wesentlich Religiöses. Das Gewissen ist der Brust zwar von der Natur eingepflanzt; es läßt uns aber ebensogut Furcht empfinden wie Beschämung. Wenn die Seele nur Zorn gegen sich und weiter nichts empfindet, dann ist gewiß die wahre Bedeutung der natürlichen Stimme und die Tiefe ihrer inneren Einsprechungen vergessen worden, und eine falsche Philosophie hat Regungen, die zu Gott führen sollten, eine falsche Deutung gegeben. Furcht setzt die Übertretung eines Gesetzes voraus, und ein Gesetz wiederum einen Gesetzgeber und Richter. Die Tendenz der Verstandesbildung jedoch geht dahin, die Furcht in Selbsttadel aufgehen zu lassen; der Selbsttadel aber richtet sich lediglich nach unserem Gefühl für das, was sich schickt und anständig ist und findet darin seine Grenze. Die Furcht trägt uns aus uns selbst heraus, wohingegen die Scham vielleicht nur innerhalb der Grenzen unseres Gedankenkreises auf uns wirkt. Solcher Art ist der Gefahr, die einem zivilisierten Zeitalter droht. Darin liegt seine Hauptsünde, zwar nicht unvermeidlich (Gott bewahre, sonst müßten wir ja auf den Gebrauch von Gottes Gaben verzichten), aber doch die Sünde des Verstandes, wie sie gewöhnlich vorkommt. Das Gewissen droht zu dem zu werden, was man sittliches Empfinden nennt. Das Gebot der Pflicht ist eine Art Geschmack. Die Sünde ist nicht mehr eine Beleidigung Gottes, sondern eine Beleidigung der menschlichen Natur.
Die weniger erfreulichen Beispiele dieser Scheinreligion begegnen uns nicht selten in meinem eigenen Lande. Ich kann von ganzem Herzen mit dem Dichter sprechen: »England, mit all deinen Fehlern, ich liebe dich doch«[4], aber vor diesen Fehlern kann kein Katholik blind sein. Wir finden dort Menschen mit vielen Tugenden, aber stolz, ungesellig, anspruchsvoll und reserviert. Woher kommt das? Es kommt, weil sie

[4] W. Cowper, The Task (1785), II. Buch, Vers 206.

denken und handeln, als ob sich in ihrer Religion eigentlich nichts Objektives fände; es kommt, weil das Gewissen ihnen nicht die Sprache eines Gesetzgebers ist, wie es das sein müßte, sondern nichts mehr als das Diktat ihres eigenen Geistes. Es kommt, weil sie nicht aus sich selbst herausschauen, weil sie nicht durch den eigenen Geist und über ihn hinweg auf den Schöpfer blicken, sondern vollauf mit dem beschäftigt sind, was nach ihrer Meinung ihnen selber zusteht und dementsprechend mit ihrer Würde und Lebensform zu vereinbaren ist. Ihr Gewissen spricht lediglich im Dienste ihrer Selbstachtung. Anstatt im Glauben und Gehorsam ruhig eines nach dem anderen, wie es verlangt wird, zu verrichten, und zwar ohne Sorge um die *Harmonie* der Handlungen, und anstatt es Ihm, der befiehlt, zu überlassen, wie Er die Teile ihres Lebenswandels zu einem Ganzen verbinden will, ist es ihr einziges Ziel, mögen sie sich dessen auch nicht bewußt sein, eine glatte und vollkommene Oberfläche zu schaffen, um sich sagen zu können, daß sie ihre Pflicht getan haben. Haben sie Unrecht getan, so empfinden sie nicht die übernatürliche Reue, die sich auf Gott richtet, sondern Selbstvorwürfe und ein Gefühl der Erniedrigung. Sie nennen sich Narren, nicht Sünder. Sie sind zornig und ungeduldig, nicht demütig. Sie verschließen sich in sich selbst. Es ist ihnen peinlich, an ihre eigenen Gefühle zu denken oder über sie zu sprechen. Es ist ihnen peinlich zu wissen, daß andere sie sehen; ihre Scheu und Empfindlichkeit wächst oft bis zu Krankhaftigkeit. Das dem Katholiken so natürliche Bekennen ist ihnen unmöglich, wofern nicht ihr eigener Charakter wirklich in Fällen, in denen sie schuldig sind, eine Abbitte fordert, wenn diese von ihnen erwartet wird und sie später mit Zufriedenheit darauf zurückblicken können. Sie sind die Opfer einer angespannten Selbstbetrachtung.

Es gibt jedoch weit erfreulichere und anziehendere Formen dieser moralischen Erkrankung, als ich sie beschrieben habe. Ich sprach von der Wirkung der Geistesbildung auf hochmütige Naturen; aber sie zeigt sich bei liebenswürdigen und unbefangenen Gemütern durchweg in weit günstigerer Form, wenn auch mit ebensowenig Annäherung an den religiösen Glauben. Beachten Sie, meine Herren, die Häresie – so darf man das, wovon ich spreche, wohl nennen – besteht darin, daß man das Gewissen im wahren Sinne des Wortes durch ein moralisches Empfinden oder einen sittlichen Geschmack ersetzt. Nun kann dieser Irrtum die Grundlagen eines Charakters von weit größerer Biegsamkeit und Anmut bilden, als sie die soeben beschriebenen Personen auszeichnen. Ihm sind vorzugsweise Menschen von phantasiereicher und künstlerischer Geisteshaltung ausgesetzt, die sich bereitwillig zu der Ansicht bekennen, daß die Tugend nicht mehr ist als das Schöne und Heitere in der Lebensführung. Solche Leute, weit davon entfernt, dem Prinzip der Furcht in ihrer religiös-sittlichen Gedankenwelt Duldung zu gewähren, sind rasch damit bei der Hand, sie ohne weiteres Düsterkeit und Aberglauben zu nennen. Die Religion eines Philosophen oder Gentleman ist vielmehr von liberalem und großzügigem Charakter. Sie beruht auf der Ehre. Das Laster ist ein Übel, weil es unwürdig, verächtlich und abstoßend ist. Das war es, was die Heiden der antiken Welt dem Christentum zum Vorwurf machten, daß es, anstatt den Geist einfach auf das Schöne und Angenehme hinzulenken, dieses mit Vorstellungen traurigen und schmerzlichen Charakters verband, daß es vor die Freude die Tränen setzte und vor die Krone das Kreuz, daß es den Grund legte für ein Heldentum der Buße und die Seele erzittern ließ durch die Kunde von Fegfeuer und Hölle und daß es auf einer Auffassung von Gott und Gottesverehrung bestand, die seinem Empfinden nach nur niedrig, feige und knechtisch war. Die Idee eines absolut vollkommenen, überall gegenwärtigen Gottes, in dessen Augen wir weniger als Atome sind, der Gedanke, daß Er, der sich herabläßt, uns heimzusuchen, ebensogut strafen wie segnen kann, empfanden die Heiden als etwas Verabscheuungswürdiges. Sie machten sich ihren eigenen Geist zum Heiligtum, die eigenen Ideen zum Orakel, und das Gewissen bedeutete ihnen für die Sittlichkeit nur ungefähr soviel, wie das Genie für die Kunst und die Klugheit für die Philosophie bedeuten.

Hätte ich genügend Raum für all das, was zu diesem Thema zu sagen wäre, so möchte ich diese Vernunftreligion durch die Geschichte des Kaisers Julian, des Apostaten und Leugners der christlichen Wahrheit und des Feindes christlicher Bildung, veranschaulichen. Er, in dem jeder Katholik den Schatten des künftigen Antichristen sieht, war beinahe ein Muster philosophischer Tugend. Allerdings war sein Charakter nicht ohne Schwächen, selbst wenn man ihn nur mit dem Maßstab natürlicher Vollendung mißt. Aber alles in allem genommen, kann ich nicht umhin, ihm eine besondere Schönheit und Vornehmheit der sittlichen Haltung zuzuerkennen, die mit der rauhen Größe eines Fabricius oder Regulus die Bildung eines Plinius oder Antoninus vereinigt. Die Schlichtheit seines Auftretens, die Einfachheit und Strenge seiner Lebenshaltung, seine einzigartige Verachtung sinnlicher Vergnügungen, sein soldatisches Heldentum, sein Eifer in der Erfüllung seiner Aufgaben, sein schriftstellerischer Fleiß, seine Bescheidenheit, seine Milde, seine Kenntnisse und Fähigkeiten machen ihn in meinen Augen zu einem der hervorragendsten Beispiele heidnischer Tugend, die die Welt je gesehen hat. Dennoch, wie schal, wie dürftig, wie unliebenswürdig erscheint diese Tugend im Grunde doch, wenn sie ihre kritische Probe beim plötzlichen Ruf vor den Thron des Richters bestehen muß! Julians letzte Stunden bilden einen einzigartigen Abschnitt im Buch der Geschichte, einmal, weil sie einen lebendigen Beweis darstellen für die Hilflosigkeit

der Philosophie angesichts der unerbittlichen Wirklichkeit unseres Daseins, und dann, weil sie uns von einem Augenzeugen geschildert werden. »Freunde und Kommilitonen«, sagte er (um die Worte eines Schriftstellers zu gebrauchen, den seine literarische Tüchtigkeit und sein Haß gegen das Christentum wohl dazu befähigten, des Kaisers Lobredner zu sein), »die für mein Scheiden angemessene Stunde ist nun gekommen; ich zahle mit der Heiterkeit eines wohlbereiten Schuldners die Forderungen der Natur... Ich sterbe ohne Reue, wie ich ohne Schuld gelebt habe. Es bereitet mir Freude, der Reinheit meines persönlichen Lebens zu gedenken; ich kann mit Zuversicht erkären, daß die höchste Amtsgewalt, jene Ausstrahlung der göttlichen Macht, in meinen Händen rein und unbefleckt bewahrt geblieben ist... Nun entbiete ich den Zoll meines Dankes dem ewigen Wesen, das mich nicht unter der Grausamkeit eines Tyrannen sterben ließ, auch nicht unter dem geheimen Dolche der Verschwörung oder unter den schleichenden Qualen eines langsamen Siechtums. Es hat mir mitten auf einer ehrenvollen Laufbahn ein großartiges und ruhmvolles Scheiden aus dieser Welt verliehen; ich halte es für ebenso töricht wie gemein, den Schicksalsschlag herauszufordern wie sich ihm zu entziehen...«
Er tadelte den übermäßigen Kummer der Umstehenden und beschwor sie, nicht durch schwächliche Tränen das Schicksal eines Fürsten zu schänden, der in wenigen Minuten mit dem Himmel und den Sternen vereinigt werde. Die Zuschauer verstummten; und Julian begann mit den Philosophen Priscus und Maximus ein philosophisches Gespräch über die Natur der Seele. Da er sich körperlich und geistig anstrengte, beschleunigte er damit sehr wahrscheinlich seinen Tod. Seine Wunde begann sehr heftig zu bluten; das Anschwellen der Adern behinderte seine Atmung; er forderte einen Trunk kalten Wassers; sobald er ihn genommen hatte, starb er um Mitternacht ohne Schmerz[5]. Das, meine Herren, ist die Art der Schaustellung, wie sie die Vernunftreligion zum Schluß veranstaltet: In der Unempfindlichkeit des Gewissens, in der Unkenntnis und Ausklammerung schon des Begriffes der Sünde, im wohlgefälligen Betrachten der eigenen moralischen Haltung, in der gänzlichen Furchtlosigkeit, im ungetrübten Selbstvertrauen, im heiteren Selbstbesitz, in der kühlen Selbstzufriedenheit erkennen wir den bloßen Philosophen.

Gibbon malt hier mit Behagen, was entsprechend der Auffassung eines gottlosen Verstandeskultes nichts anderes war als eine historische Verwirklichung seiner eigenen Idee vom Wesen sittlicher Vollendung. Lord Shaftesbury hatte diese Idee bereits in seiner berühmten Sammlung

[5] Vgl. E. Gibbon: History of the Decline and Fall of the Roman Empire, c. 24.

von Abhandlungen mit dem Titel »Charakteristiken von Menschen, Sitten, Glaubensformen und Vorstellungen«[6] theoretisch dargestellt. Es wird zur weiteren Veranschaulichung unseres Themas dienen, wenn Sie mir gestatten, meine Herren, diesem Werk einige Stellen zu entnehmen.

Einer seiner ersten Angriffe richtet sich gegen die Lehre von Lohn und Strafe, als ob diese in die Religion einen Begriff hineintrage, der unvereinbar sei mit der wahren Auffassung von der Schönheit der Tugend und mit der Freiheit und Vornehmheit der Gesinnung, mit der sie erstrebt und geübt werden müsse. »Die Menschen haben sich nicht damit begnügt«, so sagt er, »die natürlichen Vorzüge der Ehrenhaftigkeit und Tugend aufzuzeigen. Sie haben vielmehr diese in ihrer Bedeutung geschmälert, um, wie sie dachten, eine andere Grundlage desto besser zur Geltung zu bringen. Sie haben die Tugend so sehr zur Ware gemacht und so viel von ihrem Lohn geredet, daß man kaum mehr sagen kann, was denn schließlich an ihr des Lohnes wert sein könnte. Denn ein anständiges Handeln, das bloß die Folge von *Drohung* oder *Bestechung* ist, beweist wenig von wirklicher Ehrenhaftigkeit und echtem Wert.« – »Wenn«, so deutet er an anderer Stelle an, was er nicht auszusprechen wagt, »wenn das Geschöpf nur durch Hoffnung auf Lohn oder durch Furcht vor Strafe zu bewegen ist, das Gute, das es haßt, zu tun, oder sich nur dadurch bestimmen läßt, das Böse, dem es sonst nicht im geringsten abhold ist, nicht zu tun, dann ist gar nichts von Tugend oder Gutheit dabei zu finden. Es wohnt in einem in dieser Weise umgestalteten Geschöpf nicht mehr an Geradheit, Frömmigkeit und Heiligkeit als in einem stark gefesselten Tiger an Sanftmut und Harmlosigkeit und in einem unter dem Schwung der Peitsche stehenden Affen an Lauterkeit und Mäßigkeit vorhanden ist... Solange nicht der Wille erfaßt und die Neigung durch Einwirkung veredelt wird, sondern nur die Furcht herrscht und zum Gehorsam treibt, so lange ist der Gehorsam und alles, was im Gehorsam getan wird, knechtisch und nichts mehr.« Er will also damit sagen, das Christentum sei der Feind sittlicher Tugend, weil es den Menschengeist durch das Motiv der Furcht vor Gott und nicht durch die Liebe zum Guten beeinflusse.

Da somit die Beweggründe der Furcht und Hoffnung zumindest weit in den Hintergrund gedrängt sind und nichts sittlich gut ist, was nicht vollständig oder doch hauptsächlich der Liebe zur Tugend um ihrer selbst willen entspringt, so ist diese liebeweckende Eigenschaft der Tugend nichts anderes als ihre Schönheit, während ein schlechtes Gewissen nicht viel mehr ist als die Art von Empfinden, die uns vor einem verstimmten Instrument zurückscheuen läßt. »Manche«, so sagt

[6] Newman gibt den Titel des 1711 zum erstenmal erschienenen Werkes ungenau an (»Characteristics of Men, Manners, Opinions, Times«).

er, »sind allein infolge natürlicher Veranlagung, andere auf Grund von Studium und Übung Meister des Gehörs in der Musik, des Auges in der Malerei, der Erfindungskunst und Phantasie in allen auf Schmuck, Zierde und Anstand bezüglichen Dingen, des Urteils in Lagen und Verhältnissen jeglicher Art und eines allgemeinen guten Geschmacks in bezug auf die Mehrzahl der Gegenstände, die den geistreichen Leuten der Welt Freude und Entzücken bereiten. Man lasse gebildete Leute wie diese so verschwenderisch oder so schlecht in ihren Sitten sein, wie sie wollen, sie müssen zugleich der eigenen Inkonsequenz innewerden, im *Unfrieden* mit sich selbst und im *Widerspruch* mit jenem Prinzip leben, das doch die Grundlage ihrer höchsten Freuden bilden soll. Von allen Formen der *Schönheit*, die das Ziel von künstlerischen Menschen sind, die der Dichter verherrlicht, der Musiker besingt, der Baumeister wie jeder Künstler überhaupt schildert und gestaltet, ist diejenige die lieblichste, die packendste und ergreifendste, die aus echtem Leben und tiefer Leidenschaft erwächst. Nichts ergreift das Herz so sehr wie das, was aus dem Herzen selbst stammt, wie etwa die Schönheit der Gedanken, die Anmut der Handlungen, die Anlage der verschiedenen Charaktere sowie die *Symmetrie* und die Eigenart des menschlichen Geistes. Diese Lehre der Philosophie kann uns sogar schon ein Roman, ein Gedicht oder ein Drama geben... Man lasse einmal Dichter und Musiker diese Kraft der Natur verleugnen und dieser *sittlichen Zaubermacht* widerstehen, wenn sie es können... Jeder Mensch ist ein Künstler höheren oder niederen Grades, jeder sucht und erstrebt etwas Schönes... von der einen oder anderen Art. Das venustum, honestum und decorum der Dinge wird sich seinen Weg bahnen. Die natürlichste Schönheit in der Welt ist Ehrenhaftigkeit und sittliche Wahrheit; denn alle Schönheit ist Wahrheit.« Da hiernach die Tugend nur *eine* Form der Schönheit ist, so ist das Prinzip, nach dem man zu entscheiden hat, was tugendhaft ist und was es nicht ist, nicht das Gewissen, sondern der *Geschmack*. »Könnten wir uns nur einmal«, so sagt er, »davon überzeugen, was in sich so klar ist, davon nämlich, daß in der Natur der Dinge selbst schon der Grund für einen richtigen oder falschen Geschmack liegen muß, sowohl hinsichtlich ihrer inneren charakterlichen Merkmale als auch der äußeren Erscheinung, Haltung und Betätigungsweise, so würden wir uns wegen unserer Unwissenheit und unseres falschen Urteils in jener ersten Beziehung weit mehr schämen als in der letzten... Jeder, der sich den Charakter eines Mannes von Bildung und Erziehung anzueignen strebt, achtet deshalb sorgfältig darauf, sein Urteil über Künste und Wissenschaften an vollkommenen Mustern zu bilden... Er wird besonders Sorge tragen, sein Auge von allem fernzuhalten, was prunkhaft, kitschig und geschmacklos ist. Ebenso sorgsam wendet er sein Ohr ab von jeglicher Art von Musik, die nicht die beste und nicht von echtester Harmonie ist. Es wäre zu wünschen, wir hätten einen *gleich guten Geschmack* in bezug auf *Leben und Umgangsformen*... Wenn Höflichkeit und Menschlichkeit eine Sache des Geschmackes sind, aber nicht weniger Brutalität, Unverschämtheit und rohes Benehmen..., wer möchte sich da nicht bemühen, die Natur in dieser Beziehung ebenso zu zwingen, wie es in bezug auf Geschmack und Urteil in Künsten und Wissenschaften geschieht?«

Zuweilen stellt er diesen Geschmack deutlich in Gegensatz zu Grundsatz und Gewissen und gibt jenem den Vorzug vor diesen. »Im Grunde«, so sagt er, »lassen sich die Menschen *nicht bloß von dem leiten, was wir Grundsätze nennen,* sondern von dem, was wir mit *Geschmack* zu bezeichnen pflegen. Mögen sie noch so sicher erkannt haben: ›Dies ist recht‹ und ›jenes unrecht‹, mögen sie glauben, daß ›dieses Tugend‹ und ›jenes Sünde‹ ist, daß ›dieses vor Menschen‹ und ›jenes vor Gott‹ strafwürdig ist, dennoch, wenn der Reiz der Dinge sich mit ehrenhaftem Handeln nicht vereinbaren läßt, wenn die Phantasie sich erregt und die Lust sich stark den niederen Lockungen und untergeordneten Stufen irdischer Formen und Gestalten zuwendet, so wird das Verhalten unfehlbar diesen letzten Weg einschlagen.« In dieser fast jansenistischen Weise läßt er die stärkere Lust unweigerlich den Sieg davontragen und behauptet, wir brauchten unseren Geschmack ohne Rücksicht auf Grundsätze nur auf eine Art von Schönheit hinzubilden, die höher als die sinnliche ist. Er fügt hinzu: »*Sogar das Gewissen* als das Produkt religiöser Erziehung wird, fürchte ich, wo dieser Geschmack verdorben ist, eine kümmerliche Figur abgeben.« Daher kommt die wohlbekannte Lehre dieses Schriftstellers, das Lächerliche sei der Prüfstein der Wahrheit. Denn aus der Tatsache, daß Wahrheit und Tugend Schönheit seien, Trug und Laster aber Entstellung, und daß der Anblick des Häßlichen Spott und Hohn errege wie der Anblick des Schönen Bewunderung, folge, daß das Laster nicht etwas Beweinenswertes sei, sondern eher etwas, worüber man lachen solle. »Nichts ist lächerlich«, sagt er, »als das Mißgestaltete, nur das Schöne und Rechte ist gegen Spott gefeit. Darum gehört es zum Schwersten auf der Welt, der geraden Rechtlichkeit den Gebrauch dieser Waffe zu wehren, deren Schneide sich niemals gegen sie selbst kehren kann; sie wendet sich vielmehr gegen alles, was der Rechtlichkeit entgegensteht.«

Da nun das Gewissen, das auf einen Gesetzgeber hindeutet, durch einen sittlichen Geschmack oder ein sittliches Gefühl ersetzt ist, das keine über unsere Naturanlage hinausgehende Strafbestimmung kennt, so folgt weiter, daß es unsere große Aufgabe ist, uns selbst zu betrachten, wenn wir einen Maßstab für unser Leben und sittliches Handeln gewinnen wollen. So hat er einer seiner Abhandlungen, einem »Selbstgespräch« als Titel das Motto gegeben: »Ne te quaesieris extra« —

»Suche dich nicht außer dir«. Dazu bemerkt er: »Das Hauptanliegen der Ehrsucht, der Habsucht, der Bestechlichkeit und jedes versteckt sich einschleichenden Lasters liegt darin, die vertrauliche Unterredung des Selbstgespräches zu verhindern, die nur unter der Bedingung strenger Zurückgezogenheit und Einkehr in unser Inneres zu haben ist. Das ist die große Kunst der Schurkerei und Liederlichkeit *wie des Aberglaubens und des blinden Fanatismus,* uns dem eigenen Selbst mehr und mehr zu entfremden und uns daran zu hindern, die Methode des Selbstgespräches zu erproben. Ein leidenschaftlicher Liebhaber mag noch so sehr die Einsamkeit bevorzugen, er kann dennoch niemals wahrhaft für sich allein sein... und zwar aus dem gleichen Grunde, der auch den sich als Heiliger oder Mystiker Vorkommenden daran hindert, eines solchen inneren Selbstverkehrs fähig zu sein. Anstatt gründlich in die eigene Natur und den eigenen Geist hineinzuschauen, damit er sich selber kein Geheimnis mehr bleibe, verliert er sich in die Betrachtung anderer geheimnisvoller Wesen, die er doch nie zu erfassen und zu deuten vermag.«

Nimmt man diese Stellen als Beispiele für das, was ich die Religion der Philosophie nenne, dann ist klar, daß keine Lehre darin enthalten ist, die nicht in gewissem Sinne wahr wäre, und daß doch anderseits fast jede Behauptung verzerrt und schief ist, weil sie nicht die ganze Wahrheit enthält. Sie stellen die Wahrheit einseitig dar und sind daher unzureichend. Das Gewissen ist ganz gewiß ein sittliches Gefühl, aber es ist mehr. Auch ist das Laster eine Entstellung, aber es ist etwas Schlimmeres. Lord Shaftesbury mag, wenn er will, darauf bestehen, daß bloße Furcht für ihn noch keine sittliche Umkehr bewirken kann; darauf brauchen wir ihm nicht zu antworten. Aber es wird ihm schwerfallen zu beweisen, daß eine wirkliche Bekehrung auf eine Lehre hin erfolgen wird, die aus der Tugend lediglich eine Sache des guten Geschmackes und aus dem Laster nur etwas Gemeines und eines Gentleman Unwürdiges macht.

Eine solche Lehre ist ihrem Wesen nach oberflächlich, und dementsprechend wird auch ihre Wirkung sein. Sie hat keinen besseren Maßstab für gut und böse als den der sichtbaren Schönheit und spürbaren Angemessenheit. Allerdings bringe uns das Gewissen stechende Qual, aber diese Qual sei doch wahrhaftig etwas Irrationales; ihr Beachtung zu schenken sei engstirniger Aberglaube. Wenn wir aber das leicht nehmen wollen, was zutiefst in uns begründet ist, dann bleibt uns freilich nichts anderes übrig, als unsere Verehrung dem zu schenken, was mehr an der Oberfläche liegt. Der *Schein* wird zum *Sein.* Was schön aussieht, ist gut; was abstößt, schlecht. Tugend ist, was gefällt, Laster, was mißfällt. Wir können dann die Tugend ebensogut an der Nützlichkeit messen wie an einer solchen Regel. Das ist keine leere Befürchtung. Wir alle erinnern uns der berühmten Äußerung, zu der ein großer und kluger Mann sich in der Glut seiner Begeisterung hinreißen, ließ, als er dem Geiste der Rittertums sein Abschiedslied sang. »Sie sind dahin«, ruft Burke aus, »jene Prinzipientreue, jene Keuschheit des Ehrgefühls, die einen Flekken wie eine Wunde empfand; die den Mut entflammte, während sie die Wildheit zähmte; die alles veredelte, was sie berührte, und unter deren Einfluß das *Laster die Hälfte seiner Verwerflichkeit verlor, weil es all seine Grobheit verlor.«* Deutlicher als durch den Schlußgedanken dieses schönen Ausspruches kann die sittliche Grundstimmung einer zivilisierten Epoche nicht veranschaulicht werden. Nicht in der Sünde selbst liegt die Schuld, sondern darin, daß sie ans Tageslicht kommt. Das Privatleben ist unverletzlich und verträgt kein Nachspüren von außen; Schicklichkeit ist Tugend. Skandale, Gemeinheiten, alles, was einen abstößt und anwidert, sind Verfehlungen erster Ordnung. Trinken und Fluchen, schmutzige Armut, Gleichgültigkeit, Trägheit, Nachlässigkeit und Unordnung bilden den Inbegriff des Verwerflichen. Dichter dürfen alles, auch das Schlimmste, ungestraft zum Ausdruck bringen. Geniale Werke darf man ohne Scham und Gefahr lesen, was für Grundsätze auch in ihnen enthalten sind. Wenn etwas modern oder berühmt, schön oder heldenhaft erscheint, so genügt dies, um jeglicher Schlechtigkeit Tür und Tor zu öffnen. Die Pracht des Hoflebens, die Reize vornehmer Geselligkeit, Witz, Phantasie, Geschmack und feine Lebensart, das Prestige von Rang und Stand und die Möglichkeiten des Reichtums dienen dem Laster und Unglauben als Schirm, Werkzeug und Rechtfertigung.

Und so finden wir zum Schluß, so überraschend die Wendung auch sein mag, daß gerade jene Verstandeskultur, die damit begann, die Sinnenlust abzulehnen, damit endet, sie zu entschuldigen. Wohl steht die Philosophie im Schatten der Kirche und in ihrer ordnungsgemäßen Entwicklung im Dienste der Sittlichkeit, aber sobald sie stark genug ist, ihren eigenen Willen zu haben, und sie sich vom Bewußtsein ihrer eigenen Wichtigkeit getragen fühlt und sich daran wagt, eine Lehre der Ethik zu formulieren, ihre Grundsätze aufzustellen, ein ethisches System zu entwickeln und die Erziehung des Menschen in ihre Hand zu nehmen, leistet sie den Übeln nur Vorschub, zu denen sie anfänglich instinktiv im Gegensatz zu stehen schien. Wahre Religion wächst langsam, hat sie aber einmal Wurzel geschlagen, dann ist ein Verpflanzen schwer. Ihre Nachbildung durch den Verstand jedoch hat in sich keine Wurzeln. Sie schießt plötzlich empor und welkt ebenso plötzlich wieder dahin. Sie stützt sich auf das rein Natürliche und verfällt damit der Herrschaft des alten Adam. Dann geht's mit ihr wie bei entthronten Fürsten, sie hält ihren früheren Rang und ihre Majestät aufrecht, wenn sie ihre wirkliche Macht bereits verloren hat. Das Häßliche und Mißgestaltete ist ihr ein Greuel. Darum sucht sie, weil sie die Menschen vom Laster nicht abzubringen vermag, dem Anblick seiner Mißgestalt zu entgehen, indem sie diese verschönert.

»Sie läßt den bösen Fleck nur leicht verharschen«,
den sie nicht untersuchen oder heilen kann,
»Indes Verderbnis, heimlich untergrabend,
Von innen angreift«[7].

Diese Seichtheit der philosophischen Religion bringt es mit sich, daß ihre Jünger fähig scheinen, gewisse Vorschriften des Christentums bereitwilliger und genauer zu erfüllen als die Christen selbst. Der heilige Paulus entwirft uns, wie gesagt, ein Musterbild evangelischer Vollkommenheit. Er zeichnet den christlichen Charakter in seiner liebenswürdigsten Form und malt ihn in seinen schönsten Farben. Er spricht von jener Liebe, die geduldig und sanftmütig, demütig und ohne Falsch, selbstlos, genügsam und beharrlich ist. Er macht es uns zur Pflicht, einem jeden vor sich selbst den Vortritt zu lassen, gegenseitig nachzugeben, sich liebloser Worte und böser Reden zu enthalten, Eigendünkel zu meiden, ruhig und ernst, heiter und fröhlich zu sein, den Frieden mit allen Menschen zu wahren und ihnen mit Wahrhaftigkeit und Gerechtigkeit sowie Höflichkeit und Sanftmut zu begegnen, kurz, alles zu tun, was bescheiden, liebenswürdig, tugendhaft und geachtet ist. Das ist das Musterbild, wie es uns der heilige Paulus von einem Christen in seinen äußeren Beziehungen darstellt; und nochmals, die Schule der Welt scheint mit größerem Erfolge lebendige Abbilder dieses Ideals der Vollkommenheit hinauszusenden als die Kirche selbst. In unseren Tagen ist der »Gentleman« die Schöpfung nicht des Christentums, sondern der Kultur. Aber der Grund dafür liegt auf der Hand. Die Welt begnügt sich damit, die Oberfläche der Dinge in Ordnung zu bringen. Die Kirche macht es sich zum Ziel, das Herz gerade in seiner Tiefe zu erneuern. Sie setzt stets an der Wurzel an. Bei der Mehrzahl ihrer Kinder gelingt es ihr nicht, über den Anfang hinauszukommen; sie ist vielmehr ständig dabei, das Fundament neu zu legen. Sie befaßt sich mit dem Wesentlichen, weil es für das Ausschmückende und Anziehende Vorbedingung und Vorbereitung ist. Sie heilt die Menschen und hält sie von der Todsünde rein. Sie »redet von Gerechtigkeit und Keuschheit und dem kommenden Gericht«. Sie fordert Glauben und Hoffnung, Frömmigkeit, Ehrlichkeit und die Anfänge der Liebe. Sie hat so viel mit den Geboten zu tun, daß sie es fast den Erleuchtungen vom Himmel überlassen muß, richtig zu deuten, was Sache der evangelischen Räte und der Vollkommenheit ist. Sie strebt mehr nach dem Notwendigen als

[7] W. Shakespeare, Hamlet, 3. Akt, 4. Szene, Zeile 148.

nach dem Erwünschten. Sie ist für die Vielen ebenso da wie für die Wenigen. Sie leitet die Seelen auf den Weg des Heiles, damit sie, wenn sie dazu berufen sind, fähig seien, das Heldenhafte zu erstreben und das Vollmaß sowohl wie die Grundlinien des Schönen zu erlangen.

Das ist die Methode oder (sozusagen) die Politik der Kirche. Die Philosophie aber sieht die Dinge in einem ganz anderen Lichte. Was haben die Philosophen mit den Schrecken des Gerichtes und der Rettung der Seele zu tun? Lord Shaftesbury nennt jene ersten eine Art »panischer Furcht«. Der letzten gilt seine spottende Klage, »das Seeleretten sei jetzt die heroische Leidenschaft verzückter Geister«. Natürlich steht es ihm frei, sich auf Grund seiner Prinzipien das aus dem Christentum herauszulesen und zu wählen, was er will. Das Theologische, Geheimnisvolle, Geistliche läßt er beiseite und liest sich das ethisch und ästhetisch Schöne heraus. Es kümmert ihn nicht im geringsten, daß seine Lehre da anhebt, wo sie enden sollte. Es macht ihm nichts aus, anstatt den Baum zu pflanzen, dessen Blüten zu pflücken zum Schmucke seines Festmahles. Sein Ziel ist das gegenwärtige Leben; seine Philosophie stirbt mit ihm. Wenn seine Blumen nur bis zum Ende seines Gelages dauern, dann hat er weiter nichts zu suchen. Kommt die Nacht, dann mögen sich die verwelkten Blätter mit seiner eigenen Asche mischen; sie und er haben dann ihr Werk getan; sie und er werden nicht mehr sein. Wahrlich, es ist billig, die Menschen unter solchen Bedingungen tugendhaft zu machen. Es ist, als lehre man sie eine Sprache oder eine Fertigkeit, etwa Latein zu schreiben oder ein Musikinstrument zu spielen – das gehört zum Beruf eines Künstlers und nicht zum Amt eines Apostels.

Diese Verzierung der Außenseite ist sozusagen Anfang und Ende der philosophischen Sittlichkeit. Daher kommt es, daß sie mehr Wert auf Bescheidenheit als auf Demut legt, daß sie gerade, wenn sie anspruchslos ist, gleichzeitig stolz sein kann. Um Demut freilich bemüht sie sich überhaupt nicht. Die Demut ist eine der Tugenden, die am schwersten zu erlangen und festzustellen sind. Sie ist ganz nahe beim Herzen selbst zu Hause; das Ermittlungsverfahren ist bei ihr außerordentlich fein und kompliziert. Es gibt von ihr zahlreiche Nachahmungen. Indessen kümmern sie uns hier fast gar nicht, denn, ich wiederhole, sie wird in dem Sittenkodex, den wir hier besprechen, kaum dem Namen nach genannt. Wie häufig bemerkt wurde, besaß die alte Kultur nicht einmal ihre Idee und darum auch kein Wort, sie zu benennen; oder vielmehr, sie hatte zwar einen Begriff von ihr, betrachtete sie aber nicht als Tugend, sondern als einen geistigen Mangel, so daß das sie bezeichnende Wort einen Tadel enthielt. Was die moderne Welt betrifft, läßt sich ihre Unkenntnis in diesem Punkte an der Art ermessen, wie sie den inhaltlich einigermaßen entsprechenden Ausdruck »Herablassung« dem Sinne nach verkehrt hat. Demut und Herablassung als Tugenden des Verhaltens bestehen, wie man sagen kann, wie in anderem so auch darin, daß wir uns in Gedanken mit Niedrigerstehenden auf die gleiche Stufe stellen, und das nicht nur im Sinne eines freiwilligen Verzichts auf die Vorzüge unseres eigenen Standes, sondern im Sinne einer tatsächlichen Teilnahme an den Standesbedingungen oder der Annahme der Lebenslage dessen, zu dem wir uns herablassen. Denn die wahre Demut besteht darin, daß wir fühlen und uns benehmen, als ob wir wirklich niedrig wären; nicht etwa, daß wir in Gedanken an unserer Bedeutsamkeit festhalten, während wir uns scheinbar mit einer niedrigen Stellung begnügen. So war die Demut des heiligen Paulus beschaffen, als er sich »den Geringsten der Heiligen« nannte; so die Demut jener vielen Heiligen, die sich für die größten Sünder gehalten haben. Es ist eine ihrer eigenen Auffassung entsprechende Abdankung und Verzichtleistung auf jene Vorrechte und Vorzüge, auf die sie nach Meinung anderer Anspruch haben. Nun ist es nicht wenig aufschlußreich, meine Herren, mit diesem Begriff – dieser theologischen Bedeutung des Wortes »Herablassung« nämlich – seine eigentliche englische Bedeutung zu vergleichen. Stellen Sie beide einander gegenüber, und Sie sehen sofort den Unterschied zwischen der Demut der Welt und der Demut des Evangeliums. So wie die Welt das Wort »Herablassung« gebraucht, bedeutet es zwar ein Herabneigen der äußeren Erscheinung, eine Verbeugung jedoch, bei der nicht die geringste Anstrengung gemacht wird, auch nur um Zollbreite von dem so fest und sicher eingenommenen Platz zu weichen. Es ist die Handlung eines Vorgesetzten, der sich bei ihrem Vollzug sagt, daß er immer noch Vorgesetzter ist und nichts anderes tut, als denen einen Akt der Gnade zu erweisen, auf deren Stufe er sich – natürlich nur theoretisch – herabläßt. Das ist das Äußerste an Tugend, was der Philosoph aus der Idee der Selbsterniedrigung zu machen weiß; mehr zu tun wäre seiner Meinung nach etwas Verächtliches oder Scheinheiliges und würde sofort sein Mißtrauen und seinen Abscheu erregen. Wie die Welt heute ist, so war sie schon immer. Wir wissen, mit welcher Verachtung die gebildete Heidenwelt auf die Bekenner und Blutzeugen der Kirche herabschaute; ein Gleiches tun die antikatholischen Gemeinschaften von heute.

So steht es um die Ethik der Philosophie, wenn man sie sachlich darstellt. Eine Zeit jedoch wie die heutige, die nicht heidnisch, sondern erklärtermaßen christlich sein will, kann es nicht wagen, die Demut unzweideutig zu verwerfen und den Stolz auf den Schild zu erheben. Darum sieht sie sich nach einem Mittel um, mit dessen Hilfe sie die Augen vor dem wahren Stand der Dinge verschließen kann. Die Demut mit ihrer ernsten, das Selbst verleugnenden Art kann sie nicht lieben.

Aber was ist schöner, was gewinnender als Bescheidenheit? Welche Tugend vermag auf den ersten Blick so gut die Demut vorzutäuschen? Und doch, was ist in Wirklichkeit grundsätzlicher von ihr verschieden? Wahrlich, trotz all ihres Zaubers ist die Bescheidenheit weder die innerlichste noch die religiöseste unter den Tugenden. Sie ist vielmehr der vorgeschobenste Wachtposten der streitenden Seele, der sie ständig in ihrem ersten Verkehr mit der Umwelt im Auge behält. Sie macht die Runde rings um die Sinne, sie steigt in die Mienen empor, schützt Auge und Ohr und beherrscht Gebärdenspiel und Stimme. Sie hat es mit dem äußeren Verhalten zu tun, wie andere Tugenden zu theologischen Dingen, andere zur Gesellschaft, wieder andere zum Geiste selbst in Beziehung stehen. Da sie nun mehr an der Oberfläche bleibt als andere Tugenden, so verliert sie auch leichter die Verbindung mit ihnen. Sie läßt sich mit Grundsätzen und Eigenschaften verbinden, die ihr von Natur aus fernliegen; oft mißbraucht man sie für innere Haltungen und Zwecke, wofür sie uns nie verliehen wurde. So wenig ist sie der unumgängliche Gradmesser der Demut, daß sie sich sogar mit Stolz vereinigt. Aber um so besser für die Ziele der Philosophie; demütig kann sie nicht sein, so wird denn unverzüglich die Bescheidenheit ihre Demut.

In solcher Schule verwertet man den Stolz und macht ihn sich zunutze, anstatt ihm bei der Geistesbildung die Nahrung zu versagen. Er bekommt einen neuen Namen und heißt jetzt Selbstachtung. ... Diese Selbstachtung, verfeinert durch die Kultur, die sie zur Wirksamkeit gebracht hat, flößt dem Gemüt ein tiefes Entsetzen vor jeder Bloßstellung und große Empfindlichkeit hinsichtlich des öffentlichen Auftretens ein, wo man sich lächerlich machen könnte. Sie wird zum Feinde jeglicher Übertreibung; sie schreckt zurück vor dem, was man heftige Auftritte nennt. Scheinheroismus, Sich-zur-Schau-Stellen oder Ichbetontheit, Wortschwall oder langweiliges Geschwätz in der Unterhaltung finden bei ihr keine Gnade. Sie verabscheut grobe Schmeichelei. Zwar bemüht sie sich nicht im geringsten um die Ausrottung jenes Triebes, dem der Schmeichler dient, aber sie sieht die Torheit, die darin liegt, daß man ihm nachgibt. Sie begreift, wie ärgerlich dies für andere ist. Wenn den Reichen und Mächtigen wirklich einmal Lob und Anerkennung gezollt werden müssen, so verlangt sie größere Feinheit und Geschicklichkeit bei der Vorbereitung hierfür. Auf diese Weise verwandelt sich die Eitelkeit, da sie in ihrem natürlichen Ausdruck gehemmt ist, in einen noch gefährlicheren Eigendünkel. Die Selbstachtung lehrt die Menschen, ihre Gefühle zu unterdrücken, ihr Temperament zu zügeln und sich im Ton wie in der Schärfe ihrer Urteile zu mäßigen. Ganz wie Lord Shaftesbury es wünschen würde, bedient sie sich beim Kampf gegen das Verwerfliche mit Vorliebe des Witzes und der Satire, da dies eine feinere und gutmütigere, aber auch wirksamere Methode ist, als sie den ungebildeten Geistern in ihren Mitteln zur Verfügung steht. Infolge ihrer Ablehnung des Tragischen und jeglicher Überspanntheit widersetzt sie sich jetzt ruhig, aber energisch der unchristlichen Duellpraxis, die sie als völlig geschmacklos und als einen Überrest aus barbarischer Zeit brandmarkt. Allem Anschein nach wird sie erreichen, daß man sie abschafft, was die Religion vergebens versucht hat.

Daher kommt es fast einer Definition des Gentleman gleich, wenn man sagt: Er ist der Mann, der niemals Unannehmlichkeiten bereitet. Diese Begriffsbestimmung ist in ihren Grenzen ebenso fein wie erschöpfend. Seine Tätigkeit besteht vor allem darin, ganz einfach die Schwierigkeiten wegzuräumen, die der freien und ungestörten Wirksamkeit seiner Umgebung hindernd im Wege stehen. Dabei paßt er sich lieber ihrer Gangart einfach an, als daß er selbst die Initiative ergreift. Seine Wohltaten lassen sich mit den Mitteln des Behagens oder der Bequemlichkeit bei Einrichtung der Privatwohnung vergleichen, etwa mit einem Lehnstuhl oder einem guten Feuer, die ihren Teil dazu tun, Kälte und Müdigkeit zu vertreiben, obwohl die Natur auch ohne sie Mittel zur Ruhe und Erwärmung bereit hält. Ebenso vermeidet der wahre Gentleman sorgfältig alles, was einen Mißton oder eine Verstimmung in die Seelen hineintragen könnte, mit denen er zusammenleben muß: jedes Aufeinanderplatzen der Meinungen, jeden Zusammenstoß der Empfindungen, jede zwangsmäßige Behinderung, jede Verdächtigung, allen Trübsinn und Ärger. Sein Hauptanliegen besteht eben darin, es jedermann behaglich und heimisch zu machen. Er hat Augen für jeden einzelnen in seiner Gesellschaft. Er ist zartfühlend gegen die Schüchternen, freundlich gegen die Zurückhaltenden und taktvoll gegen Leute mit absonderlichem Wesen. Stets bleibt er sich bewußt, mit wem er spricht. Er hütet sich vor unpassenden Anspielungen und Gesprächsthemen, die jemand reizen könnten. Er tritt in der Unterhaltung selten hervor und ist niemals ermüdend. Er macht kein Aufhebens von seinen Gunstbezeigungen und scheint zu empfangen, wenn er gibt. Er spricht von sich nur, wenn er dazu gezwungen ist. Er verteidigt sich nie durch ein bloßes Umdrehen des Spießes. Er hat kein Ohr für Klatsch und Nachrede. Er hütet sich ängstlich, seinen Gegnern bestimmte Beweggründe zu unterstellen, und legt alles zum besten aus. Er ist niemals kleinlich und gewöhnlich in seinen Streitgesprächen, nützt nie einen anderen zu seinem Vorteil aus, verwechselt niemals Beleidigungen und verletzende Worte mit Beweisen und macht keine üblen Andeutungen, wo er sich nicht frei auszusprechen wagt. In weitschauender Klugheit befolgt er den Grundsatz des alten Weisen, daß wir uns stets so gegen unseren

Feind betragen sollten, als ob er eines Tages unser Freund werden sollte. Er hat zuviel gesunden Menschenverstand, als daß er sich über Beleidigungen aufregte. Er hat bei seiner vielfältigen Beschäftigung gar keine Zeit, Kränkungen nachzutragen, und ist zu träge und gleichgültig, Groll zu hegen. Auf Grund seiner philosophischen Prinzipien ist er geduldig, nachsichtig und gelassen. Er unterwirft sich dem Schmerze, weil er unvermeidlich, dem Verlust, weil er unersetzlich, und dem Tode, weil er sein unabwendbares Schicksal ist. Läßt er sich in eine Kontroverse ein, gleichviel welcher Art, so bewahrt ihn sein gebildeter Verstand vor der Unbeholfenheit und Unhöflichkeit anderer, vielleicht besserer, aber weniger gebildeter Geister, die gleich stumpfen Waffen zerhacken und aufreißen, anstatt glatt und sauber zu schneiden, die im Beweisgang den wesentlichen Punkt verfehlen, ihre Kraft an Belanglosigkeiten verschwenden, ihre Gegner mißverstehen und schließlich die Frage verwikkelter zurücklassen, als man sie vorgefunden hatte. Er mag mit seinen Anschauungen im Recht oder im Irrtum sein, jedenfalls denkt er zu klar, um ungerecht zu werden. Seine Worte sind so schlicht wie zwingend und so kurz wie entschieden. Nirgends werden wir größere Aufrichtigkeit, Rücksichtnahme und Nachsicht finden. Er sucht seine Gegner zu verstehen und trägt ihren Fehlern Rechnung. Er kennt die Schwächen der menschlichen Vernunft so gut wie ihre Stärke, ihren Wirkungsbereich und ihre Grenzen. Ist er ungläubig, so erweist er sich als zu tiefgründig und weitherzig, um die Religion lächerlich zu machen oder gegen sie zu arbeiten. Er ist zu klug, um in seinem Unglauben zum Dogmatiker oder Fanatiker zu werden. Er hat Achtung vor Frömmigkeit und Religiosität; ja, er setzt sich für Einrichtungen ein, die er an sich nicht bejaht, nur deswegen, weil er sie als ehrwürdig, schön oder nützlich erkennt. Er ehrt die Diener der Religion und begnügt sich damit, ihre Mysterien abzulehnen, ohne sie dabei anzugreifen oder zu verdächtigen. Er ist ein Freund religiöser Toleranz, nicht nur, weil seine Weltanschauung ihn gelehrt hat, alle Glaubensformen mit unparteiischem Auge zu betrachten, sondern auch aus der Zartheit und Feinheit des Empfindens heraus, die eine Begleiterscheinung der Kultur darstellen.

Nicht als ob er nicht auf seine Weise selbst auch eine Religion haben könnte, sogar dann noch, wenn er kein Christ ist. In diesem Falle ist es eine Religion des Gefühls und der Phantasie. Sie ist die Verkörperung der Ideen des Erhabenen, Majestätischen und Schönen, ohne die es keine umfassende Weltanschauung gibt. Mitunter erkennt ein Mann wie dieser das Dasein Gottes an, sonst versieht er ein unbekanntes Prinzip oder eine Qualität mit den Attributen der Vollkommenheit. Diese Schlußfolgerung seiner Vernunft oder Schöpfung seiner Einbildungskraft wird ihm zur Veranlassung zu solch ausgezeichneten Gedanken

sowie zum Ausgangspunkt für eine so vielgestaltige und systematisch aufgebaute Lehre, daß er sogar wie ein Anhänger des Christentums erscheint. Gerade infolge der Exaktheit und Stetigkeit seiner logischen Kräfte ist er fähig, sich in die Empfindungswelt des religiösen Menschen überhaupt hineinzuversetzen. Er kann daher leicht den Anschein erwecken, als bekenne er sich wirklich und von Herzen zu einer ganzen Reihe theologischer Wahrheiten, die in seinem Kopfe lediglich als ebenso viele Schlußfolgerungen existieren.
Das sind einige Züge des ethischen Charakterbildes, wie es der gebildete Verstand allein, unabhängig von religiösen Grundsätzen, gestaltet. Sie finden sich innerhalb der kirchlichen Grenzpfähle wie außerhalb, bei heiligen Menschen und bei verworfenen. Sie stellen das hohe Ideal der Welt dar. Teils fördern, teils stören sie die Entwicklung des Katholiken. Vielleicht haben sie die Bildung des heiligen Franz von Sales oder des Kardinals Pole gut beeinflußt; vielleicht bilden sie die Grenzen der Betrachtung für einen Shaftesbury und einen Gibbon. Basilius und Julian waren Studiengenossen auf den Schulen zu Athen. Der eine wurde zum Heiligen und Lehrer der Kirche, der andere zu ihrem Verächter und erbitterten Feind.

IV. Das Christentum und die wissenschaftliche Forschung[8] (1855)

Meine Herren! In unserer gegenwärtigen Zeit blicken religiöse Männer mit durchaus nicht unbegründeter Sorge auf die klassischen Studien, aber noch mehr auf die Wissenschaften im weitesten Sinne des Wortes. Da nun eine Universität wie die unsrige sich dazu bekennt, alle Gebiete und Betätigungen des Verstandes zu umfassen, und ich meinerseits wünsche, mit allen Arten der Wissenschaft ein gutes Einvernehmen zu unterhalten, und keineswegs beabsichtige, mit einer von ihnen zu streiten, da ich ferner mein Herz allerdings nicht meinen Verstand (denn das ginge über meine Kräfte), der Wahrheit in ihrem ganzen Umkreis öffnen und selbst jenen Studien, die mir fremd sind, Anerkennung, gastlichen Schutz und Unterstützung gewähren möchte, drängt es mich, wie ich bereits einerseits zwischen dem schöngeistigen Schriftum und der Religion, anderseits zwischen den Naturwissenschaften und der Theologie die ersten vermittelnden Schritte tat, heute ein Wort der Ablehnung und des Protestes gegen jene unnötige Gegnerschaft zu sprechen, die tatsächlich bisweilen zwischen Theologen und den Hütern der Wissenschaft im allgemeinen besteht.

[8] Die naturwissenschaftliche Fakultät, vor der Newman diesen Vortrag zur Eröffnung halten wollte, stand zur damaligen Zeit vor ihrer Gründung, konnte aber tatsächlich zur Zeit Newmans niemals eröffnet werden.

Gleich zu Beginn sehe ich mich hier veranlaßt, mich ausführlicher über die erhabene Größe einer Insitution zu verbreiten, die umfassend genug ist, der Erörterung eines Themas wie des vorliegenden Raum zu geben. Unter den Zielen menschlichen Schaffens und Strebens – dies, meine Herren, darf ich sicherlich ohne Übertreibung sagen – läßt sich kein höheres und edleres nennen als das, was man mit der Errichtung einer Universität ins Auge faßt. Eine richtige Universität ins Leben zu rufen und in kraftvoller Betätigung aufrechtzuerhalten, bedeutet, wenn man das Wort Universität in seinem eigentlichen Sinne versteht, zugestandenermaßen eines jener ganz großen Werke, die es um der Größe ihrer Schwierigkeit sowohl wie ihrer Bedeutung willen verdienen, daß ihnen die auserlesensten Köpfe und die verschiedensten Begabungsrichtungen zur Verfügung gestellt werden. Denn in erster Linie behauptet sie, alles zu lehren, was es auf jeglichem Gebiete menschlichen Wissens zu lehren gibt. Ihr Gesichtskreis umspannt die erhabensten Gegenstände menschlichen Denkens und die fruchtbarsten Felder menschlicher Forschertätigkeit. Nichts ist zu umfangreich, nichts zu hoch, nichts zu entlegen, nichts zu geringfügig, nichts zu verwickelt, nichts zu anspruchsvoll ihre Aufmerksamkeit auf sie zu lenken.

Dies ist jedoch nicht der Grund, daß ich eine so hoheitsvolle Stellung für sie fordere. Denn Schulen für jede Art von Wissen unter einen Namen zu bringen und sie dann als Universität zu bezeichnen, könnte man mit Recht als eine bloße Verallgemeinerung des Namens ansehen; und wer verkünden wollte, die Beschäftigung mit allen Arten menschlicher Erkenntnisgebiete bis zu ihren äußersten Grenzen fordere die höchste Anspannung all unserer geistigen Kräfte, würde damit bloß eine Selbstverständlichkeit aussprechen. Der Grund, daß ich mit solchen Worten von der Universität zu sprechen wage, liegt nicht nur darin, daß sie das gesamte Gebiet des Wissens umfaßt, sondern darin, daß sie geradezu sein Reich ist. Denn ihr Anspruch geht viel weiter, als jegliche Art von Fachstudium und Wissenschaft, Geschichte und Philosophie wie in einer Karawanenherberge bei sich aufzunehmen und unterzubringen. Sie erkennt es in der Tat als ihren ureigensten Beruf, jedem Wissenszweige, den sie bei sich aufnimmt, seinen rechten Platz und seine angemessenen Grenzen zuzuweisen, die Rechte eines jeden klar zu umschreiben, wechselseitige Beziehungen zwischen ihnen zu schaffen und einen lebendigen Austausch herbeizuführen. Sie nimmt ferner für sich in Anspruch, die ehrgeizigen und anmaßenden Wissenszweige in ihren Schranken zu halten und denen Hilfe und Unterstützung zu bieten, die von Zeit zu Zeit den beliebteren oder den sich günstigerer Umstände erfreuenden zu erliegen drohen. Ihre Aufgabe ist es, den Frieden unter ihnen allen zu wahren und ihre Reibungen und Gegensätzlichkeiten untereinander zum Nutzen des Gemeinwohls zu wenden. Darum, meine Herren, nenne ich die Errichtung einer Universität ein zugleich schwieriges und segensreiches Unternehmen, weil sie verpflichtet ist, ohne Furcht, ohne Vorurteil und ohne Kompromiß alle aufzunehmen, die im Namen der Wahrheit zu ihr kommen. Denn sie soll den selbständigsten und gegensätzlichsten Anschauungen, Erfahrungen und Geistesrichtungen nebeneinander ihre Plätze anweisen, sie aufeinander abstimmen und dabei dem Geistesleben und der Gelehrsamkeit mit aller Ursprünglichkeit ihrer Formen, aller Stärke ihres Ausdrucks und aller Weite ihres Ausmaßes freien Spielraum gewähren. Auf diese Weise eine Vielheit von Dingen zur Einheit zu gestalten, ist ihr besonderes Amt. Sie lernt es nicht durch Regeln, die sich schriftlich abfassen lassen, sondern durch Weisheit, Klugheit und Nachsicht, wobei sie aus einer vertieften Einsicht in das Wesen aller Erkenntnis handelt und dabei gegen Störungen des Friedens oder frommen Fanatismus, woher immer sie kommen mögen, wachsam Gegenmaßnahmen trifft...

Was ein Reich in der politischen Geschichte, das bedeutet eine Universität in der Welt des Geistes und der Forschung. Sie ist, wie ich gesagt habe, die große Schutzherrin aller Erkenntnis und Wissenschaft, der Tatsachen und Prinzipien, der Forschung und Entdeckung, des Experiments und der Spekulation. Sie entwirft dem Verstande sein Arbeitsgebiet und wacht darüber, daß die Grenzen eines jeden Faches gewissenhaft geachtet, weder widerrechtlich überschritten noch preisgegeben werden. Sie waltet als Schiedsrichterin zwischen Wahrheit und Wahrheit, und indem sie dem Wesen und der Bedeutung einer jeden Rechnung trägt, weist sie ihnen allen den entsprechenden Platz und Rang zu. Sie unterhält kein einziges Gebiet des Geistes, so umfangreich und vornehm es auch sein mag, ausschließlich für sich allein, und sie opfert keines. Dienstwillig und zuvorkommend begegnet sie den Ansprüchen der Literatur, der Naturforschung, der Geschichte und der theologischen Wissenschaft je nach ihrer Bedeutung. Sie steht allen unparteiisch gegenüber und fördert jede gerade an ihrer Stelle im Hinblick auf ihr besonderes Ziel...

Unter diesem Gesichtspunkte betrachtet, gleichen ihre einzelnen Professoren den an einem Hofe oder in einer Konferenz versammelten Bevollmächtigten verschiedener politischer Mächte. Sie vertreten je ihre Wissenschaften und nehmen jeweils deren besondere Interessen wahr. Sollte sich zwischen diesen Wissenschaften ein Streitfall ergeben, so sind sie die Berufenen, ihn zu besprechen und zu schlichten, ohne von irgendeiner Seite der Gefahr übertriebener Forderungen, zornigen Zusammenstoßes oder allgemeiner Aufregung ausgesetzt zu sein. Wer sich einer solchen Schulung unterzieht, erwirbt sich eine »freie«, »philosophische« Bildung als Zustand seines Geistes sowie eine Freiheit und Weite des Denkens, in dem scheinbar unvereinbare Dinge bequem zusammengeführt werden und als nicht vergleichbar erkannte Grundsätze ruhig in ihrer Gegensätzlichkeit verharren dürfen.

Eben hierin, meine Herren, erkennen wir den besonderen Charakter der von mir gekennzeichneten »Philosophie«, wenn wir diese Geisteshaltung als »Philosophie« bezeichnen wollen, im Gegensatz zu der Methode einer streng systematischen Wissenschaft[9]. Ihre Lehre gründet sich nicht nur auf eine Idee, auch läßt sie sich nicht auf bestimmte Fomeln zurückführen. Wohl konnte Newton das große Gesetz der Bewegung in der Welt der Natur und damit den Schlüssel zu Tausenden von Erscheinungen entdecken. Eine ähnliche Rückführung verwickelter Tatsachen auf einfache Grundsätze mag auch auf anderen Gebieten der Natur möglich sein. Aber die Gesamtheit der großen Schöpfung selbst, der geistigen und materiellen, der mit den Sinnen wahrnehmbaren und der übernatürlichen, kann auch vom größten menschlichen Verstande nicht abgeschätzt und ermessen werden. Die Teile, aus denen es sich aufbaut, lassen sich wohl gliedern und vergleichen, aber niemals verschmelzen. Das ist der Punkt, der uns unmittelbar zu dem von mir gleich zu Beginn ins Auge gefaßten Gegenstand hinführt. Auf ihn zielt alles hin, was ich schon gesagt habe oder noch sagen werde.
Ich weise also darauf hin, meine Herren, und bitte Sie zu beachten, daß die »philosophische« Geistestätigkeit eines herrscherlichen Intellekts – denn das ist eine Universität in meinen Augen – nicht so sehr auf Vereinfachung als auf Unterscheidung gegründet ist. Wer sie wahrhaft vertreten will, muß mehr definieren als analysieren. Er strebt nicht danach, die Gegenstände der Erkenntnis vollständig zu verzeichnen oder zu erklären, er will nur, soweit der Mensch es vermag, dem nachgehen, was in seiner Fülle geheimnisvoll und unergründlich ist. Indem er alle Wissenschaften, Methoden, Sammlungen von Tatsachen, Grundsätze, Lehren und Wahrheiten, in denen sich das All im menschlichen Geiste spiegelt, in seine Hut nimmt, läßt er sie alle gelten und achtet keine gering; und weil er keine gering achtet, erlaubt er keiner, ihre Grenzen zu überschreiten und sich auf Kosten anderer auszudehnen. Seine Losung ist: leben und leben lassen. Er nimmt die Dinge, wie sie sind, und beugt sich ihnen allen, soweit sie Geltung haben. Er anerkennt die unüberschreitbaren Grenzlinien, die Wesen von Wesen trennen. Er achtet genau darauf, wie die verschiedenen Wahrheiten sich zueinander verhalten, wo sie sich vereinigen, wo sie auseinandergehen, und wo sie, zu weit getrieben, aufhören, überhaupt Wahrheiten zu sein. Sein Amt

[9] Hier wird aufs neue deutlich, daß bei Newman »Philosophie« nicht nur die Grundwissenschaft, sondern auch, im weiten Sinne genommen, das weltanschauliche Bewußtsein des Geistes bezeichnen kann.

ist es, zu bestimmen, wieviel auf jedem Gebiet des Geisteslebens zu erkennen ist, wann wir uns mit dem Nichtwissen zufriedengeben müssen, in welcher Richtung ein Forschen aussichtlos und wo es vielversprechend ist, wo es sich in Schwierigkeiten, die für die Vernunft unlösbar sind, verwickeln wird, wo es sich in Geheimnissen verlieren und wo es dem Abgrunde zueilen wird. Ihm obliegt es, sich mit den Kennzeichen wahrer und scheinbarer Schwierigkeiten vertraut zu machen sowie mit den Methoden, die den einzelnen Gegenständen entsprechen, ebenso mit der Frage, wieweit in jedem Falle der vernünftige Zweifel oder der unbedingte Glaube gehen darf. Wenn er in seiner Philosophie einen Grundsatz als Kardinalpunkt vertritt, so ist es der, daß die Wahrheit der Wahrheit nicht widersprechen kann; hat er einen zweiten, so heißt er: die Wahrheit steht oft *scheinbar* mit der Wahrheit in Widerspruch; der dritte käme auf die praktische Schlußfolgerung hinaus, daß wir solchen Schein geduldig ertragen müssen und nicht vorschnell die Behauptung wagen dürfen, er sei wirklich von gefährlicherer Natur.

Gerade die im Ganzen der Dinge liegende Unermeßlichkeit, deren Darstellung für menschliche Betrachtungsweise er in die Hand nimmt, ist Grund genug für Geduld und Vorsicht. Denn jene Unermeßlichkeit weist ihn darauf hin, daß die Gegensätzlichkeiten und Geheimnisse, die ihm in den verschiedenen Wissenschaften entgegentreten, vielleicht nichts anderes sind als die Folge unserer notwendig begrenzten Fassungskraft. Nur einen Gedanken gibt es, der größer ist als der des Weltalls, das ist der Gedanke an seinen Schöpfer. Meine Herren, wenn ich einmal für einen Augenblick von meinem Hauptgedankengang abweiche, um an das zu erinnern, was wir von dem höchsten Wesen wissen, so geschieht das nur, um damit mein Thema um so klarer zu beleuchten. Obwohl ein Einziger, ist Er dennoch in sich eine Art Welt der Welten; Er erzeugt in unserem Geiste eine unendliche Zahl von verschiedenartigen Wahrheiten, von denen eine jede unaussprechlich geheimnisvoller ist als alles, was dieses dem Raum und der Zeit unterliegende Weltall in sich birgt. Eine jede seiner Eigenschaften ist für sich genommen das Thema einer unerschöpflichen Wissenschaft; und der Versuch, auch nur zwei oder drei von ihnen miteinander in Einklang zu bringen – Liebe, Macht, Gerechtigkeit, Heiligkeit, Wahrheit, Weisheit – bietet Stoff für eine nie endende Auseinandersetzung. Wir sind wohl fähig, eine einzelne Eigenschaft Gottes ihrem Grundbegriffe nach aufzufassen und zu begreifen, können sie aber nicht in ihrer Unendlichkeit, sei es in sich selbst, sei es in Verbindung miteinander, erfassen. Dennoch leugnen wir das erste nicht, weil es mit dem zweiten nicht voll in Einklang zu bringen ist, noch das zweite, weil es scheinbar dem ersten und dritten widerspricht. Das gleiche ist entsprechend bei seiner

geistigen und materiellen Schöpfung der Fall. Höchste Weisheit ist es, jede Art von Wahrheit, wo immer sie klar als solche erwiesen ist, anzunehmen, auch dann, wenn sie schwer mit anderen bekannten Wahrheiten zu vereinbaren ist.
Leicht läßt sich an Beispielen aufzeigen, wie stark oft jene Begriffe, die sich uns aus der Betrachtung des Weltalls aufdrängen, miteinander in Widerspruch stehen. Sie machen uns klar, daß nichts Unvernünftiges darin liegt, unleugbare Unvereinbarkeiten ruhig hinzunehmen; wir nennen sie ja nur deshalb scheinbar, weil sie nicht wirklich nebeneinander bestehen könnten, wenn sie nicht scheinbar, sondern wirklich wären. Ein solches Beispiel gibt uns die Betrachtung des Raumes. Seine Existenz können wir nicht leugnen, und doch will der Begriff, wir mögen ihn wenden, wie wir wollen, sich nie, wenn ich so sagen darf, in unserem Geiste ansässig machen lassen. Denn zu sagen, daß er irgendwo eine Grenze habe, ist uns unmöglich, und doch finden wir es unbegreiflich, daß er sich ins Unbegrenzte ausdehne; und sinnlos erscheint es zu sagen, er beginne erst dann zu sein, wenn Körper hineinkämen, und ließe sich demnach durch bloßen Zufall erweitern. Ebenso ist es mit der Zeit. Wir können ihr keinen Anfang setzen, ohne zu fragen, was vor diesem Anfang gewesen ist. Daß sie aber, setzen wir ihn so weit zurück, wie wir wollen, schließlich überhaupt keinen Anfang gehabt haben soll, ist einfach unbegreiflich. Doch auch hier wie beim Raume kommt es uns gar nicht in den Sinn, dem die Existenz abzusprechen, zu dessen Verständnis uns die Mittel fehlen. Verlassen wir diese hohen Regionen des Denkens (die, so hoch sie sind, sich auch der Wahrnehmung des Kindes nicht entziehen) und suchen wir Seele und Leib in ihrer Wechselwirkung zu begreifen, so stehen wir hier Unbegreiflichkeiten besonders ratlos gegenüber, die wir weder abzustreiten noch zu erklären vermögen. Wie es komme, daß der Wille auf die Muskeln wirken kann, ist eine Frage, deren Gewicht schon ein Kind empfindet, die aber kein Naturwissenschaftler zu beantworten weiß...

Nun, meine Herren, achten Sie bitte wohl auf die Folgerung, die ich aus diesen bekannten Tatsachen ziehen möchte. Ich gedenke Sie mit einen Schlusse a fortiori in die Enge zu treiben; nämlich: Ebenso wie Sie den unerklärbaren Wahrheiten, die so vielen Gebieten des heiligen und des profanen Wissens, an sich betrachtet, anhaften, eine geradezu musterhafte Geduld entgegenbringen, wie Sie nicht sofort unwillig, kritisch, argwöhnisch und ungläubig werden, wenn Sie meinen, daß (nach menschlichem Ermessen) in den weltlichen Wissenschaften die eine Wahrheit mit der anderen unvereinbar oder in sich widerspruchsvoll sei, so sollten Sie es auch nicht als unverständlich ansehen, wenn Sie hören, daß zwischen Natur und Offenbarung hier und da nicht etwa eine unlösbare Schwierigkeit, eine verblüffende Gegensätzlichkeit, noch weniger ein Widerspruch in bezug auf klare Tatsachen, wohl aber eine Unebenheit, eine Dunkelheit, ein Auseinandergehen in der Zielrichtung, ein zeitlich bedingter Widerstreit, eine Verschiedenheit der Tönung bestehen, zwischen zwei Richtungen, nämlich zwischen der katholischen Auffassung einerseits und der Auffassung der Astronomie, Geologie, Physiologie, Ethnologie, Volkswirtschaftslehre, Geschichte oder Altertumskunde anderseits. Ich meine: Wie wir als Katholiken zugeben, daß der eine Gott Eigenschaften in sich faßt, die unserem endlichen Geist zum Teil einander zu widersprechen scheinen, wie wir zugeben, daß es in seiner uns durch die Offenbarung enthüllten Natur Dinge gibt, die, obwohl sie der Vernunft nicht widersprechen, doch unserer Vorstellungskraft unendlich fremdartig erscheinen, wie wir in seinen Werken die Begriffe von Raum und Zeit oder in der Geometrie die Begriffe der notwendigen Eigenschaften der Linien weder zurückweisen noch zugeben können, ohne den Geist in Verlegenheit zu bringen oder ihm gar peinliche Gewalt anzutun, so, meine Herren, stelle ich wirklich kein unbilliges Verlangen, wenn ich im Namen der Universität religiös gesinnte Schriftsteller, Juristen, Volkswirtschaftler, Physiologen, Chemiker, Geologen und Historiker ersuche, ruhig und in nachbarlicher Gesinnung ihren eigenen fachlichen Spekulationen, Forschungen und Experimenten nachzugehen im vollen Vertrauen auf die Folgerichtigkeit und innere Harmonie jener vielgestaltigen Wahrheit, an der sie alle Anteil haben, und in der festen Zuversicht, daß sie am Ende alle in ihren vereinigten Ergebnissen übereinstimmen werden trotz aller zeitweiligen Streitigkeiten und scheinbarer Unzulänglichkeiten, trotz vielem, was auf widerspruchsvolle Ergebnisse hinzudeuten scheint, und ungeachtet dessen, was zu allen Zeiten der Vorstellungskraft, wenn auch nicht, ich wiederhole, der Vernunft, schwer begreiflich erschien... Wer an die Offenbarung glaubt mit jenem unbedingten Glauben, der das Vorrecht des Katholiken ist, hat nichts von einem nervösen Geschöpf, das bei jedem unerwarteten Laut zusammenzuckt und sich von jedem neuen und ungewohnten Anblick verwirren läßt. Er kennt keinerlei Furcht, er lacht über die Vorstellung, es könnte etwas vermittels einer anderen wissenschaftlichen Methode entdeckt werden, was einem Dogma seiner Religion widerspräche. Er weiß sehr wohl, daß es überhaupt gar keine Wissenschaft gibt, die nicht im Lauf ihrer Entwicklung Gefahr liefe, ohne die geringste böse Absicht ihrerseits den Pfad anderer Wissenschaften zu kreuzen. Aber er weiß auch, daß, wenn es eine Wissenschaft gibt, die kraft ihrer überlegenen und unangreifbaren Stellung solche unbeabsichtigten Angriffe von den Kindern dieser Welt ruhig ertragen kann, dies die Theologie ist. Es ist sicher, und nichts wird ihn daran zweifeln lassen: Wenn irgend etwas im Gegensatz zu den

Glaubenslehren vom Astronomen, Geologen, Chronologen, Völkerkundler oder Altertumsforscher bewiesen zu sein scheint, so wird sich schließlich doch herausstellen, daß dieser Punkt entweder *nicht* bewiesen ist oder gar *keinen Widerspruch* enthält oder aber nicht etwa einen *wirklichen Offenbarungsinhalt,* sondern etwas anderem widerspricht, was man mit Offenbarung verwechselt hat. Scheint nun im Augenblick tatsächlich ein Widerspruch vorhanden, dann wird er ruhig abwarten, weiß er doch, daß der Irrtum anderen Delinquenten ganz ähnlich sieht... Er wird die Sache der Vernunft, der Überlegung, dem ruhigen Urteil, dem gesunden Menschenverstand und der Zeit, der großen Deuterin so vieler Geheimnisse, vertrauensvoll übergeben. Er wird sich nicht erbittern lassen, wenn die Feinde der Offenbarung im Augenblick triumphieren, falls ein derartiges Triumphgefühl einmal aufkommt; er wird sich nicht überstürzen und eine gewaltsame Lösung der Schwierigkeit suchen, die vielleicht nur dazu dient, die ganze Frage unlösbar zu verwirren.
Er wird sich erinnern, daß nach der Ordnung der Vorsehung oft gerade das, was uns als Gefahr erschien, unseren größten Gewinn bedeutet.

Denn, nach den Worten des protestantischen Dichters,
»Die Wolke, die du fürchtest sehr,
Ist voll der Milde reich und schwer;
Sie bricht und läßt ergießen,
Des Segens Strom dir fließen«[10].

In der Tat liegt es nahe, auf ein berühmtes Beispiel hier zurückzukommen. Als das System des Kopernikus zuerst bekannt wurde und sich verbreitete, welcher religiös Gesinnte hätte da nicht Unruhe oder wenigstens Furcht vor Ärgernis angesichts der Tatsache empfunden, daß dieses System mit einer offiziellen Überlieferung der Kirche und mit dem Wortlaut der Heiligen Schrift in Widerspruch zu stehen schien? Man nahm allgemein an, die Apostel hätten mündlich wie schriftlich ausdrücklich als geoffenbarte Wahrheit gelehrt, die Erde stehe fest und die Sonne, an einem soliden Firmament befestigt, umkreise sie. Nach kurzer Zeit jedoch stellte sich auf Grund sorgfältiger Prüfung heraus, daß die Kirche zu solchen Fragen so gut wie gar keine Stellung genommen habe und die Naturwissenschaft in diesem Bereich des Denkens nahezu völlig nach Belieben schalten und walten könne, ohne einen Zusammenstoß mit den amtlichen Entscheidungen der Kirche befürchten zu müssen. Ganz abgesehen nun von der Erleichterung, die

[10] Entnommen der Dichtung »Light shining out of the darkness« von William Cowper.

den Katholiken daraus erwuchs, daß ihnen die Kosmologie diesen Zuwachs zu ihren vielen schon vorhandenen Streitpunkten ersparte, bedeutet gerade dieser Umstand eine Art Beweis für die Göttlichkeit ihrer Religion. Wenn man bedenkt, wie weit eine ganz bestimmte Deutung dieser auf die Natur sich beziehenden Behauptungen der Heiligen Schrift bei den Katholiken verbreitet und wie lange sie bei ihnen im Umlauf war, so ist es wirklich sehr bemerkenswert, daß die Kirche sie niemals offiziell bestätigt hat. Betrachtet man die Sache vom menschlichen Standpunkt, so hätte sie sich diese Anschauung unvermeidlich zu eigen machen müssen. Doch wenn wir uns heute angesichts der neuen Wissenschaft der jüngsten Zeit unseres Standorts vergewissern, so finden wir, daß die Kirche trotz der Fülle von Erläuterungen, die sie schon immer zu den heiligen Texten nach Recht und Pflicht abgab, sich doch nie dazu herbeigelassen hat, die betreffenden Stellen offiziell zu erklären oder ihnen von Amts wegen einen Sinn beizulegen, der von der modernen Wissenschaft angefochten werden könnte...
Meine Herren, was nun zunächst die grundlegenden Prinzipien der Religion und Moral angeht und sodann die grundlegenden Lehrsätze des Christentums, die sogenannten Dogmen des Glaubens, das doppelte Credo also, das natürliche und das geoffenbarte, betrifft, so wird niemand von uns behaupten, es bedeute für den Verstand eine Fessel, wenn man es unverletzt aufrechthalten wolle. Ein Katholik kann allerdings den Gedanken an die Glaubenssätze nicht einfach ausschlagen, aber sie behindern die Bewegungen seines Geistes ebensowenig wie die Naturgesetze die Bewegungen seines Körpers. Die gewohnheitsmäßige Vorstellung der Glaubenssätze ist ihm zur zweiten Natur geworden, genauso, wie er die Gesetze der Optik, Hydrostatik und Dynamik als Bedingungen für den Gebrauch seiner körperlichen Organe unbewußt voraussetzt. Dabei denke ich gar nicht an einen Zusammenstoß mit dem Dogma. Für mich handelt es sich hier lediglich um Meinungen von Klerikern oder der großen Menge des Volkes, ähnlich denen aus früherer Zeit, daß die Sonne sich um die Erde drehe, daß der Jüngste Tag unmittelbar bevorstehe oder daß Dionysius Areopagita der Verfasser der Bücher sei, die seinen Namen tragen.
Zweitens denke ich auch keineswegs, nicht einmal hinsichtlich der eben genannten Meinungen, an ein wie immer geartetes unmittelbares Eindringen in das Gebiet der Religion, oder daran, daß ein Lehrer der Naturwissenschaft einmal *in Sachen der Religion* Gesetze geben wollte. Ich habe vielmehr jene unbeabsichtigten Zusammenstöße im Auge, wie sie sich zufällig bei der Erörterung eines Themas aus seinem eigenen Fachgebiet ergeben. Es wäre ein schwerer Fehler, wollte er in einem solchen Falle seine philosophischen oder historischen Schlüsse als die rechtsgültige Deutung des heiligen Textes hinstellen, wie Galilei es getan

haben soll, anstatt sich damit zu begnügen, an seiner Lehre von der Bewegung der Erde als an einer wissenschaftlichen Schlußfolgerung festzuhalten und den Vergleich mit der Heiligen Schrift denen zu überlassen, die es wirklich anging. Und man muß es zugeben, meine Herren, dieser Irrtum ist auch in unseren Tagen nicht selten, zwar nicht auf seiten der Wissenschaftler, aber der religiös Gesinnten. Sie legen aus nervöser Ungeduld, die Heilige Schrift möchte für einen Augenblick mit den Ergebnissen irgendeiner gerade in Geltung stehenden Forschung unvereinbar erscheinen, beständig neue geologische oder ethnologische Kommentare vor. Diese müssen sie dann, noch bevor die Tinte trocken geworden ist, infolge des Wechsels der fortschreitenden Wissenschaft, die sie so übereifrig zu Hilfe gerufen haben, immer wieder ändern oder vernichten...
Wahrheit und Irrtum sind in manchen Köpfen so eng miteinander verbunden, daß es unmöglich ist, den Irrtum auszujäten, ohne nicht auch zugleich den Weizen der Wahrheit mit auszureißen. Wenn also eine weit verbreitete religiöse Anschauung im Verlauf einer wissenschaftlichen Untersuchung möglicherweise irgendwie gefährdet würde, so wäre das Grund genug, sie nicht in leichten Schriften des Tages, die den Leichtfertigen und Unwissenden in die Hände fallen, zu veröffentlichen, sondern in ernsten, fachwissenschaftlichen Werken, die für uns das bedeuten, was im Mittelalter die philosophischen Disputationsschulen waren. Abseits vom volkstümlichen Denken und Empfinden haben sie durch unermüdliche und rastlose Forschung trotz ihrer Überspanntheiten viel für die genaue Formulierung der theologischen Lehre getan.

Ich setze also voraus, daß der wissenschaftliche Forscher erstens *nicht mit dem Dogma in Konflikt gerät;* daß er sich nicht erlaubt, mit Hilfe seiner Forschungen irgendwie die *Heilige Schrift* auszulegen oder sonst *in Sachen der Religion* Schlüsse zu ziehen; drittens, daß er keine – nicht einmal in seiner eigenen Wissenschaft – der allgemeinen Auffassung widersprechenden religiösen Behauptungen aufstellt *und lehrt,* wo er doch nur forschen und darlegen sollte; viertens, daß er den *Schwachen nicht* rücksichtslos *Ärgernis gibt.* Sind aber diese Voraussetzungen erfüllt, dann, so behaupte ich ruhig, ist ein wissenschaftlicher Denker und Forscher nicht daran gebunden, sich bei seinen Forschungen fortwährend nach den Grundsätzen der Scholastik oder nach volkstümlichen Überlieferungen oder nach den Grundsätzen der Traditonen und Grundsätzen anderer Wissenschaften zu richten. Er braucht auch nicht stets kleinlich darauf zu achten, was jene anderen Wissenschaften ihm zu sagen haben, oder fest entschlossen zu sein, sich erbaulich zu zeigen oder ständig Häretikern und Ungläubigen Rede und Antwort zu stehen. Aus der Kraft eines großmütigen Glaubens darf er darauf vertrauen, daß, mag auch sein Forschungsweg dann und wann von der geraden Richtung abweichen und sich in seinem Verlauf hin und her bewegen, mögen auch im Augenblick Konflikte oder Schwierigkeiten mit einem theologischen oder einem anderen Wissensgebiet drohen, er dennoch, falls er sie in Ruhe läßt, sicher mit seiner Forschung heimfinden wird, weil ja die Wahrheit in Wirklichkeit der Wahrheit niemals widersprechen kann und oft das, was auf den ersten Blick als »exceptio« erscheint, schließlich in der nachdrücklichsten Weise »probat regulam«: »Die Ausnahme bestätigt die Regel«.

Dies ist für ihn ein Punkt von höchster Wichtigkeit. Hat er nicht die Freiheit, auf der Grundlage und gemäß den besonderen Erfordernissen seiner Wissenschaft zu forschen, so kann er überhaupt nicht forschen. Das ist ja gerade das Gesetz des menschlichen Geistes, daß er beim Suchen und Erfassen der Wahrheit seinem Ziel nur in einem aus vielen Einzelschritten bestehenden Gang auf Umwegen näherkommt. Kein Richtweg kürzt die Straße, die zum Wissen führt; auch liegt sie nicht immer in Richtung zum Ziel, noch vermögen wir an ihrem Beginn ihr Ende abzusehen. Sie führt vielleicht scheinbar oft vom Zielpunkt weg, dem sie bald wieder wie von selbst zustreben wird, wenn wir sie nur beharrlich und entschlossen zu Ende verfolgen. Wie wir in der Ethik angewiesen werden, die rechte Mitte einfach durch Vermeidung beider Extreme zu finden, so läßt sich in der wissenschaftlichen Forschung ohne Paradoxon behaupten, daß in manchen Fällen der Irrtum der Weg, und zwar der einzige Weg, zur Wahrheit ist. Außerdem ist es nicht oft einem Menschen beschieden, den Abschluß einer Untersuchung zu erleben; sie ist nicht bloß eine Sache vieler Stufen und Etappen, sondern auch vieler Geister. Was der eine beginnt, führt der andere zu Ende. Ein wahres Ergebnis ist schließlich die Frucht der Zusammenarbeit voneinander unabhängiger Schulen und der Beharrlichkeit vieler Generationen. Weil dem so ist, müssen wir uns unter Umständen eine Zeitlang mit dem, was wir als Irrtum erkennen, abfinden um der Wahrheit willen, die sich schließlich daraus ergeben wird.

Der Begriff der Ortsveränderung liefert uns hier eine überaus treffende Analogie. Niemand kann einen Berg steilgerade hinaufgehen. Kein Segelschiff erreicht seinen Hafen, ohne zu lavieren. Nehmen wir das zur Erläuterung unserer Sache! Wir können allerdings, wenn wir wollen, dem Denken und Forschen die Berechtigung überhaupt versagen. Haben wir aber einmal die Vernunft eingeladen, ihren Platz in unseren Schulen einzunehmen, so müssen wir ihr auch freien und vollen Spielraum gewähren. Wenn wir die Vernunft gebrauchen, müssen wir uns auch den Gesetzen der Vernunft unterwerfen. Wir können sie nicht bloß zur Hälfte gebrauchen. Wir müssen sie nutzen als etwas, was von Dem kommt, der uns auch die Offenbarung gegeben hat. Ihre Denkprozesse ständig zu unterbrechen und ihre Aufmerksamkeit durch Einwürfe aus einer höheren Erkenntnissphäre abzulenken, ist ganz ähnlich, wie wenn eine Landratte sich über eine Kursänderung des Schiffes entsetzte, dem sie sich aus freien Stücken anvertraut hat; in unserem Falle wäre damit der sichere Beweis erbracht, daß es an Vertrauen fehlt entweder auf die Kräfte der Vernunft oder auf die Gewißheit der Offenbarungswahrheit. Der Fahrgast hätte sich überhaupt nicht einschiffen sollen, wenn er nicht auf eine rauhe See, auf Sturm und Flut, Felsen, Strömungen und Untiefen gefaßt war. Wir täten klüger daran, auf den Gebrauch der Vernunft von vornherein überhaupt zu verzichten, als unsere Ruhe und Geduld zu verlieren angesichts alles dessen, was an Spannung, Verzögerungen und Sorgen naturgemäß damit verbunden sein kann. Verzichten wir lieber ein für allemal auf Weltgeschichte, Naturwissenschaft und Philosophie, wenn wir uns nicht der Gewißheit erfreuen dürfen: Die Offenbarung ist so wahr, daß alle Steitigkeiten und Wirrnisse menschlicher Meinung ihre Autorität im Grunde genommen gar nicht berühren. Man kann nicht von einem wirklichen intellektuellen Sieg einer religiösen Wahrheit reden, wenn nicht alles und jedes, was sich überhaupt gegen sie sagen läßt, vorher richtig gegen sie ins Feld geführt worden ist. Große Geister bedürfen der Ellbogenfreiheit, natürlich nicht in der Sphäre des Glaubens, wohl aber in der des Denkens. Freilich gilt das auch für kleinere, ja, für alle Geister. Es gibt zahlreiche Menschen auf der Welt, die man mit sehr gutem Recht als Genies bezeichnet. Die Natur hat sie mit einer besonderen Gabe oder Fähigkeit ausgestattet; weil sie leidenschaftlich davon erregt und gebieterisch beherrscht werden, sind sie blind für alles andere. Sie sind voller Begeisterung für ihr eigenes Fach und einfach unempfänglich für die Schönheit *jedes* anderen. Dementsprechend glauben sie, gerade ihr Fach sei das einzige auf der ganzen Welt, das zu studieren der Mühe wert sei; dem Studium aller anderen Fächer stehen sie daher mit einer gewissen Verachtung gegenüber. Nun können solche Männer ganz gute Katholiken sein und sind es oft. Sie denken nicht im Traum daran, der katholischen Sache etwas anderes als Liebe und Ehrfurcht zu erweisen, ja, sie sind vielleicht sogar voll Eifer für ihre Interessen. Sobald man aber von ihnen verlangt, daß sie hinsichtlich der Spekulationen, Forschungen und Schlüsse ihrer besonderen Wissenschaft sich nicht nur der Kirche im allgemeinen unterwerfen und ihre Dogmen anerkennen, sondern auch alles das berücksichtigen sollen, was von Geistlichen über religiöse Dinge gesagt oder von der Menge geglaubt worden ist, dann wird die Flamme in ihnen einfach erstickt und ihnen jede Möglichkeit, etwas zu leisten, genommen.

So liegt der Fall bei genialen Menschen. Nun noch ein anderes Wort über jene hochbegabten Köpfe, denen ein weiter philosophischer Blick, schöpferische Kraft und eine Beweglichkeit verliehen sind, so daß sie sich in die verschiedensten geistigen Gebiete hineinzudenken vermögen. Auch diese Männer können gleich denen, die ich schon nannte, eine Idee aufgreifen und sich ihr ganz und gar hingeben. Eine tiefe, fruchtbare, inhaltsreiche Idee ergreift immer mehr von ihnen Besitz, bis sie aus ihr heraus ein großes System entwickeln. Geht nun ein solcher Denker von durch und durch ungesunden Prinzipien aus oder zielt er direkt auf falsche Schlüsse ab, wie etwa ein Hobbes, ein Shaftesbury, ein Hume oder ein Bentham, dann ist die ganze Angelegenheit natürlich erledigt. Er ist ein Gegner der geoffenbarten Wahrheit und will es sein; jede weitere Bemerkung dazu ist überflüssig. Aber vielleicht liegt die Sache anders, vielleicht sind seine Irrtümer gewisse von seinem System oder seiner Geistesart nicht zu trennende Zufälligkeiten, die sich unwillkürlich ergeben, aber nicht hartnäckig von ihm verteidigt werden. Jedes menschliche System, jeder menschliche Schriftsteller ist gerechter Kritik unterworfen. Aber zwingt man ihn, seine Akten zu schließen, gut, so verliert man vielleicht dadurch ein Werk, das im ganzen trotz gelegentlicher Irrtümer (direkt oder indirekt je nach der Art des Themas) eine der besten Verteidigungen der Offenbarung gewesen wäre, die der Welt jemals gegeben wurden...

Meine Herren, ich komme zum Schluß. Was ich einem jeden einschärfen möchte, in welchem besonderen Fach er auch immer seine Forschungen anstellen mag, was ich von den Männern der Wissenschaft hinsichtlich ihrer Einstellung zur Theologie entschieden fordern muß, was ich wagen möchte, auch den Theologen zu empfehlen, wenn sie ihre Aufmerksamkeit dem Gebiet wissenschaftlicher Forschungen zuwenden, das ist ein großer und unerschütterlicher Glaube an die alles beherrschende Macht der Wahrheit. Der Irrtum mag eine Zeitlang in Blüte stehen, aber am Ende wird die Wahrheit siegen. Die einzige positive Wirkung des Irrtums besteht schließlich in der Förderung der Wahrheit. Theorien, Spekulationen und Hypothesen entstehen; vielleicht werden sie wieder verschwinden, aber nicht ohne zu Ideen angeregt zu haben, die besser sind als sie selbst. Andere Männer machen sich wiederum diese besseren Ideen zu eigen, und wenn sie nicht zur Wahrheit führen, so doch wenigstens zu dem, was der Wahrheit näher liegt als sie selbst. Auf diese Weise macht die Erkenntnis in ihrer Gesamtheit Fortschritte. In der wissenschaftlichen Forschung sind die Irrtümer der einen oft fruchtbarer als die Wahrheit der anderen. Zuweilen scheint eine Wissenschaft gar nicht vorwärts zu kommen, sondern von einem Irrtum in den anderen zu geraten, und doch schreitet sie die ganze Zeit unmerklich voran. Natürlich bedeutet es einen Gewinn für die Wahrheit, wenn man, falls nicht mehr, auch nur erkannt hat, was *nicht* wahr ist...

V. Naturwissenschaft und der Glaube der Gebildeten (1861)

Ein charakteristisches Merkmal der Gegenwart ist das Wiederaufleben jenes Konflikts zwischen Naturwissenschaftlern und Offenbarungsgläubigen und auch jenes Unbehagen der Öffentlichkeit über die Ergebnisse dieses Konflikts, das man bereits in der Geschichte des 17. Jahrhunderts findet. Damals erregte Galilei den Neid der Katholiken in Italien, und heutzutage wird der religiöse Teil der Bevölkerung, ob katholisch oder nicht, durch Entdeckungen und Vermutungen von Geologen, Naturgeschichtlern und Sprachwissenschaftlern verunsichert. Ich spreche natürlich in beiden Fällen von der Schicht der Gebildeten, von denen, deren Verstehensfähigkeiten hinreichend vorbereitet sind, um begreifen zu können, was ein Beweis ist, und die ein Recht haben, Fragen zu stellen und die ihnen gegebenen Antworten gegeneinander abzuwägen...

Einen größeren Schock als Galileis Lehre konnte es zu jener Zeit für religiös empfindende Menschen wohl kaum geben, ganz gleich, ob sie diese Lehre sofort als dem Glauben widersprechend verwarfen, oder den Argumenten, mit denen er seine Lehre begründete, Gehör schenkten. Die allgemeine Stimmung war jedoch einflußreich genug, um Galileis Widerruf zu erzwingen, obwohl damals ein Papst auf dem Throne saß, der ihm persönlich freundschaftlich gesonnen war. Zwei heilige Kongregationen vertraten die Stimme des Volkes und erließen... Dekrete, die bis zu den Jahren 1822 und 1837 in Kraft blieben...

Vor zwei oder drei Jahrhunderten erregte ungehindertes Forschen unter den Katholiken Italiens Anstoß, weil es angeblich zu Folgerungen führte, die dem Glauben widersprachen. Große und hochgeehrte Autoritäten sahen sich genötigt, sich der Sache anzunehmen, die Werke von Kopernikus, Kepler und Galilei wurden so wie sie vorlagen verboten und dieses Verbot galt auch für alle anderen Veröffentlichungen, die dasselbe lehrten, bis zum Widerruf. Solche Unterdrückung und Vernichtung unreligiöser Bücher war schon seit der Zeit des Paulus in der Kirche üblich, als die Konvertiten in Ephesus ... »Bücher zusammentrugen und öffentlich verbrannten«. Es war seither eine feierliche religiöse Handlung. – Ich denke nicht im Traum daran, das Recht jener erhabenen Tribunale in dieser Sache in Frage zu stellen. Aber was ich ohne jede Anmaßung in Frage stellen darf, ist die Angemessenheit der Maßnahme, auf die ich mich hier beziehe. Ich bin nicht zur Nachsicht gegenüber Maßnahmen vergangener Jahrhunderte verpflichtet, die durch dieselben Behörden aufgehoben wurden, die sie einst erließen. Und schließlich ist angemessenes Reagieren auch keine Frage von Glaubenssätzen; denn es wurde ja im Laufe der Zeiten verändert. Einer späteren Epoche stehen Informationen zur Verfügung, mit deren Hilfe

sich die Vorgehensweisen früherer Epochen beurteilen lassen. »Exitus acta probat«; das Wissen, das durch Erfahrung entsteht, ist Allgemeingut, und einzelne sind durchaus imstande, dieses Wissen richtig einzuschätzen und sich ein Urteil darüber zu bilden.
Sehen wir uns doch den vorliegenden Fall noch einmal an. Galilei schwor auf seinen Knien der Häresie ab, daß sich die Erde dreht. Doch die Weiterentwicklung menschlichen Denkens, Beobachtens, Untersuchens und Schlußfolgerns konnte nicht aufgehalten werden. Sie ging weiter und setzte sich durch. Sie durchdrang und durchlief die katholische Welt ebenso wie die übrigen Gesellschaften. Und schließlich fand man in unserer jetzigen Zeit heraus, daß sich die Lehre für den religiösen Standpunkt als schadlos erweist ...
Aber die Forschung hat Fortschritte gemacht und leistet der Sache, die sie zu behindern angeklagt war, einiges an guten Diensten. Sie befindet sich allem Anschein nach auf dem Weg, der Erde jenes Hoheitsrecht und jene herausragende Stellung innerhalb der Schöpfung zurückzugeben, die sie vermeintlich aufs Spiel gesetzt hatte. In Verbindung mit der Lehre von der Bewegung der Erde um die Sonne wurde ja auch die Vermutung angestellt, daß im unendlichen Raum zehntausend Satelliten um tausend Sonnen kreisen, jeder von ihnen von intelligenten Wesen bevölkert. Das vermehrte die Schwierigkeiten erheblich, die eine Astronomie dem Glauben aufzubürden schien. Denn falls die vernunftbegabte Schöpfung auf eine solch riesige Anzahl von Lebensräumen ausgedehnt und vermehrt werden müßte, warum sollte dann der Stamm Adams aus ihnen allen auserwählt sein für das unaussprechliche Privileg, dem Schöpfer eine geschaffene Natur zur Verfügung zu stellen (den allmächtigen Gott in seinem eigenen Fleisch und Blut zu haben) und dem Ewigen und Ungeschöpflichen ähnlich zu werden. Wie sollte Galilei da nicht das Fundament des christlichen Glaubensbekenntnisses untergraben, daß der Sohn Gottes zum Menschensohn geworden ist? Dennoch war es plausibel zu behaupten, daß wenn die Schöpfung uns Anlaß gibt, einen letzten Grund anzunehmen, ihre geschöpfliche Ausdehnung und Vielgestaltigkeit auf ein korrespondierendes, überaus reiches Vorhandensein geistbegabter Wesen hinweist. In jenen neuen Denkrichtungen, die unser Wissen von Gott hauptsächlich und zuallererst auf den kosmologischen Gottesbeweis gründeten, wurde das ohne jeglichen Beweis für selbstverständlich gehalten. In England ist das auf jeden Fall beinahe zu einem religiösen Glauben geworden, und Zweifel daran wurden als unseriös abgelehnt...
... Innerhalb der letzten sechs Jahre erschien ein anonymer Aufsatz, in dem die Frage aufgeworfen wurde, ob es letztendlich überhaupt irgendeinen anderen, von geistbegabten Wesen bewohnten Planeten als den unsrigen in unserem System gebe und ob überhaupt ein anderes als unser

System existiere. Die Antworten darauf kamen aus verschiedenen Bereichen; aber das Ergebnis dieser Auseinandersetzung scheint zumindest folgendes zu sein: Vom physikalischen Standpunkt aus spricht mehr gegen die Hypothese (von anderen bewohnten Planeten) als dafür. Auf diese Weise hat also die Forschung, die Katholiken als gefährlich abgelehnt hatten, das ihrem Anliegen günstige Ergebnis hervorgebracht, da man ihr freien Lauf ließ. Wie wenig haben wir folglich von der freien Ausübung der Vernunft zu befürchten; wie ungerechtfertigt ist das Mißtrauen, das ihr religiöse Menschen entgegenbringen! Wie wahr ist es doch, daß Natur und Offenbarung nichts anderes als zwei unterschiedliche Arten der Mitteilung der selben unendlichen Wahrheit sind! ...

Ich habe nachdrücklich den Standpunkt vertreten, wir sollten uns – anstatt uns vor gewissen, dem Glauben scheinbar widersprechenden logischen Schlüssen zu fürchten – ruhig die Zeit nehmen, darüber nachzudenken, wie es wirklich um die Sache steht. Ob es im Einzelfall von der Natur der Sache her überhaupt irgendeinen Widerspruch gibt oder wenigstens, ob wir ihn möglicherweise sofort erkennen können. Ferner meine ich, daß wir Schaden anrichten, statt ihn zu beheben, wenn wir uns nicht dazu überreden lassen, die christliche Tugend der Geduld zu üben. Darauf läßt sich entgegnen: Erstens, solche wissenschaftlichen Spekulationen, wie ich sie im Auge habe, seien ohne Frage unvereinbar mit dem geschriebenen Offenbarungswort. Und selbst wenn sie nicht unvereinbar sein sollten, ... dann bliebe doch noch ausreichend Zeit, zu überprüfen, ob die Heilige Schrift sie als mit ihren eigenen Aussagen übereinstimmend zulassen könne, wenn diese Spekulationen sich schließlich wirklich als richtig erwiesen haben. Wenn wir sie dann nicht mehr leugnen können, dann seien wir in der Tat verpflichtet, die Schrift mit ihnen in Einklang zu bringen. In der Zwischenzeit müßten wir jedoch das allgemeine Empfinden übernehmen und erklären, daß sie mit Sicherheit dem Christentum gegenüber feindlich seien und sich niemals würden beweisen lassen. Ich werde den letzteren dieser beiden Einwände nun zuerst aufgreifen.

Ich glaube, ich muß deutlich machen, daß ich keinerlei Sympathie für diese Vorgehensweise hege, die wirklichen und vermeintlichen Schwierigkeiten nicht ins Auge sehen will und den schwierigen Tag, an dem es sie zu erörtern gilt, solange wie eben möglich hinauszögert. Das ist die Art von Politikern, die von der Hand in den Mund leben und lediglich vorsichtig darauf bedacht sind, daß die derzeitige Lage der Dinge in ihrer Amtsperiode unverändert bleibt. Das entspricht der Gewohnheit von Verschwendern, die niemals über ihre Finanzlage nachdenken, solange sie sich Geld zum weiteren Auskommen borgen können. Es gibt tatsächlich Zeiten, in denen wir so gut es gerade geht weitermachen müssen, da augenblickliches Eingreifen nottut. Zieht eine Armee in den Kampf, so ist nicht der Zeitpunkt, Kriegsgericht zu halten. Im 16. Jahrhundert fand sich die katholische Kontroverstheologie überrumpelt. Plötzlich sah sie das gesamte, durch die Tradition gestaltete Gefüge des christlichen Glaubens von allen Seiten angegriffen. Es war ein großes vielgestaltiges Gefüge, das auf unzählige Überzeugungen, Gebräuche, Gesetze, Institutionen und Besitztümer hin sich erstreckte und mit ihnen aufs engste verknüpft war. Tausende von Wahrheiten, Irrtümern und Meinungen, gute und auch nebensächliche, hatte es um sich versammelt und mit sich verbunden. So stand es als eine Einheit da, und wenn auch der Weiseste und Heiligste nicht auf Anhieb zwischen ewiger Wahrheit und dem durch die Zeit und Umstände Hinzugekommenen unterscheiden konnte, so war es doch gewiß, daß –, wenn an einem zentralen Teil des Ganzen gerührt wird –, dies nach allgemeiner Ansicht mit der Zerstörung von Wesen und Inhalt des Ganzen gleichzusetzen war. Den Kontroverstheologen blieb nichts anderes übrig, als die Dinge zu nehmen, wie sie sie vorfanden. Das hieß, abzulehnen, was allem Augenschein nach falsch war, aber auch viele Dinge in Schutz zu nehmen, bei denen es unklar war, ob sie wirklich verteidigt werden konnten oder nicht ...

Für all dies gibt es Gründe der Vernunft und der Einsicht, doch trifft es auf unsere Zeit nicht zu. Nichts hindert uns daran, jetzt eine besonnene Untersuchung eines theologischen oder kirchlichen Problems einzuleiten. Und es ist klug, dies dort zu tun, wo sachverständige Leute das zu leisten vermögen und deshalb nicht nachzugeben, nur weil Gegner uns dazu zwingen. Die Wahrheit ist die Wahrheit, sie wird der Welt nur allmählich klar, und niemandem kann es als Fehler angerechnet werden, wenn er, anstatt die Wahrheit zu erkennen, an Irrtümern festhält. Doch wenn sie bekannt ist und erkannt werden kann, dann ist es sicherlich die schlimmste Haltung, auf einem Irrtum zu beharren, nur weil man weder durch äußeren Druck noch durch innere Scham dazu gebracht werden konnte, sie aufzugeben ...

Stellt sich für mich heraus, daß Ergebnisse wissenschaftlichen Forschens gewissen theologischen Ansichten zuwiderlaufen, dann ist es nicht angebracht, eine Überprüfung abzulehnen, ob jene Ansichten wohlfundiert sind, nur weil den Forschungen etwa kein überragender Erfolg beschieden war. Die Geschichte Galileis ist der Beweis dafür. Sind wir angesichts jener Geschichte nicht ins Hintertreffen geraten – und warum? Warum? Doch nur, weil unsere Theologen, anstatt behutsam zu prüfen, was die Heilige Schrift, nämlich das geschriebene Wort Gottes in Wirklichkeit sagte, es für besser erachteten, die astronomischen Theorien, die dem allgemeinen Verständnis der Schrift entgegengesetzt erschienen, in willkürlicher Weise zu unterdrücken. Den umge-

kehrten Weg ging man in unseren Tagen; doch was heute nicht gegen den Glauben ist, war auch vor 300 Jahren nicht gegen den Glauben. Dennoch war Galilei gezwungen, seine Ansichten als Häresie zu brandmarken. Vielleicht wäre es wirklich nicht klug gewesen, 1637 das zu tun, was man 1822 getan hat. Aber dennoch, auch wenn es zum früheren Zeitpunkt unverantwortlich gewesen wäre, die freie Veröffentlichung seiner Schriften mit Genehmigung der Kirche zuzulassen, so beweist das noch nicht die Berechtigung, die Erklärung zu erzwingen, sie seien gegen den Glauben gerichtet gewesen.
Ich bin nicht sicher, ob ich nicht noch weiter gehen könnte und die volle Freiheit der Lehre über die Drehung der Erde als eine philosophische Wahrheit verfechten soll; und das nicht nur heute, sondern sogar vor 300 Jahren. Der Pater, der den Fall leitete, sagte damals, es sei ein Skandal für ganz Italien und das, so nehme ich an, heißt wohl eine Beleidigung, ein Schock, eine Verwirrung. Das könnte durchaus der Fall gewesen sein; doch es gab eine Gesellschaftsschicht, und es gibt diese Schicht eben auch heute, deren Anspruch, ernstgenommen zu werden, damals übergangen wurde und auch heute noch zu wenig berücksichtigt wird. Ich meine die Schicht der Gebildeten. Für sie war das Verbot ein echter Skandal im wahrsten Sinne des Wortes gewesen, ein Anlaß, sich selbst und ihren Stand in Zweifel zu ziehen. Menschen, die ihren Verstand durch Studium und Geistesbildung geschult haben, nehmen die Einsichten, zu denen die Masse erst allmählich kommt, oft schon Jahrhunderte vorweg. Wenn der Tenor der öffentlichen Meinung 1822 die Aufhebung des Verbots forderte, sich mit der Drehung der Erde zu beschäftigen, dann tat dies der Erkenntnisstand der Fachleute und Gebildeten bereits zu Zeiten Galileis ... Ich kann mich des Eindrucks nicht erwehren, daß man in gehobenen Gesellschaftskreisen die Kirche als lediglich aus Hierarchie und Unterschicht bestehend ansieht, und ferner, daß die gebildeten Männer und Frauen als eine komplizierte und lästige Gruppe angesehen werden, als Sitz und Quelle der Häresie, als ein Fremdkörper in der Katholischen Kirche, den zu beseitigen ein Gewinn für sie wäre.
Aus all diesen Gründen kann ich denen nicht zustimmen, die meinen, wir müßten an dem, was wahrscheinlich oder möglicherweise auf Irrtum beruht, so lange wie an einem Dogma festhalten, bis es von allen Seiten kraft Beweises wirklich als Irrtum erkannt ist. ...
Ich möchte meinen Beitrag dazu leisten, die überall anzutreffende fieberhafte Nervosität abzubauen (und) die unbestimmten düsteren Ahnungen von irgendwelchen zukünftigen, dem Glauben feindlich gesonnenen Entdeckungen, jene ungerufene und unerwünschte Entstehung von Fragen und Verwirrungen im Innersten des Herzens – all das, was die Frömmigkeit an ihrer Wurzel trifft und die Quelle der Liebe, der

huldvollen Hingabe, der Treue, der Bewunderung, der Freude, des Friedens und all der anderen besten und edelsten Eigenschaften der Religion verdorren läßt. Es ist vollkommen richtig, daß Gehorsam gottgefällig ist und sogar heroisch sein kann, wenn er inmitten von Finsternis, Dürre und Mutlosigkeit geleistet wird. Doch nur wenige Menschen, Heilige ausgenommen. können solch eine schwere Prüfung über eine lange Zeit hin ertragen. Ich würde es aber als eine ganz besondere Gunst der Gnade Gottes und der Wahrheit erachten, wenn er mir die Fähigkeit verleihen würde, auch nur einem Menschen, der diese besondere göttliche Heimsuchung zu ertragen hat, in irgendeiner Form weiterhelfen zu können. Wenn ich das durch die gesetzmäßigen Mittel erreiche, dann bedarf ich keines anderen Trostes.

TEIL 3

GEWISSHEIT, GEWISSEN UND GLAUBE. DAS WIRKLICHKEITSHALTIGE (REALE) DENKEN IM BEREICH DER RELIGION

I. Glaube und Vernunft als gegensätzliche Haltungen des Geistes[1] (1839)

»Der Glaube ist das feste Vertrauen auf das, was man erhofft, die Gewißheit dessen, was man nicht sieht« (Hebr 11,1)[2]

1. Das Thema »Glaube« bietet sich uns durch das Ereignis, das der heutige Tag feiert, und durch den großen Gnadenakt, dessen Erstlingsfrucht es war, ganz besonders an. An diesem Tage durften die Weisen aus dem Morgenlande sich dem Erlöser-Kind nahen, um es anzubeten. Sie waren die Vorboten der großen Heidenschar, die das Reich Gottes später, nachdem es ihnen verkündigt worden war, gleichsam mit Gewalt an sich reißen und bis an die Grenzen der Erde ausbreiten sollten. Ihnen wurde Christus offenbart, wie er uns offenbart ist, und auf gleiche Weise: nicht den Augen des Fleisches, sondern dem erleuchteten Geist, auf daß sie glaubten. ... Da die Gnaden des Evangeliums unsichtbar sind, ist der Glaube ihr geeigneter Empfänger. Da seine Kirche katholisch[3] ist, ist der Glaube das Band ihrer Gemeinschaft. Äußere, räumli-

[1] Als zu Beginn des Jahres 1839 nach langer Pause wieder einmal die Reihe an Newman kam, eine Universitätspredigt zu halten, erkannte er sogleich, daß er sein großes Thema nicht an einem einzigen Abend befriedigend behandeln könne. Ein Kollege des Oriel College ist bereit, ihm seinen Predigttermin abzutreten, so kann Newman am 6. und am 13. Januar 1839 diese und die folgende Predigt halten.

[2] Im Englischen steht hier statt »Gewißheit« das Wort »Substance« als Übersetzung des lateinischen »substantia« der Vulgata.

[3] Die anglikanische Kirche erhebt bekanntlich einen Anspruch auf den Namen »katholisch«, wie in der Gegenwart eine ganze Gruppe der dem Weltrat der Kirchen angeschlossenen kirchlichen Gemeinschaften. Newman selber hatte schon früh, in seiner Wendung zum »Prinzip Kirche«, die Bedeutung der Katholizität der Kirche ebenso wie ihrer Sichtbarkeit erkannt und auch durch seinen Sprachgebrauch zum Ausdruck gebracht. Seit dem Beginn der Oxford-Bewegung wurde ihm außerdem das Merkmal des Apostolischen bei der Kirche wichtig. Es ging dabei um die apostolische Sukzession und allgemein um die Wertschätzung der alten Kirche *(Antiquity)*. Zuerst hatte ihn das Studium der Kirchenväter zu dieser Auffassung geführt.

che und sinnliche Dinge haben ihren Wert nicht länger mehr um ihrer selbst willen, sondern nur als Mittel, um die göttlichen Gaben vom Geber an ihre eigentliche Heimstätte, das Herz, weiterzuleiten.

2. Wie also Katholizität das Kennzeichen der christlichen Kirche ist, so ist eine innere Bezeugung ihr Vorrecht und der Glaube ihre Pflicht, oder mit den Worten des Apostels: »Die *Heiden*« empfangen »die Verheißung des *Geistes* durch den *Glauben*«.

3. Ich werde also nicht über den Bereich dessen hinausgehen, worauf das heutige große Fest unsere Aufmerksamkeit lenkt, wenn ich etwas tiefer in die Natur der besonderen Gnade des Evangeliums einzudringen versuche, durch welche Juden und Heiden die für sie von Christus erkauften Segnungen ergreifen und genießen. Entsprechend sieht das Tagesgebet des heutigen Gottesdienstes in diesen Gnaden auch das, was unsere Lage in diesem Leben kennzeichnet, so wie das Schauen die zukünftige Welt. Ich greife also ein Thema auf, das wahrscheinlich von großer Bedeutung für die Streitfragen ist, die uns heute beschäftigen...

4. Es ist wohl kaum notwendig, aus der Schrift zu beweisen, daß der Glaube in der Heilsordnung des Evangeliums durch seine besondere Würde hervorragt und sowohl auf unsere geistliche als auf unsere sittliche Verfassung einen ganz besonderen Eindruck ausübt. Was auch immer die eigentliche geistige Fähigkeit oder Haltung sein mag, die das Wort Glaube bezeichnet, sicher ist der Glaube nach der Heiligen Schrift das auserwählte Mittel, das Himmel und Erde verbindet. Er ist ein neues Prinzip des Handelns, machtvoll in seinem Einfluß sowohl auf unser Herz wie auch auf das Urteil Gottes über uns. Und doch ist er etwas, was die Verachtung und den Spott der Welt erregt. Auf diese charakteristischen Züge – seine scheinbare Schwäche, seine Neuartigkeit, seine Gnadenhaftigkeit und seine Wirksamkeit – weisen Sätze wie die folgenden hin: »Habet Glauben an Gott! Wahrlich, ich sage euch, wer zu diesem Berge spricht: ›Hebe dich und wirf dich ins Meer!‹ und er zweifelt nicht in seinem Herzen, sondern glaubt, daß alles, was er sagt, geschehen werde, so wird es ihm geschehen. Darum sage ich euch: Was immer ihr im Gebete begehret, glaubet nur, daß ihr es erhaltet, so wird es euch gegeben.« Und wiederum: »Wenn du glauben kannst! Wer glauben kann, dem ist alles möglich.« Ferner: »Das Wort vom Kreuze ist zwar Torheit denen, die verlorengehen; uns aber, die gerettet werden, ist es Kraft Gottes. Denn weil die Welt mit ihrer Weisheit Gott in seiner göttlichen Weisheit nicht erkannt hat, gefiel es Gott, durch die Torheit der Predigt diejenigen selig zu machen, welche glauben.« Ferner: »Nahe ist dir das Wort des Glaubens, das wir verkünden... Der Glaube kommt vom Hören, das Hören aber vom Worte Gottes.« Und endlich: »Noch eine kleine Weile, und es wird kommen, der da kommen soll, und er wird nicht zögern. Mein Gerechter aber wird aus dem

Glauben leben.« Und gleich darauf folgen die Worte unseres Textes: »Es ist aber der Glaube das feste Vertrauen auf das, was man erhofft, die Gewißheit dessen, was man nicht sieht.«[4]...

12. Das ist die Frage, die sich den Lesern der Heiligen Schrift bezüglich des Verhältnisses zwischen Vernunft und Glauben aufdrängt; und es ist heute Gewohnheit, sie zuungunsten des Glaubens zu beantworten.

Man sagt, der Glaube sei nichts als eine von der Vernunft abhängige moralische Qualität[5]. Die Vernunft habe sowohl über die Evidenz für die Annahme der Heiligen Schrift zu urteilen wie auch über ihren Sinn. Und erst danach folge der Glaube, oder er folge nicht, je nach dem Zustand des Herzens. Man meint, wir träfen unsere Entscheidung ohne den Glauben durch die Vernunft und gingen dann ohne Rücksicht auf die Vernunft durch den Glauben weiter zur Anbetung und zum Gehorsam. Zwar beruhe der Glaube auf Bezeugung, nicht auf Folgerungen. Aber jenes Zeugnis sei für den Erweis dessen, was es behauptet, auf die Vernunft angewiesen. Daher sei die Vernunft eine unentbehrliche Voraussetzung (*preliminary*).

13. Zu dem Versuch, die verschiedenen Aufgaben von Glaube und Vernunft auf religösem Gebiet und ihr gegenseitiges Verhältnis zu erforschen, möchte ich zunächst folgendes feststellen: Zwar besitzt die Vernunft eine Kraft der Analyse und der Kritik für jede Meinung und jedes Verhalten. Denn nichts ist wahr und recht, was nicht von ihr gutgeheißen und in gewissem Sinne von ihr bewiesen werden kann. Folglich haben wir zweifellos auch kein Recht dazu, die durch den Glauben aufgenommenen Lehren als Wahrheiten anzusehen, wenn sie vor der Vernunft nicht bestehen können. Aber wir können daraus nicht folgern, im gläubigen Geist selbst[6] sei der Glaube tatsächlich auf Vernunft gegründet. Sonst müßten wir ja auch – um einen parallelen Fall anzuführen – die Richter als Urheber, nicht nur als Bestätiger der Unschuld oder der Wahrhaftigkeit der Angeklagten betrachten. Ein Richter macht aber die Menschen nicht ehrenhaft, sondern spricht sie frei oder verurteilt sie. Geradesowenig braucht die Vernunft Ursprung des im konkreten gläubigen Menschen existenten Glaubens zu sein, obgleich sie ihn tatsächlich prüft und rechtfertigt. Das ist also eine der Verwirrungen in unserer Frage, die geklärt werden müssen: die Annahme, die Vernunft müsse beim religiösen Suchen oder Verhalten dieses oder jenes Einzelnen das innere Prinzip der Tätigkeit sein, weil

[4] Vgl. Mk 11, 22–24; 9, 23; 1 Kor 1, 18. 21; Röm 10, 8. 17; Hebr 10, 37f.; 11, 1.

[5] Zu diesem Satz bemerkt Newman 1847 (vgl. LD XII, S. 31) »dies ist der protestantische (lutherische) Begriff...«

[6] Zu diesem Begriff fügt Newman die folgende Erklärung hinzu (ebd.): »Dies ist die Unterscheidung zwischen der chronologischen und der logischen Ordnung.«

sie, wie ein Zuschauer, den Vorgang anerkennt und so bei ihm mitwirkt. Hier liegt eine Verwechslung einer kritischen mit einer schöpferischen Fähigkeit vor.

14. Wir müssen diese Unterscheidung als an sich wahr und auf unseren Fall anwendbar anerkennen. Sie ist etwas, was wir alle in bezug auf das Prinzip des Gewissens ohne weiteres zugeben. Niemand wird behaupten, das Gewissen sei gegen die Vernunft, oder man könne seine Diktate nicht in eine argumentative Form bringen. Wer aber würde daraufhin behaupten, es sei kein ursprüngliches Prinzip, es hänge vielmehr bei seinem Handeln von vorhergehenden Prozessen der Vernunft ab? Die Vernunft analysiert die Gründe und Motive der Handlung; ein Denkakt ist eine Analyse, aber nicht der Beweggrund selbst. Wie also das Gewissen ein einfaches Element unserer Natur ist, aber in seiner Tätigkeit die Überwachung und Kritik der Vernunft zuläßt, so kann auch der Glaube durch die Vernunft erkennbar sein und in seinen Akten gerechtfertigt werden, ohne tatsächlich von ihr abhängig zu sein. Und wie wir den Ersatz des Gewissens durch die Vernunft unter dem Namen Utilitarismus verurteilen, so ist es ungefähr ein paralleler Irrtum, wenn gelehrt wird, ein Vernunftprozeß sei für den echten religiösen Glauben eine Bedingung sine qua non. Wenn man sagt, das Evangelium fordere einen vernünftigen Glauben, so braucht das nicht mehr zu heißen, als daß Glaube, abstrakt genommen, der richtigen Vernunft entspricht, nicht daß er im Einzelfall ihr Ergebnis ist.

15. Ein paralleles und uns vertrautes Beispiel ist der allgemein anerkannte Gegensatz zwischen dichterischen und ähnlichen Kräften und der Kunst der Kritik. Die Kritik ist der souveräne Spender von Lob und Tadel und bildet ein Berufungsgericht in Sachen des Geschmacks. Wie also der Kritiker feststellt, was er selber nicht schaffen kann, so mag die Vernunft den Glaubensakten ihr Siegel aufdrücken, ohne dadurch zur Quelle zu werden, aus der der Glaube entspringt.

16. Auf der anderen Seite scheint es außer Zweifel, daß der Glaube tatsächlich ganz unabhängig von der Vernunft besteht und handelt. Wird jemand behaupten, ein Kind oder ein ungebildeter Mensch könne nicht im Glauben sein Heil wirken, ohne Gründe für sein Handeln angeben zu können? Welche hinlängliche Einsicht hat er denn in die Beweisgründe des Christentums? Welche logischen Beweise für seine Göttlichkeit? Wenn er keine hat, so hängt eben der Glaube als innerer Habitus oder Akt nicht von Forschung und Prüfung ab. Er hat vielmehr seine eigene besondere Grundlage, welche auch immer sie sei, ebenso wie das Gewissen. Wir sehen, daß die Vernunft die Richterin des Glaubens sein kann, ohne sein Ursprung zu sein, und daß der Glaube durch die Vernunft bestätigt werden kann, ohne daß er von ihr Gebrauch macht. Das mußte wohl zunächst gesagt werden.

17. Ferner stelle ich fest: Mag die wirkliche Unterscheidung und Beziehung zwischen Vernunft und Glauben bestehen, worin sie will – wir brauchen sie nicht sofort zu bestimmen – jedenfalls ist der Gegensatz zwischen beiden nach volkstümlicher Ansicht dieser: Die Vernunft verlange durchschlagende Beweise, ehe sie zustimmt, der Glaube begnüge sich mit schwächeren.

18. Ein wohlbekannter Ungläubiger des letzten Jahrhunderts[7] bringt zum Beispiel vor, die Göttlichkeit des Christentums beruhe auf dem Zeugnis der Apostel im Widerspruch zur natürlichen Erfahrung. Ferner, die Gesetze der Natur seien einheitlich, die der Zeugenaussagen aber wechselten. Schließlich fügt er dann höhnend hinzu, das Christentum sei also auf Glauben, nicht auf Vernunft gegründet. Was heißt das anders, als daß die Vernunft in ihren Beweisforderungen strenger ist als der Glaube?

19. Noch mehr: Der Gründer der neueren Schule der Utilitaristen[8] verlangt, alle Beweise für die Wunder müßten vor einen Gerichtshof gebracht und dessen Forschungsmethoden unterworfen werden, ehe sie angenommen werden könnten. Das bedeutet ebenfalls, daß Vernunft exakte Beweise fordert, der Glaube aber schon ungenaue annimmt.

20. Dasselbe wird vorausgesetzt, wenn die Weltmenschen meinen, der Glaube sei bloß Leichtgläubigkeit, Aberglaube oder Fanatismus – alles Geisteshaltungen, die sich notorisch mit ungenügenden Beweisen für ihren Gegenstand zufriedengeben. Anderseits wird eine Skepsis, die sich im Unbefriedigtsein mit jeder Art von Beweis äußert, oft Vernunft genannt. Was Glaube und Vernunft nun im Vergleich zueinander sind, können wir jetzt aus ihren Gegensätzen bestimmen, aus den gegenseitigen Beziehungen der Leichtgläubigkeit und der Skepsis, über die niemand im Zweifel sein kann.

21. Ähnlich sagt man, Mathematiker neigten zum Zweifel und zur Freigeisterei. Das kommt nach dem Zeugnis eines Mannes, der den Einfluß dieser Studien an sich erfahren hat[9], daher, daß der Geist durch sie nicht mehr auf Schlußfolgerungen aus bloßer Wahrscheinlichkeit eingestellt sei.

[7] David Hume (1711–1776) verneinte die Möglichkeit der Metaphysik, er sah in der Wissenschaft eine fortgeschrittene, im »Glauben« eine zurückgebliebene Form der Entwicklung des Bewußtseins. Vgl. seine »Enquiry concerning Human Understanding«, London 1748.

[8] J. Bentham (1748–1832) hatte 1789 seine »Principles of Morals and Legislation« veröffentlicht und darin das Glücksstreben und die Nützlichkeit als letzte Triebfeder des menschlichen Handelns bezeichnet. Das Christentum erscheint ihm als Feind jeglicher Sozialethik, des Fortschritts und der Kultur.

[9] In einer Anmerkung nennt Newman Bischof Richard Watson (1737–1816). Watson hatte sich nicht nur auf dem Gebiet der Exegese und der Apologetik, sondern auch als Chemiker betätigt.

22. Oder nehmen wir noch Einzelbeispiele. Wenn der Beweis für die Kindertaufe von ihren Verteidigern durch Texte wie: »Laßt die Kindlein zu mir kommen« [Mt 19,14] erbracht wird, so mag ein Vernünftler einwenden, das beweise noch gar nichts. Daß die Kinder getauft werden müssen, folge nicht daraus, daß sie zu Christus gebracht und ihm geweiht werden sollen, und er warte auf entscheidendere Beweise.
23. Und wenn man die fromme Einhaltung eines christlichen Sabbats mit der Tatsache verteidigt, die Apostel hätten es auch so gehalten, so kann die Kritik erwidern: Angesichts der ausdrücklichen Erklärung des heiligen Paulus, daß der Sabbat als solcher abgeschafft sei, dürfe man aus einer zufällig in der Apostelgeschichte erwähnten und wahrscheinlich nur vorübergehenden und zeitbestimmten Übung nicht schließen, daß der einmal abgetane Brauch erneuert und ein jüdischer Gebrauch in das Evangelium eingeführt worden sei. Religiöse Menschen, die auf diesen Einwand nicht recht antworten können, sind oft versucht, ihn auf »Menschenweisheit«, »Schullogik«, »Vernunftstolz« und ähnliches zurückzuführen und zu seiner Überwindung eine Unterweisung im Studium der Heiligen Schrift als dringend notwendig zu fordern. Es ist nicht unsere Aufgabe, die Sprache dieser Leute zu verteidigen; aber sie bestätigt offensichtlich, was wir behaupten, nämlich, daß die Vernunft, um überzeugt zu sein, mehr Beweise verlangt als der Glaube.
24. Wenn also Vernunft und Glaube in Gegensatz zueinander gestellt werden, so bedeutet Glaube Leichtigkeit, Vernunft Schwierigkeit der Überzeugung. Vernunft bedeutet entweder klare Einsicht oder Skepsis, je nach der Verfassung des Sprechers, und Glaube entweder Belehrbarkeit oder Leichtgläubigkeit.
25. Nun aber erhebt sich die folgende Frage, auf die ich mich heute beschränken möchte: Wenn das der Fall ist, wie kann es dann vernünftig sein, sich mit weniger Beweisen zu begnügen, als die Vernunft verlangt? Wenn der Glaube so ist, wie er beschrieben wurde, so widerspricht er der Vernunft, denn er gibt sich mit wenig zufrieden, wo die Vernunft mehr verlangt. Wenn also die Vernunft die gesunde Form der Geistestätigkeit ist, dann muß der Glaube eine schwächliche Form derselben sein. Die Antwort auf diese Frage bringt uns bei unserer Erforschung der Beziehungen zwischen Vernunft und Glauben einen Schritt weiter.
Der Glaube verlangt also, wie ich gesagt habe, keine so starken Beweise, wie sie für das notwendig sind, was man gewöhnlich als vernunftgemäße Überzeugung oder Annahme aufgrund von Vernunftbeweisen ansieht. Und warum? Weil er in der Hauptsache durch vorhergehende Erwägungen bestimmt ist. Hierin liegt der Gegensatz beider Prinzipien: Der Glaube ist beeinflußt durch Vorverständnisse, Voraussetzungen und – im guten Sinn des Wortes – durch Vorurteile; die Vernunft aber durch unmittelbaren und bestimmten Beweis. Der gläubige Geist steht unter

dem Einfluß seiner eigenen Hoffnungen, Befürchtungen und Meinungen. Die Vernunft dagegen, so sagt man, geht nur dann streng vor, wenn sie apriorische Beweise für eine Tatsache ablehnt und überhaupt alles verwirft, außer dem tatsächlichen Beweis für sie. Das wird in wenigen Worten klar werden.

27. Der Glaube ist ein Prinzip des Handelns, und das Handeln läßt uns keine Zeit für minutiöse und vollausgearbeitete Untersuchungen. Solche Forschungen mögen von hohem Wert sein, obwohl sie in Wirklichkeit die Tendenz haben, die praktische Energie des Geistes abzustumpfen, während sie seine wissenschaftliche Exaktheit fördern. Aber wie auch ihr Charakter und ihre Folgen sein mögen, jedenfalls entsprechen sie nicht den Notwendigkeiten des täglichen Lebens. Das fleißige Sammeln von Beweismaterial, das Sichten von Argumenten, das Abwägen der entgegengesetzten Zeugnisse mag für Leute gut sein, die Muße und Gelegenheit haben zu handeln, wann und wie sie wollen; aber es ist nichts für die Menge. Doch der Glaube als ein Prinzip der praktischen Lebensführung für die vielen ist mehr durch das beeinflußt, was man – in einer uns hier geläufigen Sprache – εἰκότα [Bilder] nennt, als durch das, was man mit σημεῖα [Zeichen] bezeichnet; – weniger durch Beweise als durch vorgefaßte Grundsätze, Ansichten und Wünsche.

28. Das ist der Fall bei jedem Glauben, nicht nur beim religiösen. Wir hören auf der Straße einen Bericht oder lesen ihn in den Tageszeitungen. Wir ahnen nichts von seinem Beweisgrund, wir kennen die Zeugen nicht und wissen auch nichts über sie und glauben doch zuweilen alles unbesehen *(implicitly)*, zuweilen auch nicht. Wir glauben manchmal, ohne nach Beweisen zu fragen, und manchmal glauben wir nicht, ehe wir Beweise erhalten. Wenn ein Gerücht von einem zerstörenden Erdbeben in Syrien oder in Südeuropa umgeht, so geben wir es wohl bereitwillig zu, weil die Möglichkeit naheliegt, daß es wahr ist, und weil es uns nicht selbst betrifft. Wenn es sich um ein nähergelegenes Land handelt, versuchen wir, den Bericht auf seine Quelle zu untersuchen und seine Echtheit nachzuprüfen. Wir fragen erst dann nach Beweisen, wenn die vorausgehenden Wahrscheinlichkeiten[10] uns im Stich lassen.

29. Ferner ist es wohl kaum nötig, nachzuweisen, wie sehr unsere Neigungen mit unserem Glauben zu tun haben. Fast sprichwörtlich ist es, daß die Menschen glauben, was sie wünschen. Nur zögernd geben wir das Mißlingen eines geliebten Planes zu, und ungern hören wir auf einen Boten schlechter Kunde. Wohl kann man hier einwenden, daß uns oft auch die Erfüllung eines heftigen Wunsches ungläubig findet. Gewiß, aber das ist nur der Fall, wenn diese Erfüllung ebenso unwahr-

[10] Der viel diskutierte Ausdruck Newmans von den »vorausliegenden Wahrscheinlichkeiten« wird uns im folgenden noch oft begegnen. Newman gebraucht ihn schon in der erwähnten Abhandlung über die Wunder von 1825.

scheinlich wie wünschenswert war. So bezweifelte der heilige Thomas die Auferstehung, und so konnte Jakob, weil er schon oft von seinen Söhnen betrogen worden war, die gute Nachricht von Josephs Herrscherstellung in Ägypten nicht glauben: »Da Jakob das hörte, war es, als erwache er aus einem schweren Schlafe, doch er glaubte ihnen nicht ... und da er die Wagen sah und alles betrachtete, was Joseph ihm gesandt hatte, da lebte sein Geist wieder auf« [Gen 45,27].

30. Geradeso ist es mit vorgefaßten Meinungen. Die Menschen glauben schnell Ungünstiges über Personen, die sie nicht lieben, oder Bestätigungen ihrer eigenen Theorien »Kleinigkeiten, leicht wie die Luft« [Shakespeare], genügen dem wohldisponierten Geist zum Glauben und zur Tat.

31. Das sind die Antriebe zum Glauben, die nach einem Gesetz unserer Natur bei uns allen vorherrschen, ob sie nun im Einzelfall vernünftig sind oder nicht. Wenn die von uns angenommenen Wahrscheinlichkeiten nicht wirklich, wenn unsere Wünsche ungeordnet, unsere Meinungen falsch sind, so entartet unser Glaube in Schwäche, Übertreibung, Aberglaube, Überschwang, Bigotterie, Vorurteil, ja nachdem, wie der Fall liegt; aber wenn unsere apriorischen Meinungen vollgültig sind, so tun wir recht daran, zu glauben oder nicht zu glauben, nicht ohne Beweis, aber schon aufgrund schwacher Beweise.

32. Die Vernunft – das Wort in seiner gewöhnlichen Bedeutung genommen – stützt sich also auf Beweise, der Glaube ist dagegen durch Voraussetzungen beeinflußt. Die Vernunft fordert darum strenge Argumente, der Glaube ist schon durch unbestimmte oder mangelhafte Argumente befriedigt.

33. Um diese Lehre in eine greifbare Form zu bringen, wird es dienlich sein, einige Schlußfolgerungen und Betrachtungen anzuführen, die sich aus ihr ergeben und in sich selbst nicht unwichtig sind.

34. (1) Zunächst mache ich auf die Übereinstimmung – denn eine solche scheint es zu sein – des Gesagten mit der Definition des Glaubens aufmerksam, die der heilige Paulus in unserem Text gibt. Er hätte ihn ebenso richtig und theologisch genauer als »Vertrauen auf das Wort eines anderen« oder »Annahme einer göttlichen Botschaft« oder »Unterwerfung des Intellekts unter Geheimnisse« oder irgendwie anders definieren können. Aber statt solcher Umschreibungen nimmt er eine Definition an, die sich unmittelbar auf die Natur des Glaubens bezieht und in auffallender Weise unsere hier dargelegte Ansicht rechtfertigt. »Der Glaube«, sagt er, »ist die Substanz« oder [innere] Realisierung »dessen, was man hofft«. Es ist die Zuversicht, daß das, was er wünscht oder hofft, wirklich so ist, nicht etwa »die Realisierung von Dingen, die durch Evidenz bewiesen sind«. Der Wunsch des Glaubenden ist sein Hauptbeweis, oder wie der Apostel ausdrücklich

fortfährt, er schafft sich seinen eigenen Beweis, die *»Überzeugung* von dem, was man nicht sieht«. Das ist natürlich die Ursache, warum der Glaube für die Welt so unvernünftig erscheint, wie der heilige Paulus es in anderen Briefen sagt. Nicht weil er keine Begründung in der Vernunft, das heißt in Beweisen hätte, sondern weil er mit so viel weniger zufrieden ist, als an sich notwendig wäre, gäbe es diese Neigung des Geistes nicht. Und so erscheinen der Welt die Beweise des Glaubens wie gar nichts.

35. (2) Es ist ferner klar, in welchem Sinn der Glaube ein moralisches Prinzip ist. Er wird im Geiste nicht so sehr durch Tatsachen als durch Wahrscheinlichkeiten lebendig; und da Wahrscheinlichkeiten keinen bestimmten anerkannten Wert haben, sich auch nicht auf ein wissenschaftliches Maß zurückführen lassen, so hängt es von der sittlichen Natur des Einzelmenschen ab, was sie ihm sein können. Ein guter und ein schlechter Mensch werden sehr verschiedene Dinge für wahrscheinlich halten. Im Urteil eines richtig disponierten Geistes sind Gegenstände wünschenswert und erreichbar, die unreligiöse Menschen nur als Phantasien ansehen. Solch ein rechtes moralisches Urteil und diese Auffassung der Dinge ist aber gerade das Medium, in dem der Beweis für das Christentum seinen zwingenden Einfluß besitzt. Ein schwacher Beweis ist unter diesen Umständen wirksamer als ein starker ohne sie.

36. Das gilt sowohl vom Gegenstand als auch von der Beweiskraft des Evangeliums. Es wäre schwer zu sagen, wo der Beweis für die Schrift oder das Bekenntnis gefunden werden könnte, wenn ihm jene zusätzlichen Vorstellungen genommen würden, die er dem Geist des Fragenden entlockt und in sich aufnimmt und die eine barmherzige Vorsehung dem Fragenden gerade zu diesem Zweck eingegeben hat. Texte haben ihre erklärende Kraft aufgrund der Atmosphäre von Gewohnheiten, Meinungen, Gebräuchen, Traditionen, durch die hindurch wir sie sehen. Auf der anderen Seite sind irreligiöse Menschen durchaus zuständige Richter über den Wert eines bloßen Beweises, wenn die Entscheidung nur darauf beruht. Denn Beweise richten sich an die Vernunft, zwingen die Vernunft zuzustimmen, wenn sie streng sind, und gestatten ihr Zweifel und Unglauben, soweit sie schwach sind. Das Blut auf Josephs buntem Rock konnte von Freund und Feind erkannt werden. Wunder richten sich an die Sinne aller, der Guten und der Bösen. Und während ihr übernatürlicher Charakter aus der allen, Gerechten und Ungerechten, gemeinsamen innerweltlichen Erfahrung abgeleitet wird, hängt das Urteil über die Tatsächlichkeit ihres Geschehens von Erwägungen über Bezeugung, Schwärmerei, Betrug und dergleichen ab, Erwägungen, die nichts Innerliches, nichts Persönliches sind. Das ist eine Art Beweis, den der Mensch sich nicht selber schafft, sondern der für ihn geschaffen ist. Er besteht unabhängig von ihm und wird wegen seines eigenen klaren,

objektiven Charakters angenommen. Seine starke Seite besteht gerade darin, daß er nur ein aufrichtiges Hören verlangt, ja, er wendet sich geradezu an den Ungläubigen und macht sich erbötig, ihn auch sozusagen gegen seinen Willen zu bekehren. Da ist kein Raum für Wahl, da ist kein Verdienst, kein Lob oder Tadel für Glauben oder Unglauben, keine Charakterprobe bei diesem und jenem. Und doch *ist* der Mensch für seinen Glauben verantwortlich, weil er für seine Billigung und Mißbilligung, seine Hoffnungen und Meinungen, für alles, wovon sein Glaube abhängt, verantwortlich ist. Die Ungläubigen sehen diese Unterscheidung nicht und beharren daher auf ihrer Behauptung, der Mensch sei für seinen Glauben ebensowenig verantwortlich wie für seine körperlichen Funktionen; beide stammten ja aus der Natur, und der Wille könne einen schwachen Beweis nicht zu einem starken machen. Wenn einer meine, ein bestimmter Grund reiche nur eine bestimmte Strecke weit, dann tue er unrecht, wenn er versuche, ihn weiter reichen zu lassen. Wenn er schließlich in seinem Urteil irre, so sei das nur sein Unglück, nicht sein persönlicher Fehler. Sie behaupten, gewisse Grundsätze wirkten von außen auf sie ein und sie müßten den notwendigen und konstanten Gesetzen der Beweisführung gehorchen. Aber in Wahrheit ist es so, daß zwar ein gegebener Beweis in seiner Kraft nicht wechselt, daß aber die ihn begleitende apriorische Wahrscheinlichkeit, die zu ihm hinführt, grenzenlos veränderlich ist, jeweils dem Charakter des Geistes entsprechend, der die Beweisführung in sich aufnimmt.

37. (3) Aus dem Gesagten geht einleuchtend hervor, warum unsere großen Theologen, Bull und Taylor[11] (andere nicht zu erwähnen) immer daran festhielten, daß der rechtfertigende Glaube fides formata caritate sei, oder in den Worten des heiligen Paulus: »Der Glaube, der durch die Liebe wirksam ist« (Gal 5,6). Während ein Glaube, der nichts Moralisches ist, sondern nur auf Beweisen beruht, fides formata ratione[12] ist, ein toter Glaube, den auch ein Ungläubiger haben kann. So lebt der Glaube, der rechtfertigt oder der vor Gottes Auge wohlgefällig ist, in und von der Hoffnung auf die Dinge, die er annimmt und bekennt.

38. (4) Und hier sehen wir wieder, was es heißt: Der Glaube ist ein übernatürliches Prinzip. Die Gesetze der Logik sind für das Evangelium dieselben wie bei den weltlichen Dingen. Wenn sie die einzigen Schiedsrichter für den Glauben wären, dann hätte in der Tat der Glaube nichts Übernatürliches an sich. Aber die Liebe zu dem großen Gegen-

[11] Von den Werken G. Bulls (1634–1710) waren Newman besonders seine Defensio fidei nicaenae (1685) und seine Harmonia apostolica (1669–1670) vertraut. J. Taylor (1613–1667) ist ebenfalls ein führender Theologe der karolinischen Epoche des Anglikanismus, die bei Newman und seinen Freunden so hoch in Ehren stand.

[12] Ein vom Erkennen formierter Glaube. – »Toter Glaube«, s. Jak 2, 17 – im Gegensatz zur »fides caritate formata«.

stand unseres Glaubens, das wachsame Aufmerken auf ihn [Gott], die Bereitschaft, an seine Nähe zu glauben; der gute Wille zur Annahme, daß er die menschlichen Angelegenheiten ordnet; die Furcht vor der Gefahr, das gering zu achten oder gar zu übersehen, was vielleicht doch wirklich von ihm kommt: All diese Gefühle sind dem gefallenen Menschen nicht natürlich und kommen aus übernatürlicher Gnade. Es sind eben die Gefühle, die uns eine Sicherheit für ausreichend halten lassen, die in sich selbst noch kein Beweis ist. Der natürliche Mensch hat kein Herz für die Verheißungen des Evangeliums und zerpflückt den Beweis dafür ohne Ehrfurcht, ohne Hoffnung, ohne Erwartung, ohne Enttäuschung. Zwar analysiert er die Beweise vielleicht tiefgründiger und behandelt sie klarer als ein anderer und faßt die Ergebnisse mit der Genauigkeit und in der Fachsprache eines gesetzlichen Tribunals zusammen. Aber er bleibt dabei stehen. So erreicht er weder die höheren Wahrheiten, die das eigentliche Ziel jener Beweise sind, noch atmet er den Geist ein, den sie ausströmen.

39. (5) Diese Bemerkung bezieht sich auf eine Tatsache, die manche guten Christen verwirrt hat: nämlich, daß die alten und modernen Philosophen, die sich in den Naturwissenschaften auszeichneten, nicht selten zum Unglauben neigten [vgl. Bacon, De dignitate et augmentis scientiarum, I §5]. Das System der physischen Ursachen ist so viel greifbarer und befriedigender als das der Zweckursachen. Besteht daher im Geist eines Forschers nicht schon von vornherein und unabhängig ein Interesse dafür, die Phänomene der Natur von einem intelligenten Schöpfer her zu betrachten, so wird er sicher einem Gedankengang folgen, der in der Hypothese von einer feststehenden Naturordnung und in sich selbst stehenden Gesetzen endet. Es ist in der Tat eine große Frage, ob nicht der Atheismus vom philosophischen Standpunkt aus mit den Erscheinungen der physischen Welt, rein für sich genommen, ebenso vereinbar ist wie die Lehre von einer schaffenden und erhaltenden Macht. Doch, wie dem auch sein mag, der praktische Schutz gegen den Atheismus ist und bleibt immer dann für den wissenschaftlichen Forscher das innere Bedürfnis und das Verlangen, wenn die innere Erfahrung jener Macht schon vor der Prüfung von Gottes materieller Welt und unabhängig von ihr in seinem Geiste besteht.

40. (6) Und hierin liegt hauptsächlich die Hinfälligkeit der bereits kurz erwähnten Argumentation gegen die Wunder, die von jenem schottischen Philosophen [David Hume. H] herrührt, dessen Tiefe und Subtilität jeder anerkennen muß. Eines wollen wir zugeben, wenn auch nur für diese Argumentation: Nach den Erfahrungen des Lebens zu urteilen, ist es wahrscheinlicher, daß Zeugen uns betrügen, als daß Naturgesetze aufgehoben werden. Dennoch können sich unabhängig von dieser Betrachtung der Frage Erwägungen ergeben, die umgekehrt

die größere Wahrscheinlichkeit auf die andere Seite verlagern: ich meine die a priori gegebene Wahrscheinlichkeit einer Offenbarung. Hier sehen wir also, wie der Glaube der Vernunft entspricht und wie er ihr nicht entspricht. Verbunden mit der vorausgehenden Wahrscheinlichkeit, daß die Vorsehung sich der Menschheit offenbaren wird, kann ein solcher, sonst ungenügender Beweis dafür, daß dies tatsächlich geschah, selbst nach dem Urteil der Vernunft für eine Überzeugung hinreichend sein. Aber abgesehen von jener Wahrscheinlichkeit, braucht er keineswegs dafür genügend zu sein. Das heißt, wenn die Vernunft nur den Beweis abwägt oder wenn sie nur aus äußerer Erfahrung folgert, widerspricht sie dem Glauben. Gibt sie aber den rechtmäßigen Einfluß und die logische Bedeutsamkeit der moralischen Gefühle zu, so stellt sie sich ihm zur Seite.

41 (7) Danach kann es scheinen, als ob Paley[13] in der Einleitung zu seinem Werk über die Gottesbeweise kaum genug gefordert hätte, wenn er von der Lehre über unseren künftigen Zustand und einer Offenbarung darüber sagt: »Für unseren Zweck ist es nicht notwendig, daß diese Behauptungen beweisfähig sind oder auch nur durch Argumente aus dem Lichte der Natur als wahrscheinlich hingestellt werden können; es ist genug, von ihnen zu sagen, daß sie nicht in jenem erheblichen Grade unwahrscheinlich sind«, daß die Behauptung oder die mit ihr verbundenen Tatsachen auf den ersten Blick verworfen werden müßten. Dieser scharfe und geniale Schriftsteller bittet hier um die Erlaubnis, das zu tun, was der vorhin erwähnte Utilitarist schon gefordert hatte, nämlich seinen Fall gleichsam vor einen Gerichtshof bringen zu dürfen. Als ob man sein Vertrauen auf die Kraft einer Beweisführung setzen könnte, die von moralischen und religiösen Betrachtungen nach der einen oder anderen Richtung absieht und nur aus den Erscheinungen des menschlichen Geistes ihre Folgerungen zieht, nämlich aus den Anregungen, Motiven und Gewohnheiten, nach denen der Mensch handelt. Ich will von diesem Vorgehen nicht mehr sagen, als daß es mir gefährlich zu sein scheint. Nach einer allgemeinen Redensart, werden Wunder nicht gewirkt, um Atheisten zu überzeugen. Und wenn sie einen Anspruch darauf erheben, Beweise für eine Offenbarung zu sein, so setzen sie das Dasein eines intelligenten Urhebers voraus, dem sie zugeschrieben werden. Ebenso sind Beweise im allgemeinen auf der Annahme aufgebaut, daß die Lehre, die sie beweisen wollen, sich nicht bloß in keinem Gegensatz, sondern in tatsächlicher Übereinstimmung mit den Gesetzen der sittlichen Leitung durch jenen Urheber befindet. Wunder durchbrechen zwar die physischen Gesetze des Universums, zielen aber auf die Erfüllung seiner moralischen Gesetze. Und tatsächlich wandten

[13] W. Paley (1743–1805), View of the Evidences of Christianity, London, 1794.

sie sich, als sie gewirkt wurden, an Personen, die schon gläubig waren, und zwar nicht nur im Sinn der bloßen Wahrscheinlichkeit, sondern der vollen Wahrheit übernatürlicher Offenbarungen. Das ist offenbar aus den Reden des Herrn und seiner Apostel ersichtlich. Sie waren gewohnt, sich an die religiösen Gefühle ihrer Hörer zu wenden, hatten zwar wohl keinen Erfolg bei der Menge, überzeugten jedoch alle, die schon überzeugt waren. Das waren freilich weder die Sophisten Athens noch die Politiker Roms, sondern Menschen von ganz verschiedener Geistesverfassung: die Frommen, die Abergläubischen, die Zuchtlosen. Sie alle, wohl verschieden unter sich, aber eins in dem einen, in der Anerkennung von Wahrheiten jenseits dieser Welt, mochte nun ihr Wissen klar sein oder nicht, ihr Leben folgerichtig oder nicht: die frommen Juden, die Proselyten des Tores, die ungelehrten Fischer, die ausgestoßenen Zöllner, die heidnischen Götzendiener.

42. (8) Nun sehen wir auch, warum manche Theologen dazu gekommen sind, keinen so großen Wert auf die sogenannten Beweise für die Religion zu legen. Das letzte Jahrhundert, eine Zeit, in der die Liebe erkaltet war, ist als das eigentliche Zeitalter der Beweise bekannt. In der Jetztzeit dagegen, da frömmere und eifrigere Gefühle geweckt worden sind – ich brauche kaum darauf hinzuweisen –, tritt fast überall die Neigung hervor, das achtzehnte Jahrhundert mit seinen gepriesenen Beweisen nicht mehr recht ernst zu nehmen. Es ist hier nicht meine Aufgabe, einen förmlichen Vergleich des vergangenen Jahrhunderts mit der Gegenwart anzustellen. Ich habe auch nicht zu beurteilen, ob die der Wahrheit näher stehen, die in diesen Dingen mit dem heutigen Zeitalter voranschreiten, oder jene, die mit dem Vergangenen zögernd zurückbleiben. Ich will nur feststellen, was man anscheinend damit meint, wenn man Beweise geringachtet: nämlich, daß im allgemeinen religiöse Geister das Evangelium hauptsächlich auf die große apriorische Wahrscheinlichkeit einer Offenbarung hin annehmen, und zwar deshalb, weil es ihrem inneren Bedürfnis am meisten entspricht, und daß anderseits bei irreligiösen Menschen alle Beweisführung Verschwendung ist...

43. Ist das nicht wirklich der Irrtum, der allgemeine und verhängnisvolle Irrtum der Welt, daß sie sich ohne Vorbereitung des Herzens als Richterin über die religiöse Wahrheit gebärdet? »Ich bin der gute Hirt und kenne die Meinen, und die Meinen kennen mich.« »Er geht vor ihnen her und die Schafe folgen ihm nach, weil sie seine Stimme kennen.« Die »ein reines Herz haben ..., werden Gott anschauen«. »Den Demütigen werden die Geheimnisse offenbar.« »Der geistliche Mensch beurteilt alles.« »Die Finsternis hat es nicht begriffen«[14]. Trübe Augen sehen nicht, schwerhörige Ohren hören nicht, aber in den

[14] Joh 10, 14.4; Mt 5, 8; 13, 11; 1 Kor 2, 15; Joh 1, 5. (H)

Schulen der Welt hält man die Wege zur Wahrheit für Landstraßen, die allen Menschen jeder Veranlagung und zu allen Zeiten offenstehen. Ihrer Meinung nach kann man sich der Wahrheit ohne Ehrfurcht nähern. Jeder steht da auf derselben Stufe wie sein Nächster; oder vielmehr, die Kräfte des Intellekts – Geistesschärfe, Schlauheit, Subtilität und Tiefe – hält man für Führer zur Wahrheit. Die Menschen glauben, sie seien ohne weiteres berechtigt, über religiöse Gegenstände zu diskutieren, genauso, wie wenn sie selber religiös wären. Sie greifen die heiligsten Dinge des Glaubens in jedem Augenblick an, je nach Belieben – wenn es sich trifft, auch dann, wenn sie zu sorgloser Unterhaltung gestimmt sind, in den Stunden der Erholung bei einem Glas Wein. Ist es dann zu verwundern, daß sie so häufig im Indifferentismus enden, und dann zu dem Schluß kommen, religiöse Wahrheit sei nur ein Name, und alle Menschen hätten Recht und alle Unrecht? Denn sie sind ja Zeugen einer Menge von Sekten und Parteien und haben innerlich das klare Bewußtsein, daß das Ende ihrer eigenen Forschung das Dunkel ist ...

44. ... Erst die vorausliegenden Wahrscheinlichkeiten geben den Argumenten aus Tatsachen, die gewöhnlich Beweise für die Offenbarung genannt werden, ihren eigentlichen Sinn. Bloße Wahrscheinlichkeit beweist zwar nicht, aber bloße Tatsachen überzeugen auch niemanden; denn Wahrscheinlichkeit ist für die Tatsache das, was die Seele für den Leib ist. Bloße Annahmen haben keine Kraft, aber bloße Tatsachen keine Wärme. Ein verstümmelter und mangelhafter Beweis genügt für die Überzeugung, wenn das Herz lebendig ist; aber tote Beweise, wie vollkommen sie auch sein mögen, schaffen bloß einen toten Glauben.

45. Zum Schluß: Es wird aufgefallen sein, daß ich noch nicht gesagt habe, was Vernunft wirklich ist, oder worin ihr Verhältnis zum Glauben besteht. Ich habe vielmehr nur die beiden einander gegenübergestellt. Dabei habe ich dem Wort Vernunft den Sinn gegeben, der ihm gewöhnlich beigelegt wird. Ich wünsche auch nicht, mehr zu tun, als den Sinn festzulegen, den die Worte Vernunft und Glauben bei christlichen und katholischen Schriftstellern haben. Wenn mir das gelungen ist, bin ich zufrieden, ohne daß ich versuche, meine Stellung zu verteidigen. Die Hälfte aller Kontroversen in der Welt sind Wortstreite, und wenn man sie auf einen einfachen Ausgangspunkt zurückführen könnte, würden sie ein schnelles Ende haben. Die streitenden Parteien würden dann erkennen, daß sie entweder in der Substanz übereinstimmen oder ihr Unterschied schon in den ersten Prinzipien liegt. Das ist das große Ziel, das man in unserer Zeit anstreben muß, wenn es auch zugestandenermaßen schwer zu erreichen ist. Wir brauchen nicht zu diskutieren, nicht zu beweisen – wir brauchen nur zu definieren. Auf jeden Fall wollen wir dies, wenn wir es können, immer zu allererst tun, und dann

zusehen, mit wem noch zu disputieren ist und was noch zu beweisen übrig bleibt. Vor allem in unserer Zeit steht die Kontroverse nicht zwischen den Heerscharen des Himmels, Michael und seinen Engeln, auf der einen und den Mächten des Bösen auf der anderen Seite. Es ist vielmehr ein Art Machtkampf, in dem jeder für sich kämpft und Freund und Feind nebeneinander stehen. Wenn die Menschen verstehen, was sie beiderseitig meinen, dann sehen sie meist, daß die Kontroverse entweder überflüssig oder aussichtslos ist.

II. Die Natur des Glaubens im Verhältnis zur Vernunft[15] (1839)

> »Was vor der Welt töricht ist, hat Gott erwählt, um die Weisen zu beschämen, und das Schwache vor der Welt hat Gott erwählt, um das Starke zu beschämen« (1 Kor 1,27).

1. Gewöhnlich spricht man heute so vom Glauben, als sei er rein moralischer Natur, abhängig von einem bestimmten vorausgehenden Vernunftakt, wobei die Vernunft aufgrund weitläufiger und sorgsam geprüfter Beweise garantiert, daß das Evangelium von Gott stammt und der Glaube erst dann es bejaht und ergreift. Anderseits entspricht es der Schrift wohl genauer und paßt auch besser zu den Tatsachen, wenn wir annehmen, daß hier kein solcher zusammengesetzter Prozeß von vorhergehendem Denken und nachfolgendem Glauben vorliegt, daß vielmehr der Glaubensakt etwas Einfaches und Elementares ist, in sich vollendet und von keinem vorherigen geistigen Prozeß abhängig. Diese Lehre geht auch aus der gemeinsamen Überzeugung der Menschen hervor. Freilich stellt man dabei meist Glauben und Vernunft einander gegenüber. Aber man sieht eher den Glauben als schwache Vernunft an, denn als moralische Qualität oder als Akt, der auf die Vernunft folgt. Das Wort des Lebens wird dem Menschen angeboten, und auf dies Angebot hin glaubt er daran. Worauf gründet sich sein Glaube? Auf

[15] Am 14. Januar 1839 schrieb Newman seinem jungen Freund F. Rogers (Mozley II, S. 248f.): »Hier gibt's nichts Neues. Ich habe zwei Predigten gehalten, die mir viel Klarheit über mein Thema gebracht haben; und zugleich glaube ich, daß sie eine Überraschung für alle meine Hörer gewesen sind. Ich meine wirklich, daß ich die Vernunft definiert habe; ein sehr weites Thema tut sich auf – ich wünschte, ich könnte weiter darauf eingehen.« Zugleich berichtet er über eine Äußerung von Lord John Manners (1818–1906), dem jungen Freund Disraelis, der eigens mitten aus dem Examen von der Universität Cambridge nach Oxford gekommen war, um Newman zu hören und ihn zu besuchen.

zweierlei: Das Wort seines menschlichen Boten und die innere Wahrscheinlichkeit der Botschaft. Und warum empfindet er die Botschaft als wahrscheinlich? Weil er sie liebt und weil seine Liebe stark ist, mag auch das Zeugnis schwach sein. Er hat ein feines Empfinden für die wesenhafte Vollkommenheit der Botschaft; für die Erwünschtheit; für ihre Ähnlichkeit mit dem, was nach seiner Meinung die göttliche Güte gewähren würde, wenn sie überhaupt etwas gewährte; für die Notwendigkeit einer Offenbarung und die Wahrscheinlichkeit ebendieser Verkündigung. So ist der Glaube das Denken und Urteilen eines religiösen Geistes oder, wie die Schrift sagt, eines rechten oder erneuerten Herzens, das eher auf Präsumtionen als auf Beweis hin handelt und über die Zukunft nachdenkt und auf sie hin wagt, wenn es sich ihrer auch nicht versichern kann.

2. Nehmen wir zum Beispiel die Predigt des heiligen Paulus in Athen. Er sagte seinen Zuhörern, er komme als Bote von jenem Gott, den sie, wenn auch ohne es zu wissen, schon verehrten und von dem ihre Dichter redeten. Er appellierte an die ihnen innewohnende Überzeugung von Gottes geistiger Natur und Einheit. Er ermahnte sie, sich ihm zuzuwenden, der Einen dazu bestellt habe, dereinst die ganze Welt zu richten. Das war ein Appell an die schon im voraus bestehende Wahrscheinlichkeit für eine Offenbarung, die entsprechend den Wünschen im Herzen der einzelnen verschieden eingeschätzt werden müßte. Welchen Beweis gab es denn nun, um diese verschiedenen vorausgehenden Annahmen, auf die er sich berief, auf seine Botschaft zu konzentrieren? Sehr wenig, aber immerhin etwas: kein Wunder, sondern nur sein eigenes Wort, daß Gott Christus von den Toten auferweckt habe – fast das gleiche wie der Beweis, den man auch heute noch der Menge gibt, oder vielmehr nicht einmal soviel. Niemand wird sagen, das sei ein starker Beweis gewesen. Aber durch die Neuheit und sozusagen Originalität des Anspruchs; durch seine Seltsamkeit und die Unwahrscheinlichkeit, daß es bloße Erfindung wäre; sowie durch das persönliche Verhalten des Apostels, unterstützt durch die volle Kraft der apriorischen Wahrscheinlichkeiten, die schon da waren und die er bloß in ihnen zur Wirkung brachte – dadurch genügte der Beweis. Er genügte, denn einige glaubten – genügte allerdings nicht an sich, wohl aber für diejenigen, die die Liebe hatten und deshalb zum Glauben geneigt waren. Für Menschen, die nichts von einer anderen Welt befürchteten, wünschten, ersehnten, erwarteten, war der Apostel nur ein »Schwätzer«. Die aber das alles taten oder, nach den Worten desselben Evangelisten an anderer Stelle, die »zum ewigen Leben berufen waren« [1 Tim 1,16; 6,12], »hingen ihm an und glaubten«.

3. Dieses Beispiel rechtfertigt wohl völlig die Ansicht vom Glauben, die ich dargelegt habe: daß er ein Akt der Vernunft ist, aber einer, den die

Welt als schwache, mangelhafte oder ungenügende Vernunft bezeichnen würde; und zwar, weil er sich mehr auf Präsumtionen, weniger auf Beweis stützt. Anderseits bin ich mir darüber klar, daß diese Stelle der Schrift durchaus nicht mit der modernen, heute sehr geschätzten Theorie in Einklang zu bringen ist, der Glaube sei ein rein moralischer Akt, abhängig von einem vorhergehenden Prozeß klarer und umsichtiger Vernunft. Wenn es so wäre, dann hätte der heilige Paulus, sollte man denken, nicht eher Anspruch auf den Glauben seiner Zuhörer erheben können, bis er ein für die Vernunft annehmbares Wunder als Zeichen dafür gewirkt hätte, daß seine Botschaft ihnen zur gläubigen Annahme übermittelt sei.

4. Daß dieser Unterschied der Theorien über die Natur des Glaubens nicht leicht zu nehmen ist, geht vielleicht schon aus den Folgerungen hervor, die ich in der vorigen Predigt daraus gezogen habe, und die, wenn sie berechtigt sind, sicherlich große Bedeutung haben. Aus dem Empfinden heraus, daß der Unterschied schwerwiegend ist, will ich jetzt genauer darlegen, wie ich das Verhältnis des Glaubens zur Vernunft sehe. Ich stellte also folgendes fest:

5. Wir sind von Wesen umgeben, die ganz unabhängig von uns existieren. Sie sind da, ob wir da sind oder nicht, und vergehen, ob wir Kenntnis von ihnen haben oder nicht. Wir teilen sie gewöhnlich in zwei große Gruppen ein: in materielle und immaterielle Dinge. Von den materiellen haben wir unmittelbare Kenntnis durch unsere Sinne. Wir nehmen das Dasein von Personen und Dingen wahr, ihre Art und Beschaffenheit, ihre Beziehungen zueinander, den Verlauf ihrer Handlungen. Das alles teilen uns die Sinne unmittelbar mit; wir sehen und hören, was vorgeht, und zwar unmittelbar. Was die immateriellen Dinge angeht, so haben wir offensichtlich keine den Sinnen analogen Kräfte, durch die wir ein unmittelbares Wissen von ihrem Dasein erwerben könnten, es sei denn von unserer eigenen Seele und ihren Handlungen. So viel ist jedenfalls sicher, daß wir uns nicht bewußt sind, diese Fähigkeiten [zur unmittelbaren Erfassung des Immateriellen] zu besitzen. Wir nennen es mit Recht phantastisch, wenn jemand ein solches Bewußtsein [des Immateriellen] zu haben vorgibt. Zuweilen ist allerdings dieses Bewußtsein einem Menschen mitgeteilt worden wie bei manchen Erscheinungen Gottes, von denen die Schrift berichtet. Aber im gewöhnlichen Verlauf der Dinge ist soviel sicher: Wie es auch immer um die direkten Beziehungen zwischen der Seele und den immateriellen Dingen bestellt sein mag – ob wir sie wahrnehmen oder nicht, von ihnen beeinflußt werden oder nicht –: jedenfalls haben wir kein Bewußtsein von einer solchen Wahrnehmung oder einem solchen Einfluß in der Art, wie sie uns die Sinne bei der Wahrnehmung der materiellen Dinge vermitteln. Die Sinne sind also die einzigen Werkzeuge, von denen wir

wissen, daß sie uns zur unmittelbaren Erkenntnis der Dinge außer uns verliehen sind. Dazu kommt, daß unsere Sinne uns nur eine kurze Strecke über uns selbst hinaustragen und uns nur unter gewissen Umständen in die Außenwelt hineinführen: unter Bedingungen von Zeit und Ort und nur durch bestimmte Medien, durch die sie wirken. Wir müssen den Dingen nahe sein, um sie zu berühren; müssen gleichzeitige Geräusche ausschalten, um sie zu hören; müssen Licht haben, um sie zu sehen; vergangene und zukünftige Dinge können wir weder sehen noch hören noch fühlen.

6. Nun ist ja die Vernunft die Geisteskraft, die diesen Mangel ersetzen soll und durch die wir über die Sinne hinaus ein Wissen über die Außendinge, über Wesen, Tatsachen und Ereignisse jenseits des Bereiches der Sinne erwerben. Sie versichert uns nicht nur der natürlichen Dinge, oder nur geistiger, oder nur gegenwärtiger, vergangener, zukünftiger. Vielmehr ist sie, wenn auch in ihrer Macht begrenzt, doch rein als Fähigkeit betrachtet unbegrenzt in ihrem Bereich. Allerdings ist sie auch darin natürlich je nach den Einzelmenschen verschieden. Sie reicht bis an die Enden des Alls und darüber hinaus bis an den Thron Gottes. Sie verschafft uns Wissen, sei es klar oder unsicher, aber immerhin Wissen in allen Graden der Vollkommenheit und allseitig, aber zugleich mit der Eigenart, daß sie es mittelbar, nicht unmittelbar empfängt.

7. Die schlußfolgernde Vernunft nimmt nämlich in Wirklichkeit nichts wahr, sondern ist eine Fähigkeit, von Gegenständen, die wir wahrnehmen, fortzuschreiten zu solchen, die wir nicht wahrnehmen. Des Daseins dieser Dinge versichert sie uns aufgrund der Voraussetzung anderer Dinge, von denen man weiß, daß sie bestehen, das heißt mit anderen Worten, von Dingen, die als wahr angenommen werden.

8. Das versteht man gemeinhin unter Vernunft. Und von daher stammt auch die Brauchbarkeit einer Reihe von Wörtern, die man gewöhnlich anwendet, um sie und ihre Akte zu bezeichnen. Man sieht zum Beispiel ihre Tätigkeit gewöhnlich als einen Prozeß an, der natürlich notwendigerweise ein gedankliches Fortschreiten von einer Idee zur anderen sein muß, also eine Betätigung des Geistes, während die Sinneswahrnehmung doch kaum so bezeichnet werden kann. Oder man spricht von Forschung und von Analyse oder sagt: Die Vernunft vergleicht, unterscheidet, urteilt, entscheidet. Aus all diesen Ausdrücken ergibt sich, daß sie keine einfache Zustimmung zur Wirklichkeit bestimmter äußerer Tatsachen, sondern ein Forschen nach Gründen, eine Zustimmung auf Gründe hin ist. Sie ist also das Vermögen, auf gegebene Gründe hin ein Wissen zu erwerben, und ihre Tätigkeit besteht darin, ein Ding aufgrund eines anderen zu behaupten und zu bestimmen. Wenn also ihre Tätigkeit richtig geleitet ist, führt sie zur Erkenntnis; wenn sie

Newman, 1865, Photographie.

falsch geleitet ist, zum Scheinwissen, zu bloßen Meinungen, zum Irrtum.

9. Wenn nun das die Vernunft ist, dann versteht man unter einem Akt oder Prozeß des Glaubens gemeinhin zweifellos einen Gebrauch der Vernunft; ob einen richtigen Gebrauch oder nicht, ist eine andere Frage; und ebenso, ob es zur Beschreibung genügt, wenn wir ihn so nennen. Er ist die Annahme von Dingen, die von den Sinnen nicht vermittelt werden, als wirklich seiend, und zwar auf gewisse vorausliegende Gründe hin. Er ist ein Werkzeug mittelbarer Erkenntnis von Gegenständen, die außer uns selbst liegen. Dabei vollzieht sich der Vorgang in folgender Weise: »Ich halte diese Lehre für wahr, weil man mich so gelehrt hat«; oder »weil Höherstehende es mir sagen«; oder »weil gute Menschen so denken«; oder »weil die verschiedensten Menschen so denken«; oder »alle Menschen«, oder »die meisten Menschen«; oder »weil es so hergebracht ist«; oder»weil Personen, denen ich vertraue, sagen, daß es einst durch Wunder bekräftigt wurde«; oder »weil jemand, der Wunder gewirkt haben soll«, oder »der sagt, er habe sie gewirkt«, »so gelehrt hat«; oder »weil ich jemanden gesehen habe, der selbst bei den Wundern zugegen war«; oder wegen all dieser oder eines Teiles dieser Gründe zusammen. Irgendein derartiger Verstandesakt ist der Akt des Glaubens, seiner Natur nach betrachtet.

10. Auf der anderen Seite ist aber der Glaube dem alltäglichen Vorwurf ausgesetzt, er sei ein fehlerhafter Akt der Vernunft, da sie sich hier auf unzureichende Gründe stütze. Dabei muß man, glaube ich, allerseits wohl soviel zugeben: Entweder verfährt der Glaube unlogisch, oder der Geist hat Gründe für ihn, die nicht voll zum Ausdruck gebracht sind, wenn der Prozeß so dargestellt wird. Mit anderen Worten, wenn der Geist zu seinem Heile glaubt, so geht das Denken, das der Glaube in sich einschließt, wenn es überhaupt logisch ist, nicht einfach vom vorgebrachten Beweis aus, sondern auch noch von anderen Gründen.

11. Ich sage also, in bezug auf den speziellen Prozeß der Vernunft, der im Glauben enthalten ist, besteht folgende Alternative: Entweder ist der Prozeß unlogisch, oder der Gegenstand ist mehr oder weniger etwas Besonderes und Verborgenes; entweder ist der Akt der Schlußfolgerung fehlerhaft, oder die Prämissen sind nicht entwickelt; kurz, der Glaube ist entweder etwas Minderwertiges oder Schwaches, oder er ist unirdisch. Die Schrift sagt, daß er etwas Unirdisches ist, und die Welt hält ihn für minderwertig.

12. Das also ist die Anklage gegen den Glauben, daß er das Denken und Erkennen eines schwachen Geistes sei, während er in Wirklichkeit das Erkennen eines göttlich erleuchteten Geistes ist. Ich möchte darum in wenigen Worten einen analogen Fall aufzuzeigen versuchen, der bei anderen Akten der Vernunft vorkommen kann; das heißt, ich möchte

dartun, daß der Glaube nicht die einzige Anwendung der Vernunft ist, die man bei kritischer Untersuchung unvernünftig nennen könnte, ohne daß sie es wirklich ist.

13. (1) Tatsächlich ist bei philosophisch veranlagten Menschen nichts häufiger als die Ansicht, daß niemand richtig denkt außer ihnen selbst. Jeder Mensch glaubt ganz selbstverständlich, er habe recht und die anderen, die von ihm abweichen, seien im Unrecht. Insofern wird jeder das Denken des anderen fehlerhaft finden, denn niemand will doch ohne hinreichenden Grund handeln. Soweit also die Menschen in der Lage sind, die Ansichten anderer zu analysieren und ihre Gedankenentwicklung zu verfolgen, sind sie geneigt, diese als unlogisch zu verachten. Da macht sich etwa jemand daran, zu untersuchen, warum sein Nachbar es mit dieser und nicht mit einer anderen politischen Partei hält; warum er sich für oder gegen gewisse Maßnahmen sozialer, wirtschaftlicher oder politischer Art ausspricht; warum er dieser religiösen Gruppe angehört und nicht jener, diese oder jene Lehre annimmt; warum er eine gewisse Geschmacksrichtung in der Literatur, bestimmte Ansichten bei offenen Fragen hat. Es ist unnötig, zu sagen, daß er ihn immer dann ohne Schwierigkeiten lächerlich machen oder gar verurteilen kann, wenn er die Begründung nur nach den vorgebrachten Gründen mißt.

14. Dasselbe gilt von Schlußfolgerungen, die von feststehenden, allen zugänglichen Tatsachen abgeleitet werden. Vom Anblick desselben Himmels kann der eine gutes, der andere schlechtes Wetter voraussagen. Aus den Zeichen der Zeit liest der eine Gutes, der andere Böses. Aus derselben Handlung eines Individuums schließt der eine auf sittliche Größe, der andere auf Verworfenheit und Gemeinheit, der eine auf Einfalt, der andere auf Verschlagenheit. Auf denselben Beweis hin rechtfertigt der eine, verdammt der andere. Die Wunder des Christentums wurden in den alten Zeiten von einigen der Magie zugeschrieben, andere wurden durch sie bekehrt. Die Einheit seiner Bekenner untereinander galt einigen als Folge von Aufruhr- und Verratsplänen, und andere bewegte sie zu dem Worte: »Siehe, wie die Christen einander lieben!« Die Erscheinungen der physischen Welt haben zur Entstehung ganz verschiedener Theorien geführt, das heißt zur Behauptung von Tatsachen, auf die sie hinzudeuten schienen: Theorien der Astronomie, Chemie, Physiologie, religiöse und atheistische Theorien und so weiter. Dieselben Ereignisse sollen eine besondere Vorsehung beweisen und auch nicht, die Göttlichkeit *einer* Religion dartun oder die einer anderen. Der Fall des römischen Reiches war für die Heiden eine Widerlegung, für die Christen ein Beweis der Wahrheit des Christentums. So groß ist die Verschiedenheit des Denkens und Urteilens der Menschen. Und sie zeigt uns, daß der Glaube nicht die einzige Anwendung der Vernunft ist, die von einigen anerkannt wird, von an-

deren nicht, oder die im gewöhnlichen Sinn des Wortes unvernünftig ist.

15. Es wäre auch unrecht, zu behaupten, solche Divergenzen rührten vom Versagen der Denkfähigkeit bei der Masse her und gerade dadurch erweise sich der Glaube, wie ich ihn beschrieben habe, als ein Beispiel dieser Mangelhaftigkeit. Zu dieser Vorstellung kommen Menschen von klarem Intellekt nur allzu leicht. Wenn ein Intellekt klar, kraftvoll und konsequent, aber nicht tief ist, sieht er diese Abweichungen in den Schlußfolgerungen als ein Versagen der Denkkraft an und wird sie demgemäß verachten oder auch entschuldigen. Das sind die Menschen, die gewöhnlich Freigeister in religiöser Hinsicht oder Neuerer sind: Menschen von genauem oder scharfem, aber seichtem Geist, die von allen Menschen glauben, sie irrten, nur von sich selbst nicht; oder es doch nicht für wichtig halten, wenn sie es tun. Sie sehen die Erforschung der Wahrheit nur für einen syllogistischen Prozeß an und schreiben einen Mißerfolg nur dem Mangel an Vertrautheit des Geistes mit den Gesetzen des richtigen Denkens zu. Aber sicher gibt es kein größeres Mißverständnis als dieses. Denn die Erfahrung des Lebens bietet uns überreiche Beweise dafür, daß die Menschen in praktischen Dingen meistens gar keine schlechten Denker sind, wenn ihr Geist wirklich lebendig dabei ist. Die Menschen täuschen sich nicht, wenn ihre Interessen in Frage kommen. Sie haben einen instinktiven Sinn für die Richtung, in der der Weg dorthin führt, und dafür, wie sie handeln müssen, um mit dem Trieb zu Selbsterhaltung oder Selbsterhöhung im Einklang zu bleiben. Und ebenso haben in Fragen, in denen Parteigeist, politische Meinung, ethische Grundsätze oder persönliche Gefühle maßgebend sind, die Menschen – meist ihnen selbst unbewußt– eine überraschende Geschicklichkeit, die ihnen gemäße Stellung zu nehmen. Wie wenig auch die in Frage kommende Sache mit ihrem eigenen Bekenntnis, ihren Gewohnheiten und Gefühlen zu tun hat: die Prinzipien, die sie anerkennen, leiten sie unbeirrt zu ihrem berechtigten Ziel. So kommt es denn auch häufig, daß wir selbst bei offenbar gleichgültigen Tätigkeiten, Gebräuchen und Gefühlen oder in Fragen der Wissenschaft, der Politik, der Literatur ziemlich sicher aus den moralischen oder religiösen Ansichten bestimmter Personen von vornherein vorhersagen können, auf welcher Seite sie stehen werden, und sie daher oft viel besser verteidigen können, als sie selbst es zu tun imstande sind. Dasselbe wird auch durch die innere Festigkeit religiöser Bekenntnisse bewiesen, die sich in Raum und Zeit frei entfalten konnten, zum Beispiel das Urchristentum, die Religion des Mittelalters, der Kalvinismus – eine Festigkeit, die doch nichtsdestoweniger in dem und durch den ungebildeten und ungenauen Geist der Menge geschaffen wurde. Weiter haben wir ein Zeugnis dafür in der Gleichförmigkeit der Entwicklung der gleichen Ideen politischer, religiöser oder philosophischer Art in ver-

schiedenen Zeiten und Ländern. Denn die Gesetze der Vernunft zwingen sie zu der gleichen Entfaltung, den gleichen sich ablösenden Phasen, dem gleichen Aufstieg und dem gleichen Verfall. So läßt sich aus dem Rückblick auf ihre Geschichte in dem einen Jahrhundert gleichsam ihr kommendes Schicksal im nächsten im voraus entwickeln.

16. All dies zeigt, daß trotz der Ungenauigkeit im Ausdruck – oder wenn wir wollen – im Gedanken, die in der Welt vorherrscht, die Menschen im allgemeinen nicht unrichtig folgern. Wenn ihre Vernunft selber fehlerhaft wäre, würde jeder in seiner Weise folgern. Nun aber verbinden sie sich zu Schulen, und zwar nicht bloß aus Nachahmungstrieb oder aus Sympathie, sondern ohne Zweifel aus innerem Antrieb, unter dem zwingenden Einfluß ihrer Prinzipien. Sie mögen schlecht argumentieren, aber sie folgern gut, das heißt die Gründe, die sie angeben, sind kein entsprechendes Maß für die, die sie tatsächlich haben. Und in gleicher Weise ist es auch beim Glauben kein Zeichen von wirklicher Schwäche oder Unvollkommenheit im folgernden Denken, wenn der Beweis offensichtlich seinem Zweck nicht adäquat ist. Er steht scheinbar im Widerspruch zur Vernunft, in Wirklichkeit aber nicht. Er ist bloß unabhängig und verschieden von sogenannten philosophischen, intellektuellen Systemen, entwickelter Argumentation und ähnlichem.

17. Soviel über die allgemeinen Phänomene, die die Wirksamkeit der großen Fähigkeit begleiten, die uns vom Tier unterscheidet. Ob wir nun Glaubensvorgänge oder andere Tätigkeiten der Vernunft betrachten: Die Menschen schreiten auf Gründe hin voran, die sie nicht angeben und nicht vorbringen können; und wenn sie es könnten, so vermögen sie doch deren Wahrheit nicht zu beweisen; sie tun es also auf unentwikkelte oder vorausliegende Gründe hin, die sie als bewiesen annehmen.

18. (2) Beachten wir dazu noch folgendes: Die Gründe, die wir vorbringen können, mögen noch so genau und vollständig, unsere Methode mag noch so systematisch, unsere Beweisführung noch so klar und greifbar sein – sobald unser Gegenstand auf seine einfachen Elemente zurückgeführt wird, muß schließlich doch immer etwas angenommen werden, was nicht bewiesen werden kann. Und ohne dieses wäre unsere Schlußfolgerung geradeso unlogisch, wie der Glaube dem Weltmenschen unlogisch zu sein scheint.

19. Nehmen wir beispielsweise einen tatsächlichen Beweis, und zwar von stärkster Art. Worum es sich auch handeln mag, seine Überzeugungskraft muß in etwas bestehen, was man einfach als gegeben gelten läßt; bis dahin ist er sein eigener Beweis und kann nur auf Instinkt oder auf Vorurteil hin angenommen werden. Wir vertrauen zum Beispiel unseren Sinnen, obgleich sie uns oft täuschen. Sie widersprechen sich sogar zuweilen, und doch vertrauen wir ihnen. Aber selbst, wenn sie immer miteinander übereinstimmten und uns niemals täuschten, so

ließe sich doch ihre Zuverlässigkeit dadurch noch nicht beweisen. Wir nehmen an, die apriorische Wahrscheinlichkeit ihrer Zuverlässigkeit habe eine so zwingende Kraft, daß wir den Beweis für sie entbehren können. Wir nehmen die Sache einfach als gesichert an. Oder wenn wir Gründe dafür haben, so liegen sie entweder in unserem geheimen Glauben an die Stabilität der Natur oder an die welterhaltende Gegenwart und Gleichmäßigkeit der göttlichen Vorsehung – was wiederum nur Annahmen sind. Wie also die Sinne uns täuschen können und es wirklich tun und wie wir ihnen aus einem geheimen Instinkt heraus doch trauen, so braucht es noch nicht Schwäche oder Übereilung zu sein, wenn wir auf ein gewisses Vorgefühl des Geistes hin an die Glaubwürdigkeit des Zeugnisses für eine Offenbarung glauben.

20. Ferner verlassen wir uns ohne Prüfung auf unser Gedächtnis, und zwar, obwohl es gleichfalls offenbar unbeständig und trügerisch ist. Wir verlassen uns darauf für die Richtigkeit unserer meisten Ansichten. Denn die Gründe, die wir für sie haben, sind im gegebenen Augenblick unserem Geist nicht sämtlich gegenwärtig. Wir trauen dem Gedächtnis zu, daß es uns mitteilt, was wir gelten lassen und was nicht. Man kann sagen, daß ohne eine solche Voraussetzung die Welt nicht weiter bestehen könnte. Richtig, aber geradeso könnte die Kirche ohne den Glauben nicht fortbestehen. Zustimmen, sich zufriedengeben aufgrund eines bloßen Zeugnisses oder eines Beweises, der nicht stärker ist als ein Zeugnis: Das ist die einzige Methode, durch die, wenigstens soweit wir sehen können, die zukünftige Welt uns offenbart werden kann.

21. Dasselbe gilt von unserer Voraussetzung, daß unsere Denkkraft zuverlässig sei. Wir glauben, ihr in bestimmten Fällen unbesehen vertrauen zu können, obwohl wir wissen, daß sie uns in anderen Fällen betrogen hat.

22. Wenn wir diese Instinkte nicht hätten, würde zweifellos durch unsere Erfahrung von der Unzuverlässigkeit unserer Sinne, des Gedächtnisses und der Vernunft unser praktisches Zutrauen auf sie in Sachen dieser Welt doch stark ins Wanken geraten. So ist es auch bei den Dingen der anderen Welt. Wer nicht jene instinktive Ahnung der Allgegenwart Gottes und seiner unermüdlichen und genauen Vorsehung hat, die Heiligkeit und Liebe in uns schaffen, darf nicht überrascht sein, wenn der Beweis für das Christentum nicht jene Aufgabe leistet, die ihm damals niemals zugedacht war: sich selbst genau so sicher zu bezeugen, wie die Offenbarung es tut. Nichts also, was die Heilige Schrift über den Glauben sagt, wie erstaunlich es auch auf den ersten Blick sein mag, ist im Widerspruch mit dem naturgegebenen Zustand, in dem wir uns bei der Erwerbung von Wissen auch sonst befinden: Immer müssen wir etwas voraussetzen, um irgend etwas zu beweisen; und wer nichts wagt, gewinnt nichts.

23. (3) Wir gehen einen Schritt weiter. Denken wir doch einmal darüber nach, wie wir uns Wissen erwerben. Es scheint dabei das folgende Gesetz zu gelten: Je wertvoller und begehrenswerter ein Wissen nach Rang und Bedeutung oder Umfang ist, desto subtiler ist der Beweis, aufgrund dessen wir es uns aneignen. So sind wir veranlagt: Wollten wir bei jedem Schritt, den wir tun, die denkbar größte Sicherheit haben, so müßten wir uns damit zufrieden geben, am Boden zu kriechen, und könnten uns niemals von der Erde erheben. Wenn wir für große Ziele bestimmt sind, so sind wir zu großen Wagnissen berufen, und da uns in nichts absolute Sicherheit[16] gegeben ist, müssen wir bei allen Entscheidungen wählen zwischen der Untätigkeit des Zweifels und der Überzeugung, daß wir unter den Augen des Einen leben, der uns nach seinem unerforschlichen Ratschluß durch Gewährung eines schwachen Beweises prüfen will, während er uns doch auch einen stärkeren geben könnte. Der uns liebt, hat es uns in die Hand gegeben. Und er befiehlt uns, es zwar mit bestem Urteil zu prüfen, das eine zu verwerfen, das andere anzunehmen, aber stets in Gegenliebe zu ihm. Nicht kalt und bloß kritisch, sondern mit dem Gedanken an seine Gegenwart und mit dem Gedanken daran, daß er vielleicht gerade durch die Mängel in der Beweisführung unsere Liebe zu dem Gegenstand selbst prüfen will. Es ist vielleicht ein Gesetz seiner Vorsehung, um so leiser zu sprechen, je mehr er verspricht. Das Tastgefühl ist zum Beispiel der sicherste und vorsichtigste unserer Sinne, aber auch der beschränkteste, es reicht nur auf Armeslänge. Das Auge, das weitere Fernen umfaßt, kann nur im Licht wirksam sein. Die Vernunft, die den Bereich der Sinne und die Zeit überschreitet, bereichert unsere Erkenntnis nur auf Umwegen und indirekt; und sie vermittelt uns dabei, auch wenn sie an sich deutlich ist, doch nur farblose und unscharfe Umrisse der Wirklichkeit, wie ein Bild entfernter Gegenstände am Horizont. Der Glaube wiederum, durch den wir göttliche Dinge erkennen, beruht auf dem Beweis durch Zeugnisse, die im Verhältnis zu dem überreichen Segen, den sie bezeugen, schwach sind. Und wie die Vernunft mit ihren umfassenden Schlußfolgerungen zugestandenermaßen als Werkzeug höher steht als die Sinne mit ihren sicheren Prämissen, so erhebt sich der Glaube durch seinen Gegenstand weit höher über die Vernunft, als er durch die Dunkelheit seines Werdegangs unter sie herabsinkt. Und es kommt, sage ich, der Analogie nur zugute, daß die göttliche Wahrheit nur durch eine so feine und indirekte Methode erreicht wird: eine Methode, die

[16] Mit diesem Satz von der »absoluten Sicherheit bei keiner Sache« sind, wie ich glaube, »Beweise, die einen Zweifel absolut unmöglich machen« gemeint, und mit »der Untätigkeit des Zweifelns« ist nicht ein formeller Zweifel gemeint, sondern ein Geisteszustand, der noch eine Möglichkeit zum Zweifel erkennt.

weniger greifbar ist als andere, weniger der Analyse zugänglich, nur teilweise auf Denkformen zurückführbar und dem Widerspruch und der Geringschätzung preisgegeben.

24. (4) Noch vieles könnte man über die besondere Zartheit und Dunkelheit solcher Denkprozesse sagen, die die Erwerbung jedes höheren Wissens begleiten. Es ist nicht zuviel behauptet, wenn wir sagen, daß keine der großen Errungenschaften der Vernunft in günstigem Licht erscheinen, keine offensichtlich gerechtfertigt und der Kritik entzogen würde, wenn wir sie in die technische Form brächten, die die Wissenschaft der Logik fordert. Die hervorragendsten Siege des Genius, hervorragend sowohl durch Originalität als durch die Zuversicht, mit der sie angestrebt wurden, sind gleichsam durch unsichtbare Waffen gewonnen. Es geschah durch Gedankenwege, so verborgen und kompliziert, daß die Menge sie im Vertrauen annehmen muß, bis der Erfolg oder ein anderer Erweis sie bestätigt. Solcher Art sind die Methoden, die der Geist tiefer Denker in der mathematischen Wissenschaft erfunden hat: Sie sehen aus wie Sophismen, bis sie in Wahrheiten ausmünden. Selbst hier, in der strengsten aller Disziplinen, ist das Werkzeug der Entdeckung so fein, daß man gezwungen war, technische Ausdrücke und Formeln dafür einzusetzen; nur dadurch konnte man überhaupt aus dem Labyrinth herausfinden, daß man zunächst einmal die Schwierigkeiten für die gröbere Vernunft der Vielen verminderte. Oder bedenken wir, wie selten und wie immateriell – wenn ich diese Worte gebrauchen darf – der Beweis in der Metaphysik ist: wie schwierig zu verstehen, selbst wenn er uns von Philosophen gegeben wird, deren Geistesklarheit und gesundem Sinn wir voll vertrauen. Welches leere System von Worten ohne Begriffe scheinen solche Leute aufzubauen! Und doch müßten vielleicht gerade wir zugeben, es liege daran, daß wir schwer von Begriff sind, und nicht daran, daß sie Phantasten sind. Ganz gleich, um welche Eigenart des Forschens es sich bei ihnen handeln mag, wir müßten zugeben, daß uns eben die Kraft und Beweglichkeit des Geistes fehlt, um darüber zu urteilen. Oder wir wollen einmal festzustellen versuchen, was im Geiste vorgeht, wenn schwache Anzeichen an gegenwärtigen Dingen uns über das unterrichten sollen, was in Zukunft sein wird. Bedenkt den ganz außergewöhnlichen Scharfsinn, der einen großen General wissen läßt, was seine Freunde und Feinde zu tun im Begriff sind und wie und wo ihre kombinierten Bewegungen ausgehen werden. Und sagt dann, ob man nicht, wenn er seine Sache in Wort oder Schrift entwickeln müßte, auch seine glänzendsten Kombinationen alle widerlegen und alle Gründe, die er vorbringen könnte, als unlogisch hinstellen könnte.

25. In analoger Weise ist auch der Glaube ein Prozeß der Vernunft, bei dem viele Gründe für seine Folgerungen gar nicht zum Ausdruck

gebracht werden können und so viel gar nicht im Wesen des Geistes selbst liegt: in seiner allgemeinen Anschauung von den Dingen, seiner Wertung des Wahrscheinlichen und Unwahrscheinlichen, seinen Eindrücken vom Willen Gottes und den aus seinen angeborenen Wünschen stammenden Voraussetzungen (Antizipationen). Gerade deshalb muß der Glaube in den Augen der Welt auch immer als unvernünftig und verächtlich erscheinen – solange allerdings, bis der Ausgang ihn bestätigt. Der geistige Akt zum Beispiel, mit dem ein ungelehrter Mensch das Evangelium auf das Wort seines Lehrers hin zu seinem Heil im Glauben annimmt, ist analog der Betätigung des Scharfsinns bei einem großen Staatsmann oder General; denn die übernatürliche Gnade tut für die ungebildete Vernunft das, was die Genialität für jene tut.

26. (5) Nun ist es eine einzigartige Bestätigung dieser Anschauung von unserem Gegenstand, daß die Gedankengänge der inspirierten Menschen, ja Gottes selbst in der Heiligen Schrift sich unserem Verständnis ebenso entziehen. In so hohem Maße ist das der Fall, daß ehrfurchtslose Geister sie fast ohne Zögern mit derselben Verachtung behandeln, die sie dem Glauben der gewöhnlichen Christen gegenüber bekunden. Die Argumente des heiligen Paulus wurden schon lange abgelehnt, sogar von Männern, die sich als Verteidiger des Christentums ausgaben. Auch können wir nicht sagen, der Denkprozeß – wenn ich so sagen darf – bei einigen Reden unseres heiligsten Erlösers wäre für unseren schwachen Geist verständlicher. Eines noch wollen wir beachten. Wenn die Art der Vernunfttätigkeit, die wir Glauben nennen, von so subtilem Charakter ist, wie ich behaupte, und wenn die Beispiele für eine ausgesprochene Beweisführung, die uns die Schrift gibt, von gleicher Feinheit sind, so wird ein anderer wichtiger Umstand dadurch beleuchtet, den niemand leugnen kann und den einige zum Einwand gemacht haben: nämlich die Tatsache, daß der Schriftbeweis, auf dem die katholischen Lehren aufruhen, nur indirekt gegeben wird. Diese Besonderheit des inspirierten Textes ist vielleicht das eigentliche Korrelat des Glaubens und solch ein Text der eigentliche Gegenstand, an dem sich der Glaube auswirken soll. Gerade ein Schrifttext, so wie wir ihn haben, und nicht der Art, wie es der Pentateuch für die Juden war, könnte also der Tatsache, daß wir unter dem Glauben, nicht unter dem Gesetz stehen, genau entsprechen.

27. (6) Zum Schluß muß ich noch hinzufügen, daß die Analogie, der ich nachgegangen bin, ebenso wie für die Anwendung des Intellekts, auch von moralischen Handlungen, ihren Gegenständen und ihrer Eigenart gilt. Der großen Bedeutung eines Gegenstandes entspricht die ungewöhnliche Weise, ihn zu erlangen; und ihrer Ungewöhnlichkeit entspricht auch das Verdienst der Handlung. Statt zur Heiligen Schrift zu gehen oder einen religiösen Maßstab anzulegen, will ich mich hier in dieser Sache auf das Urteil der Welt berufen. Militärischer Ruhm zum

Beispiel, Macht, das Ansehen eines großen Geistes, Auszeichnung in der Experimentalwissenschaft, all das wird durch Wagnis und Risiko erworben. Mut besteht nicht in Berechnung, sondern im Aufsichnehmen von Gefahren. Der Staatsmann, dessen Name fortdauert, ist der, der scheinbar gefährliche Maßnahmen wagt, die trotzdem gelingen und in der Rückschau gerechtfertigt werden können. Festigkeit und Seelengröße offenbaren sich dort, wo ein Herrscher unerschütterlich an einer Wahrheit festhält, die er instinktiv erfaßt hat, wenn sie auch von den Massen verhöhnt wird und zu versagen scheint. Menschenherzen beugt zu willigem Gehorsam der religiöse Enthusiast, der Prinzipien und Gefühle, die tief in seinen Hörern begraben sind und von denen sie selbst nichts wissen, voll Scharfblick erkennt und voll Kühnheit herausfordert. Es sind Grundsätze und Gefühle, die er nur hie und da in kleinen Fünklein als wirklich vorhanden erfährt und denen er nachgeht, nicht weil er sie dauernd, sondern weil er sie intensiv schaut. Und so geht es in allen Dingen: Große Ziele spornen zum Wagnis an, und nur durch Opfer erlangt man Ehren. Warum sollte nicht auch im Reiche Gottes wahr sein, was in der Welt wahr ist? Wir müssen ausfahren »auf die hohe See« und unsere »Netze zum Fang« auswerfen. Am Morgen müssen wir unsere Saat säen und dürfen am Abend unsere Hand nicht zurückhalten, denn wir wissen nicht, was gedeihen wird, dieses oder jenes. »Wer den Wind beobachtet, sät nicht, und wer nach den Wolken sieht, wird nichts ernten« [Koh 11,4]. Wer neunmal Mißerfolg hat, aber beim zehnten Mal Erfolg, ist ehrenwerter als der, der sein Talent in einem Schweißtuch aufbewahrt. Uns mag das Gefühl, das uns antreibt, in allen Dingen Gott zu sehen und übernatürliche Werke in den Dingen der Welt zu erkennen, zuweilen sogar in die Irre führen. Es mag uns auf Beweise vertrauen lassen, die wir nicht gelten lassen dürften, so daß wir uns manchmal mit Recht den Vorwurf der Leichtgläubigkeit zuziehen. Mag auch ein Glaube, der großmütig die ewige Wahrheit umfaßt, zuweilen in Aberglauben entarten. Er ist dennoch weit besser als der kalte, zweifelnde, kritische Ton des Geistes, der kein inneres Empfinden für eine über allem waltende, allgegenwärtige Vorsehung hat und kein Verlangen danach, sich seinem Gott zu nahen. Er bleibt vielmehr zu Hause sitzen und wartet auf die furchtbare Klarheit der sichtbaren Wiederkunft Christi, den er doch in gebührendem Maß auch schon im Dämmerlicht der gegenwärtigen Welt suchen und finden könnte.

28. Wir wollen schließen: Dies ist der Glaube im Gegensatz zur Vernunft. Was er im Unterschied zum Aberglauben ist, wie verschieden von ihm und durch welche Prinzipien und Gesetze gegen ihn gesichert, ist eine höchst wichtige Frage, ohne deren Beantwortung natürlich jedes Verständnis des Themas »Glaube« unvollkommen bleibt. Aber dies fällt nicht in den Bereich meiner gegenwärtigen Aufgabe.

III. Zum Entwurf einer Zustimmungslehre (1870)

1. *»Tatsächlich sind wir uns einer Vielzahl von Dingen gewiß« (1865)*

Tatsächlich sind wir uns einer Vielzahl von Dingen in dem Sinn gewiß, in dem ich das Wort verwendet habe. Wir stellen beispielsweise auf gar keinen Fall in Frage, daß wir existieren.
In diesem letzteren Sinne werde ich das Wort in diesem Kapitel verwenden, nämlich als etwas, das mit Wahrheit und Unwahrheit zu tun hat oder als das, was Katholiken »eine spekulative Gewißheit« nennen oder eine »theoretische«, wie ich sie nennen werde, wobei ich den Begriff aus Aristoteles' Ethik entnehme. Der von mir angeführte Einwand ist lediglich gegen Gewißheit in diesem Sinne gerichtet. Er richtet sich nicht gegen die praktische Gewißheit; denn wir können zu jedem beliebigen Augenblick genug erkennen – man mag das Wissen, Überzeugung oder Überredetsein nennen –, um unser Handeln zu bestimmen. Und wir müssen mit Hilfe unseres wirklichen oder vermeintlichen Wissens und unserer wahren oder falschen Gewissensentscheidung handeln, wie es der jeweilige Augenblick erfordert, und sind dazu auch ohne Zögern oder Angst bereit. Etwas anderes aber ist es, von Gewißheit als einer Sache zu sprechen, die wirklich wahr ist. So kann sich jemand in bezug auf sein Handeln durchaus darüber im klaren sein, daß er die Schrift als Gotteswort anerkennen sollte, obwohl er sich dessen theoretisch gar nicht gewiß ist. Und er mag sich vielleicht auch seiner Verpflichtung gewiß sein, religiösen Pflichten, ganz unabhängig von seinen Zweifeln an der Existenz Gottes, nachkommen zu sollen. Aber damit spekulative Gewißheit wirklich als eine solche gelten kann, muß sie eine Wahrheit zum Gegenstand haben und sie muß ein Überzeugtsein von jener Wahrheit sein. Beides wird jedoch für unmöglich gehalten. Denn einerseits kann sie nicht für sich in Anspruch nehmen, Gewißheit zu sein bis bewiesen ist, daß sie nicht auf Überredung beruht und dieser Beweis ist, wie bereits gesagt, nicht möglich. Andererseits kann sie aber auch nicht für sich in Anspruch nehmen, die Wahrheit zum Gegenstand zu haben; denn in konkreten Dingen kann kein Beweis, den wir formulieren, über Wahrscheinlichkeit – mehr oder weniger, je nach den Argumenten, die dafür beigebracht werden – hinausgehen. Deshalb ist spekulative, d.h. wirkliche Gewißheit oder der Zustand des Überzeugtseins oder das bewußte Besitzen, das wirkliche verstandesmäßige Begreifen der Wahrheit in unserem gegenwärtigen Seinszustand unmöglich.
Ich habe diesem Einwand keine direkte oder erschöpfende Antwort entgegenzusetzen, doch halte ich ihn – was auch immer seine eigentliche Stoßkraft und sein eigentlicher Erklärungswert sein mag –, für widerlegt

durch den gesunden Menschenverstand und die allgemeine Praxis des Menschen, d. h. durch die Gesetze der menschlichen Vernunft. Solvitur ambulando. Obwohl ein entscheidendes Kriterium zwischen Überzeugung und Überredetsein fehlt, obwohl unseren konkreten Ansichten lediglich auf Wahrscheinlichkeit beruhende Beweise zugrunde liegen, kommt die Menschheit allgemein doch nicht umhin, an einer Gewißheit der Wahrheit der Dinge festzuhalten, die sie nicht beweisen kann, und zwar nicht an einer praktischen, sondern an einer wirklich spekulativen Gewißheit, die so unbedingt ist, daß es absurd wäre, nicht daran festzuhalten. Ich folge z. B. nur dem, was alle tun, wenn ich mich von der Existenz der englischen Besitztümer im Osten überzeugen lasse. Doch was weiß ich schon persönlich über Indien? Was sind die Beweise, die mir als einem ganz bestimmten Individuum vor Augen kommen, nein, meinen Ohren von Augenzeugen gegeben wurden, daß es ein solches Land überhaupt gibt? Und doch bin ich davon überzeugt, daß es eine Tatsache ist, nicht nur eine wahrscheinliche Tatsache, die man aufgrund ganz handfester Ziele etwa aus kaufmännischen oder finanziellen Erwägungen heraus sicher glauben kann, sondern eine unbedingte, unleugbare Tatsache. Ich hege ebenfalls keinerlei Zweifel daran, daß die Erde eine Kugel ist. Ich bin dessen genauso sicher wie der Tatsache, daß ich dem Herzog von Wellington einst die Hand reichte. Und was meine eigenen Gefühle und mein Bewußtsein angeht, so weiß ich, daß ich dem Herzog die Hand reichte, genauso sicher, wie ich weiß, daß zwei und zwei vier sind. Man mag einwenden, ich solle dieser drei Dinge nicht in gleicher Weise sicher sein. Aber ich bin mir sicher, soweit meine Wahrnehmung eine solche Gewißheit überhaupt zuläßt, und ich weiß nicht, warum ich hierfür kein besserer Zeuge sein sollte als irgend jemand sonst. Was andere Leute angeht, sind andere nicht ebenso fest davon überzeugt, daß die Erde eine Kugel ist und zwei und zwei vier sind? Doch welche Berechtigung habe ich, welche Berechtigung haben die meisten von ihnen für eine solche Gewißheit? Ich bin kein Weltumsegler, ich bin kein Mathematiker oder Physiker. Doch halte ich es nicht nur für sicher, so zu tun, als sei die Erde eine Kugel, sondern ich glaube auch im Innersten meines Herzens, daß sie rund ist, und zwar genau in demselben Sinne wie eine Orange rund ist.

Ich bin mir ebenfalls sicher, daß Großbritannien eine Insel ist; ich hege daran keinerlei Zweifel. Andere sind sich dessen genauso sicher wie ich, und wenn ich es nicht mit einer ebensolchen Unbedingtheit und Offenheit glauben würde, hielten sie mich – ließe ich mich nicht korrigieren – für einen paradoxen Narren; aber was ist ihr wirklicher und fundierter Beweis dafür, daß Großbritannien eine Insel ist? Es mag wirklich überzeugende Argumente geben. Man kann z. B. anführen, daß all unser Wissen von der Erde, von den Menschen, der Geschichte

und vom politischen Zeitgeschehen in sich zusammenbrechen und hinfällig werden würde, wenn Großbritannien keine Insel wäre. Man könnte auch anführen, dieser vage, unentfaltete und verborgene Grund werde indirekt empfunden, obgleich er einem nicht bewußt vor Augen steht. Ich leugne das nicht, doch sollte das der Fall sein, dann kann es vielleicht auch dieselbe indirekte und unmerkliche Gewißheit bringende Beweisführung in vielen anderen Bereichen geben. Vielleicht gibt es aber solche Beweisführungen in anderen gleichgelagerten Fällen doch nicht, und dann stellt sich die Frage nach dem *Prüfstein* für jene vagen, zu einem Gefühl der Gewißheit führenden Eindrücke, die wirklich logisch sind und solchen, die es nicht sind.
Es wird ein großer Gewinn sein, über ein solches Kriterium zu verfügen, mit dem zwischen Gewißheit und Überredetheit unterschieden werden kann. Wenn ich gebeten würde, Gründe dafür anzuführen, weshalb ich gewiß bin, daß Großbritannien eine Insel ist, so sähe ich mich dieser Aufgabe gewiß nicht gewachsen. Ich würde das lieber Kandidaten bei einem Prüfungswettbewerb überlassen als selbst daranzugehen. Ich habe Großbritannien noch niemals auf dem See- oder Landweg umfahren, und ich habe auch noch niemanden getroffen, der so etwas unternommen hätte, oder irgendwelche Leute, die sich solch eine Rundfahrt untereinander aufgeteilt hätten. Ich bin auch noch niemandem begegnet, der von Norwegen bis zur Schelde oder von der Schelde die Küste entlang bis nach Brest gesegelt wäre. Ich weiß nur, daß jedermann sagt, wir seien eine Insel, und daß sich jeder dabei auf alle anderen verläßt. Und ich weiß auch, daß ich bei dem Versuch ganz einfach versagen und aufgeben werde, dieser allgemeinen Ansicht bis zu ihren greifbaren Ursprüngen nachzugehen; dennoch glaube ich genauso fest daran, bin genauso davon überzeugt, habe eine ebensolch unbedingte Gewißheit davon, die über alles Zögern und Zweifeln hinausgeht.

2. *Begriffliche Zustimmung*

1. Ich habe gesagt, daß unsere Erfassung eines Satzes in der Stärke variiert, und daß sie stärker ist, wenn sie einen Satz betrifft, der Dinge ausdrückt, als wenn sie einen Satz betrifft, der Begriffe ausdrückt. Ich habe dafür diesen Grund angegeben: Was konkret ist, übt eine Kraft aus und macht einen Eindruck auf den Geist, mit dem sich nichts Abstraktes messen kann. Ich habe also argumentiert, daß, weil der Gegenstand mehr Kraft hat, es deshalb mit der Erfassung auch so ist. Ich halte es nicht für ein unbilliges Urteil, so die Erfassung und ihren Gegenstand in Beziehung zu setzen. Der Geist wird immer erregt proportional der ihn erregenden Ursache. Visuelle Eindrücke zum Beispiel beherrschen uns

mehr als Gerüche. Ob das nun von einer größeren Kraft im gesehenen Ding herrührt oder von einer größeren Empfänglichkeit und einem größeren Erstreckungsbereich des Gesichtssinnes, ist eine überflüssige Frage. Im ersteren Falle würde der kräftige Gegenstand die Erfassung kräftig machen. Unser Gesichtssinn ist imstande, sich seinem Gegenstande in einer Weise zu öffnen, wie unser Geruchsinn sich dem seinen nicht öffnen kann. Seine Gegenstände sind imstande, den Geist zu beleben, in Besitz zu nehmen, zu inspirieren, durch ihn zu handeln, mit einer Energie und Variabilität, die man im Fall von Gerüchen und deren Erfassung nicht vorfindet. Da wir die Grenze zwischen dem Gegenstand und dem Akt nicht ziehen können, so habe ich die Freiheit zu sagen, wie ich gesagt habe: Wie das erfaßte Ding ist, so ist auch die Erfassung.

Und so in gleicher Weise, was die Erfassung geistiger Gegenstände anlangt. Ein Bild, das aus Erfahrung oder Information stammt, ist stärker als eine Abstraktion, eine Begriff oder eine Folgerung. Ich werde mehr gefesselt von dem Verhalten unseres Herrn vor Pilatus und Herodes als von dem »Justum et tenacem«[17] des Dichters; mehr gefesselt von Seiner Stimme, die zu uns spricht: »Gib dem, der dich bittet«, als von den besten Argumenten der Nationalökonomen gegen unterschiedsloses Almosengeben. Und wenn das so ist, so macht es für meinen gegenwärtigen Zweck nichts aus, ob die Gegenstände der Erfassung Kraft geben, oder ob die Erfassung dem Gegenstand weiten Zutritt in den Geist gewährt. Es liegt in der menschlichen Natur, vom Konkreten stärker ergriffen zu werden als vom Abstrakten. Bei anderen Wesen kann es umgekehrt sein. Man kann also mit demselben Recht von der Erfassung wie vom erfaßten Gegenstand sagen, daß er die Kraft besitzt, die auf uns wirkt.

2. Reale Erfassung kann also für kräftiger erklärt werden als begriffliche, weil die Dinge, die ihre Gegenstände sind, eingestandenermaßen eindrucksvoller und wirksamer sind als die Begriffe, die Gegenstand begrifflicher Erfassung sind. Erfahrungen und ihre Bilder treffen und beschäftigen den Geist in einer Weise, wie Abstraktionen und ihre Kombinationen es nicht tun.

3. Reale Zustimmung

Ich habe das Thema »reale Zustimmung« durch meine Ausführungen über die begriffliche gewissermaßen schon vorweggenommen. Im Vergleich mit der Unmittelbarkeit und Kraft der Erfassung eines Gegen-

[17] Iustum et tenacem propositi virum. Den gerechten Mann, der seinen Vorsatz hält. Horaz, Oden, III, 3, 1.

standes bei unserer realen Zustimmung scheinen begriffliche Zustimmung und Folgerung in ein und dieselbe Klasse intellektueller Akte verwiesen zu sein. Und doch ist die Zustimmung immer die unbedingte Annahme eines Satzes und die Folgerung eine Annahme unter der Bedingung der Annahme seiner Prämissen. Sowohl bei der begrifflichen Zustimmung als auch beim Folgern betrachtet der Geist seine eigenen Schöpfungen an Stelle der Dinge. In der realen ist er auf Dinge gerichtet, dargestellt durch die Eindrücke, die sie in der Einbildungskraft hinterlassen haben. Stimmt man diesen Bildern zu, so haben sie einen solchen Einfluß auf das Individuum und auf die Gesellschaft, wie bloße Begriffe ihn nicht ausüben können.

4. Folgerung im Konkreten

Daß es Fälle gibt, bei denen eine Evidenz, die zwar für einen wissenschaftlichen Beweis nicht zureicht, trotzdem für eine Zustimmung und eine Gewißheit zureicht, ist auch die Lehre Lockes wie der meisten Menschen. Er sagt uns, daß Glaube, gegründet auf hinreichende Wahrscheinlichkeiten, »sich zur Zuversicht erhebt«; und, was die Frage des Hinreichens anlangt, daß, wo Sätze »nahe an Gewißheit grenzen, wir ihnen so fest zustimmen, wie wenn sie unfehlbar demonstriert wären«.[18] Die einzige Frage ist, was das für Sätze sind: Das sagt er uns nicht. Aber es scheint seine Meinung zu sein, daß es nur wenige sind, und daß sie ohne weiteres und sofort durch den gemeinen Menschenverstand erkannt werden. Indessen sind sie wenn ich mich nicht täusche, im ganzen Bereich der konkreten Dinge zu finden. Und jenes supralogische Urteilsvermögen, das der Bürge für unsere Gewißheit über sie ist, ist nicht bloß der gemeine Menschenverstand[19], sondern eben die wahre, gesunde Tätigkeit unserer Vernunftkräfte, eine Tätigkeit, die subtiler und umfassender ist als die bloße Würdigung eines syllogistischen Arguments. Man nennt sie oft das »judicium prudentis viri« [Urteil des klugen Mannes], eine Form der Gewißheit, die sich im ganzen Bereich des Konkreten bewährt, nicht bloß in jenen Fällen der Praxis und der Pflicht, in denen wir mit ihr mehr vertraut sind, sondern ganz allgemein

[18] Zu J. Locke und Newmans Verhältnis zu ihm vgl. Z 384f. A 92 u. ö.

[19] Common sense und illative sense dürfen also nicht identifiziert werden. Nach F. Bacchus (The Month, 1924, 115) ist der illative sense das umfassendere der beiden Vermögen. Das »nicht nur – sondern« in unserem Satz bedeutet aber auch eine Entgegensetzung. Denn als Th. Reid († 1796) und seine »Schottische Schule« den *common sense* zur Grundlage ihrer Philosophie machten, brachte er die Gefahr mit sich, zur Schutzformel für konventionelles Denken und bedenkenlose Übernahme von Vorurteilen, Modemeinungen und Gemeinplätzen zu werden und damit in die Nähe der begrifflichen Zustimmung zu rücken, wohingegen der *illative sense* gerade das ganz persönliche verantwortungsbewußte Erkenntnisvermögen ist.

in Fragen der Wahrheit und Falschheit, oder in den sogenannten »spekulativen« Fragen, und das freilich nicht mit Ausschluß, sondern als das Supplement der Logik. So hat ein Beweis, ausgenommen bei abstrakten Demonstrationen, stets mehr oder weniger ein Element des Persönlichen in sich, weil »prudentia« [Klugheit] nicht ein konstituierender Bestandteil unserer Natur, sondern eine persönliche Begabung ist.

5. *Gewißheit und Folgerungssinn*

Subjektive Gewißheit *(certitude)* ist ein geistiger Zustand; objektive Gewißheit *(certainty)* ist eine Eigenschaft von Sätzen. Jene Sätze nenne ich gewiß, die so beschaffen sind, daß ich ihrer gewiß bin. Gewißheit ist nicht ein passiver Eindruck, den der Geist durch den Zwang von Gründen von außen empfängt. Vielmehr ist sie in allen konkreten Fragen (ja, sogar in abstrakten, denn, wiewohl das Folgern abstrakt ist, ist doch der Geist, der darüber urteilt, konkret) eine aktive Anerkennung von Sätzen als wahr. So ist es auch für jedes einzelne Individuum Pflicht, sie auf das Gebot der Vernunft hin zu vollziehen, und, wenn die Vernunft es verbietet, sie zurückzuhalten. Und die Vernunft gebietet uns, niemals gewiß zu sein, außer auf einen absoluten Beweis hin; und ein derartiger Beweis kann uns niemals durch die Logik der Worte geliefert werden, da, wie Gewißheit zum Geist gehört, so auch der Akt der Folgerung, der zu ihr führt. Jedermann, der folgerichtig denkt, ist sein eigenes Zentrum; und kein Hilfsmittel zur Beschaffung eines gemeinsamen Maßes für die Geister kann diese Wahrheit umstürzen. – Aber nun folgt die Frage: Gibt es irgendein Kriterium für die Richtigkeit eines Folgerungsaktes und zwar ein solches, das uns eine Garantie dafür bieten kann, daß die Gewißheit mit vollem Recht zugunsten des gefolgerten Satzes hervorgerufen wird, da unsere Garantie ja, wie ich gesagt habe, nicht wissenschaftlich sein kann? Ich habe bereits gesagt, daß das einzige und endgültige Urteil über die Stichhaltigkeit einer Folgerung im Bereich des Konkreten der personalen Tätigkeit des Folgerungsvermögens anvertraut ist, dessen Vollkommenheit oder besondere Vorzüglichkeit ich den Folgerungssinn *(illative sense)* genannt habe. Das Wort »Sinn« wird dabei ähnlich verwendet wie bei seiner Verwendung im »gesunden Sinn« oder »Schönheitssinn« *(good sense, common sense, sense of beauty)* usw.[20]. Und ich bekenne, daß ich keinen Weg sehe, in der Beantwortung dieser Frage weiterzugehen.

[20] Der Folgerungssinn gehört zu den »intellektuellen Sinnen«, die ähnlich wie die äußeren Sinne etwas spontan aufgreifen im Unterschied vom Folgern in formeller Art mittels bewußter Argumente. Geistiger Sinn ist ein Empfinden für eine Qualität, einen Wert, eine Wahrheit. (Ein »Gespür«, d. h. eine Fähigkeit zum »Aufspüren«, zum Finden der

6. *Der Grenzfall konvergierender Wahrscheinlichkeiten*

So groß die Dienste der Sprache auch sind, insofern sie uns befähigt, den Umkreis unserer Folgerungen zu erweitern, ihre Stichhaltigkeit zu prüfen und sie anderen mitzuteilen, so ist dennoch der Geist selbst geschmeidiger und kräftiger als irgendeines seiner Werke, von denen die Sprache eines ist. Und nur dank seiner durchdringenden und subtilen Tätigkeit geschieht es, daß jener Spielraum verschwindet, der nach meiner Beschreibung zwischen der verbalen Argumentation und den Schlüssen im Konkreten liegt. Er bestimmt, was die Wissenschaft nicht bestimmen kann: den Grenzfall konvergierender Wahrscheinlichkeiten und die Gründe, die für einen Beweis hinreichen. Es ist der schlußfolgernde Geist selbst, und nicht ein Trick oder ein Kunstgriff (mag er auch noch so einfach in seiner Form und noch so sicher in seinem Verfahren sein), durch den wir imstande sind, zu entscheiden und daraufhin gewiß zu sein, daß ein sich bewegender und sich selbst überlassener Körper niemals zur Ruhe kommen wird, und daß kein Mensch leben kann, ohne zu essen.

Spur [vestigium], also zum investigare, ein »Organum investigandi«). Die Verbindung von »illative« (folgernd) mit »sense« (Sinn) deutet an, daß auch dem folgernden Denken ein Organ zur spontanen Erfassung von geistigen Zusammenhängen zugrunde liegen muß, falls es zu echter Erkenntnis führen soll. – Parallelität zwischen Folgerungssinn und anderen Sinnen bedeutet aber nicht Identität. – Vgl. zur Rolle des Jllative sense bei konvergierenden Wahrscheinlichkeiten Z 403 A 202f.

Newman, Photographie unbekannter Zeit, vermutlich 1872.

TEIL 4

ZWEI WESEN, DIE ABSOLUT UND VON EINLEUCHTENDER SELBSTVERSTÄNDLICHKEIT SIND. GOTTES OFFENBARUNG AN DIE MENSCHEN

I. Der Glaube an den einen Gott (1870)

Wir sind jetzt in der Lage, zu bestimmen, was ein Glaubensdogma ist, und was es heißt, es zu glauben. Ein Dogma ist ein Satz. Es steht entweder für einen Begriff oder für ein Ding. Und es glauben heißt, ihm die Zustimmung des Geistes geben, so wie es für das eine oder das andere steht. Ihm eine reale Zustimmung geben, ist ein religiöser Akt; eine begriffliche geben, ist ein theologischer Akt. Als eine Wirklichkeit nimmt es die religiöse Einbildungskraft wahr, ruht darin, macht es sich zu eigen. Als eine Wahrheit hält es der theologische Intellekt fest. Nicht als gäbe es hier – wirklich oder auch nur möglicherweise – eine Demarkationslinie oder Scheidewand zwischen diesen beiden Zustimmungsweisen, der religiösen und der theologischen. Wie der Intellekt allen Menschen gemeinsam ist und ebenso auch die Einbildungskraft, so ist auch jeder religiöse Mensch bis zu einem gewissen Grade ein Theologe, und keine Theologie kann anfangen oder gedeihen ohne die einleitende und bleibende Gegenwart der Religion. Wie uns im weltlichen Bereich Sinne, Empfindung, Instinkt, Intuition mit Tatsachen versorgen und der Intellekt sie gebraucht, so empfangen wir in unseren Beziehungen zum höchsten Wesen unsere Tatsachen vom Zeugnis her: zuerst von dem der Natur, dann von dem der Offenbarung. Und zu unseren Lehren, in die diese Tatsachen auslaufen, kommen wir durch die Anwendung der Abstraktion und der Folgerung. Das liegt auf der Hand. Aber es widerspricht nicht der Annahme, daß es eine theologische Geisteshaltung gibt und eine religiöse, jede verschieden von der anderen, so daß die Religion die Theologie gebraucht und die Theologie die Religion. Unter dieser Voraussetzung schlage ich vor, die Dogmen vom Sein Gottes und von der Göttlichen Trinität in der Einheit in ihrer Beziehung zur Zustimmung zu betrachten, und zwar sowohl zur begrifflichen als auch zur realen, und hauptsächlich zur realen Zustimmung. – Aber ich bin noch nicht fertig mit allem, was ich zur Einleitung zu sagen habe.

Zuerst nun: Mein Gegenstand ist die Zustimmung, nicht die Folgerung. Ich habe nicht die Absicht, die Argumente vorzubringen, die in den Glauben an diese Lehre auslaufen, sondern zu erforschen, was es heißt, an sie zu glauben; was der Geist tut, was er schaut, wenn er einen Akt des Glaubens vollzieht. Dieselben elementaren Tatsachen, die ein Objekt für eine Zustimmung hervorbringen, liefern zwar auch die Materie für eine Folgerung. Wenn ich also zeige, was wir glauben, so läßt es sich nicht vermeiden, zugleich auch in bestimmtem Maße zu zeigen, warum wir glauben. Aber das ist ja gerade der Grund, der mich dazu nötigt, am Beginn auf der wirklichen Unterscheidung zwischen diesen beiden zusammenlaufenden und zusammenfallenden Gedankengängen zu bestehen und vorsichtshalber zur Vermeidung eines Mißverständnisses vorauszuschicken, daß ich nicht die Frage betrachte, ob es einen Gott gibt, sondern eher die, was Gott ist.

Und zweitens: Ich verstehe unter Glauben *(belief)* nicht im strengen Sinne Bekenntnisglauben *(faith)* weil dieser Glaube in seinem theologischen Sinn nicht nur einen Glauben an das Geglaubte, sondern auch an den Glaubensgrund einschließt, das heißt nicht nur den Glauben an bestimmte Lehren, sondern den Glauben an diese ausdrücklich deshalb, weil Gott sie geoffenbart hat. Auch hier beschäftige ich mich nur mit dem, was man das Materialobjekt des Glaubens nennt, also mit dem Geglaubten, nicht mit dem Formalobjekt. Der Allmächtige bezeugt sich selbst in der Offenbarung. Wir glauben, daß Er Einer ist, und daß Er Drei ist, weil Er es so sagt. Wir glauben auch, was Er uns sagt über seine Attribute, seine Vorsehung und seine Fügungen, seine Entschlüsse und Handlungen; was Er getan hat und was Er tun wird. Und wenn all das zuviel für uns ist – sei es, daß wir es wegen seiner Mannigfaltigkeit nicht zu gleicher Zeit vor unseren Geist bringen, oder daß wir wegen der Enge unseres Intellekts oder des Mangels an Bildung es überhaupt nicht auffassen oder aussprechen können –, dann glauben wir wenigstens in globo alles, was Er uns über sich selbst geoffenbart hat, und zwar weil Er es geoffenbart hat. Allerdings gehört dieses »weil Er es sagt« nicht in den Rahmen der vorliegenden Untersuchung, sondern nur die Wahrheiten selber, und zwar diese besonderen Wahrheiten: »Er ist Einer«; »Er ist Drei«. Und von diesen, die beide geoffenbart sind, will ich »Er ist Einer« nicht als Offenbarungswahrheit betrachten, sondern als das, was sie auch noch ist: als eine natürliche Wahrheit, als die Grundlage aller Religion. Und damit fange ich an.

Es gibt einen Gott, den und den nach Natur und Attributen.

Ich sage »den und den«, denn, wenn ich nicht erkläre, was ich unter einem Gott verstehe, gebrauche ich Worte, die alles oder gar nichts bedeuten können. Ich könnte meinen eine bloße »anima mundi« [Weltseele]; oder ein anfängliches Prinzip, das einmal in Tätigkeit war

und es nun nicht mehr ist; oder die kollektive Menschheit. Ich rede also von dem Gott des Theisten und des Christen: einem Gott, der numerisch Einer ist, der persönlich ist; der Schöpfer, Erhalter und Vollender aller Dinge ist, das Leben von Gesetz und Ordnung, der sittliche Herrscher; Einer, der der Höchste ist und der Einzige; sich selbst gleich, ungleich allen Dingen außer Ihm, die alle nur seine Schöpfungen sind; verschieden und unabhängig von ihnen allen; Einer, der aus sich existiert, absolut unendlich, der immer gewesen ist und immer sein wird, dem nichts vergangen oder zukünftig ist der ganz Vollkommenheit ist und die Fülle und das Urbild jeglicher Vollkommenheit, die Wahrheit selbst, Weisheit, Liebe, Gerechtigkeit, Heiligkeit; Einer, der allmächtig ist, allwissend, allgegenwärtig, unbegreiflich. Das sind einige der unterscheidenden Vorzüge, die ich bedingungslos und uneingeschränkt dem großen Wesen zuschreibe, das ich Gott nenne.
Das meinen die Theisten, wenn sie von Gott sprechen. Und ich kann auch ihre Zustimmung zu dieser Wahrheit ohne weiteres begrifflich nennen. Es ist eine Zustimmung, die auf Akte der Folgerung und andere rein intellektuelle Betätigungen folgt. Es ist eine Zustimmung zu einer breiten Entwicklung von Prädikaten, die zueinander korrelativ oder wenigstens innig miteinander verknüpft sind. Sie sind abgeleitet wie auf dem Papier, so wie wir die Karte eines Landes zeichnen können, das wir niemals gesehen haben, oder mathematische Tabellen konstruieren, oder die Forschungsmethoden eines Newton oder Davy meistern können, ohne daß wir selbst Geographen, Mathematiker oder Chemiker sind.
Soviel ist klar. Aber es folgt die Frage: Kann ich zu einer lebhafteren Zustimmung zum Sein eines Gottes kommen als zu einer solchen, wie man sie bloß Begriffen des Intellekts gibt? Kann ich mit einem persönlichen Wissen in den Kreis von Wahrheiten eindringen, die jenen großen Gedanken ausmachen? Kann ich mich dabei erheben zu dem, was ich eine Auffassung der Einbildungskraft genannt habe? Kann ich glauben, als ob ich sähe? Da eine so hohe Zustimmung eine gegenwärtige Erfahrung oder eine Erinnerung an ein Faktum erfordert, so mag es auf den ersten Blick scheinen, die Antwort müsse negativ ausfallen. Denn wie kann ich zustimmen, als ob ich sähe, es sei denn, ich hätte gesehen? Aber niemand in diesem Leben kann Gott sehen. Dennoch halte ich hier eine reale Zustimmung für möglich und werde nun zeigen wie.
Wenn man sagt, wir könnten Gott nicht sehen, so läßt sich das nicht bestreiten. Aber in welchem Sinne haben wir schon eine unterscheidende Erfassung Seiner Geschöpfe, der individuellen Wesen, die uns umgeben? Der Beweis *(evidence)*, den wir für ihr Dasein haben, liegt in den Phänomenen, die sich an unsere Sinne wenden, und unsere Bürgschaft dafür, daß sie als Beweis angenommen werden, ist unsere

instinktive Gewißheit, daß sie Beweis sind. Nach dem Gesetz unserer Natur assoziieren wir diese sinnlichen Phänomene oder Eindrücke mit bestimmten Einheiten, Individuen, Substanzen – oder wie man sie sonst nennen mag –, die draußen sind und außerhalb der Reichweite der Sinne, und wir stellen sie uns in jenen Phänomenen bildhaft dar. Die Phänomene sind zwar wie Bilder, geben uns aber andererseits kein exaktes Maß oder Merkmal von den unbekannten Dingen jenseits ihrer. Denn wer will sagen, es gebe eine Übereinstimmung zwischen den Eindrücken, die zwei von uns von irgendeinem dritten Ding unter der Voraussetzung haben würden, daß einer von uns nur den Tastsinn hätte, und der andere nur den Gehörsinn. Wenn wir also davon reden, daß wir ein Bild von den Dingen haben, die durch die Sinne wahrgenommen werden, so meinen wir eine bestimmte Vorstellung, die wahr ist, soweit sie reicht, die aber nicht adäquat ist.

So ist es auch mit jenen intellektuellen und moralischen Gegenständen, die uns durch unsere Sinne nahegebracht werden. Daß sie existieren, wissen wir aus Instinkt. Daß sie die und die sind, erfassen wir aus den Eindrücken, die sie in unserem Geist hinterlassen. So vermitteln uns Leben und Schriften eines Cicero oder eines Dr. Johnson, eines heiligen Hieronymus oder eines heiligen Chrysostomus bestimmte Eindrücke von dem intellektuellen und moralischen Charakter eines jeden von ihnen, sui generis und unverkennbar. Befassen wir uns mit einer Seite des Hieronymus oder einer Seite des Chrysostomus, so ist es einfach unmöglich, den einen mit dem anderen zu verwechseln. In beiden Fällen sehen wir den Menschen in seiner Sprache. So ist es bei jedem großen Mann, den wir etwa kennengelernt haben: Daß er nicht ein bloßer Eindruck auf unsere Sinne ist, sondern ein reales Wesen, wissen wir aus Instinkt; daß er der und der ist, wissen wir aus der Eigenart jenes Eindrucks.

Nun wird gewiß der Gottesgedanke, wie Theisten ihn pflegen, nicht gewonnen durch eine instinktive Assoziation Seiner Gegenwart mit irgendwelchen sinnlichen Phänomenen. Aber die Aufgabe, die die Sinne bezüglich der Schöpfung unmittelbar erfüllen, diese Aufgabe fällt bezüglich des Schöpfers mittelbar bestimmten Phänomenen unseres Geistes zu. Diese Phänomene finden sich in dem Sinn für sittliche Verpflichtung. Aus einer Fülle nach verschiedenen und besonderen Seiten wirksamer, instinktiver Wahrnehmungen von etwas jenseits der Sinne verallgemeinern wir den Begriff einer äußeren Welt und stellen dann diese Welt in und gemäß jenen besonderen Phänomenen bildhaft dar, von denen wir ausgingen. Ebenso schreiten wir von der wahrnehmenden Kraft, die die Winke des Gewissens mit den Zurückstrahlungen oder dem Echo (sozusagen) einer Ermahnung von außen identifiziert, weiter zu dem Begriff eines höchsten Herrschers und Richters, und bilden dann wieder Ihn und seine Attribute nach jenen wiederkehrenden Winken, und aus diesen geistigen Phänomenen wurde unsere Anerkennung seiner Existenz ursprünglich gewonnen. Wenn die Eindrücke, die seine Geschöpfe durch unsere Sinne auf uns machen, uns nötigen, diese Geschöpfe jeweils als sui generis zu betrachten, so brauchen wir uns nicht zu wundern, wenn die Anzeichen, die Er uns indirekt von seiner eigenen Natur gibt, solcherart sind, daß sie uns zu verstehen geben: Er ist sich selbst gleich und nichts anderem sonst.

Ich habe schon gesagt, daß ich hier nicht vorhabe, das Dasein Gottes zu beweisen. Indessen konnte ich unmöglich vermeiden, zu sagen, wo ich den Beweis dafür suche. Denn ich schaue mich für diesen Beweis in demselben Bereich um, von dem aus ich auch einen Beweis Seiner Attribute und Seines Charakters beginnen würde – mit denselben Mitteln, mit denen ich zeige, wie wir Ihn nicht bloß als einen Begriff erfassen, sondern als eine Wirklichkeit. Nun beschäftigt mich hier zwar allein die letzte dieser drei Untersuchungen, aber ich kann nicht ganz und gar die beiden anderen aus meiner Betrachtung ausschließen. Trotzdem wiederhole ich: Worauf ich direkt ziele, ist, zu erklären, wie wir ein Bild von Gott gewinnen und dem Satz, daß Er existiert, eine reale Zustimmung geben. Um das zu tun, muß ich natürlich zunächst von einem ersten Prinzip ausgehen. Und dieses erste Prinzip, das ich annehme – und zwar ohne den Versuch, es zu beweisen –, ist dasselbe, das ich auch als Grundlage der beiden anderen Untersuchungen verwenden würde, nämlich: daß wir von Natur aus ein Gewissen haben.

Ich nehme also an, daß das Gewissen einen legitimen Platz unter unseren geistigen Akten hat, ebenso wirklich wie die Tätigkeit des Gedächtnisses, des folgerichtigen Denkens, des Einbildens oder wie der Sinn für das Schöne. Und wie es Gegenstände gibt, die vor den Geist gebracht – ihn veranlassen, Sorge, Kummer, Freude oder Sehnsucht zu fühlen, so nehme ich auch an, daß es Dinge gibt, die in uns Billigung oder Tadel wachrufen und die wir infolgedessen recht oder unrecht nennen; und die, von uns erfahren, jenes spezifische Gefühl der Lust oder Pein in uns erwecken, das unter dem Namen eines guten oder schlechten Gewissens geht. Das setze ich als anerkannt voraus und will nun zu zeigen versuchen, daß in diesem besonderen Gefühl, das auf das sogenannte Recht- oder Unrechttun folgt, die Materie für die reale Erfassung eines göttlichen Herrn und Richters liegt.

Das Gefühl des Gewissens ist – ich wiederhole es – ein bestimmtes scharfes Empfindungsvermögen, lustvoll oder peinvoll – Selbstbilligung und Hoffnung oder Reue und Furcht – und begleitet gewisse unserer Handlungen, die wir daraufhin recht oder unrecht nennen. Dieses Gefühl des Gewissens ist ein doppeltes: Es ist ein Sinn für das Sittliche *(moral sense)* und ein Sinn für Pflicht *(sense of duty)*; ein Urteil der Vernunft und ein herrischer Befehl. Natürlich ist seine Tätigkeit unteilbar; aber es hat doch diese beiden Aspekte, die voneinander verschieden sind und eine gesonderte Betrachtung zulassen. Verlöre ich auch meinen Sinn für die mir obliegende Verpflichtung, mich ehrloser Handlungen zu enthalten, so würde ich infolgedessen doch nicht meinen Sinn dafür verlieren, daß solche Handlungen eine Schmach sind, die ich meiner sittlichen Natur zufüge. Wiederum: Verlöre ich auch meinen Sinn für ihre sittliche Häßlichkeit, ich würde darum nicht meinen Sinn dafür verlieren, daß sie mir verboten sind. So hat das Gewissen sowohl ein kritisches als auch ein richterliches Amt. Und obwohl seine Winke in der Brust der Millionen menschlicher Wesen, denen es gegeben ist, nicht in allen Fällen richtig sind, so sagt das nicht notwendig etwas gegen die Macht seines Zeugnisses und seiner Billigung: seines Zeugnisses, daß es Recht und Unrecht gibt, und seiner Billigung dieses Zeugnisses, die die Gefühle, die rechtes oder unrechtes Handeln begleiten, mit sich bringt. Hier habe ich vom Gewissen unter dem zweiten Gesichtspunkt zu reden, nicht sofern es uns mittels seiner verschiedenen Akte mit den Elementen der Moral versieht, die vom Intellekt in ein ethisches System entwickelt werden können, sondern einfach insofern es der Befehl eines autoritativen Mahners ist, der sich auf die Details der Lebensführung bezieht, wie sie vor uns kommen, und in sich geschlossen ist in seinen verschiedenen einzelnen Akten.

So wollen wir nun das Gewissen betrachten – nicht als eine Regel für rechtes Verhalten, sondern als eine Billigung rechten Verhaltens. Das ist sein wichtigster und höchst autoritativer Aspekt; es ist der gewöhnliche Sinn des Wortes »Gewissen«. Die halbe Welt würde sich den Kopf zerbrechen müssen, um zu erraten, was mit dem Sinn für das Sittliche gemeint ist; aber jedermann weiß, was mit einem guten oder einem schlechten Gewissen gemeint ist. Das Gewissen ist immer mit Drohungen und Versprechungen nötigend hinter uns her, daß wir dem Rechten folgen und das Unrechte meiden sollen. Soweit ist es ein und dasselbe im Geist eines jeden, welcher Art auch immer seine besonderen Irrtümer sein mögen bei besonderen Geistern, was die Handlungen anbelangt, die es zu tun oder zu meiden befiehlt. Und in dieser Beziehung stimmt es mit unserer Wahrnehmung des Schönen und Häßlichen überein. Wie wir von Natur einen Sinn für das Schöne und Anmutige in Natur und Kunst haben, obgleich der Geschmack sprichwörtlich unterschiedlich ist, so haben wir einen Sinn für Pflicht und Verpflichtung, ob wir ihn nun alle mit denselben besonderen Handlungen verbinden oder nicht. Darin allerdings unterscheiden sich Geschmack und Gewissen: Der Sinn für Schönheit hat nämlich, wie übrigens auch der Sinn für das Sittliche, keine speziellen Beziehungen zu Personen, sondern betrachtet die Gegenstände an sich. Das Gewissen dagegen hat es ganz ursprünglich mit Personen zu tun und mit Handlungen hauptsächlich im Blick auf die Handelnden, oder besser mit dem Selbst allein und den eigenen Handlungen, und mit anderen nur indirekt und wie in Verbindung mit dem Selbst. Und weiter: der Geschmack ist sich selbst Beweis *(evidence)* und appelliert an nichts jenseits seines eigenen Sinnes für das Schöne oder Häßliche und erfreut sich an den Beispielen des Schönen nur um ihrer selbst willen. Das Gewissen aber ruht nicht in sich selbst, sondern langt in vager Weise vor zu etwas jenseits seiner selbst und erkennt undeutlich eine Billigung seiner Entscheidungen, die höher ist als es selbst und bewiesen ist in jenem scharfen Sinn für Verpflichtung und Verantwortung, der sie trägt. Daher kommt es, daß wir gewohnt sind, vom Gewissen zu sprechen als von einer Stimme – ein Ausdruck, den auf den Sinn für das Schöne anzuwenden uns niemals einfallen würde. Und überdies ist es eine Stimme oder das Echo einer Stimme, herrisch und nötigend wie kein anderer Befehl im ganzen Bereich unserer Erfahrung. Und wiederum: Infolge dieses Vorrechtes zu diktieren und zu befehlen, das zu seinem Wesen gehört, hat das Gewissen eine innige Beziehung zu unseren Gefühlen und Gemütsbewegungen, indem es uns zu Ehrfurcht und Scheu führt, zu Hoffnung und Furcht, im besonderen zur Furcht, einem Gefühl, das meistens nicht nur dem Geschmack, sondern sogar dem Sinn für das Sittliche fremd ist, ausgenommen als Folge zufälliger Assoziationen. Keine Furcht empfindet, wer anerkennt, daß seine Haltung nicht schön gewesen ist, obgleich er sich über sich selbst ärgern mag, wenn er vielleicht dadurch irgendeinen Vorteil eingebüßt hat. Aber wenn er zu irgendeiner Art Unsittlichkeit verlockt worden ist, so hat er ein lebhaftes Gefühl der Verantwortlichkeit und Schuld, wiewohl die Handlung kein Vergehen gegen die Gesellschaft zu sein braucht, von Qual und Furcht, wiewohl sie sogar von augenblicklichem Nutzen für ihn sein kann, von Verwirrung in Gesicht und Mienen, wiewohl sie keine Zeugen zu haben braucht. Diese verschiedenen Beunruhigungen des Geistes, die für ein schlechtes Gewissen charakteristisch sind und sehr bedeutend sein können – Selbstvorwürfe, stechende Scham, unaufhörliche Gewissensbisse, Schreck und Entmutigung beim Ausblick in die Zukunft – und ihre Gegensätze, wenn das Gewissen gut ist, ebenso wirklich, wenn auch weniger eindringlich: Selbstbilligung, innerer Friede, Leichtigkeit des Herzens und ähnliches – diese Gemütsbewegungen konstituieren einen Artunterschied zwischen dem Gewissen und unseren anderen intellektuellen Sinnen: gesundem Menschenverstand *(common sense)*, Vernünftigkeit *(good sense)*, Sinn für das Praktische, Geschmack, Ehrgefühl und ähnlichem. Freilich würden sie diesen Unterschied auch zwischen dem Gewissen und dem Sinn für das Sittliche konstituieren, wenn diese beiden nicht Aspekte ein und

desselben Gefühles wären, das sich auf ein und denselben Gegenstandsbereich hin auswirkt.
Soviel über die charakteristischen Phänomene, die das Gewissen darbietet. Es ist auch nicht schwer, zu bestimmen, was sie einschließen. Ich verweise noch einmal auf unseren Sinn für das Schöne. Dieser Sinn ist begleitet von einem intellektuellen Genuß und ist frei von allem, was irgendwie zur Eigenart der Gemütsbewegungen gehört, ausgenommen in einem Fall, nämlich, wenn es von Personen erregt wird. Dann geschieht es, daß sich das ruhige Gefühl der Bewunderung in eine Erregung des Gemüts und der Leidenschaft verwandelt. Auch das Gewissen, betrachtet als ein Sinn für das Sittliche, ein intellektuelles Gefühl, ist ein Sinn der Bewunderung und des Mißfallens, der Billigung und des Tadels. Aber es ist mehr als ein Sinn für das Sittliche: Es ist immer, was der Sinn für das Schöne nur in gewissen Fällen ist – es ist immer gefühlsbetont. Kein Wunder denn, daß es immer enthält, was jener Sinn nur zuweilen aufweist: daß es immer die Anerkennung eines lebendigen Gegenstandes mit sich bringt, auf den es gerichtet ist. Unbeseelte Dinge können unser Gemüt nicht erregen, immer steht es in Wechselbeziehung zu Personen. Wenn wir, wie es ja der Fall ist, uns verantwortlich fühlen, beschämt sind, erschreckt sind bei einer Verfehlung gegen die Stimme des Gewissens, so schließt das ein, daß hier Einer ist, dem wir verantwortlich sind; vor dem wir beschämt sind; dessen Ansprüche auf uns wir fürchten. Wenn wir nach dem Unrechttun den gleichen tränenvollen, herzbrechenden Gram fühlen, der uns dann erschüttert, wenn wir eine Mutter gekränkt haben; wenn wir nach dem Rechttun die gleiche lichtvolle Heiterkeit des Geistes genießen, die gleiche beruhigende Freude und Befriedigung, die einem Lob folgt, das wir von einem Vater empfangen – so haben wir gewiß in uns das Bild einer Person, auf die unsere Liebe und Verehrung blickt; in deren Lächeln wir unser Glück finden; nach der wir uns sehnen; an die wir unsere Klagen richten; bei deren Zorn wir in Verwirrung geraten und dahinschwinden. Diese Gefühle in uns sind derart, daß sie als erregende Ursache ein intelligentes Wesen erfordern. Wir sind ja nicht zärtlich gegenüber einem Stein, noch fühlen wir Scham vor einem Pferd oder einem Hund. Wir haben keine Gewissensbisse oder Reue, wenn wir ein bloß menschliches Gesetz brechen. Indessen, so ist es: Das Gewissen erregt alle diese peinvollen Gemütsbewegungen, Verwirrung, böse Ahnungen, Selbstverurteilung. Und andererseits ergießt es über uns einen tiefen Frieden, ein Gefühl der Sicherheit, eine Ergebung und eine Hoffnung, die kein sichtbarer, kein irdischer Gegenstand hervorlocken kann. »Der Böse flieht, wenn keiner ihn verfolgt« [Spr 28,1]. Aber warum flieht er denn? Wenn die Ursachen dieser Gemütsbewegungen nicht dieser sichtbaren Welt angehören, so muß der Gegenstand, auf den

seine Wahrnehmung gerichtet ist, übernatürlich und göttlich sein. So ist also das Phänomen des Gewissens als das eines Befehls dazu geeignet, dem Geist das Bild eines höchsten Herrschers einzuprägen, eines Richters, heilig, gerecht, mächtig, allsehend, vergeltend. Es ist das schöpferische Prinzip der Religion, wie der Sinn für das Sittliche das Prinzip der Ethik ist.

Man lasse mich hier noch einmal auf die Tatsache verweisen, auf die ich bereits die Aufmerksamkeit gelenkt habe: Es ist ein Instinkt des Geistes, der einen außermenschlichen Herrn im Befehl des Gewissens erkennt und den Gedanken von ihm in den genau bestimmten Eindrücken, die das Gewissen schafft, bildhaft darstellt. Und dieser Instinkt des Geistes ist parallel jenem anderen Gesetz, nicht nur der menschlichen, sondern auch der tierischen Natur, wonach das Dasein unsichtbarer individueller Wesen erfaßt wird unter den wechselnden Gestalten und Farben der sichtbaren Welt. Sind es die Sinne oder ist es die Vernunft, durch welche die Tiere die wirklichen – materiellen und geistigen – Einheiten erfahren, die durch die Lichter und Schatten angedeutet werden, sagen wir: durch das schillernde, ewig wechselnde Kaleidoskop, das auf ihrer Netzhaut spielt? Nicht die Vernunft, denn sie haben keine Vernunft. Nicht die Sinne, denn sie überschreiten die Sinne. Darum ist es ein Instinkt. Diese Fähigkeit bei den Tieren würde uns als ein großes Geheimnis in Erstaunen setzen, wenn wir nicht daran gewöhnt wären. Es ist schon eine Eigentümlichkeit der tierischen Natur, durch den Kanal der Sinne für Phänomene empfänglich zu sein. Es ist eine andere, in diesen sinnlichen Phänomenen Individuen zu erfassen, zu denen diese oder jene Gruppe der Phänomene gehört. Diese Erfassung individueller Dinge inmitten des Wirrwarrs von Formen und Farben, der ihren Augen begegnet, ist den Tieren im weiten Maße gegeben, und das anscheinend vom ersten Augenblick ihrer Geburt an. Nicht durch einen Instinkt, wie er das Lamm der Milch wegen zu seiner Mutter treibt – also nicht durch solch einen rein physischen Instinkt – geschieht es, daß das frisch geworfene Lamm jedes seiner Mitlämmchen als ein Ganzes erkennt, das aus vielen Teilen in eins zusammengefügt ist, und daß es, ehe es eine Stunde alt ist, die Erfahrung seiner eigenen Individualität und der seiner Nebenbuhler macht. Und noch viel entschiedener erkennen die Pferde und Hunde sogar die Person ihrer Herren. Wie haben wir diese Erfassung von Dingen zu erklären, die eines und individuell sind, inmitten einer Welt von Pluralitäten und wechselnden Veränderungen, sei es bei Tieren oder bei Kindern? Aber wenn wir schon das Wissen nicht erklären können, das ein Kind von seiner Mutter oder seiner Amme hat – warum sollten wir dann die ebenso seltsame und schwierige Lehre für etwas Anomales halten, daß es fähig ist, in dem Befehl des Gewissens ohne vorausgehende Erfahrungen oder Analogieschlüsse die

Stimme oder das Echo der Stimme eines Herrn zu erfassen, eines lebendigen, persönlichen und souveränen Herrn?

Selbstverständlich gebe ich zu, daß wir kein noch so frühes Datum bestimmen können, vor dem das Kind aus den Worten und dem Verhalten seiner Betreuer überhaupt nichts gelernt und keine Assoziationen geformt hätte. Aber dennoch: Wenn ein Kind von fünf oder sechs Jahren, zu einer Zeit, da die Vernunft im ganzen voll erwacht ist, infolge ihres Unterrichts Gedanken und Meinungen bereits so weit gemeistert und sich angeeignet hat, daß es fähig ist, vertraut mit ihnen umzugehen und sie anzuwenden, so müssen diese Meinungen zum allermindesten in einzigartiger Weise mit seinem Geist verwandt, wenn nicht mit dessen ursprünglicher Tätigkeit von Natur mitgegeben sein. Und daß eine solche spontane Aufnahme von religiösen Wahrheiten bei Kindern das Normale ist, werde ich so lange für gewiß annehmen, bis man mich davon überzeugt, daß ich damit unrecht habe. Das Kind versteht genau, daß es zwischen Recht und Unrecht einen Unterschied gibt. Und wenn es sich gegen Einen verfehlt, dem es unterworfen ist, den es nicht sieht, der es sieht. Sein Geist erreicht durch ein starkes Vorgefühl den Gedanken eines sittlichen Herrschers, souverän über es, wachsam und gerecht. Diesen Gedanken zu pflegen, dazu treibt es gleichsam ein natürlicher Impuls.

Ich will einmal ein gewöhnliches Kind nehmen, aber eines das gesichert ist vor Einflüssen, die seine religiösen Instinkte zerstören. Angenommen, es habe gegen seine Eltern gefehlt, so wird es ganz allein und ohne jede Anstrengung, als wäre es die allernatürlichste seiner Handlungen, sich in die Gegenwart Gottes versetzen und Ihn bitten, es wieder in das richtige Verhältnis zu seinen Eltern zu bringen. Wir wollen betrachten, wieviel in diesem simplen Akt enthalten ist. Zuerst schließt er den Eindruck seines Geistes von einem unsichtbaren Wesen ein, mit dem es in unmittelbarer Verbindung steht. Und diese Verbindung ist so vertraut, daß es sich an Ihn wenden kann, wann immer es ihm beliebt. Dazu kommt der Eindruck von Einem, dessen Wohlwollen ihm sicher und selbstverständlich ist, ja sogar von Einem, der es mehr liebt und ihm näher steht als seine Eltern; weiter von Einem, der es hören kann, wo immer es sein mag, und der seine Gedanken lesen kann, da sein Gebet nicht aus lauten Worten zu bestehen braucht; schließlich von Einem, der einen entscheidenden Wechsel in den Gefühlen anderer ihm gegenüber bewirken kann. Das will sagen: Wir werden nicht unrecht haben mit der Annahme, daß dieses Kind in seinem Geist das Bild eines unsichtbaren Wesens hat, das eine besondere Vorsehung, über uns ausübt; das überall gegenwärtig ist; das im Herzen liest, die Herzen ändert, immer zugänglich, offen dem Flehen. Was für eine starke und vertraute Vision Gottes muß es schon erreicht haben, wenn, wie ich angenommen habe, eine gewöhnliche Verwirrung des Geistes die spontane Wirkung hat, daß es sich um Trost und Hilfe an eine unsichtbare persönliche Macht wendet! Darüber hinaus: Dieses Bild da vor seinem geistigen Auge ist das Bild von Einem, der durch ein einbeschlossenes *(implicit)* Drohen und Verheißen gewisse Dinge befiehlt, die ebendasselbe Kind zugleich durch denselben Akt des Geistes anerkennt; Dinge, die sein Urteil und Sinn für das Sittliche als recht und gut billigt. Es ist das Bild von Einem, der gut ist, insofern Er auferlegt und durchsetzt, was recht und gut ist. Und infolgedessen erregt Er in dem Kind nicht nur Hoffnung und Furcht – freilich (kann man hinzufügen) auch Dankbarkeit gegen Ihn als den Geber eines Gesetzes und den Erhalter desselben durch Lohn und Strafe. – Vielmehr entzündet Er damit zugleich auch die Liebe zu Ihm als Einem, der ihm ein gutes Gesetz gibt und darum auch selbst gut ist. Denn es ist die Eigenschaft des Guten, Liebe zu entflammen, oder besser: Der wahre Gegenstand der Liebe ist das Gute. Und alle diese verschiedenen Elemente des sittlichen Gesetzes, die das typische Kind, das ich voraussetze, mehr oder weniger bewußt liebt und billigt – Wahrheit, Reinheit, Gerechtigkeit, Freundlichkeit und ähnliches –, alle diese Elemente sind bloß Formen und Aspekte des Guten. Und da es entsprechend seiner Stufe eine Empfänglichkeit für sie alle hat, so wird es um ihrer aller willen bewegt, den Gesetzgeber zu lieben, der sie ihm anbefiehlt. Und da es diese Qualitäten und ihre Offenbarungen unter dem gemeinsamen Namen des Guten betrachten kann, so ist es darauf vorbereitet, sie zu denken als unteilbar, in Wechselbeziehung und einander ergänzend in einer und derselben Person. So gibt es keinen Aspekt des Guten, der Gott nicht ist; und das um so mehr, als der Begriff einer Vollkommenheit, der alle nur möglichen Vorzüglichkeiten umfaßt, sowohl sittliche als auch intellektuelle, dem Geiste ganz besonders sympathisch ist und weil auch in der Tat intellektuelle wie sittliche Attribute in dem Bild des Kindes von Gott eingeschlossen sind, wie ich oben dargestellt habe.

So ist die Erfassung beschaffen, die sogar ein Kind von seinem Herrn, seinem Gesetzgeber und Richter haben kann. Sie ist bei Kindern möglich, denn wenigstens einige besitzen sie, mögen andere sie besitzen oder nicht. Und wenn sie sich bei Kindern findet, dann arbeitet sie infolge der geringen Anzahl ihrer Ideen besonders prompt und genau. Es ist ein – wenn auch unvollkommenes – Bild von dem guten Gott, gut in sich selbst, gut in Beziehung zum Kind: ein Bild, bevor noch darüber reflektiert und bevor es vom Kind als ein Begriff erkannt worden ist. Wenn ihm das Wort »Gott« gesagt wird, damit es dies gebrauche, dann kann es das Wort zwar nicht erklären oder definieren. Aber seine Handlungen zeigen doch, daß es ihm weit mehr ist als ein Wort. Gewiß: Es horcht mit Staunen und Interesse auf Märchen und Erzählungen; es

hat ein undeutliches und schattenhaftes Gefühl für das, was es über Personen oder Dinge dieser Welt hört. Aber es hat in sich das, was auf die Lehren seiner ersten Lehrer über den Willen und die Vorsehung Gottes hin augenblicklich und tätsächlich in Schwingung gerät, antwortet und ihnen einen tiefen Sinn gibt.
Wie weit dieses anfängliche religiöse Wissen von außen kommt und wie weit von innen, wieviel daran natürlich ist, wieviel eine besondere übernatürliche Hilfe erfordert, das zu entscheiden, haben wir keine Mittel; auch fordert mein gegenwärtiger Zweck diese Entscheidung nicht. Ich befasse mich nicht damit, dem Bild Gottes im Geist eines Kindes oder eines Menschen bis zu seinen ersten Ursprüngen nachzuspüren, sondern zu zeigen, daß schon das Kind von einem solchen Bild beherrscht werden kann – einem Bild, das über und vor allen bloßen religiösen Begriffen von Gott steht – und worin dieses Bild besteht. Ob seine Elemente, im Geist verborgen und gebunden, jemals ohne Hilfe von außen herausgelockt würden, ist sehr zweifelhaft. Aber was auch immer die tatsächliche Geschichte der ersten Formung des göttlichen Bildes in uns sein mag, so viel ist gewiß, daß es durch die Kunde, die uns von außen kommt, mit fortschreitender Zeit eine Kräftigung und Verbesserung zuläßt. Auch dies ist gewiß: Ob es klarer und kräftiger wird oder anderseits trüber und verzerrt oder ganz ausgewischt, hängt individuell von jedem von uns und von seinen Umständen ab. Es ist mehr als wahrscheinlich, daß schließlich infolge von Vernachlässigung, infolge der Versuchungen des Lebens, infolge schlechter Gesellschaft oder infolge der andrängenden weltlichen Beschäftigungen das Licht der Seele dahinschwindet und erlischt. Die Menschen vergehen sich gegen ihr Pflichtgefühl und verlieren schrittweise jene Gefühle der Scham und der Furcht, die natürlicherweise dem Vergehen zugeordnet und, wie ich gesagt habe, die Zeugen des unsichtbaren Richters sind. Und würde es selbst für unmöglich erachtet, daß jene, die in ihrer ersten Jugend eine ursprüngliche Erfassung von Ihm hatte, sie jemals ganz und gar verlieren könnten, so kann doch diese Erfassung nahezu ununterscheidbar werden von einer nur gefolgerten Annahme der großen Wahrheit oder kann hinschwinden zu einem bloßen Begriff ihres Intellektes. Im Gegensatz dazu kann das Bild Gottes, richtig gepflegt, sich ausbreiten, sich vertiefen und sich vervollkommnen mit dem Wachsen ihrer Kräfte und im Laufe des Lebens unter den verschiedenen Lektionen, die ihnen von innen und von außen über ebendiesen Gott, seine Einheit und sein Personsein durch Erziehung, sozialen Umgang, Erfahrung und Literatur erteilt werden.
Für einen Geist, der in dieser Weise auf der Basis seines natürlichen Gewissens sorgsam gebildet ist, ist die Welt der Natur und die Welt der Menschen nichts anderes als ein Reflex jener Wahrheiten von dem *einem*

lebendigen Gott, die ihm von seiner Kindheit an vertraut gewesen sind. Gut und Bös begegnen uns täglich, wie wir durch das Leben gehen, und es gibt solche, die es für philosophisch halten, sich gegenüber den Manifestationen beider mit einer Art von Unparteilichkeit zu verhalten, als hätte das Böse ebensoviel Daseinsrecht wie das Gute, oder sogar noch ein größeres, da es schlagende Triumphe und einen weiteren Bereich der Geltung habe. Und da der Lauf der Dinge durch feste Gesetze bestimmt wird, so sind sie der Meinung, diese Gesetze müßten die gegenwärtige Wirksamkeit des Schöpfers zur Durchführung besonderer Ziele ausschließen. Anders ist es nach der Theologie einer religiösen Einbildungskraft. Sie hat einen lebendigen Halt an Wahrheiten, die wirklich in der Welt zu finden sind, wiewohl sie nicht auf der Oberfläche liegen. Sie ist in der Lage durch Vorwegnahme auszusprechen, was zu beweisen eine langwierige Erörterung erfordert: daß das Gute die Regel ist und das Böse die Ausnahme. Sie ist in der Lage, als sicher anzunehmen, daß die Naturgesetze zwar allgemeingültig sind, sich aber doch mit einer besonderen Vorsehung vertragen. Sie deutet, was sie rings um sich sieht, mit Hilfe dieses vorausgehenden inneren Unterrichts, als des wahren Schlüssels zu jenem Labyrinth unermeßlich verwickelter Unordnung. Und so gewinnt sie eine zusammenhängendere und lichtvollere Vision Gottes aus dem hoffnungslosesten Material. So ist das Gewissen ein verknüpfendes Prinzip zwischen dem Geschöpf und seinem Schöpfer; und der festeste Halt theologischer Wahrheiten wird durch Gewohnheiten persönlicher Religion gewonnen. Wenn die Menschen alle ihre Werke mit dem Gedanken an Gott anfangen und für Ihn arbeiten mit dem Ziel, seinen Willen zu vollbringen; wenn sie um seinen Segen für sich und ihr Leben bitten, zu ihm beten um die Dinge, die sie wünschen, und Ihn sehen in den sich ergebenden Ereignissen, mögen sie nun ihren Gebeten entsprechen oder nicht, so werden sie finden, daß alles, was geschieht, dazu dient, sie in den Wahrheiten über Ihn zu befestigen, die in ihrer Einbildungskraft leben, so mannigfaltig und überirdisch diese Wahrheiten auch sein mögen. Dann werden sie in seine Gegenwart gebracht – und das ist die einer lebendigen Person – und sind imstande, mit Ihm vertraut zu reden, und das mit einer Unmittelbarkeit und Einfachheit, mit einem Vertrauen und einer Innigkeit, mit der wir – mutatis mutandis – jemandem begegnen, der uns auf Erden überlegen ist. So ist es zweifelhaft, ob wir den Umgang mit unseren Mitmenschen mit größerer Lebendigkeit vollziehen *(realize)*, als diese begünstigten Geister imstande sind, den unsichtbaren, unerforschlichen Schöpfer anzuschauen und anzubeten. Diese lebhafte Erfassung religiöser Gegenstände, über die ich mich so breit ausgelassen habe, ist unabhänig von den geschriebenen Urkunden der Offenbarung. Sie erfordert nicht irgendeine Kenntnis der Schrift, noch der Geschichte oder der Lehren der katholischen Kirche. Sie ist unabhängig von Büchern. Wenn aber soviel schon im Zwielicht der natürlichen Religion aufgezeichnet werden kann, so leuchtet es ein, einen wie großen Zuwachs an Fülle und Genauigkeit unser geistiges Bild von der Persönlichkeit und den Attributen Gottes durch das Licht des Christentums gewinnt. Und in der Tat: Uns einen klaren und hinlänglichen Gegenstand für unseren Glauben zu geben, ist einer der Hauptzwecke der übernatürlichen [heilsgeschichtlichen] Fügungen der Religion. Dieser Zweck wird im geschriebenen Wort mit einer Wirksamkeit durchgeführt, wie sie allein durch die Inspiration gesichert werden konnte: zuerst durch die Geschichten, die einen so breiten Raum im Alten Testament einnehmen; und kaum weniger in dem prophetischen System, wie es stufenweise in den Schriften jener entfaltet und vollendet wird, die seine Diener und Wortführer waren. Und da die Betätigung der Affekte unsere Erfassung ihres Gegenstandes kräftiger macht, so kann man unmöglich den Einfluß überschätzen, der auf die religiöse Einbildungskraft ausgeübt wird von einem Andachtsbuch, so erhaben, so ergreifend und eindringlich, so voll tiefer Lehren, wie der Psalter, ganz zu schweigen von anderen Teilen der Heiligen Schrift. Denn, was das Neue Testament anlangt, so enthalten die Evangelien von ihrem Thema her eine Offenbarung der göttlichen Natur so besonderer Art, daß ihr Kontrast zu allem übrigen den Anschein erweckt, als wäre von Gott nichts bekannt, wenn sie nicht bekannt wären. Schließlich bilden die Briefe der Apostel sowie die lange Geschichte der Kirche mit ihren immer wieder neuen Bekundungen göttlichen Wirkens, das Leben der Heiligen und die Denkbemühungen *(reasonings)*, inneren Streitigkeiten und Entscheidungen der Theologen-Schulen, einen ausgedehnten Kommentar zu den Worten und Werken unseres Herrn.

Ich glaube, ich brauche nicht mehr zur Illustration des Themas zu sagen, das ich mir in diesem Abschnitt zur Betrachtung vorgesetzt habe. Ich hatte den Wunsch, den Prozeß zu zeichnen, durch den der Geist nicht nur zu einer begrifflichen, sondern zu einer bildhaften und realen Zustimmung zu der Lehre gelangt, daß es einen Gott gibt, das heißt zu einer Zustimmung, gewonnen aus einer Erfassung nicht nur dessen, was die Worte des Satzes meinen, sondern des Gegenstandes der mit ihnen bezeichnet wird.

II. Religion im Vergleich: der gemeinsame Ursprung der Offenbarung (1845)

Der allerseits zugegebene Sachverhalt ist dieser: Ein großer Teil dessen, was gemeinhin als christliche Wahrheit gilt, ist in seinen Rudimenten oder in seinen einzelnen Teilen in heidnischen Philosophiesystemen und Religionen zu finden. So findet man zum Beispiel die Lehre von einer Dreifaltigkeit sowohl im Osten wie im Westen; so auch die Zeremonie der Waschungen; so den Ritus des Opfers. Die Lehre vom göttlichen Wort ist platonisch; die Lehre von der Menschwerdung ist indisch; von einem göttlichen Königreich jüdisch; von Engeln und Dämonen magisch; die Verknüpfung der Sünde mit dem Leib ist gnostisch, der Zölibat ist bei Bonze und Talapoin bekannt; ein Priesterstand ist ägyptisch; die Idee von einer neuen Geburt ist chinesisch und eleusinisch; der Glaube an sakramentale Kraft ist pythagoreisch; die Ehrung der Toten ist polytheistisch. So stellt sich uns der allgemeine Sachverhalt dar. Von dort aus argumentiert Milman nun so: »Diese Dinge finden sich im Heidentum, darum sind sie nicht christlich.« Wir dagegen ziehen es vor zu sagen: »Diese Dinge finden sich im Christentum, darum sind sie nicht heidnisch.« Das heißt, wir ziehen es vor zu sagen – und wir glauben, die Schrift unterstützt uns dabei –: Von Anfang an hat der geistige Herrscher der Welt die Samenkörner der Wahrheit weit und breit über die ganze Welt verstreut; diese haben mannigfach Wurzel geschlagen und sind aufgewachsen wie in der Wildnis, zwar als wilde Pflanzen, aber doch als lebendige; und wie die niederen Tiere Anzeichen eines immateriellen Prinzips an sich tragen und doch keine Seele besitzen, so haben die Philosophiesysteme und Religionen der Menschen ihr Leben in bestimmten wahren Ideen, wenn sie auch nicht unmittelbar göttlicher Natur sind. Was der Mensch inmitten unvernünftiger Geschöpfe ist, das ist die Kirche inmitten der Schulen der Welt; und wie Adam den Tieren seiner Umwelt ihre Namen gab, so hat sich die Kirche vom ersten Augenblick an auf der Erde umgeschaut und die Lehren, die sie da vorfand, zur Kenntnis genommen und untersucht. Sie begann in Chaldäa und weilte dann unter den Kanaanitern, stieg von da hinab nach Ägypten, bis sie dann in ihrem eigenen Lande verblieb. Danach traf sie mit den Kaufleuten von Tyrus zusammen, mit der Weisheit der Länder des Ostens und mit der Pracht von Saba. Dann wurde sie nach Babylon weggeführt und wanderte zu den Schulen Griechenlands. Und wohin sie auch kam in Bedrängnis oder Triumph, immer war sie ein lebendiger Geist, der Geist und die Stimme des Allerhöchsten; »saß mitten unter den Lehrern, hörte ihnen zu und fragte sie auch«, sie beanspruchte für sich, was sie richtig sagten, stellte ihre Irrtümer richtig, ersetzte, was ihnen fehlte, führte ihre Anfänge zu Ende, ging von ihren Mutmaßungen aus weiter und dehnte so stufenweise mit Hilfe alles dessen den Bereich ihrer eigenen Lehre aus und verfeinerte deren Sinn. Also weit entfernt davon, daß ihr Credo zweifelhaften Charakters sei, weil es fremden Theologien ähnlich sieht, glauben wir vielmehr, daß eines der besonderen Mittel, durch welche die

Vorsehung uns göttliche Erkenntnis zuteil werden läßt, dieses ist, daß sie sie befähigt, Erkenntnis aus der Welt zu ziehen und zusammenzulesen und in diesem Sinn wie in anderem Sinne, »die Milch der Heiden zu saugen, und zu saugen an der Brust der Könige«.

Wie weit dieser Prozeß tatsächlich gegangen ist, ist eine geschichtliche Frage, und wir glauben, daß er früher schon grob übertrieben und falsch dargestellt worden ist von denen, die wie Milman gedacht haben, die Tatsache dieses Prozesses spreche gegen die katholische Lehre. Aber hier bieten sich uns so wenig im voraus bestehende [apriorische] Schwierigkeiten, daß wir ohne weiteres einräumen könnten, Balaam sei ein Weiser des Ostens gewesen, oder eine Sibylle sei inspiriert gewesen, oder Salomon habe von den Söhnen Mikals gelernt, oder Moses sei ein Schüler der ägyptischen Hierophanten gewesen, es sei denn, daß es sich um eine Tatsachenfrage handelte, nicht um eine Theorie. Es bereitet uns gar keine Not, wenn man uns sagt, die Lehre von den Engelsheeren stamme aus Babylon, wenn wir nur wissen, daß sie bei der Geburt Christi gesungen haben. Auch nicht: daß die Vision eines Mittlers sich bei Philo findet, wenn er nur in Wahrheit und Wirklichkeit auf Golgatha für uns gestorben ist. Auch haben wir keine Angst, zuzugeben, daß selbst nach seinem Kommen die Kirche eine Schatzkammer gewesen ist, »aus der Altes und Neues« hervorging, daß sie das Gold der neuen Tributpflichtigen in ihr Läuterungsfeuer warf oder auf ihr eigenes den Stempel von ihres Meisters Bild tiefer einprägte, wenn es die Zeiten forderten.

Der Unterschied zwischen den beiden Theorien ist offenkundig und einleuchtend. Die Vertreter der einen setzen voraus, die Offenbarung sei ein einfacher, fertiger, isolierter Akt gewesen – oder fast ein solcher – zur Vermittlung einer bestimmten Botschaft; wir dagegen vertreten die andere Theorie, die göttliche Lehrweise sei wirklich die gewesen, welche die Analogie der Natur uns erwarten läßt, »zu verschiedenen Zeiten und in vielerlei Weise«, mannigfach, komplex, fortschreitend und sich selbst nach und nach ergänzend. Wir sind der Meinung, daß die christliche Lehre, wenn sie analysiert wird, gleich der Menschengestalt »staunenswert und wunderbar geschaffen« erscheinen wird; sie aber halten sie für irgendeinen einzelnen Lehrsatz oder für gewisse Prinzipien, die auf einmal in ihrer ganzen Fülle gegeben wurden, ohne stufenweise Erweiterung vor dem Kommen Christi oder ohne spätere Klärung. Sie verwerfen alles, was sie auch bei Pharisäern oder Heiden finden; wir aber stellen uns vor, daß die Kirche gleich dem Stab Aarons die Schlangen der Magier verschlingt. Sie sind immer auf der Jagd nach einer sagenhaften ursprünglichen Einfachheit; wir ruhen in katholischer Fülle. Sie suchen, was doch niemals gefunden worden ist; wir akzeptieren und verwenden, was selbst sie als etwas Substantielles anerkennen müssen. Sie sind genötigt, ihrerseits zu behaupten, daß die Lehre der Kirche niemals rein war; wir sagen, daß sie niemals korrupt sein kann. Wir glauben, daß eine göttliche Verheißung die katholische Kirche vor Lehrkorruption bewahrt; was für eine Verheißung sie jedoch bekommen haben, oder was sie ermutigt, nach ihrer phantastischen Reinheit zu suchen, das wird nie klar.[0]

III. Das Bild von Christus als Prinzip der Bekehrung und als Gemeinschaftsprinzip (1870)

Es ist sehr beachtenswert, daß es einem Mann von dem Scharfsinn Gibbons nicht eingefallen sein sollte, zu erforschen, was für eine Erklärung denn die Christen selber von der Sache gaben. Wäre es für ihn nicht der Mühe wert gewesen, die Mutmaßungen liegen zu lassen und sich stattdessen nach Tatsachen umzusehen? Warum probierte er es nicht mit der Hypothese von Glaube, Hoffnung und Liebe? Hat er noch niemals etwas von Reue vor Gott und Glauben an Christus gehört? Erinnerte er sich nicht an die vielen Worte der Apostel, Bischöfe, Apologeten, Märtyrer, die alle nur ein einziges Zeugnis bildeten? Nein. Solche Gedanken liegen zwar ganz nahe neben ihm, und ganz nahe bei der Wahrheit. Aber er kann mit ihnen nicht sympathisieren, er kann an sie nicht glauben, er kann nicht einmal in sie eindringen, *weil* ihm die nötige Formung für eine solche geistige Tätigkeit fehlt. Wir wollen sehen, ob die Tatsachen, um die es sich handelt, nicht klar und unzweideutig herauskommen, wenn wir nur die Geduld aufbringen, sie zu ertragen.

Ein Erlöser des menschlichen Geschlechtes aus der jüdischen Nation war seit unvordenklichen Zeiten verheißen worden. Der Tag kam, an dem Er erscheinen sollte, und Er wurde inbrünstig erwartet. Und zudem: Einer trat wirklich auf zu jener Zeit in Palästina und erhob den Anspruch, Er zu sein. Er verließ die Erde wieder, scheinbar ohne für das Ziel seines Kommens viel zu tun. Aber als Er gegangen war, nahmen seine Jünger es auf sich, hinauszugehen und allen Teilen der Erde zu predigen mit dem Ziel, *Ihn* zu predigen und Bekehrte zu sammeln in *seinem Namen*. Nach einer kleinen Weile merkt man, daß sie wunderbaren Erfolg gehabt hatten. Große Massen von Menschen an verschiedenen Orten sieht man sich als seine Jünger bekennen, Ihn als König anerkennen und fortwährend an Zahl anschwellen und die Völkerschaften des römischen Reiches durchdringen; schließlich bekehren sie das

[0] Stellennachweis: E 612 A 563.

Reich selbst. All das ist historische Tatsache. Nun möchten wir auch die weitere historische Tatsache kennen, nämlich die Ursache ihrer Bekehrung. Mit anderen Worten: Was waren die Gegenstände jener Predigt, die so wirksam war? Wenn wir glauben, was uns die Prediger und ihre Bekehrten sagen, dann liegt die Antwort auf der Hand. Sie »predigten Christus«; sie forderten die Menschen auf, zu glauben, zu hoffen und ihre Liebesgefühle auf jenen Erlöser zu richten, der gekommen und gegangen war; und das sittliche Werkzeug, durch das sie sie dazu überredeten, war eine Schilderung des Lebens, des Charakters, der Mission und der Macht jenes Erlösers, eine Verheißung seiner unsichtbaren Gegenwart und seines Schutzes hier auf Erden und der Anschauung und des Genusses seiner selbst hernach. Von Anfang zu Ende ist für die Christen – wie für Abraham – Er selbst das Zentrum und die Fülle der Heilsordnung. Sie, wie Abraham, »sehen seinen Tag und sind froh« [Joh 8,56].

Ein weltlicher Herrscher macht sich mittels seiner untergeordneten Beamten fühlbar, die seine Macht und seinen Willen in Beziehung bringen zu jedem einzelnen seiner Untertanen, die ihn persönlich nicht kennen. Der universale Erlöser war lange erwartet, als Er kam, doch auch Er scheidet wieder, statt sich durch eine sichtbare Gnade oder Majestät Untertanen zu schaffen und zu sichern. *Aber* Er hat, wie man sieht, durch seine Prediger das *Bild* oder die Idee seiner selbst dem Geiste seiner Anhänger individuell eingeprägt; und dieses Bild, erfaßt und verehrt in individuellen Geistern, wird zu einem gemeinschaftsbildenden Prinzip und zu einem realen Bund für jene Anhänger untereinander, die somit zur Gemeinschaft vereint sind dadurch, daß sie in jenem Bild vereint sind: und außerdem ist dieses Bild, das ihr sittliches Leben ist, wenn sie bekehrt worden sind, auch das ursprüngliche Werkzeug ihrer Bekehrung. Es ist das Bild dessen, der das eine große Bedürfnis der menschlichen Natur befriedigt, der Heiland ihrer Wunden, der Arzt der Seele, – dieses Bild ist es, das sowohl den Glauben schafft, wie es ihn dann auch belohnt.

Sehen wir in diesem zentralen Bild die lebenspendende Idee für die christliche Gemeinschaft wie auch für die Individuen in ihr, dann können wir sicherlich wenigstens zwei Ursachen Gibbons in Betracht ziehen, insofern sie in Verbindung mit jener Idee einigen Einfluß darauf haben, daß Bekehrungen zustandekommen, wie auch darauf, daß Bekehrte zur Ausdauer gestärkt werden. Es war der Gedanke an Christus, nicht eine juristische Körperschaft *(corporate body)* oder eine Lehre, der jenen Eifer entflammte, den unser Geschichtsschreiber so mangelhaft versteht. Und es war der Gedanke an Christus, der jene Verheißung einer Ewigkeit beseelte, die ohne Ihn für jede Seele kaum etwas anderes als eine unerträgliche Last sein würde.

Nun wird eine geistige Anschauung gleich dieser vielleicht nebelhaft, phantastisch und unverständlich genannt werden, mit anderen Worten: mirakulös. Ich glaube, das ist sie auch. Wie könnte ohne die Hand Gottes eine neue Idee – eine und diesselbe – zugleich in Tausende von Menschen eindringen, in Männer, Frauen und Kinder aller Stände, besonders der niederen, und die Macht haben, sie ihren Leidenschaften und Sünden zu entwöhnen, ihnen Nervenkraft zu geben gegen die grausamsten Torturen. Und wie könnte diese Idee als ein ununterbrochener Einfluß ihre Kraft behalten sieben oder acht Generationen hindurch, bis sie eine ausgedehnte gesellschaftliche Ordnung gründete, die Hartnäckigkeit der stärksten und weisesten Regierung brach, die die Welt je gesehen hatte, und sich ihren Weg bahnte aus den Kellern und Katakomben ihres Anfangs zu der Fülle einer Reichsmacht?

IV. Die Theorie der Entwicklung in der religiösen Lehre[1]

> »Maria aber bewahrte alle diese Worte und erwog sie in ihrem Herzen« (Lk 2,19).

1. Nur wenig erzählt uns die Heilige Schrift über die allerseligste Jungfrau. Aber von *einer* Gnade sagen die Evangelisten in einigen schlichten Sätzen, darin solle sie uns Vorbild sein: im Glauben. Zacharias stellte die Botschaft des Engels in Frage; Maria aber »sagte: Siehe, ich bin die Magd des Herrn, mir geschehe nach deinem Wort«. Das ist auch der Grund, warum Elisabeth mit offenbarer Anspielung auf diesen Unterschied zwischen ihrem eigenen hochbegnadeten Gatten, dem gerechten Zacharias, und Maria, der noch höher Begnadeten, sagte, als sie deren Gruß empfing: »Gebenedeit bist du unter den Frauen, und

[1] Newman überschreibt seine letzte Universitätspredigt »The Theory of Developments in Religious Doctrine«. Nur der erste Teil dieser Predigt wird in dem zwei Jahre später erschienenen Buch »An Essay on the Development of Christian Doctrine« näher ausgeführt. Das Datum der Predigt (2. Febr. 1843) erinnert daran, in welcher leidgeprüften Situation sich Newman zur Zeit der Abfassung dieser Predigt befand. Seit mehr als einem Jahr lebte er, wenn auch mit vielen Unterbrechungen durch seine häufigen Besuche in dem nahegelegenen Oxford, mit seinen jungen Freunden ein fast klösterliches Leben in seinem Pfarrdorf Littlemore, schon in Abschiedsstimmung, denn er sah die Notwendigkeit vor sich, auch seine letzten noch verbliebenen Ämter an der Universität und in der Seelsorge niederzulegen. Am 4. Mai 1843 schrieb er seinem Freund Keble: »Gegenwärtig fürchte ich, daß ich, soweit ich meine eigenen Überzeugungen realisieren kann, die römisch-katholische Gemeinschaft für die Kirche der Apostel halte... Weit *mehr* bin ich sicher, daß sich England im Schisma befindet, als daß die römischen Hinzufügungen zum ursprünglichen Credo nicht Entwicklungen sein können, die aus einer tief eindringenden und lebendigen Realisierung des göttlichen Glaubensschatzes hervorgegangen sind« (Correspondence with Keble, S. 219).

gebenedeit ist die Frucht deines Leibes... Selig bist du, die du geglaubt hast; denn was dir vom Herrn gesagt worden ist, wird in Erfüllung gehen« [Lk 1,42.45].

2. Aber Mariens Glaube blieb nicht bei einer bloßen Annahme der göttlichen Ratschlüsse und Offenbarungen stehen. Wie der Text uns sagt, »erwog« sie diese. Als die Hirten kamen und von der Erscheinung der Engel erzählten, die sie zur Stunde der Geburt gesehen hatten; als sie berichteten, wie einer von diesen verkündet habe, das Kind in ihren Armen sei »der Heiland, welcher ist Christus, der Herr«; da »bewahrte Maria alle diese Worte und erwog sie in ihrem Herzen« – während die anderen nur staunten. Danach, als ihr Sohn und Erlöser zwölf Jahre alt geworden war und sie im Dienst seines Vaters für eine Weile verlassen hatte, dann aber zu ihrer Überraschung im Tempel wiedergefunden worden war, inmitten der Schriftgelehrten, wie er ihnen zuhörte und selber Fragen an sie richtete; und als er sich auf ihre Frage hin dazu herabließ, sein Tun zu rechtfertigen – auch da heißt es: »Seine Mutter bewahrte alle diese Dinge in ihrem Herzen.« Gerade darum sah ihr Glaube auf der Hochzeit zu Kana sein erstes Wunder voraus, und sie sagte zu den Dienern: »Was er euch sagt, das tut!« [Lk 1,51; Joh 2,5].

3. So ist Maria unser Vorbild in beidem, in der Aufnahme und im Studium der göttlichen Wahrheit. Es genügt ihr nicht, sie anzunehmen; sie verweilt bei ihr. Es genügt ihr nicht, sie zu besitzen; sie benutzt sie. Es genügt ihr nicht, ihr zuzustimmen, sie entwickelt sie. Es genügt ihr nicht, ihr die Vernunft zu unterwerfen; sie denkt auch darüber nach. Allerdings nicht so, daß sie zuerst ihre Vernunft gebrauchte und nachher glaubte, wie Zacharias. Vielmehr glaubt sie zuerst, ohne nachzuforschen; und dann fängt sie aus Liebe und Ehrfurcht an zu überlegen, nachdem der Glaubensakt schon vollzogen ist. Und so versinnbildlicht sie uns nicht nur den Glauben der Ungelehrten, sondern auch den der Kirchenlehrer, die das Evangelium ebensosehr zu erforschen, abzuwägen und zu definieren wie zu bekennen haben; die die Grenzlinie zwischen Wahrheit und Häresie ziehen sollen; die die verschiedenen Abirrungen einer falsch gerichteten Vernunft vorausahnen oder richtigstellen müssen; die Stolz und Ehrfurchtslosigkeit mit ihren eigenen Waffen bekämpfen müssen, um so über den Sophisten und den Neuerer zu siegen.

4. Wenn es also an einem Tag, der für so erhabene Betrachtungen so sehr bestimmt ist wie das Fest, das wir feiern [Mariä Lichtmeß] – wenn es heute erlaubt sein mag, unsere Gedanken mit einem Thema zu befassen, das nicht eigentlich fromm und praktisch ist, so tröstet uns über den Mangel der Gedanke hinweg, daß wir einen Gegenstand wählen, bei dem uns die heilige Maria wenigstens als Beispiel dienen wird: – den Gebrauch der Vernunft bei der Erforschung der Lehren des

Glaubens. Das ist allerdings ein Thema, das viel eher für ein Buch als für eine noch so ausführliche Behandlung an dieser Stelle geeignet ist. Aber wir können es nicht völlig mit Stillschweigen übergehen, wenn wir überhaupt versuchen wollen, das Verhältnis zwischen Vernunft und Glaube zu bestimmen.

5. Einer der frühesten wie auch der edelsten Triumphe der Kirche war die Überwindung der Weisheit der Welt. Dabei handelte sie nach dem Vorbild ihres göttlichen Meisters, der sich auch erst unter die Schriftgelehrten setzte, ehe er sein neues Königreich predigte und sich der Macht der Welt widersetzte. Der heilige Paulus, der gelehrte Pharisäer, war die Erstlingsfrucht in der Reihe hochbegabter Geister, bei denen aller Wissensstolz vor der Torheit der Predigt im Staub liegt. Von seiner Zeit bis heute hat das Kreuz alle großen Begabungen des Geistes, die früher an Eitelkeiten verschwendet oder in Zweifel oder Spekulation verzettelt worden waren, unter sein Banner gerufen...

6. ...Nach diesem Überblick über den Aufbau des Ganzen und wenden wir uns der Entstehungsgeschichte eines einzelnen katholischen Dogmas zu. Welch interessanter Anblick ist es, den Verlauf der Kontroverse von der ersten Verwirrung bis zum klaren, bestimmten Ausgang zu verfolgen. Das wird jeder zugeben, der nicht durch Vorurteil geblendet ist. Von höchstem Interesse ist es, zu sehen, wie da eine große Idee Tausende von Geistern durch ihre lebendige Kraft packt. Sie läßt sich nicht regeln oder hemmen, sondern ist nach den Worten des Propheten »wie brennendes Feuer«, das »eingeschlossen« ist in ihnen, bis sie »die Kraft verlieren und es nicht mehr ertragen können« [Jer 20,9]. Und es wächst in ihnen und wird auf die Dauer durch sie fortgetragen, vielleicht durch eine lange Reihe von Jahren und selbst durch aufeinanderfolgende Geschlechter hindurch. So kann man eher sagen, die Lehre bemächtigte sich des Geistes der Christen, als umgekehrt. Wunderbar ist es, zu sehen, wie sich die Lehre entwickelt; mit wieviel Mühe und Zögern, Warten und Unterbrechung – mit wieviel Schwankungen nach rechts und links – mit wieviel Rückschlägen und doch mit welcher Sicherheit des Fortschritts, mit welcher Genauigkeit in ihrem Weg und welch endgültiger Vollendung! Und dann »schwebt« schließlich die Wahrheit »im Gleichgewicht ums Zentrum«; ein Teil entspricht dem anderen, als eine Einheit, absolut, unverletzlich, unauflöslich, solange die Welt steht! Wunderbar, wenn man sieht, wie die Häresie nur die Idee in eine neue Form gebracht und zu neuen Entwicklungen angeregt hat; Entwicklungen von einer Fülle, die über alles Fragen hinausging, und von einer Harmonie, die jede Kritik verstummen machte. Ihm gleichen sie darin, dem göttlichen Urheber, der durch den Angriff des Bösen nur stärker wurde. Ihm, der in seinen Worten stets gerechtfertigt ist und überwindet, wenn man über ihn richten will.

7. Und diese Gedankenwelt ist die Expansion einiger weniger Worte, die wie zufällig von den Fischern Galiläas ausgesprochen wurden. Das ist ein zweiter Gedanke, der enger zu jenem Teil des Themas gehört, auf den ich mich beschränken möchte. Die Vernunft hat sich dem Glauben nicht nur unterworfen, sondern ihm auch Dienste geleistet. Sie hat seine Urkunden erklärt, hat ungelehrte Landsleute zu Philosophen und Theologen erhoben. Sie hat ihren Worten einen Sinn entlockt, den ihre unmittelbaren Hörer kaum ahnten...

8. Die Häresie spricht der Kirche ab, was sie selber nicht besitzt. Da kommen wir zu dem Gegenstand, auf den ich die Aufmerksamkeit lenken möchte. Es braucht sicher nicht in aller Form bewiesen zu werden, daß heute eine Herabsetzung dogmatischer Festlegungen vorherrscht, namentlich jener, die sich auf die Trinität und die Inkarnation beziehen. Es besteht ein weitverbreitetes Vorurteil – das vielleicht auch viele fühlen, die es nicht zugeben wollen –, als ob die Entwicklung von Ideen und die Formulierung von Dogmen nur ein Mißbrauch der Vernunft sei. Sie sei über ihren Machtbereich hinausgegangen, als sie sich an solch heilige Dinge heranwagte, und sie könne nichts anderes tun, als den Bestand an Worten ohne Sinn und Deduktionen ohne Ergebnis um ein Vielfaches vermehren. Hieraus schließt man dann, ein solcher Versuch führe infolge der notwendig resultierenden Abweichungen der Lehrmeinungen voneinander nur zu üblen Kontroversen. In Wahrheit bestehe keine notwendige oder wesensgemäße Verbindung zwischen innerem religiösen Glauben und wissenschaftlichen Darlegungen. Und Nächstenliebe und gesunder Menschenverstand seien am besten beraten, wenn sie die Glaubensbekenntnisse unter die Zahl bloßer Privatmeinungen rechneten, die das Individuum wohl für sich selbst annehmen könne, aber anderen nicht auferlegen dürfe.

9. Ich möchte daher im Folgenden dem Zusammenhang von Glauben und dogmatischem Bekenntnis nachgehen, lediglich im Hinblick auf die eben erwähnten heiligen Lehren, und die Aufgabe der Vernunft dabei klarlegen. ...

10. Theologische Dogmen sind Sätze als Ausdruck der Urteile, die sich der Geist über die geoffenbarte Wahrheit bildet, oder des Eindrucks, den er von ihr empfängt. Die Offenbarung stellt ihm bestimmte übernatürliche Tatsachen und Handlungen, Wesenheiten, oder Prinzipien vor Augen. Diese geben ihm einen bestimmten Eindruck oder ein bestimmtes Bild; und dieser Eindruck wird spontan oder auch notwendigerweise Gegenstand der Reflexion des Geistes selbst. Dieser geht nun dazu über, ihn zu untersuchen und in einer Abfolge genau bestimmter Sätze zu entwickeln. So ist die katholische Lehre von der Erbsünde, der Sünde nach der Taufe, der Rechtfertigung oder der Eucharistie nur der Ausdruck des inneren Glaubens der Katholiken über diese verschiede-

nen Punkte, geformt aufgrund einer Analyse dieses Glaubens[2]. Dasselbe gilt von den erhabenen Lehren, die ich hier besonders behandle.

11. Hier möchte ich vor allem folgendes bemerken: Es ist zwar natürlich, daß die innere Idee der göttlichen Wahrheit, wie sie beschrieben wurde, durch die Tätigkeit unserer Reflexionskraft in eine explizite Form gebracht wird; und doch ist eine solche tatsächliche Formulierung für ihre Echtheit und Vollkommenheit nicht wesentlich. Ein Bauer kann einen wahren Eindruck haben, ohne fähig zu sein, irgendwie verstandesmäßig Rechenschaft darüber abzulegen; das wird man leicht verstehen. Aber es ist doch auf den ersten Blick auffällig, daß man mit guten Gründen behaupten kann, die Eindrücke, die der Geist eines Menschen aufgenommen hat, brauchten ihm nicht einmal bewußt zu werden. Wenn jemand sich einer Idee nicht bewußt ist, so ist das noch kein Beweis dafür, daß sie ihn nicht ergriffen hat. Nichts ist häufiger anzutreffen, sowohl im Bereich der Gefühle als auch in dem des Verstandes, als das Bestehen solcher unbewußten Eindrücke. Wenn wir sagen, daß gewisse Menschen sich selber nicht kennen, was meinen wir dann anderes, als daß sie von Ansichten, Gefühlen, Vorurteilen, Dingen beherrscht werden, deren sie sich nicht bewußt sind? Wie oft sind wir froh gestimmt oder niedergedrückt und erinnern uns nicht, warum. Und doch ist uns noch bewußt, daß man uns etwas erzählt hat, oder daß etwas geschehen ist, etwas Gutes oder Schlimmes, das unsere Stimmung erklären würde, wenn wir es nur in den Geist zurückrufen könnten! Was ist denn das Gedächtnis anderes als ein großes Magazin von solchen Ideen, die zwar schlummern, aber doch wirklich bestehen und geweckt werden können? Oder bedenken wir folgendes: Wenn jemand die Geschichte seiner eigenen Meinungen in vergangenen Jahren verfolgen wollte, wie schwierig würde schon der Versuch sein, bestimmte Daten für diese oder jene Überzeugung zu fixieren. Denn sein Gedankensystem befand sich während der ganzen Zeit in beständiger, allmählicher und ruhiger Expansion. Ebenso leicht wäre es, das Wachstum der Feldfrüchte im einzelnen zu verfolgen, »zuerst den Halm, dann die Ähre, endlich die volle Frucht in der Ähre«, wie eine Chronik von Veränderungen zu verfassen, die keine plötzliche Umwälzung, Reaktion oder Laune des Geistes bedeuteten, sondern die Geburt einer Idee darstellten, die Entwicklung dessen zur ausdrücklichen Form, was latent schon im Geist vorhanden war ...

[2] Gegenstand der Kontroverse zwischen der Englischen und der Römischen Kirche ist, wie hier vorausgesetzt wird, *die Tatsachenfrage*, ob diese oder jene Entwicklung richtig ist oder nicht (zum Beispiel ob die Lehre vom Fegfeuer eine richtige Entwicklung aus der Lehre von der Sünde nach der Taufe ist), nicht die Frage nach dem *Prinzip* der Entwicklung selbst. (N)

14. Wenn Ideen im Geist des Christen latent existieren, ihn beseelen und gestalten können, dann ist es nicht besonders merkwürdig, daß sie schwer ans Licht zu bringen und zu definieren sind. Von dieser Schwierigkeit haben wir Beweise genug in der Geschichte der Kirche wie der Einzelmenschen. Sicher ist es durchaus nicht seltsam, daß der einzelne den Versuch, seinen eigenen Glauben zu analysieren, äußerst schwierig, wenn nicht unmöglich findet oder als Arbeit für viele Jahre ansieht. Und würden ihm seine wahren Entwicklungsformen vor Augen geführt, so wird er sicher davor zurückschrecken, so fremd würden sie seinem Denken erscheinen. Dies soll nun auf verschiedene Weise erläutert werden.

15. Vielleicht ist es oft schon von der Natur der Sache her unmöglich, eine Idee in kurzer Zeit zu bewältigen und auszudrücken. Einzelne Menschen finden manchmal, daß sie es überhaupt nicht können. Schließlich erkennen sie vielleicht bei einem Schriftsteller, auf den sie stoßen, genau den Ausdruck ihrer eigenen Gedanken, nach dem sie immer gesucht haben. Und dann sagen sie wohl: »Hier ist, was ich schon lange gefühlt habe und sagen wollte, aber nicht konnte.« Oder: »Das habe ich immer behauptet, nur ist es hier besser ausgedrückt.« Wie viele Menschen wiederum spüren in sich das Gewicht einer Idee, die sie durch einen großen Teil ihres Lebens verfolgt und von der sie sich nur nach langer Zeit und nur mit großer Mühe trennen können! Ich nehme an, die meisten von uns sind zu Zeiten, und zwar für eine längere Periode, durch Gedanken und Ansichten irritiert worden, die wir fühlten und als wahr empfanden, die sich aber nur undeutlich zeigten oder vor uns herflatterten. Schließlich sahen wir ein, daß wir sie nicht bezwingen könnten, sondern ihnen ihren Lauf lassen müßten, bis sie vielleicht zu ihrer Zeit ans Licht kämen, wenn es so sein sollte. Das Leben mancher Menschen, und nicht der unbedeutendsten unter den Gottesgelehrten und Philosophen, stand im Zeichen der Entwicklung einer einzigen Idee ...

17. Eine weitere ähnliche Eigenart bei einer Entwicklung besteht darin, daß die Einzelergebnisse einer gemeinsamen Idee im allgemeinen auf den ersten Blick weit voneinander entfernt oder vielmehr scheinbar ohne jede Verbindung miteinander sind. So geraten Personen oft in den Verdacht des Parteigeistes, nur weil sie miteinander in bestimmten Punkten der Meinung und der Lebensführung übereinstimmen, die man innerhalb des weiten Gebietes der religiösen Lehre und Disziplin für allzu minutiös, disparat und vielfältig hält. Man kann es sich nicht anders denken, als daß sie von einer äußeren Beeinflussung und einer festgesetzten Linie stammten. Dagegen würde ein wirklicher Einblick in die wunderbare Expansionskraft und die Durchdringungsfähigkeit theologischer und philosophischer Ideen gezeigt haben, daß das schein-

bar Zufällige bei rivalisierenden oder auch verwandten Schulen letzten Endes durch die ursprüngliche Voraussetzung aufs strengste determiniert ist... Und doch meinten wir, bevor wir zu definieren versuchten, unsere Idee könne in ein oder zwei Sätzen ausgedrückt werden. Die Erklärungen wachsen unter der Hand trotz aller Mühe, sie zusammenzudrängen. Darin besteht auch der Unterschied zwischen mündlicher Unterhaltung und brieflichen Mitteilungen. Mit geringer Mühe sprechen wir unsere Meinung aus: Stimme, Gesten, halbe Worte ergänzen uns den Sinn. Aber beim Schreiben, wenn Einzelheiten ausgeführt und Mißverständnisse vorweggenommen werden müssen, scheinen wir von der Verantwortung für unsere Aufgabe nicht loszukommen. Unter diesen Umständen ist es überraschend, daß die Glaubensbekenntnisse so kurz sind, nicht aber überraschend, daß sie eines Kommentars bedürfen.

18. Die Schwierigkeit und das Wagnis bei der Entwicklung von Lehren, die implicite angenommen sind, muß also unbedingt zugegeben werden. Und damit wird oft der Schluß begründet, sie hätten überhaupt keine ihnen eigentümlichen Entwicklungen, es bestehe keine natürliche Verbindung zwischen bestimmten Dogmen und bestimmten Eindrücken, und die Theologische Wissenschaft sei eine Sache der Zeit, des Ortes und des Zufalls, während der innere Glaube immer und überall ein und derselbe bleibe. Aber sicher bäumt sich der Instinkt eines jeden Christen gegen diese Auffassung auf. Denn gerade der erste Impuls seines Glaubens ist es, zu versuchen, sich über die »große Schau« auszusprechen, mit der er begnadet worden ist. Und das scheint die Existenz einer Wissenschaft vom Glauben zu beweisen, ob nun der menschliche Geist zu ihrer Entdeckung fähig ist oder nicht...

19. So vernünftig indessen diese Auffassung von den Lehrentwicklungen im allgemeinen ist, so können wir doch nicht leugnen, daß jene Entwicklungen, die sich auf Gegenstände des Glaubens beziehen, eine bestimmte Eigenart haben und besonders betrachtet werden müssen. Untersuchen wir also einmal, wie die Sache bei den heiligen Lehren von der Trinität und der Inkarnation steht.

20. Der Apostel sprach zu den Athenern: »Was ihr, ohne es zu kennen, verehrt, das verkündige ich euch« [Apg 17,23]. Der Geist, der an den Gedanken an Gott, an Christus, an den Heiligen Geist gewöhnt ist, wird, wie ich gesagt habe, schon von Natur aus gedrängt, den Gegenstand seiner Anbetung mit frommer Wißbegier zu betrachten. Er beginnt Thesen über Gott zu formulieren, ehe er noch ahnt, wohin oder wie weit ihn seine Gedanken tragen werden. Die eine Behauptung führt notwendig zu einer anderen, die zweite zu einer dritten. Dann wird irgendeine Abgrenzung notwendig, und die Verbindung dieser Gegensätze verursacht wieder neue Ableitungen aus der ursprünglichen Idee,

von der man in der Tat niemals sagen kann, man habe sie erschöpft. Dieser Vorgang ist ihre Entwicklung und ergibt eine Reihe oder vielmehr einen Komplex dogmatischer Feststellungen, bis das, was anfänglich nur ein Eindruck auf die Einbildungskraft war, in der Vernunft zu einem System oder Glaubensbekenntnis geworden. ist.

21. Nun sind solche Eindrücke augenscheinlich mehr als andere theologische Ideen individuell und in sich abgeschlossen, eben *weil* sie Eindrücke von Objekten sind. Ideen sind gewöhnlich mit ihren Entwicklungen nicht identisch, da die Entwicklung nichts anderes als die Durchführung der Idee bis in ihre Konsequenzen hinein ist. So kann die Lehre von der Buße eine Entwicklung der Lehre von der Taufe genannt werden und ist doch immer noch eine besondere Lehre. Bei der Lehre von der heiligen Dreifaltigkeit und der Inkarnation sind die Entwicklungen dagegen lediglich Teile des ursprünglichen Eindrucks und Methoden, ihn darzustellen. Da Gott nur einer ist, ist auch der Eindruck, den wir von ihm empfangen, nur einer; kein Ganzes in Teilen; kein System; auch nicht etwas Unvollständiges, das einer Ergänzung bedürfte. Er ist der Anblick eines Objekts. Wenn wir beten, beten wir nicht zu einer Verbindung von Begriffen oder zu einem Credo, sondern zu dem einen einzigen, individuellen Wesen. Und wenn wir von diesem sprechen, so sprechen wir von einer Person, nicht von einem Gesetz oder einer Manifestation. Deshalb laufen alle unsere Versuche, unseren Eindruck von ihm zu bestimmen, nur auf eine einzige Idee hinaus, nicht auf zwei oder drei oder vier; nicht auf eine Philosophie, sondern auf eine individuelle Idee in ihren verschiedenen Aspekten ...

Materielle Gegenstände sind ganz und individuell, und die Eindrücke, die sie mittels unserer Sinne auf den Geist machen, sind von entsprechender Natur: zusammengesetzt und mannigfaltig in ihren Beziehungen und Erscheinungsweisen, aber, an sich betrachtet, in sich abgeschlossen und eins. Ebenso entsprechen auch die Ideen, die uns das Evangelium von Glaubensobjekten zukommen ließ, eben als Ideen naturgemäß dem Urbild insoweit, als sie ganz, unteilbar und substantiell sind. Sie können real genannt werden, weil sie Bilder dessen sind, was wirklich ist. Objekte, die uns durch die Sinne gegeben werden, sind in unserem Geist gegenwärtig sozusagen mit ihren Dimensionen, Aspekten und Einflüssen, die alle verschieden sind und doch alle einander entsprechen. Viele Dimensionen und Aspekte liegen, während wir die Gegenstände selbst betrachten, außerhalb unseres Gedächtnisses oder gar unserer Kenntnis. Diese unmittelbare Zusammengehörigkeit und Gleichzeitigkeit der Begleiterscheinungen nötigen uns zu der Überzeugung von ihrer Wirklichkeit, davon, daß sie nicht Geschöpfe unseres Geistes sind, sondern Bilder äußerer, von uns unabhängiger Dinge. Dies wird natürlicherweise auch bei den göttlichen Ideen geschehen, die die

Objekte unseres Glaubens sind. Religiöse Menschen haben in je verschiedenem Maß eine Idee oder eine Anschauung von der heiligen Dreifaltigkeit in der Einheit, von dem menschgewordenen Sohn und seiner Gegenwart, und zwar nicht in Form einer Summe von Qualitäten, Eigenschaften und Handlungen, nicht in Form des Subjekts einer Summe von Behauptungen, sondern als eins und individuell und unabhängig von Worten, wie bei einem Eindruck, der durch die Sinne vermittelt ist.

23. Einzelne Sätze also, die nur einen Teil der uns gnadenvoll gegebenen großen Idee ausdrücken, können in Wirklichkeit niemals mit der Idee selber verwechselt werden. Alle die Behauptungen zusammengenommen können an diese Idee immer nur heranreichen, ohne jemals über sie hinauszugehen. Nie stellt man Definitionen auf in der Absicht, diese sollten über ihren Gegenstand hinausreichen, sondern stets dazu, daß sie ihm adäquat seien. Ebenso können die dogmatischen Bestimmungen über das Wesen Gottes in unseren Bekenntnissen noch so sehr vervielfacht werden; niemals können sie mehr sagen, als in der Fülle der ursprünglichen Idee enthalten ist; sonst drohten sie zur Häresie zu werden. Das Leben der Bekenntnisse und Dogmen besteht in der einen Idee, die sie ausdrücken sollen und die allein wesenhaft (substantive) ist. Sie sind einzig darum notwendig, weil der Menschengeist nur stückweise über sie reflektieren und sie nicht in ihrer Einzigkeit und Ganzheit verwenden kann. Das ist nur möglich, wenn er sie in eine Reihe von Aspekten und Beziehungen auflöst. Und tatsächlich sind diese Ausdrücke ihnen niemals äquivalent. Wir können allerdings die Schöpfungen unseres eigenen Geistes definieren, denn diese sind das, was wir aus ihnen machen, nichts anderes. Aber es wäre ebenso leicht, ein wirkliches Ding zu erschaffen, wie es zu definieren. So sind denn letzten Endes die katholischen Dogmen nur Symbole einer göttlichen Tatsache, die keineswegs gerade von diesen Sätzen umfaßt werden kann, ja nicht einmal durch tausend andere erschöpft und ergründet werden könnte.

24. Zu diesen göttlichen Ideen und den ihnen entsprechenden Ausdrucksformen bemerke ich nun folgendes:

(1) Erstens scheint ein Eindruck dieser innerlichen Art das zu sein, was die Heilige Schrift »Erkenntnis« nennt. »Das ist das ewige Leben«, sagt unser Erlöser, »daß sie dich, den allein wahren Gott, erkennen und den du gesandt hast, Jesus Christus.« In gleicher Weise versichert der heilige Paulus, daß er bereitwillig auf alles verzichte »wegen der alles überragenden Erkenntnis Jesu Christi«. Und der heilige Petrus spricht« von der Erkenntnis dessen..., der uns durch seine eigene Herrlichkeit und Kraft berufen hat« [Joh 17,3; Phil 3,8; 2 Petr 1,3]. Die Erkenntnis ist der Besitz jener lebendigen Ideen göttlicher Dinge, aus denen allein eine Änderung des Herzens und des Lebens hervorgehen kann. Diese hehre

Schau ist das, was die Heilige Schrift mit den Worten zu bezeichnen scheint: »Christus in euch«; »Christus, der durch den Glauben in unseren Herzen wohnt«; »Christus, in uns gestaltet«; »Christus, der sich selbst in uns offenbar macht« [Eph 3,17; Gal 4,19; Gal 1,16]. Zwar mag die Erkenntnis im Geist des einen schwach und zweifelhaft, bei dem anderen deutlich sein, wie ein entfernter Gegenstand im Dämmerlicht oder bei Tage. Aber dann liegt das an dem Zustand des einzelnen Geistes und berührt die Vollkommenheit der Gabe selbst in keiner Weise.

25. (2) Das führt mich allerdings auch zu der Feststellung, daß diese religiösen Eindrücke sich von den materiellen in der Art und Weise unterscheiden, wie sie uns eingeprägt werden. Die Sinne sind unmittelbare und ordentliche Berichterstatter und handeln spontan, ohne Willensakt oder Mühe von unserer Seite. Aber soweit wir wissen, sind uns keine solchen Kräfte zur Realisierung[3] der Gegenstände des Glaubens gegeben. Allerdings mag vielleicht die Inspiration eine Gabe dieser Art für die sein, die mit ihr begnadet wurden. Auch wäre es allzu gewagt, zu leugnen, daß die erleuchtende Gnade der Taufe eine Kraft ist, die zum mindesten den Geist zur Aufnahme von Eindrücken befähigt. Aber die erstere ist keine ordentliche Gabe, und beide sind übernatürlich. Untergeordnete, erkennbare Mittel, durch die wir Eindrücke der göttlichen Wahrheiten empfangen, sind zum Beispiel die gewohnheitsmäßige und fromme Lesung der Heiligen Schrift, die dann nach und nach auf unseren Geist wirkt; der allmähliche Einfluß des Umgangs mit Menschen, die schon im Besitz göttlicher Ideen sind; das Studium der dogmatischen Theologie, unser augenblicklicher Gegenstand; ferner der beständige Kreislauf eines Lebens der Frömmigkeit; und schließlich bisweilen bei entsprechend veranlagten und aufnahmefähigen Geistern die fast ununterbrochene Wirksamkeit eines lebendigen Glaubens. Hier ist auch jener offensichtliche Unterschied zwischen den sinnenhaften und den religiösen Ideen zu erwähnen: Diese fassen wir in Worte, um sie festzulegen, zu lehren und weiterzugeben, jene aber nicht. Niemand definiert einen materiellen Gegenstand dadurch, daß er uns das beschreibt, was wir soviel besser durch die Sinne wissen. Aber Bekennt-

[3] Hier begegnet uns, wie so oft, Newmans Schlüsselwort »to realize«, einer der zentralen Begriffe in seiner Glaubenstheorie und -praxis. Es bedeutet: eine Idee oder einen Gedanken zu einer geistigen Realität in sich machen, und das heißt: das verstandesmäßig oder begrifflich Erfaßte in seinem Gehalt verarbeiten und durchdringen, so daß es wirklich in uns lebt und Leben zeugt. Realisieren heißt »eigentlich erst begreifen, verstehen, was gesagt oder gemeint ist«, wie man zum Beispiel von der Jugend sagt, daß sie durch Erfahrung klug werden muß; man mag ihr noch so viel vorreden und erklären – sie hat keine konkrete Vorstellung von der Wirklichkeit. So realisiert auch erst der Kranke in sich den Begriff der Krankheit, das heißt, er begreift erst, was es wirklich heißt, krank zu sein. Die Begriffe Gesundheit und Krankheit werden so mit konkretem Inhalt gefüllt. Das nennt Newman: sie in der Seele realisieren.

nisse formen wir als ein Hauptmittel, um einem religiösen Eindruck Dauer zu verleihen.

26. (3) Weiter ist zu sagen: Der Geist des Christen reiht dogmatische Thesen aneinander und erschließt dabei die eine aus der anderen. Das hat er stets getan und muß es notwendig tun. Er tut es nicht aufgrund dieser Thesen als logischer Urteile für sich genommen, sondern weil er selbst erleuchtet ist und der von Gott kommende Eindruck gleichsam in ihm wohnt. Dieser Eindruck war ja vor jenen Thesen und wirkt auf den Gebrauch der Vernunft als ordnendes, immer gegenwärtiges Prinzip; und ohne ihn hätte niemand überhaupt Sicherheit beim Gebrauch seiner Vernunft ...

27. (4) Wir dürfen natürlich auch nicht vergessen, was im vorigen schon mitgemeint ist – obgleich dies als eine historische Frage uns hier kaum etwas angeht –: daß nämlich die Offenbarung in der Schrift die Hauptlinie und auch weitgehende Einzelheiten des dogmatischen Systems schon angegeben hat. Die Inspiration hat die Arbeit der Vernunft in hohem Maß schon überflüssig gemacht und ihr nur die verhältnismäßig geringe Aufgabe der Vollendung des geheiligten Werkes übriggelassen. Auf den ersten Blick entsteht tatsächlich sogleich die Frage, warum diese inspirierten Lehren denn überhaupt noch einer weiteren Entwicklung bedürfen. Aber in Wirklichkeit kann die Vernunft, wenn sie einmal auf Forschungsarbeit ausgeht, nicht eher aufhören, als bis sie ihr Ziel erreicht hat: Das eine Dogma schafft ein zweites mit demselben Recht, mit dem es selber geschaffen wurde. Die Formulierungen der Heiligen Schrift sind Sanktion und Anleitung für die Forschung: Sie machen den Anfang und sie bleiben unerschöpflich.

28. (5) Ich sagte, die Schrift beginnt eine Reihe von Entwicklungen, beendet sie aber nicht; mit anderen Worten, es ist ein Irrtum, jeden einzelnen Satz der katholischen Lehre in der Schrift finden zu wollen. Das ergibt sich klar aus dem Gesagten. Das Credo des Athanasius erhebt zum Beispiel Anspruch darauf, den wahren Glauben festzulegen, den wir in seinen heiligsten Gegenständen bewahren müssen, um selig zu werden. ...

29. (6) Hier sehen wir auch den charakteristischen Fehler aller Lehr-Neuerer: Sie greifen den einen oder anderen Satz des Credo heraus, statt jene eine Idee zu erfassen, die alle diese Sätze zusammengenommen uns nahebringen sollte. Denn es ist beinahe eine Definition der Häresie, daß sie sich auf *einen* Satz so versteift, als sei er die ganze Wahrheit, und ihn unter Mißachtung aller anderen zur Basis eines neuen Glaubens macht; daß sie also mehr in dem irrt, was sie verwirft, als in dem, was sie behauptet. Und doch, wer bewußt irgendeinen Teil der Lehre verwirft, beweist in Wirklichkeit nur, daß er tatsächlich nicht einmal jenen Satz festhält, um dessentwillen er die anderen verwirft. Realisierung ist

überhaupt das Leben der echten Entwicklung; sie ist der Kirche eigentümlich und die Rechtfertigung ihrer Definitionen.

30. Dies alles sagt wohl genug über den Unterschied und zugleich über den Zusammenhang zwischen implizitem Wissen und explizitem Bekenntnis der göttlichen Objekte des Glaubens, wie sie uns in der Erlösungsordnung geoffenbart sind. ...

V. Offenbarung und Unfehlbarkeit (1845)

Der gewöhnliche Menschenverstand läßt nur einen Schluß gelten, der uns so durch Erwägungen analogischer Natur aufgenötigt wird. Er fühlt, daß gerade zu der Idee einer Offenbarung auch ein gegenwärtiger Lehrer und Führer gehört, und zwar ein unfehlbarer, nicht eine bloß abstrakte Erklärung der den Menschen zuvor unbekannten Wahrheiten, oder eine historische Urkunde, oder das Resultat der Altertumsforschung, sondern eine Botschaft und eine Anweisung, die sich an diesen und jenen Menschen wendet. Das zeigt auch die populäre Meinung, die seit der Reformation unter uns vorherrschte, die Bibel selbst sei ein solcher Führer. Und ihr ist es gelungen, die Suprematie der Kirche und des Papstes umzustürzen, gerade aus dem Grunde, weil sie eine rivalisierende Autorität war, die jener nicht bloß widerstand, sondern an ihre Stelle trat. In dem Maße also wie wir finden, daß tatsächlich das inspirierte Buch diesem Zweck nicht angepaßt ist und ihn nicht beabsichtigt, sind wir gezwungen, zu jener lebendigen und gegenwärtigen Führerin zurückzukehren, die zu der Zeit, da wir sie verwarfen, längst schon als die Hüterin der Schrift anerkannt gewesen war, entsprechend den Zeiten und Umständen, und als Schiedsrichter über alle wahre Lehre und heilige Sitte für ihre Kinder. Wir spüren, daß uns hier etwas fehlt, und sie ist von allem, was es unter dem Himmel gibt, die einzige, die abhelfen kann. Man sagt uns, Gott habe gesprochen. Wo? In einem Buch? Wir haben es geprüft, und es enttäuscht uns; sie enttäuscht uns, diese überaus heilige und gesegnete Gabe, nicht wegen ihres eigenen Mangels, sondern weil sie für einen Zweck gebraucht wird, für den sie nicht gegeben worden war. Die Antwort des Äthiopiers, als der heilige Philippus ihn fragte, ob er auch verstehe, was er lese, ist die Stimme der Natur: »Wie kann ich das, wenn mich keiner anleitet?« [Apg 8,31]. Die Kirche nimmt dieses Amt auf sich. Sie tut, was niemand sonst tun kann; und das ist das Geheimnis ihrer Macht. »Der menschliche Geist«, hat man gesagt, »wünscht die Zweifel in der Religion los zu sein. Und einem Lehrer, der Unfehlbarkeit beansprucht, glaubt man bereitwillig auf sein schlichtes Wort hin. Wir sehen das unter uns bei denen, die Unfehlbarkeit beanspruchen, fortwährend mit Beispielen belegt. Im Romanismus beansprucht die Kirche Unfehlbarkeit. Der Mitbewerber entledigt sie sich dadurch, daß sie ihnen zuvorkommt. Und wahrscheinlich besteht in den Augen ihrer Kinder das nicht am wenigsten überzeugende Argument für ihre Unfehlbarkeit darin, daß unter allen Kirchen sie allein Unfehlbarkeit zu beanspruchen wagt. Als ob ein geheimer Instinkt und unwillkürliche Befürchtungen jene rivalisierenden Konfessionen zurückhielten, die doch in ihrem Trachten nach Unfehlbarkeit so weit gehen.«[4] Diese Sätze, wie irrig sie auch in ihrem Wortlaut sein mögen, drücken sicherlich eine große Wahrheit aus. Die einleuchtendste Antwort auf die Frage, warum wir uns der Autorität der Kirche fügen in den Fragen, und Entwicklungen des Glaubens, ist nämlich die, daß es irgendeine Autorität geben muß, wenn überhaupt eine Offenbarung gegeben worden ist, und daß es eine andere Autorität als sie nicht gibt. Gar keine Offenbarung wäre gegeben worden, wenn es keine Autorität gäbe, die zu entscheiden hätte, was denn eigentlich gegeben wurde. Mit den Worten des heiligen Petrus zu unserem göttlichen Meister und Herrn: »Zu wem sollen wir gehen?« [Joh 6,68]. Auch darf zur Bestätigung nicht vergessen werden, daß die Schrift die Kirche ausdrücklich »den Pfeiler und die Grundfeste der Wahrheit« [1 Tim 3,15] nennt und ihr durch einen Bund verheißt: »Der Geist des Herrn, der bei ihr ist, und seine Worte, die er in ihren Mund gelegt hat, sollen nicht von ihrem Munde weichen noch vom Munde ihrer Nachkommenschaft, noch vom Munde der Nachkommenschaft ihrer Nachkommenschaft von nun an bis in Ewigkeit« [Jes 59,21].

[4] Proph. Office, Via Media, Bd. I, S. 117 (N, 1878).

TEIL 5

NACHFOLGER, ERBEN UND REPRÄSENTANTEN DER APOSTEL

I. Kennzeichen der Kirche (1845)

1. »Alles in allem komme ich zu folgendem Schluß...«

Alles in allem komme ich also zu folgendem Schluß: Wenn es heute in der Welt das Christentum in einer Gestalt gibt, die man beschuldigt, sie sei Aberglaube und entlehne ihre Riten und Gebräuche den Heiden und sie schreibe Formeln und Zeremonien eine okkulte Kraft zu; – wenn es eine Religion gibt, von der man meint, sie bedrücke und versklave den Geist durch ihre Forderungen, sie wende sich an die geistig Schwachen, sie werde durch Sophismen und Betrügereien aufrechterhalten und widerspreche der Vernunft und verherrliche den völlig vernunftwidrigen Glauben; – eine Religion, die dem ernsthaften Geist qualvolle Auffassungen über Schuld und Sündenfolgen einpräge; für jedwede noch so winzige alltägliche Handlung eine bestimmte Wertung nach Lob und Tadel festsetze und so einen düsteren Schatten auf die Zukunft werfe; – eine Religion, die das Hinopfern des Reichtums bewundere und verantwortungsbewußten Menschen das Recht verweigere, ihn nach Wunsch zu genießen; – eine Religion, deren Lehren, ob gut oder schlecht, der Allgemeinheit unbekannt seien; die offensichtlich so deutliche Zeichen der Verrücktheit und Falschheit an sich trage, daß zu ihrer Beurteilung ein flüchtiger Blick genüge und sich eine genaue Prüfung erübrige; – eine Religion, die als so restlos schlecht empfunden werde, daß man sie nach Gutdünken und Belieben verleumden könne; da es völlig absurd sei, das Schuldmaß langwierig auf ihre einzelnen Akte zu verteilen, oder peinlich genau zu entscheiden, was an dieser oder jener Geschichte über sie buchstäblich wahr, aufrichtig einzugestehen, unwahrscheinlich, doppeldeutig, unbewiesen oder plausibel vertretbar sei; – eine Religion, deren Konvertiten man mit Gefühlen ansieht, die man sonst nur noch beim Judentum, Sozialismus oder Mormonentum empfindet: nämlich mit Neugier, Argwohn, Angst oder Abscheu, wie wenn es sich bei ihnen um ein sonderbares Erlebnis, die Einweihung in ein Geheimnis, die Hingabe an furchterregende Einflüsse, die Zugehörigkeit zu einer Verschwörung handle, so daß er davon ganz beansprucht, absorbiert, seiner Persönlichkeit entkleidet und zu einem bloßen Werkzeug eines Ganzen gemacht werde; – eine Religion, verhaßt, weil sie Proselyten mache, antisozial, revolutionär sei, Familien aufspalte, intime Freunde trenne, Regierungsmaximen korrumpiere, Gesetze umgehe, das Reich auflöse, eine Feindin der menschlichen Natur sei und eine »Verschwörerin gegen ihre Rechte und Privilegien«; – eine Religion, die man für die Vorkämpferin und das Werkzeug der Finsternis hält und für eine Verfehlung, die auf das Land den Zorn des Himmels herabrufe; – eine Religion, die man mit Intrige und Verschwörung in Verbindung bringt, über die man im Flüsterton redet, die man im voraus entdeckt in allem, was schlecht geht, und der man alles Unerklärbare zurechnet; – eine Religion, deren Namen man womöglich schon als böse verwerfen, als bloßes Schimpfwort verwenden und aus Selbsterhaltungstrieb verfolgen würde; --- wenn es eine solche Religion heute in der Welt gibt, so ist sie nicht unähnlich dem Christentum, wie ebendieselbe Welt es ansah, als es zuerst aus der Hand seines göttlichen Urhebers hervorging[1].

[1] *Der ganze Abschnitt* ist eine einzige Satzperiode von ungeheurer Kraft der Zusammenfassung und Überzeugung, die die Identität des Urteils über die Kirche Roms bei denen, die sie im 1. und im 19. Jh. von außen sahen, herausstellen will (s. Newmans ergänzende Anm. am Schluß dieser unserer Anm.). Mehrere Äußerungen klingen an das an, was Newman selbst als Anglikaner gegen sie ausgesagt und dann in seiner Retractation von 1843 zurückgenommen hat (beachte dazu das Zitat aus dem Proph. Off.). Manches klingt an die Vorurteile an, die er in Pres. Pos. bloßzustellen und zu überwinden sucht. – »*Verschwörer*...«: Proph. Office, S. 132 (N), Via Media, Bd. I, S. 109 (N, 1878). – *Ergänzende Anmerkung Newmans v. 1878:* Seitdem dieser Band im Jahre 1845 veröffentlicht worden ist, hat ein Schriftsteller in einer konservativen Zeitschrift von großem Ansehen geschrieben, uns könne keine treffendere Bezeichnung zugedacht werden als die, welche heidnische Staatsmänner den ersten Christen gaben: »Feinde des Menschengeschlechts«. Welch ein beachtliches Zeugnis für unsere Identität mit der Kirche des hl. Paulus (»ein Pestbube und Aufwiegler in der ganzen Welt«), des hl. Ignatius, des hl. Polykarp und der anderen Märtyrer! In diesem Punkt sind sich konservative Politiker in ihrer Ansicht über unsere Religion einig mit Liberalen und mit den sozialistischen Parteien in Großbritannien, Frankreich, Deutschland und Italien. »Die Katholiken«, sagt die Quarerly Review, Jan. 1873, S. 181–182, »*zwingen*, wo immer sie in einem protestantischen Volk zahlreich und mächtig sind, gleichsam durch ein Gesetz ihres Wesens, dieses Volk, sie mit strenger Zurückhaltung und Kontrolle zu behandeln... Wenn der Katholizismus sich selbst und seiner Mission treu ist, *kann er* nicht (sic!)...davon abstehen, wo immer und wann immer sich die Gelegenheit dazu bietet, *die* Suprematie und *den* überragenden Einfluß und *die* Kontrolle zu beanspruchen, zu erarbeiten und zu ergreifen, von denen er im Gewissen glaubt, sie ständen ihm unveräußerlich und universell zu... Durch die Macht der Umstände, durch die unerbittliche Logik seiner Ansprüche, muß er der innere Feind oder das beunruhigende Element in jedem Staate sein, in welchem er selbst nicht die Herrschaft ausübt; und...alle Protestanten, Patrioten und Denker« (Philosophen und Historiker – wie Tacitus?) »müssen dabei bleiben, ihn als den *hostis humani generis* (sic!) anzusehen...« (N, 1878).

2. *»Wenn es also heute ein Christentum gibt...«*

Wenn es also heute ein Christentum in *der* Gestalt gibt, daß diese sich über die ganze Welt erstreckt, sei es auch in je verschiedenen Graden des Ansehens und Wohlergehens; – daß sie unter der Gewalt von Herrschern und Beamten steht, die auf diese oder jene Weise ihrem Glauben fremd gegenüberstehen; – daß blühende Nationen und große Reiche, die sich zum Christentum bekennen oder es dulden, ihr feindlich gesonnen sind; – daß Schulen der Philosophie und Wissenschaft gegnerische Theorien vertreten und aus deren Konsequenzen ein exegetisches System konstruieren, das ihre Heiligen Schriften in Frage stellt; – daß sie ganze Kirchen durch Schismen verloren hat, und nun mächtige Gemeinschaften, die einst ihre Teile waren, zu ihr in Opposition stehen; – daß sie aus einigen Ländern völlig oder fast vertrieben ist; – daß in anderen die Sukzession ihrer Lehrer überdeckt, ihre Herden unterdrückt, ihre Kirchen besetzt, ihr Eigentum in Händen sozusagen einer zweiten Sukzession sind; – daß in weiteren Ländern ihre Glieder entartet und verdorben sind und an Gewissenhaftigkeit, Tugend und Geistesgaben von eben den Häretikern übertroffen werden, die sie verwirft; – daß Häresien epidemisch sind und doch Bischöfe saumselig inmitten ihres eigenen Bereichs; – daß inmitten ihrer Wirren und Ängste nur eine Stimme besteht, auf deren Entscheidung die Völker mit Zuversicht harren, ein Name und ein Stuhl, nach denen ihre Hoffnung Ausschau hält, und daß dieser Name Petrus ist, und dieser Stuhl Rom: –– so ist eine solche Religion dem Christentum des fünften und sechsten Jahrhunderts nicht unähnlich[2].

II. Das sakramentale Prinzip

1. *Die Menschwerdung als die zentrale Wahrheit des Evangeliums (1845)*

Um alles richtig einzuordnen, möchte ich die Menschwerdung als die zentrale Wahrheit des Evangeliums ansehen und als die Quelle, aus der wir seine Prinzipien zu schöpfen haben. Diese große Lehre wird in zahllosen Stellen des Neuen Testamentes unzweideutig verkündigt, besonders vom heiligen Johannes und vom heiligen Paulus. Vertraut

[2] *Ergänzende Anmerkung Newmans 1878:* Die obige Skizze ist nur ein Stück dessen, was zum Nachweis der wunderbaren Identität des Typus gesagt werden könnte, die die katholische Kirche von Anfang bis zu Ende charakterisiert. Ich habe mich zum größten Teil auf ihren politischen Aspekt beschränkt; aber eine entsprechende Veranschaulichung könnte auch einfach aus dem Aspekt ihrer Lehre oder ihres Gottesdienstes gewonnen werden.

sind uns allen die Stellen: »Das Wort ist Fleisch geworden und hat unter uns gewohnt, ...voll der Gnade und Wahrheit« [Joh 1,14]. »Was von Anfang an war, was wir gehört, was wir mit unseren Augen gesehen haben, was wir geschaut, und was unsere Hände betastet haben vom Wort des Lebens, das verkündigen wir euch« [1 Joh 1,1–3]. »Denn ihr kennt die Gnade unseres Herrn Jesus Christus: daß er, obwohl reich, doch arm ward um euretwillen, damit ihr durch seine Armut reich würdet« [2 Kor 8,9]. »Nicht ich, sondern Christus lebt in mir, und das Leben, das ich jetzt im Fleische lebe, das lebe ich durch den Glauben an den Sohn Gottes, der mich geliebt und sich für mich hingegeben hat [Gal 2,20]«.

Solche Stellen wie diese bieten uns:

1. Das Prinzip des *Dogmas*, das heißt übernatürliche Wahrheiten, unwiderruflich der menschlichen Sprache anvertraut, unvollkommen, weil diese menschlich ist, aber definitiv und notwendig, weil von oben gegeben.
2. Das Prinzip des *Glaubens*, der das Korrelat des Dogmas ist, da er die absolute Annahme des göttlichen Wortes mit einer inneren Zustimmung ist, gegebenenfalls im Gegensatz zum Zeugnis der Sinne und des Verstandes.
3. Der Glaube eröffnet uns als Akt des Intellekts den Weg zur Forschung, Vergleichung und Folgerung, das heißt zur Wissenschaft der Religion in Unterwerfung unter den Glauben; das ist das Prinzip der *Theologie.*
4. Die Lehre von der Menschwerdung deutet auf eine göttliche Gabe hin, die durch ein materielles sichtbares Medium erlangt wird, und zwar darum, weil Himmel und Erde in der Menschwerdung vereint sind. Das heißt, sie begründet das *sakramentale* Prinzip als etwas der Idee des Christentums Eigentümliches und als sein Kennzeichen.
5. Betrachtet man die Lehre von der Menschwerdung unter dem Gesichtspunkt, daß sie gelehrt wird oder dogmatisch ist, dann schließt sie als ein weiteres Prinzip die Notwendigkeit ein, die Sprache – zum Beispiel den Schrifttext – in einem zweiten oder *mystischen Sinn* zu gebrauchen. Dabei müssen Worte dazu dienen, neue Ideen auszudrükken, und werden mit einer sakramentalen Funktion betraut.
6. Bei seiner Menschwerdung hatte unser Herr die Absicht, uns zu dem zu machen, was er selber ist; das ist das Prinzip der *Gnade*, die nicht nur heilig ist, sondern auch heiligmachend.
7. Sie kann uns nicht erhöhen und umwandeln ohne die Abtötung unserer niederen Natur: darin liegt das Prinzip der *Askese.*
8. Notwendig mit einbeschlossen in diesen Tod des natürlichen Menschen ist eine Offenbarung der *Bosheit der Sünde,* als Bekräftigung der Ahnungen des Gewissens.

9. Auch wird uns durch die Tatsache einer Menschwerdung gelehrt, daß die Materie ein wesentlicher Teil von uns ist, ebenso *fähig der Heiligung* wie unser Geist.

2. *»Ich komme also zur Kirche, weil ich ein Erbe des Himmels bin« (1838)*

Ich komme also zur Kirche, weil ich ein Erbe des Himmels bin. Es ist mein Verlangen und meine Hoffnung, eines Tages von meiner Erbschaft Besitz zu ergreifen; und ich komme, um mich dafür bereit zu machen, und ich möchte den Himmel jetzt noch nicht sehen, denn ich könnte seinen Anblick nicht ertragen. Ich darf in ihm sein, ohne ihn zu sehen, damit ich mich darin übe, ihn zu sehen. Und ich übe meine Rolle ein durch Psalmen und heiligen Gesang, durch Huldigung und Lobpreis. Was für die gewöhnlichen, öffentlichen oder privaten religiösen Übungen gilt, das trifft in einer noch höheren oder vielmehr in besonderer Weise auf die sakramentalen Einrichtungen der Kirche zu. In diesen offenbart sich in mehr oder weniger hohem Grade, dem Maße des einzelnen entsprechend, jener fleischgewordene Heiland, der eines Tages unser Richter sein soll und der uns befähigt, einst Seine Gegenwart zu ertragen, indem Er sie jetzt zu einem gewissen Teil verleiht. Ein dichter, dunkler Schleier schiebt sich zwischen diese und die nächste Welt. Wir sterbliche Menschen wandeln an ihm auf und ab, hin und her, und sehen nichts. Es gibt keinen Zugang durch ihn hindurch zur nächsten Welt. Im Evangelium ist dieser Schleier nicht beseitigt; er bleibt, aber dann und wann ergehen an uns wunderbare Enthüllungen dessen, was dahinter ist. Bisweilen scheinen wir einen Schimmer von jener Gestalt zu erhaschen, die wir im Jenseits von Angesicht zu Angesicht schauen werden. Wir nähern uns und trotz der Dunkelheit spüren sozusagen unsere Hände, unser Haupt, unsere Stirn oder unsere Lippen die Berührung mit etwas, das mehr als irdisch ist. Wir wissen nicht, wo wir sind, aber wir sind in Wasser getaucht, und eine Stimme sagt uns, daß es Blut ist. Oder wir tragen ein Mal auf unserer Stirn gezeichnet, und es spricht von Kalvaria. Oder wir entsinnen uns einer Hand, die sich uns aufs Haupt legte, und sicher trug sie das Mal der Nägel an sich und glich der Hand Dessen, der mit einer Berührung den Blinden das Augenlicht gab und die Toten erweckte. Oder wir haben gegessen und getrunken; und es war gewiß kein Traum, daß Einer uns nährte aus Seiner verwundeten Seite und unsere Natur erneuerte durch das himmlische Fleisch, das Er gab. So bereitet Er, der unser Richter ist, uns in vielerlei Weise auf das Gericht vor. – Er, der uns verherrlichen soll, bereitet uns auf die Verherrlichung vor, damit Er uns nicht überrasche, nein, damit wir bereit seien, wenn die Stimme des Erzengels erschallt und wir gerufen werden, dem Bräutigam entgegenzugehen. Beachtet, welches Licht diese Überlegungen auf einige bedeutsame Stellen des Hebräerbriefes werfen. Wenn wir im Evangelium diese übernatürliche Annäherung an Gott und an die nächste Welt besitzen, kein Wunder, daß der heilige Paulus sie eine »Erleuchtung«, »ein Verkosten der himmlischen Gabe«, »ein Teilhaftigwerden des Heiligen Geistes«, ein »Verkosten des guten Wortes Gottes und der Kräfte der zukünftigen Welt« nennt [Hebr 6,4.5]. Kein Wunder auch, daß ein völliger Abfall nach Empfang dieser Gaben so ganz hoffnungslos, und daß folglich jede Profanierung derselben, jede Sünde dagegen je nach ihrem Grad so gefahrvoll sein muß.

3. »Jedes Wort der Offenbarung hat eine tiefgehende Bedeutung« (1836)

Jedes Wort der göttlichen Offenbarung hat eine tiefgehende Bedeutung. Es ist die äußere Gestalt einer himmlischen Wahrheit und in diesem Sinne ein Geheimnis oder Sakrament. Wir können es lesen, es bekennen, doch da ist etwas in ihm, das wir nicht ergründen können, auf das wir uns lediglich je nachdem mehr oder weniger einlassen können. Wenn ein Täufling die Artikel des Glaubensbekenntnisses wiederholt, bekennt er demnach etwas in seiner ganzen Tiefe Unverstehbares und in seinen Ausmaßen Unbegrenztes. Er kann zu diesem Zeitpunkt nicht wissen, was er sich auferlegt, wohin er sich führen läßt. Es gehört zum Wesen des ehrfürchtigen Glaubens zu spüren, daß er, indem er zur Kirche kommt, vor Gottes Stellvertreterin steht und daß, wie in ihren Anordnungen so auch in ihrem Bekenntnis etwas Übernatürliches ist. Eine weitere Eigenschaft des Glaubens ist der Wunsch, die Heilige Lehre richtig zu erfassen, soweit er sie überhaupt zu erfassen vermag, und sich an die Kirche um Hilfe für sein Erfassenkönnen zu wenden.

III. Die Ämter der Kirche (1878)

Als unser Herr in den Himmel aufstieg, ließ Er Seinen Stellvertreter zurück. Dies war die Heilige Kirche, Sein mystischer Leib und Seine mystische Braut, eine göttliche Anstalt, die Wohnstätte und das Organ des Trösters, der durch sie spricht, bis das Ende kommt. Sie ist, um das Wort eines anglikanischen Dichters zu gebrauchen, »Er selbst hier unter uns« – soweit Menschen auf dieser Erde eben der Betreuung und Erfüllung der hohen Ämter gewachsen sind, die zuerst und zuoberst Ihm gehören.

Diese Ämter, die Ihm als Mittler besonders zugehören, rechnet man gewöhnlich drei: Er ist Prophet, Priester und König; und nach Seinem Vorbild und im menschlichen Maße hat auch die Heilige Kirche ein dreifaches Amt; nicht nur das prophetische allein für sich, sondern drei Ämter, die unteilbar, wenn auch verschiedenartig sind, nämlich das Lehramt, das Hirtenamt und das Priesteramt. Dies ist der Punkt, den ich bei meinen Ausführungen festhalten werde.

Ich will nur im Vorbeigehen sagen, daß man nicht annehmen darf, ich vergäße bei meiner Argumentation, daß der Papst als Stellvertreter Christi diese Ämter erbt und darin für die Kirche handelt. Das ist ein andres Thema: ich spreche hier vom Leibe Christi, und der oberste Hirte wäre nicht das sichtbare Haupt dieses Leibes, wenn er nicht zuerst zu ihm gehörte. Er ist nicht selber der Leib Christi, sondern nur der wichtigste Teil des Leibes; ich werde im Folgenden Gelegenheiten genug haben, zu zeigen, daß ich gebührend an ihn denke.

Das Christentum ist also zugleich Philosophie, gesellschaftliche Macht und Gottesdienst: als Religion ist es heilig; als Philosophie ist es apostolisch; als gesellschaftliche Macht ist es reichsförmig [imperial], d. h. eins und katholisch. Als Religion ist der Mittelpunkt seines Wirkens der Hirte und die Herde; als Philosophie sind es die theologischen Schulen; als Herrschaft das Papsttum und seine Kurie.

Obwohl es diese drei Funktionen dem Wesen nach von Anfang an ausgeübt hat, sind sie in ihrem vollen Umfange nacheinander, in einer Folge von Jahrhunderten, entwickelt worden. Zuerst, in der Frühzeit, wurde es als Gottesdienst sichtbar, der in den unteren Schichten der Gesellschaft, unter den Ungebildeten und Unfreien, entstand und sich verbreitete, der seine Macht durch den Heroismus seiner Märtyrer und Bekenner zu spüren gab. Dann ergriff es die Intellektuellen und gebildeten Schichten und schuf eine Theologie und gelehrte Schulen. Zuletzt ließ es sich als kirchliche Hierarchie unter den Fürsten nieder und erwählte sich Rom zum Mittelpunkt.

Wahrheit ist der leitende Grundsatz der Theologie und der theologischen Untersuchungen; Frömmigkeit und Erbauung der des Gottesdienstes; der der Herrschaft ist die Zweckdienlichkeit [expedience]. Das Instrument der Theologie ist der Vernunftgebrauch; das des Gottesdienstes unsere emotionale Natur; das der Herrschaft Gebot und Zwang. Und weiter neigt der Vernunftgebrauch im Menschen, wie er ist, zum Rationalismus; die Frömmigkeit zum Aberglauben und zur Schwarmgeisterei; die Macht zum Ehrgeiz und zur Tyrannei.

So schwer die Pflichten sind, die diese drei Ämter mit sich bringen, wenn sie jedes für sich ausgeübt werden; so ist ihre Erfüllung doch noch viel schwieriger, wenn man sie zusammen nimmt. Jedes der drei hat einen Bereich und eine Zielrichtung für sich; jedes hat seine eigenen

Interessen zu besorgen und zu fördern; jedes hat dabei Raum zu finden für die Ansprüche der andern beiden und jedes erfährt, wie die Grundlinien seines Wirkens durch die andern beeinflußt und verändert werden; ja wie manchmal in bestimmten Fällen die Bedürfnisse der andern zum Maßstab seiner eigenen Pflicht werden.

»Wer kann«, um mit dem hl. Paulus zu sprechen, »diesen Dingen genügen?« Wer kann, selbst mit göttlicher Hilfe, so voneinander unabhängige, so auseinanderstrebende und so widerstreitende Ämter mit Erfolg verwalten? Welche Linie des Handelns ist – außer auf die Dauer, die sehr lange Dauer – zugleich erbaulich, ratsam und wahr? Muß nicht offenbar ein bestimmter Kurs, den die Kirche einschlägt, wenn sie zugleich in ihren dreien, ihrer Idee nach so entgegengesetzten Eigenschaften handelt, von dem Kurse abweichen, den ein Amt für sich gesehen einschlagen würde – wenn nicht die Notwendigkeiten des einen oder des andern den Interessen des dritten geopfert werden sollen? Was ist zum Beispiel in einem Falle zu tun, wenn die Durchsetzung eines bestimmten theologischen Punktes, wie ihn die theologischen Schulen definiert haben, ein bestimmtes Volk statt frommer weniger fromm machen oder sogar Unruhen und Aufstände hervorrufen würde? Oder wenn die Verteidigung eines Vorkämpfers kirchlicher Freiheit in einem Lande in einem andern einen Gegenpapst ermutigen oder eine allgemeine Verfolgung hervorrufen würde? Oder wenn entweder ein Schisma in Kauf genommen oder aber eine opportune Wahrheit undefiniert gelassen werden muß? All dies ist sicherlich von dem Göttlichen Geist vorhergesehen worden, als Er Seiner Kirche eine so komplexe Sendung übertrug, und indem Er ihr Unfehlbarkeit in ihrer ausdrücklichen Lehrverkündigung verhieß, hat Er sie mittelbar auch vor schwerwiegenden Irrtümern in ihrem Kultus und in ihrem politischen Wirken beschützt. So groß diese Hilfe jedoch ist, so bewahrt dies sie doch nicht vor allen Gefahren, welche die Probleme mit sich bringen, die sie zu lösen hat. Nur wenn ihren Führern die Gabe der Unsündbarkeit verliehen wäre, wären sie sicher vor jeder Neigung zu Irrtümern in ihrem praktischen Verhalten, ihrem Handeln als Gemeinschaft, ihren Worten und Entscheidungen, in ihrer Gesetzgebung und ihrem Rechtsvollzug, in kirchlichen und disziplinarischen Einzelheiten; diese Gabe haben sie jedoch nicht empfangen. Wie gut sie also ihre Pflichten im ganzen erfüllen mag, so wird es doch immer leicht für ihre Gegner sein, ihr wegen ihrer Handlungen und Eingriffe, wegen der beständigen Zusammenstöße und Widersprüche, wegen eines zeitweiligen Aufschubs oder einer zeitweiligen Verzögerung von Maßnahmen auf den drei verschiedenen Gebieten ihrer Pflicht – ihrer Herrschaft, ihrem Gottesdienst und ihren Schulen – oder auch wegen des Verhaltens ihrer

Führer, ihrer Gottesgelehrten, ihrer Hirten und ihrer Herde mit mehr oder weniger guten Gründen den Prozeß zu machen...

Der hl. Gregor war sowohl Bischof wie auch Prediger und Seelsorger, so daß die kluge Vorgehensweise [economy], die von ihm erzählt wird, sowohl eine Tätigkeit der herrscherlichen wie auch der priesterlichen und seelsorgerischen Funktion ist. Und das läßt sich auch von den meisten Beispielen sagen, ... wie die Kirche unter Umständen die Forderungen ihrer Theologie abschwächt oder gar aufhebt. Sie erläutern zugleich auch diese beiden Elemente ihrer von Gott gegebenen Verfassung; denn die schon erwähnte Furcht, »den glimmenden Docht auszulöschen« (Mt 12, 20), die das Kennzeichen eines Seelsorgers ist, wirkt in derselben Richtung wie der Eifer für die Erweiterung des Reiches Christi: sie widersetzen sich jener Strenge der logischen Theologie, die mehr für die Schulen als für die Welt paßt. In diesen Fällen also haben die beiden Ämter, das Herrscheramt und das priesterliche, ein gemeinsames Interesse gegen das theologische; aber das ist nicht immer so, und deshalb will ich jetzt dazu übergehen, Beispiele zu geben, in denen die herrscherlichen und gesellschaftlichen Bedürfnisse der Religion eine hervorragende Rolle spielen und sowohl ihre theologische wie ihre priesterliche Pflicht in den Hintergrund treten.

Ich sage also, daß die Apostolizität der Lehre und die Heiligkeit des Gottesdienstes als Attribute der Kirche andere Bedingungen haben als ihre Königsherrschaft. Für die Lehre reicht ein gutes Maß an Tradition aus, für den Gottesdienst der Brauch und das Gewissen des Volkes; aber Tradition und Brauch können aus sich nicht Unabhängigkeit und selbständige Herrschaft sichern. Wenn die Kirche königlich sein soll, eine Zeugin des Himmels, unwandelbar inmitten weltlichen Wandels, wenn sie sich in jedem Zeitalter behaupten und die Wahrheit sowohl verkünden wie bekennen soll, wenn sie auch ohne oder gegen die weltliche Macht gedeihen und sich in allen Schicksalen selber helfen und wiederherstellen soll, so muß sie mehr als heilig und apostolisch, so muß sie katholisch sein. Daher hat sie immer, von ihren Anfängen an, zunächst eine Hierarchie und ein Haupt gehabt und damit eine strenge Einheit der Verfassung, den Anspruch auf ausschließliche göttliche Autorität und Gnade, die Treuhänderschaft über die Gaben des Evangeliums und die Ausübung einer absoluten und fast despotischen Herrschaft über ihre Glieder. Was ihr Wirken angeht, so hat sie weiter die besondere Pflicht, als vollkommene Gesellschaft ihre verschiedenen Teile zusammenzuhalten, ihr Gebiet zu erweitern und in dieser Welt, die immer stirbt und die immer neu geboren wird, in der Stillstand,

Rückgang und Ruhe Fehlschlag bedeuten, ihre mannigfachen Völker zu erhalten und zu vermehren. Es ist ihre Pflicht, den Verkehr von Stadt mit Stadt und Volk mit Volk zu verstärken und zu erleichtern, so daß ein dem einen angetanes Unrecht als Unrecht an allen fühlbar wird und das Handeln Einzelner die Tatkraft und das Gewicht der ganzen Gemeinschaft hat. Es ist ihre Pflicht, ihre Augen auf den Bewegungen aller Schichten in ihrem weiten Herrschaftsgebiet zu haben, auf Klerus und Laien, auf Ordens- und Weltpriestern, auf der bürgerlichen Gesellschaft und den politischen Bewegungen. Sie muß auf dem Wachtturm stehen und schon in der Ferne alle Gefahren wahrnehmen und Maßnahmen gegen sie treffen; sie muß die Schwachen und Unwissenden beschützen, Ärgernisse beseitigen, auf die Erziehung der Jugend achthaben, zeitliche Güter gerecht verteilen, alles christliche Werk in Gang setzen oder wenigstens leiten, und das alles im Hinblick auf das Leben, die Gesundheit und Kraft des Christentums und das Heil der Seelen.
Es ist leicht zu verstehen, wie so ernste Interessen und Pflichten von Zeit zu Zeit für diejenigen, die für sie verantwortlich sind, die Gefahr, vielleicht auch die Gewißheit, zum mindesten aber den Verdacht des Ehrgeizes oder anderer selbstsüchtiger Antriebe, noch öfter aber Mißgriffe, Übergriffe oder Ungerechtigkeit mit sich bringen. Ich will indessen mit dieser Bemerkung diesen Teil meines Themas auf sich beruhen lassen und das, was ich zu sagen habe, damit zu Ende bringen, daß ich das Königsamt der Kirche dem Lehramte an die Seite stelle und Beispiele anführe für die Zusammenstöße und Kompromisse, die infolge ihrer eigentümlichen Interessen und Pflichten zwischen ihnen stattgefunden haben.

Zum Beispiel: die früheste Tradition der Kirche war der Gewaltanwendung zum Zwecke der Aufrechterhaltung der Religion abgeneigt. »Es steht den Menschen, welche Zutrauen zu ihrem Glauben haben«, so sagt Athanasius, »nicht an, die Unwilligen zu bedrängen und zu zwingen. Denn die Wahrheit wird nicht mit Schwert und Dolch und nicht mit Hilfe von Soldaten gepredigt, sondern durch Zureden und Weisheit.« Augustinus hatte zuerst dieselbe Auffassung über diese Pflicht; aber seine Erfahrung als Bischof führte ihn zu einer Sinnesänderung. Hier sehen wir, wie die Interessen der Kirche als einer königlichen Herrschaft ihre Theologie beeinflussen.
Wiederum: im Hinblick auf die größere Einheit und Kraft der Kirche haben sich die Päpste von der Zeit Gregors I. bis auf den heutigen Tag ernste Mühe gegeben, die mannigfachen überlieferten liturgischen Formen in den verschiedenen Teilen der Kirche aufzuheben und zu beseitigen. Bei dieser Politik hat sich ein kirchenpolitisches Bedürfnis im Bereich der Theologie und des Gottesdienstes ausgewirkt.

Wiederum: einfach nicht zu rechtfertigende Handlungen, etwa der wirkliche Verrat an der Wahrheit, den Liberius und Honorius begangen haben, werden verständlich und hören auf, ein Ärgernis zu sein, wenn wir bedenken, daß diese Päpste das Gefühl hatten, daß sie die obersten Regenten der Christenheit waren, und daß es deshalb ihre erste Pflicht war, ihr Frieden, Einheit und Zusammenhalt zu sichern. Der persönliche Mangel an Festigkeit und Scharfsicht in Dingen der Lehre, den jeder von ihnen zu seiner Zeit bewies, ist vielleicht entstanden aus dem scharfen Bewußtsein seiner Stellung als ökumenischer Bischof und Hirt der Herde Christi, des Ärgernisses, das die inneren Zerwürfnisse erregten und seiner Verantwortung, wenn die Kirche zu seiner Zeit an Gesundheit und Kraft vielleicht zurückging.

Das nicht an sich falsche, von ihnen jedoch falsch angewandte Prinzip, nach dem sie wohl gehandelt haben, ist meiner Auffassung nach Folgendes: daß keine Handlung theologisch ein Irrtum sein kann, die unbedingt und zweifellos für die Einheit, Heiligkeit und den Frieden der Kirche notwendig ist; denn für diese Segnungen kann niemals ein Unrecht notwendig sein; sie können nur aus der Wahrheit hervorgehen. Wenn man nun sicher sein könnte, daß wirklich eine solche Notwendigkeit vorläge, so dürfte man das Prinzip wohl zugeben; obwohl es wegen der Schwierigkeit seiner richtigen Anwendung nur dann zugelassen werden kann, wenn so schwerwiegende Anlässe, eine so klare Überlieferung zu seinen Gunsten und so hohe Autoritäten als seine Fürsprecher da sind, daß sein richtiger Gebrauch sichergestellt ist. Wenn es von den Päpsten, die ich genannt habe, falsch angewandt worden ist, so ist es doch von andern, mit deren Entscheidung in den betreffenden Fällen jeder Katholik ohne Schwierigkeit übereinstimmen kann, auch wieder richtig und mit Erfolg angewandt worden.

Ich will dafür einige Beispiele geben, und das einsichtigste davon ist unsere Lehre hinsichtlich der Heiligsprechung. Die Unfehlbarkeit der Kirche muß sich sicherlich auf diese feierliche und öffentliche Handlung erstrecken; und zwar weil die Kirche, d. h. der Papst, in einer so ernsten Sache, die die Andachtsübungen der Gläubigen berührt, unfehlbar sein muß, auch wenn sie sich auf eine Tatsache bezieht. Dies ist die Entscheidung Kardinal Lambertinis, die mit dem hl. Thomas übereinstimmt; sie läßt dabei die Frage der gewöhnlichen Unfehlbarkeit des Papstes, die von andern Argumenten abhängt, beiseite. »Es kann nicht sein«, so schreibt dieser große Autor, »daß die Allgemeine Kirche in einem Punkte der Sittenlehre von ihrem Oberhirten in Irrtum geführt werde; und das würde oder könnte sicherlich der Fall sein, wenn er sich bei einer Heiligsprechung irrte.« Das ist auch das Argument des hl. Thomas: »In der Kirche kann es keinen sündhaften Irrtum geben; aber das wäre der Fall, wenn einer, der in Wirklichkeit ein Sünder war, als Heiliger verehrt würde.«

Wiederum: in derselben Weise ruht auch unsere Gewißheit, daß die Apostolische Sukzession der Bischöfe in der katholischen Kirche ohne Makel ist und daß die Gültigkeit der Sakramente trotz möglicher Irrtümer und Formfehler im Laufe von 1800 Jahren sicher ist, auf dem Glauben, daß Er, der das Ziel bestimmt hat, auch die Mittel bestimmt hat – daß Er seiner Kirche immer genügt –, daß Er, wenn Er uns die Verheißung gegeben hat, immer bei uns zu sein, sie auch erfüllen wird...

Um zu schließen: Alles Große will sich nicht auf menschliche Regeln einschränken und in seiner Vielseitigkeit mit sich selbst zur logischen Übereinstimmung bringen lassen. Wer wollte die verschiedenen Attribute des unendlichen Gottes miteinander versöhnen? Und so wie Er, so sind auch in ihren verschiedenen Abstufungen Seine Werke. Diese lebendige Welt, zu der wir gehören – wie ist sie voller Widersprüche, wenn wir versuchen, ihren Sinn und ihre Möglichkeiten zu ermessen und zu bemeistern. Und wie voller Ungereimtheiten, das heißt voller Geheimnisse, ist nicht in ihren höher und edler gearteten Individuen die Seele des Menschen, wenn wir das Beieinander von Meinungen, Vorlieben, Gewohnheiten, Kräften, Zielen und Taten in ihr ansehen. So brauchen wir kein Erstaunen zu fühlen, wenn auch die heilige Kirche, die übernatürliche Schöpfung Gottes, ein Beispiel für dasselbe Gesetz ist und uns als ihr allgemeines Kennzeichen eine bewunderungswürdige Folgerichtigkeit und Einheit in Worten und Taten zeigt, die aber dann und wann durch anscheinende Unregelmäßigkeiten gestört und verdunkelt wird, welche eine Übung des Glaubens von unserer Seite nötig machen und fordern.

IV. Unfehlbarkeit der Kirche und die Theologie (1864)

Die Notwendigkeit irgendeiner Religionsform ist für die Wohlfahrt der Menschheit allgemein anerkannt; aber wo war die konkrete Vertretung der unsichtbaren Dinge, die Kraft und Zähigkeit genug besaß, daß die Flut sich daran bräche? Vor dreihundert Jahren wurde in den Ländern, die sich von der katholischen Kirche getrennt hatten, die Verstaatlichung der Religion in materieller, gesetzlicher und sozialer Hinsicht als das beste Mittel für diesen Zweck angewendet; lange Zeit mit Erfolg. Doch jetzt gewähren die Breschen dieser Art Kirchenverfassung dem Feinde überall Einlaß. Vor dreißig Jahren wurde alles Gewicht auf die Erziehung gelegt; vor zehn Jahren hatte man die Hoffnung, daß unter dem Einfluß der Handelsunternehmungen und unter der Herrschaft der nützlichen und schönen Künste die Kriege für immer aufhörten. Doch wer wird behaupten wollen, daß es irgendwo auf dieser Erde etwas gäbe, das uns als Stützpunkt dienen könnte, um die Erde in ihrem Vorwärtsstürmen aufzuhalten?...

Vorausgesetzt also, es wäre der Wille des Schöpfers, in die menschlichen Angelegenheiten einzugreifen und für die Erhaltung einer bestimmten und klaren Gotteserkenntnis in der Welt zu sorgen, an der die Gewalt des menschlichen Skeptizismus zuschanden würde, in einem solchen Falle – ich bin weit davon entfernt, zu behaupten, daß es keine andere Möglichkeit gegeben hätte – ist es nicht verwunderlich, wenn Er es für angezeigt hielt, in der Welt eine Macht aufzurichten, die mit dem Vorzug der Unfehlbarkeit in religiösen Fragen ausgestattet ist. Eine solche Vorkehrung wäre ein unmittelbar geeignetes, wirksames und kräftiges Mittel, der Schwierigkeit zu begegnen; sie wäre ein der Not angepaßtes Werkzeug. Und wenn ich sehe, daß die katholische Kirche gerade diesen Vorzug für sich in Anspruch nimmt, so geht mir dieser Gedanke nicht nur ohne Schwierigkeit ein, sondern ich finde ihn sogar so zweckentsprechend, daß er sich meinem Verstande von selbst empfiehlt. So komme ich auf die Unfehlbarkeit der Kirche zu sprechen als einer Einrichtung, die der Schöpfer in seiner Erbarmung getroffen hat, um die Religion in der Welt zu erhalten, die Freiheit des Denkens, die an sich unleugbar eine der vornehmsten Gaben der Natur ist, einzuschränken und sie von ihrem eigenen, selbstmörderischen Übermut zu retten. Man beachte, daß ich weder hier noch im Folgenden von der Offenbarung an sich zu sprechen habe; ich betrachte sie nur in ihrer Beziehung zu den Wahrheiten, die unabhängig von ihr erkannt werden können – soweit sie zum Schutz und zur Verteidigung der natürlichen Religion dient. Ich behaupte also: Eine Gewalt, die in religiösen Fragen Unfehlbarkeit besitzt, ist in der Ordnung menschlicher Angelegenheiten ein wirksames Werkzeug, um die maßlose Energie des angriffslustigen, boshaften und unzuverlässigen Intellekts in harte Zucht zu nehmen und in seine Grenzen zurückzudrängen. – Und indem ich dies behaupte, darf, wie bei anderen Dingen, die ich noch zu sagen habe, nicht vergessen werden, daß ich mein Hauptziel, die Verteidigung meiner selbst, nie aus dem Auge verliere...

...Die grundlegende Lehre des unfehlbaren Lehramtes muß ein flammender Protest gegen den herrschenden Zustand des Menschengeschlechts sein. Der Mensch hat sich gegen seinen Schöpfer empört. Das war der Grund für das Eingreifen Gottes; dies laut zu verkündigen, ist die erste Pflicht des von Gott gesandten Boten. Die Kirche muß Empörung als das größte Übel brandmarken. Sie darf auf keinen Fall mit ihr paktieren; wenn sie ihrem Meister treu sein will, muß sie dieselbe in Acht und Bann tun. Das ist der Sinn meiner Behauptung, die der Gegenstand einer jener Hauptanklagen gegen mich gewesen ist, auf die ich jetzt antworte; ich habe übrigens in dieser Hinsicht keinen Fehler einzugestehen und nichts zu widerrufen; ich wiederhole daher jene Behauptung mit voller Überlegung. Ich habe gesagt: »Die katholische Kirche hält es für besser, wenn Sonne und Mond vom Himmel fallen, wenn die Erde untergeht und alle die vielen Millionen Geschöpfe auf ihr in schrecklicher Todesnot Hungers sterben – soweit das nur zeitliche Trübsal bedeutet – als daß eine einzige Seele, ich will nicht sagen, verloren gehe, sondern sich nur eine einzige läßliche Sünde zuschulden kommen lasse, eine freiwillige Unwahrheit sage, oder einen einzigen elenden Heller ohne Entschuldigung stehle.« Ich halte das hier ausgesprochene Prinzip nur für eine Präambel zu den förmlichen Beglaubigungsurkunden der katholischen Kirche, etwa wie ein Parlamentsbeschluß mit *»in Anbetracht, daß«* beginnt. Weil das Unheil, das von der Menschheit Besitz ergriffen hat, so ungeheuer groß ist, wurde ihm ein ebenso mächtiger Gegner gegenübergestellt; und die erste Tat dieser von Gott eingesetzten Gewalt ist natürlich, ihre Kriegserklärung zu überreichen und den Feind zu fordern. Eine solche Einführung gibt also ihrer Stellung in der Welt einen Sinn und erklärt den Gang ihrer Lehre und ihres Tuns.

Ebenso hat sie jederzeit mit dem größten Nachdruck die anderen großen, grundlegenden Wahrheiten vorgetragen, die entweder eine Erläuterung ihrer Mission sind oder ihrem Werke einen Charakter geben. Sie lehrt nicht, daß die menschliche Natur unheilbar sei – wozu wäre sie sonst gesandt? –; auch nicht, daß sie vernichtet und ins Gegenteil umgeändert, sondern daß sie befreit, gereinigt und erneuert werden müsse; sie lehrt nicht, daß die Natur eine bloße Masse hoffnungslosen Übels, sondern die Trägerin großer Verheißungen sei und sogar in ihrer jetzigen zerrütteten und entgleisten Verfassung eine eigene Tugend und Güte besitze. Sodann aber weiß und lehrt sie auch, daß eine Erneuerung, wie sie dieselbe zu verwirklichen sucht, nicht durch bloße Einwirkung von außen, durch Predigt und Belehrung, auch nicht durch ihre eigene, zu erreichen ist, sondern nur mit Hilfe einer inneren geistigen Kraft oder Gnade, die unmittelbar von oben mitgeteilt wird und die sie hienieden vermittelt. Sie hat den Auftrag, die menschliche Natur von ihrem Elend zu heilen, aber nicht einfach durch die Wiederherstellung ihrer ursprünglichen Verfassung, sondern durch deren

Erhöhung und Vervollkommnung. Sie anerkennt in ihr eine wirkliche moralische Vollkommenheit, die nur degradiert ist; aber sie kann sie bloß dadurch von der Erde befreien, daß sie dieselbe zum Himmel hinaufhebt. Zu diesem Zwecke wurde eine erneuernde Gnade in ihre Hand gelegt; und deshalb schärft sie, sowohl wegen der Natur der Gabe als wegen der Vernünftigkeit der Sache den weiteren Punkt ein, daß jede wahre Bekehrung mit den ersten Regungen des Denkens anfangen müsse; sie lehrt, jeder einzelne Mensch müsse in seiner eigenen Person ein vollkommener und vollendeter Tempel Gottes sein, weil er auch einer der lebendigen Bausteine sei, die eine sichtbare religiöse Gemeinschaft ausmachen. Die Unterscheidungen zwischen Natur und Gnade, zwischen äußerer und innerer Religion bilden also zwei weitere Artikel dessen, was ich die Präambel zu ihrem göttlichen Auftrag genannt habe.

Solche Wahrheiten wiederholt sie kräftig und prägt sie der Menschheit mit Nachdruck ein; hier kennt sie keine halben Maßregeln, keine schonende Zurückhaltung (economical reserve), keine Vorsicht oder Klugheit. »Ihr müßt wiedergeboren werden«, sagt sie einfach und gerade wie ihr göttlicher Meister; »eure ganze Natur muß neugeboren werden; eure Leidenschaften und eure Affekte, eure Ziele, euer Gewissen und euer Wille müssen in ein neues Element getaucht und dem Schöpfer von neuem geweiht werden – und nicht zuletzt euer Verstand selbst.« Weil ich diese Punkte ihrer Lehre in meiner Weise wiedergab, wurden bestimmte Stellen in einem meiner Bücher in die allgemeine Anklage gegen meine religiösen Anschauungen aufgenommen. Der Verfasser der Anklage sagte, ich müsse von Sinnen sein, wenn ich an meine Behauptung glaube, oder charakterlos, wenn ich nicht daran glaube: daß nämlich ein nachlässiges, zerlumptes, schmutziges Bettelweib, das Märchen erzählt, mehr Aussicht auf den Himmel habe, wenn es nur sanft, keusch, mäßig, heiter und religiös sei, als ein vollendeter Staatsmann, Rechtsgelehrter oder Adeliger, wenn dieser auch noch so gerecht, aufrichtig, edelmütig, ehrenhaft und gewissenhaft sei, ausgenommen, er habe auch einen Anteil am Besitz der göttlichen Gnaden des Christentums. Ich denke, gegen jede Kritik dieser Art könnte ich mich mit denselben Worten verteidigen, die unser Herr zu den Hohenpriestern sprach: »Die Zöllner und Huren werden eher in das Reich Gottes eingehen als ihr« (Mt 21, 31). Vor dasselbe Entweder – Oder von Beschuldigungen wurde ich gestellt, weil ich zu sagen wagte, die Einwilligung in eine unlautere Begierde sei unendlich häßlicher als eine Lüge, wenn man einmal von den Ursachen, Beweggründen und Folgen absehe; denn eine Lüge, unter diesen Einschränkungen betrachtet, ist nur eine zufällige Äußerung, eine fast äußerliche Handlung, die nicht unmittelbar aus dem Herzen kommt, so schimpflich und verächtlich sie ist und so sehr sie das Gemeinschaftsleben schädigt und die öffentliche Verurteilung verdient; haben wir doch das ausdrückliche Wort des Herrn: »Wer ein Weib mit Begierde anschaut, hat schon im Herzen die Ehe mit ihr gebrochen« (Mt 5, 28). Auf Grund dieser Schriftworte habe ich gewiß ebensoviel Recht, an diese Lehren, die so viel Befremden verursacht haben, zu glauben, wie an die Erbsünde, an die Tatsache der übernatürlichen Offenbarung, an das Leiden und Sterben einer göttlichen Person oder an die Ewigkeit der Höllenstrafe.

Von dem, was ich als Präambel zur Übertragung jener Gewalt, womit die Kirche ausgestattet ist, bezeichnet habe, gehe ich nun zu dieser Gewalt, zur Unfehlbarkeit selbst über und schicke zwei kurze Bemerkungen voraus: 1. Ich habe hier nichts über den wesentlichen Sitz dieser Gewalt zu entscheiden, denn das ist eine Lehrfrage, keine historische oder praktische; 2. ich habe nicht im Sinn, den unmittelbaren Geltungsbereich der Unfehlbarkeitsgewalt auf außerreligiöse Fragen auszudehnen. – Und nun zu der Gewalt selbst.

Ihrem ganzen Umfang nach betrachtet, ist diese Gewalt ebenso furchtbar wie das riesenhafte Übel, das sie hervorgerufen hat. In rechtmäßiger Weise ausgeübt – im anderen Fall tritt sie natürlich nicht in Kraft – erhebt sie den Anspruch, mit Sicherheit jeden einzelnen Teil der göttlichen Botschaft, die der Herr seinen Aposteln übergeben hat, seinem wahren Sinn nach zu erschließen. Sie erhebt den Anspruch ihre eigenen Grenzen zu wissen und bestimmen zu können, was sie unbedingt entscheiden kann und was nicht. Sie erhebt überdies den Anspruch, auf nicht unmittelbar religiöse Angelegenheiten insofern einen Einfluß zu haben, als sie feststellen kann, ob sie sich mittelbar auf die Religion beziehen, und entsprechend ihrem endgültigen Urteil zu erklären, ob solche Behauptungen im Einzelfall mit der geoffenbarten Wahrheit vereinbar sind oder nicht. Sie erhebt kraft ihrer Lehrautorität den Anspruch, zu entscheiden, ob diese oder jene Lehren, mögen sie in ihr Gebiet gehören oder nicht, nach ihrem Geiste oder in ihren Folgen dem depositum fidei Eintrag tun oder nicht, und demgemäß sie zuzulassen oder zu verwerfen und zu verbieten. Sie erhebt den Anspruch, unter Umständen Stillschweigen aufzuerlegen über Lehrfragen und Kontroversen, die sie kraft ihres ipse dixit als gefährlich, ungehörig oder unzeitgemäß erklärt. Sie verlangt, daß die Katholiken, wie auch immer ihr Urteil über solche Handlungen laute, sie mit den gleichen äußeren Zeichen der Ehrfurcht, Unterwerfung und Loyalität aufnehmen, die z. B. der Engländer der Person seines Herrschers zollt, ohne öffentliche Kritik an ihnen zu üben, weil diese Maßnahmen entweder an sich unpassend oder in ihrer Form verletzend und hart sind. Und endlich nimmt sie das Recht in Anspruch, geistliche Strafen aufzuerlegen und diejenigen, welche sich weigern, sich ihren ausdrück-

lichen Erklärungen zu unterwerfen, von den ordnungsmäßigen Mitteilungen des göttlichen Lebens und von ihrer Gemeinschaft auszuschließen. Das ist, konkret betrachtet, die Unfehlbarkeit, die der katholischen Kirche übertragen ist mit allen Zeichen ihrer hohen Gewalt; sie ist, um das oben Gesagte zu wiederholen, eine erhabene, ungeheure Machtbefugnis, auf die Erde gesandt, um einem riesenhaften Übel entgegenzutreten und es zu meistern.
Nach dieser Beschreibung der Unfehlbarkeitsgewalt erkläre ich meine absolute Unterwerfung unter ihre Forderungen. Ich glaube an das ganze geoffenbarte Dogma, wie es von den Aposteln gelehrt und der Kirche übergeben wurde, und wie es die Kirche mir zu glauben vorstellt. Ich nehme es an, wie es die Autorität, der es anvertraut wurde, unfehlbar auslegt und ebenso (was darin enthalten ist), wie es dieselbe Autorität bis ans Ende der Zeiten auslegen wird. Ja noch mehr, ich unterwerfe mich den allgemein angenommenen Überlieferungen der Kirche, welche das Material zu den neuen, von Zeit zu Zeit ergehenden dogmatischen Entscheidungen enthalten und die zu allen Zeiten dem bereits definierten Dogma als Gewand und Erläuterung dienen. Ich unterwerfe mich ferner den anderen theologischen oder nichttheologischen Entscheidungen des Heiligen Stuhles, welche durch die von ihm aufgestellten Organe gefällt werden; abgesehen von der Frage ihrer Unfehlbarkeit, haben sie zum mindesten ein Recht, angenommen und befolgt zu werden. Desgleichen bin ich der Ansicht, daß die katholische Forschung im Laufe der Zeit allmählich feste Formen angenommen und sich unter der geistigen Führung großer Lehrer, wie des hl. Athanasius, des hl. Augustinus und des hl. Thomas, zu einer formellen Wissenschaft mit eigener Methode und Terminologie entwickelt hat; und ich verspüre durchaus keine Versuchung, das große Vermächtnis des Denkens das so auf uns und unsere Zeit übergegangen ist, in Stücke zu schlagen...
Wenn wir indessen den wirklichen Verlauf eines Prinzips ganz genau feststellen wollen, müssen wir ihn aus einer gewissen Entfernung betrachten, und so, wie ihn die Geschichte uns zeigt. Alles, was durch menschliche Werkzeuge ausgeführt wird, weist Mängel auf und bietet bei genauer Einzelprüfung Anlaß zur Kritik. Unter diesem Gesichtspunkt habe ich von der Tätigkeit einer unfehlbaren Autorität gesprochen, die bei oberflächlicher Betrachtung zumeist gehässiger Kritik ausgesetzt ist; ich wollte in der Würdigung dessen, was zu ihrem Nachteil spricht, und wofür die katholische Kirche dieser oder jener Zeit selbst als Zeuge dienen kann, möglichst unparteiisch sein und wünsche nun, ihre Gegner möchten sich über ihren historischen Charakter ein ebenso gerechtes Urteil bilden. Kann man also auch nur mit einem Schein der Vernunft behaupten, die unfehlbare Autorität habe tatsächlich die Kraft des katholischen Intellekts lahmgelegt? Man

beachte, daß ich hier nicht von einem Zusammenstoß der kirchlichen Autorität mit der Wissenschaft zu sprechen habe, aus dem einfachen Grunde, weil es keinen gegeben hat; die weltlichen Wissenschaften sind in ihrem heutigen Stande eine Neuheit in der Welt; die Beziehungen zwischen der Theologie und diesen neuen Methoden der Erkenntnis haben noch keine Geschichte, und man kann in der Tat von der Kirche sagen, sie habe sich von ihnen bisher ferngehalten, wie der stets angeführte Fall Galilei beweist. Hier bestätigt die Ausnahme die Regel. Man gehe nur einmal die ganze Geschichte der Kirche von Anfang an durch: wie vorsichtig ist die Autorität in ihrem Eingreifen! Da wagt irgendwo ein Lehrer oder Professor an einer örtlichen Schule einen Satz aufzustellen, und eine Kontroverse setzt ein. Es schwelt und brennt an einem Orte, niemand schreitet ein; Rom kümmert sich nicht darum. Dann kommt die Sache vor einen Bischof, oder ein Priester oder Professor an irgendeiner anderen Stätte der Wissenschaft greift sie auf; damit tritt sie in ein zweites Stadium. Nun kommt sie vor eine Universität und wird vielleicht von der theologischen Fakultät verurteilt. So geht die Kontroverse Jahr um Jahr fort, und Rom schweigt immer noch. Man wendet sich zunächst wohl noch an eine Rom untergeordnete obrigkeitliche Stelle, und dann erst nach langer Zeit kommt sie vor die höchste Lehrgewalt. Mittlerweile ist die Frage nach jeder Richtung hin untersucht und verhandelt und von allen Seiten betrachtet worden, und die Autorität wird angerufen, eine Entscheidung auszusprechen, zu der die Vernunft schon gelangt ist. Aber auch jetzt zögert die oberste Lehrgewalt vielleicht noch, und die Frage bleibt jahrelang unentschieden, oder das Urteil ist so allgemein und unbestimmt, daß die ganze Kontroverse von vorn anfangen muß, ehe die endgültige Entscheidung erfolgt. Ein solches Verfahren dient offenbar nicht bloß der Freiheit, es belebt auch den Mut der Theologen und Kontroversisten. Manch einer hat eine Idee, die er für wahr und seiner Zeit für nützlich hält; traut aber nicht ganz und wünscht, daß sie besprochen werde. Er ist bereit, sie aufzugeben, ja, er wäre dankbar dafür, wenn sie ihm als irrig oder gefährlich erwiesen würde; die Kontroverse führt ihn zum Ziel. Man erwidert ihm, und er gibt nach, oder er findet im Gegenteil, daß man ihm recht gibt. Er würde das nicht zu tun wagen, wenn er wüßte, daß eine höchste, entscheidende Autorität jedes seiner Worte überwachte und zu jedem Satz und zu jeder Äußerung ihre Zustimmung oder ihr Mißfallen äußerte. Dann würde er in der Tat wie die persischen Soldaten unter der Peitsche kämpfen, und man könnte mit Recht sagen, die Freiheit seines Geistes sei durch die unfehlbare Autorität erdrückt worden. Aber das ist nicht der Fall: – Ich will natürlich nicht sagen, daß nicht bisweilen, wenn in theologischen Schulen oder in kleineren Sprengeln der Kirche die Auseinandersetzungen besonders heftig geworden sind, ein Einschreiten nicht notwendig sei; oder es kann sich auch um so dringende Fragen handeln, daß der Appell an die höchste Autorität in der Kirche einfach Pflicht ist. Doch, wenn wir die Geschichte der Kontroverse durchgehen, finden wir, denke ich, den Verlauf der Dinge meistens so, wie ich ihn dargestellt habe. Zosimus behandelte Pelagius und Zölestius mit äußerster Nachsicht; und der hl. Gregor VII. war gegen Berengar ebenso milde; – gerade weil sich die Päpste im Besitz der Macht wußten, waren sie in ihrem Gebrauch stets bedächtig und maßvoll.

Hier möchte ich auch auf einen weiteren Schutz für den rechtmäßigen Gebrauch der Vernunft hinweisen: – er besteht in der großen Zahl von Nationen, die zur Gemeinschaft der Kirche gehören; sie bewahren die verschiedenen Autoritäten in Rom, denen die praktische Entscheidung strittiger Fragen obliegt, vor Engherzigkeit, wenn eine solche vorhanden wäre. Wie rücksichtsvoll und fürsorglich war die Behandlung der griechischen Traditionen auf den letzten allgemeinen Konzilien, trotzdem sich die Länder, die an ihnen festhalten, im Schisma befinden! Wichtige Punkte der Lehre sind (menschlich gesprochen) vom unfehlbaren Urteilsspruch ausgenommen worden, dank dem Zartgefühl, mit dem die kirchlichen Organe bei deren Beratung auf die Bedenken bestimmter Richtungen Rücksicht nahmen. So haben die nationalen Einflüsse eine providentielle Aufgabe: sie mäßigen die Neigung, welche die örtlichen Einflüsse Italiens auf den Heiligen Stuhl ausüben könnten. Es versteht sich von selbst, daß Rom einen italienischen Grundzug hat, wie die gallikanische Kirche einen französischen; und es geschieht ohne Beeinträchtigung des Eifers und der Hingabe, womit wir uns dem Heiligen Stuhl unterwerfen, wenn wir dies offen zugeben. Die Katholizität ist nach meinem Empfinden, wie ich schon sagte, mehr als ein bloßes Merkmal der Kirche, sie ist nach dem Willen Gottes auch ein Schutz für sie. Ich würde es für ein großes Übel halten, das Gottes Barmherzigkeit abwenden möge, wenn die Kirche in Europa in die Reihe der einzelnen Nationen herabsinken würde. Es ist ein großer Gedanke, lateinische Zivilisation in Amerika einzuführen und die Lage der dortigen Katholiken durch die Kraft französischer Frömmigkeit zu bessern. Aber ich hoffe, daß alle europäischen Rassen in der Kirche immer einen Platz haben werden, und ich glaube sicher, daß der Verlust des englischen, geschweige des germanischen Elements in ihrer Zusammensetzung ein sehr großes Unglück gewesen ist. Und wenn eine Erwägung uns Engländer zu besonderem Dank gegen Papst Pius IX. verpflichtet, so ist es sicherlich die, daß er uns eine eigene Kirche gab und uns so den Weg bereitet hat, für unsere eigenen geistigen Gewohnheiten, unsere Denkungsart, unsere Neigungen und Kräfte einen Platz und damit eine Weihe innerhalb der katholischen Kirche zu finden...

V. Laien in der Kirche

1. *»Ich wünsche mir Laien...« (1850)*

Ich wünsche mir Laien, nicht arrogant, nicht vorlaut, nicht streitsüchtig, sondern Menschen, die ihre Religion kennen, die sich auf sie einlassen, die ihren eigenen Standpunkt kennen, die wissen, welcher Meinung sie sind und welcher nicht, die ihr Glaubensbekenntnis so gut kennen, daß sie darüber Rechenschaft ablegen können, die über so viel geschichtliches Wissen verfügen, daß sie ihre Religion zu verteidigen wissen. Ich wünsche mir intelligente, gut ausgebildete Laien. Ich leugne nicht, daß Sie solche bereits sind, doch beabsichtige ich in meinen Forderungen streng und mancher würde sogar sagen maßlos zu sein. Ich wünsche mir, daß Sie Ihr Wissen vergrößern, Ihren Verstand heranbilden, daß Sie lernen, Einsicht in das Verhältnis von Wahrheit zu Wahrheit zu gewinnen und die Dinge zu sehen, wie sie sind. Ich wünsche mir, daß Sie verstehen, wie Glaube und Vernunft sich zueinander verhalten, was die Grundsätze und Prinzipien des Katholizismus sind. Ich habe nicht die Befürchtung, Sie werden aufgrund der Vertrautheit mit diesen Themen schlechtere Katholiken sein, vorausgesetzt, Sie hegen einen lebendigen Sinn für Gott droben und sind sich immer bewußt, daß Sie Seelen haben, die gerichtet und gerettet werden sollen. Zu allen Zeiten waren die Laien der Maßstab für den katholischen Geist... Sie sollten in der Lage sein, dem, was Sie fühlen und meinen, Ausdruck zu geben, wie auch es zu fühlen und zu meinen; Sie sollten anderen die Phantasien und Irrtümer ihrer Gegner so offenlegen können, daß Sie sie verstehen. Und Sie sollten ebenso die gegen die Kirche gerichteten Anklagen erklären können, nicht etwa, um blind ergebene Frömmler zufriedenzustellen, sondern Menschen mit Verstand, welcher Ansicht Sie auch immer sein mögen. Und eine unmittelbare Auswirkung Ihrer Fähigkeit, all dies leisten zu können, wird sein, daß Sie jenes echte Weltvertrauen gewinnen werden, das Sie so nötig brauchen. Sie werden dann nicht einmal mehr die Versuchung verspüren, sich auf andere verlassen zu wollen, politischen Parteien oder einzelnen Personen den Hof zu machen, eher werden diese Ihnen den Hof machen müssen. Sie werden nicht länger mutlos oder verstört sein (falls das gegenwärtig der Fall sein sollte), weil Sie auf Ihrem Weg auf Schwierigkeiten stoßen, weil man Sie beschimpft, weil man Ihnen nicht glaubt, weil man Sie ungerecht behandelt. Sie werden sich auf sich selbst verlassen, Sie werden ruhig, Sie werden geduldig sein. Unwissenheit ist die Wurzel allen Kleinmuts. Wer um das Gesetz moralischer Konflikte, um die Widersprüchlichkeit der Falschheit und um die Folgen der Verwirrung und um das Ende aller Dinge und um die Gegenwärtigkeit des Richters weiß, der wird notwendigerweise »philosophisch«, durchhaltefähig und großmütig werden.

2. *»Wachsam wie der Heilige Stuhl damals...« (1853)*

Wachsam wie der Heilige Stuhl damals wie auch zu allen anderen Zeiten war, gibt es dennoch während d'eser Zeit (nämlich der Kirche der ersten drei Jahrhunderte, G. B.), so möchte ich meinen, keinen Papst, der mit seiner persönlichen Prägekraft auf seine Generation einwirkte. Aber trotzdem, als was für eine kenntnisreiche, gründlich belehrte und disziplinierte Hüterin der Wahrheit finden wir die Kirche vor, als die großen internen Unruhen des 4. Jahrhunderts dies erforderten! Wie unzweideutig, wie mutig erscheint das Christentum der großen Päpste, des heiligen Julius, Damasus, Siricius und Innozenz, das der großen Kirchenlehrer, des heiligen Athanasius, Basilius, Ambrosius und Augustinus! Durch welche Kanäle war die göttliche Philosophie vom großen Lehrer ausgehend über drei Jahrhunderte der Verfolgung überliefert worden? – Zuerst durch den Bischofsstuhl und die Kirche des Petrus, in die sich niemals Irrtum einschlich (obschon Päpste zu bloßen Opfern werden konnten, die man, sobald sie ernannt waren, verjagte und umbrachte) und zu der die Gläubigen aus allen Teilen der Welt Zuflucht nehmen konnten beim Auftreten von Schwierigkeiten oder wenn sich irgendwo falsche Lehrer erhoben. Aber wechselseitiger Austausch war schwierig und fand in jenen Tagen vergleichsweise selten statt und für nichts läßt sich weniger Beweis beanspruchen, als daß der Heilige Stuhl, während die Verfolgung wütete, der gesamten Christenheit einen Glauben aufgenötigt hätte. Zu jener allerersten Zeit war es vielmehr ganz einfach der lebendige Geist der unzähligen, niemals zu Ruhm gelangten Gläubigen, die den von den Jüngern unseres Herrn einmal erhaltenen Apostolischen Glauben empfingen und ihn sorgfältig hegten, ihn weiter verbreiteten und ihn von Generation zu Generation weitergaben. Sie bewahrten ihn mit solch deutlichen Konturen und klar erkennbaren Einzelheiten, daß sogar die Ungebildeten instinktiv zwischen Wahrheit und Irrtum zu unterscheiden und unwillkürlich die auch nur schattenhafte Andeutung von Häresie zurückzuweisen vermochten. Darüber hinaus war der Glaube auch noch vor der Faszination sicher, die von den höchstbegabten Denkern ausgeht, wenn diese versuchen, die Gläubigen vom schmalen Pfad wegzuführen. Hier liegt also ein leuchtendes Beispiel für das vor, was ich unter einem wirkmächtigen Geschehen aus dem Innern verstehe.

3. Die Rechtgläubigkeit der Gemeinschaft der Gläubigen während der Vorherrschaft des Arianismus (1871)

Der Episkopat, dessen Eingreifen beim Aufkommen des Arianismus in Nikäa so unverzüglich und einmütig war, spielte während der auf das Konzil folgenden Unruhen als Gruppe oder Stand keine rühmliche Rolle. Was er versäumte, das leisteten jedoch die Laien. Die katholischen Gläubigen waren es, die weit und breit in der Christenheit hartnäckig die katholische Wahrheit verfochten, nicht aber die Bischöfe. Natürlich gab es große und strahlende Ausnahmen, zunächst Athanasius, Hilarius, Eusebius von Caesarea, Phoebadius und nach ihm Basilius, die beiden Gregore und Ambrosius. Es gibt auch andere, die, wenn sie auch nichts anderes taten, doch zumindest darunter litten, so etwa Eusthatius, Paulus, Paulinus und Dionysius sowie die Bischöfe Ägyptens, deren Geltung im Verhältnis zum großen Einfluß ihrer Patriarchate gering war. Andererseits gab es aber, wie ich gleich ausführen werde, auch Ausnahmen vom christlichen Heldenmut der Laien, besonders in einigen der großen Städte. Und wenn ich hier von den Laien spreche, dann schließe ich auch, zumindest vielerorts, ihre Pfarrgeistlichen (um sie so zu nennen) mit ein. Doch betrachten wir die Geschichte von einem umfassenden Blickwinkel aus, so müssen wir im großen und ganzen feststellen, daß die Führungsschicht der Kirche versagte und die Geführten sich in Glaube, Eifer, Mut und Treue hervortaten.

Dies ist eine sehr bemerkenswerte Tatsache, hinter der sich eine Moral verbirgt. Vielleicht wurde das zugelassen, um der Kirche, die gerade zu jener Zeit aus ihrer Situation des Verfolgtwerdens im Übergang war zu ihrem langen weltlichen Aufstieg, die großartige evangelische Lektion zu erteilen, daß nicht die Weisen und Mächtigen, sondern die Unbeachteten, die Unwissenden und Schwachen ihre eigentliche Stärke ausmachen. Vornehmlich durch das gläubige Volk wurde das Heidentum besiegt und es geschah ebenfalls durch das gläubige Volk unter der Leitung des Athanasius und der ägyptischen Bischöfe, mancherorts auch mit Unterstützung des Bischofs oder Priesters, daß man der schlimmsten aller Häresien widerstand und sie vom geheiligten Boden vertrieb.

4. »Ich denke, daß die Ecclesia docens sicher glücklicher ist...« (1859)

Ich denke, daß die »Ecclesia docens« [die lehrende Kirche] sicher glücklicher ist, wenn sie solch begeisterte Anhänger um sich hat, wie es hier dargestellt ist [an der Beschreibung des Konzils von Ephesus, G. B.], als wenn sie die Gläubigen vom Studium ihrer göttlichen Lehren sowie vom Mitfühlen mit ihren heiligen Betrachtungen fernhält und von ihnen nur eine »fides implicita« [nichtdifferenzierten Glauben] an ihr Wort haben will, was bei den Gebildeten mit Indifferenz und bei den Armen mit Aberglauben enden wird.

VI. Das unfehlbare Lehramt und das Gewissen (1875)

Mein lieber Herzog von Norfolk!
Als ich dem ernsthaften, dringenden Wunsche nachgab, den Sie mit vielen anderen mir gegenüber aussprachen, Mr. Gladstone[3] auf seine kürzlich erschienene Beschwerdeschrift zu antworten, legte mir ein Freund nahe, ich solle mir von Euer Gnaden die Erlaubnis erbitten, meine Bemerkungen an Sie zu adressieren. Weder ich noch er dachte auch nur einen Augenblick daran, Sie in irgendeiner Weise oder in irgendeinem Maße in eine Verantwortung hineinzuziehen, die einzig und allein meine eigene ist. Doch bei dieser sehr wichtigen Gelegenheit, bei der so heftige Angriffe gegen die Katholiken Englands von einem so mächtigen und ernsthaften Gegner erhoben worden sind, erschien es mir als Pflicht, bei der Annahme der Herausforderung wenn möglich die Untersützung eines Namens zu gewinnen, welcher der besondere Vertreter und das passende Beispiel einer Gruppe von Laien ist, die ebensosehr für die katholische Religion eifert, wie sie ihr Vaterland liebt...
Ich bedaure es tief, daß Mr. Gladstone es als seine Pflicht angesehen hat, mit so außerordentlicher Schärfe über unsere Religion und über uns selbst zu sprechen. Ich glaube, er hat sich zu einer Auslegung kirchlicher Dokumente hergegeben, die man nicht wird aufrechterhalten können, und zu einer Meinung über unsere Stellung im Lande, die wir weder verdient haben noch stillschweigend hinnehmen können. Niemand anders als die Schola Theologorum ist befugt, über die Kraft von Aussagen des Papstes und der Konzilien zu entscheiden, und deren genaue Auslegung ist immer eine Sache der Zeit. Aber so viel kann mit Sicherheit von den kürzlich veröffentlichten Dekreten und von den Gläubigen, die sie angenommen haben, gesagt werden, daß Mr. Gladstones Bericht sowohl über jene als auch über uns weder glaubwürdig noch gültig ist...

[3] Die »Expostulation« Gladstones erschien 1874 unter dem Titel »The Vatican Decrees in their bearing on Civil Allegiance«. Die in unserem Text in Klammern gesetzten Seitenzahlen beziehen sich auf diese Ausgabe (London 1874).

1. *Einleitende Bemerkungen*

Die Hauptfrage, die Mr. Gladstone aufgeworfen hat, ist meiner Ansicht nach die: Können Katholiken zuverlässige Untertanen des Staates sein? Übt nicht eine auswärtige Macht eine solche Gewalt über ihr Gewissen aus, daß sie jederzeit zu ernster Verwirrung und zu großem Nachteil der Staatsregierung, unter der sie leben, benützt werden kann? Mr. Gladstone beschränkt sich allerdings nicht auf diese Fragen; denn, ich muß dies mit Bedauern feststellen, er weicht von seinem Wege ab, um uns ob des Verlustes unserer geistigen und moralischen Freiheit zu verhöhnen, eine Beschimpfung, die für seinen Zweck absolut nicht notwendig ist. Er belehrt uns überdies, wir hätten »die alte Geschichte verworfen«, wir wiesen das moderne »Denken« zurück, und unsere Kirche »poliere ihre rostigen Waffen wieder auf«; sie habe den Zustand unserer Knechtschaft kürzlich wieder verschärft und werde ihn wahrscheinlich noch mehr verschärfen. Ich meine, es sei des hohen Charakters von Mr. Gladstone unwürdig, uns in dieser Weise zu schmähen. Welche intellektuelle Mannhaftigkeit bleibt uns dann seiner Meinung nach noch übrig? Doch sein Bekanntenkreis ist allzu weit, und seine Kenntnis von seinen Landsleuten ist andrerseits zu genau, als daß er nicht wissen müßte, wieviel Haß und Übelwollen er über ausgezeichnete Männer bringt, deren einziges Vergehen ihre Religion ist...

...Ein großes Konzil wurde einberufen, und da England Rom so lange ignorierte, hat Rom seinerseits, so muß man, denke ich, wohl sagen, England ignoriert. Ich meine nicht, aus bestimmter Absicht ignoriert, sondern als eine natürliche Folge unserer Handlungsweise. Was konnten Bischöfe, die im Jahre 1870 von allen Enden der Welt zusammenkamen, von englischen Blaubüchern und diplomatischen Debatten der Jahre 1826 und 1829 wissen? Es war eine außergewöhnliche Versammlung, und ihre Möglichkeit, ihr Plan und ihr Ausgang waren gleich wunderbar, da sie von einem Zusammentreffen eigenartiger Bedingungen abhingen, die, hätte man im voraus geurteilt, niemals hätten eintreten können. Dazu gehörte die lange Regierung des Papstes, in sich selbst ein Wunder, da sie die einzige Ausnahme von einer anerkannten kirchlichen Überlieferung darstellt. Nur ein so unglücklicher, so verehrter, so allgemein geliebter, sogar bei den Protestanten populärer Papst mit solch einem Vorzug einer langen Herrschaft, mit solchen Ansprüchen des Alters und väterlicher Gnadenerweise an die ihn umgebenden Bischöfe, nur ein solcher Mann konnte eine so verschiedenartig zusammengesetzte Versammlung einigen und zu dem von ihm vorgezeichneten Abschluß führen. Und in Anbetracht des Standes der theologischen Meinungen vor siebzig Jahren war die Übereinstimmung so vieler Hunderte von Bischöfen – nur wenige waren ausgenommen –

bei der in Rom schon lange ersehnten theologischen Entscheidung nicht weniger wunderbar. Der am Ende des Konzils von einigen achtzig oder neunzig erhobene Einspruch gegen den Beschluß der überwältigenden Mehrheit bezog sich nämlich nicht auf die Wahrheit der damals definierten Lehre, sondern auf die Tatsache ihrer Definition. Nicht weniger bemerkenswert ist, daß die katholischen Mächte es unterließen, Vertreter zu dem Konzil zu senden, die den Vätern dessen politische Tragweite hätten klarlegen können. Was mich selbst betrifft, so habe ich die Definition nicht inopportun genannt; Zeit und Stunde sind nur Gott allein bekannt. Und Verfolgung kann ebenso zur rechten Zeit kommen, wenn sie auch nicht so willkommen sein kann wie der Friede. Indem ich als Dogma annahm, was ich schon immer für eine Glaubenswahrheit gehalten hatte, brauchte ich keiner eigenen theologischen Ansicht oder Schlußfolgerung Gewalt anzutun. Die Annahme des Dogmas hat meiner Ansicht nach auch keinerlei logisch oder praktisch abschwächende Wirkung auf mein Treueverhältnis zur Königin Viktoria...
Nun muß ich aber von den bloßen Zufälligkeiten der Streitfrage zu den wesentlichen Punkten übergehen. Ich kann sie nicht zur Zufriedenheit von Mr. Gladstone behandeln, wenn ich nicht weit zurückgreife und es mir nicht verstattet würde, von der alten katholischen Kirche zu sprechen.

2. *Die Alte Kirche*

Wenn Mr. Gladstone uns anklagt, wir »verwürfen die alte Geschichte«, dann meint er die Geschichte des kirchlichen Altertums. Überdies betrachtet er, so verstehe ich ihn wenigstens, jene Geschichte unter einem besonderen Gesichtspunkt. Es gibt verschiedene Gesichtspunkte, unter denen sich uns das Christentum darstellt, z. B. den Gesichtspunkt der sozialen Nützlichkeit oder den der Gottesverehrung oder den theologischen Gesichtspunkt. Doch obgleich er an einer Stelle den letzteren ins Auge faßt, so ist doch sein eigentlicher Aspekt vom Christentum dessen Verhältnis zur staatlichen Macht. Er schreibt »als Weltmann«, als »ein Laie, der die meisten und besten Jahre seines Lebens mit der Beobachtung der Politik und der Beschäftigung mit ihr zugebracht hat« (S. 7). Als Staatsmann betrachtet er die Kirche natürlich von der politischen Seite. Dementsprechend kündet er schon auf dem Titelblatt eine Auseinandersetzung mit uns wegen der Annahme der Vatikanischen Dekrete an, und zwar aus keinem anderen Grunde als wegen ihrer Unvereinbarkeit mit unseren bürgerlichen Pflichten. Das ist der Schlüssel zu seiner Anklage gegen uns. Als Mann der Öffentlichkeit hat er es nur mit den Auswirkungen unserer Religion auf die Öffentlichkeit zu tun, mit ihrer Beziehung zu unseren nationalen Angelegenheiten, zu unseren bürgerlichen Pflichten und zu unseren auswärtigen Interessen. Er sagt uns, unsere Religion habe dem Staate gegenüber eine Stellung und eine Haltung, die von der des alten Christentums grundverschieden sei, so grundverschieden, daß man von uns sogar sagen könne, wir verwürfen das, was das Christentum in den ersten Jahrhunderten war; so grundverschieden von dem, was es damals war, daß wir tatsächlich den stolzen Ruhmestitel, »immer ein und dieselbe zu sein«, verwirkt hätten; so grundverschieden, sage ich, weil unsere Handlungsweise zu der des Staates in unmittelbarem Widerspruch stehe und unsere Ansprüche den Frieden und die Wohlfahrt der bürgerlichen Gesellschaft bedrohten.

Wirklich?! Dann muß ich wohl annehmen, der heilige Ignatius von Antiochien und der heilige Polykarp von Smyrna, der heilige Cyprian von Karthago und der heilige Laurentius von Rom, der heilige Alexander und der heilige Paul von Konstantinopel, der heilige Ambrosius von Mailand, die Päpste Leo, Johann, Silvester, Gregor und Martin, alles Glieder der noch »ungeteilten Kirche«, seien hauptsächlich darauf bedacht gewesen und hätten erfolgreich darauf hingearbeitet, friedliche Beziehungen zu der Regierung von Rom zu unterhalten. Sie hätten keine Lehren und Vorschriften, keine Lebensregeln, keine Sonderstellung und keine Angriffslust besessen, die ohne ihr Zutun Veranlassung wurden, daß man sie als Feinde des menschlichen Geschlechtes betrachtete! Kann ich nicht unter Wahrung aller Hochachtung Mr. Gladstone darauf hinweisen, daß dies sehr paradox wäre? Gerade unsere Treue gegenüber der Geschichte unserer Ahnen und nicht ihre Verwerfung erregt das Mißfallen Mr. Gladstones. Wann hätte denn der Staat in alten Zeiten etwas anderes als Eifersucht gegen die Kirche gezeigt? Etwa als Decius und Diocletian Tausende hinschlachteten, welche der Religion des alten Rom abgeschworen hatten? Oder als Athanasius nach Trier verbannt wurde? Oder als Basilius auf die Worte des kaiserlichen Präfekten: »Noch niemals ist ein Mann so freimütig mit mir umgegangen«, die Antwort gab: »Vielleicht bist du noch niemals einem Bischof begegnet.« Oder als Chrysostomus nach dem Kaukasus verbannt und durch eine Kaiserin zu Tode gequält wurde? Man gehe die weitläufigen Annalen der Kirche durch, Jahrhundert um Jahrhundert, und frage: Gab es jemals eine Zeit, in der ihre Bischöfe, vornehmlich der Bischof von Rom, gezögert hätten, Zeugnis abzulegen für das Sittengesetz und für das geoffenbarte Gesetz und um dieses Gehorsames willen zu leiden? Gab es jemals eine Zeit, in der sie ihre Pflicht, der Welt eine Botschaft zu verkünden, vergessen hätten? Nicht allein die Aufgabe, geistliche Tröstung zu spenden oder das Krankenlager erträglich zu machen, gute Glieder der menschlichen Gesellschaft zu erziehen oder »bei den Mahlzeiten aufzuwarten« (obgleich all dies in die Reihe ihrer Pflichten eingeschlossen ist) – sondern speziell und unmittelbar, eine ganz bestimmte Botschaft vom Schöpfer der Welt an Hohe und Niedrige zu verkünden, gleichviel ob diese Menschen sie hören oder sie von sich weisen wollten. Die Geschichte der Kirche ist sicherlich in der Vergangenheit – im Altertum wie im Mittelalter – geradezu die Verkörperung jener Tradition apostolischer Unabhängigkeit und des Freimutes im Wort, die jetzt in den Augen der Menschen ihr schwerstes Vergehen ist...

3. *Die Papstkirche*

Wir kommen jetzt zu der Unterscheidungslehre der katholischen Religion, der Lehre, die uns von allen anderen christlichen Bekenntnissen trennt, mögen sie sich uns auch in anderer Hinsicht nähern: zu den Ansprüchen des Römischen Stuhles, die der Anlaß zu Mr. Gladstones Schrift und zu den Bemerkungen geworden ist, die ich nun darüber mache. Der Papst ist geschichtlich der Erbe aller jener Rechte, Vorrechte und Pflichten, die ich bei der Urkirche ins Auge gefaßt habe. Ich werde jetzt bei diesem Punkte verweilen, soweit dies meinem Zwecke entspricht. Ich werde ihn nicht theologisch behandeln (ich müßte sonst aus der Heiligen Schrift und aus den Vätern den »Primatus jure divino Romani Pontificis« [den durch göttliches Recht begründeten Primat des Bischofs von Rom] definieren und beweisen, an dem ich natürlich festhalte), sondern historisch, weil Mr. Gladstone sich auf die Geschichte beruft. Anstatt ihn theologisch zu behandeln, will ich gleichsam mit weltlichen oder sogar nichtkatholischen Augen auf die während der letzten tausend Jahre vom Papst beanspruchte Macht schauen – das heißt nur insoweit, als sie in der Natur der Sache liegt und in den Tatsachen, die uns in der Geschichte entgegentreten, sichtbar wird.

1. Ich sage also, der Papst ist der Erbe der ökumenischen Hierarchie des vierten Jahrhunderts, der Erbe infolge Nichterscheinens eines anderen, könnte ich sagen. Kein anderer beansprucht oder übt deren Rechte oder Pflichten aus. Ist es möglich, den Patriarchen von Moskau oder von Konstantinopel als Erben der geschichtlichen Ansprüche des heiligen Ambrosius oder des heiligen Martinus anzusehen? Ruft irgendein anglikanischer Bischof der letzten dreihundert Jahre in uns das Bild des heiligen Basilius wach? Ist denn alle kirchliche Macht, die im christlichen Kaiserreich so glänzend in Erscheinung trat, einfach verschwunden, oder, wenn das nicht der Fall ist, wo kann man sie finden?...

2. Mr. Gladstone hätte einen anderen Ausgangspunkt zum Angriff gegen uns wählen sollen als die dem Papst eigene Gewalt. Seine eigentliche Schwierigkeit liegt tiefer. Jedem Geistlichen, der die Waffen

des heiligen Ambrosius und des heiligen Augustinus führte, würde er ebenso wenige Zugeständnisse machen wie dem Papst. Jene Konzentration der Macht, die die Geschichte uns zeigt, braucht gar nicht der eigentliche Gegenstand seines Unwillens zu sein. Nicht der Existenz eines Papstes, sondern der einer Kirche gilt seine Aversion. Es ist die Vollmacht selbst, gegen die er sich wendet, und nicht deren Verteilung und Lokalisierung in der kirchlichen Gemeinschaft. Ein Dreieck bleibt seinem Wesen und seiner Natur nach dasselbe, gleichviel welche Seite man zur Basis macht...

4. Geteilte Untertanenpflicht

Nur eine Eigenschaft haben die Kirche und der Papst, als das Oberhaupt der Kirche, ganz abgesehen davon, ob er, wie das in der Welt geht, auf der Höhe seiner Macht steht oder nicht, ob er weltliche Besitzungen hat oder nicht, ob er in der Heimat ist oder umhergetrieben wird, ob er in Ehren oder in Verachtung lebt, ob man ihm jene besonderen Ansprüche, von denen ich gesprochen habe, zugesteht oder nicht. Diese eine Eigenschaft ist seine Souveränität. Wie Gott Souveränität besitzt, auch wenn Er Ungehorsam und keine Anerkennung findet, so hat sie auch sein Stellvertreter auf Erden. Und noch mehr als das; da man überall katholische Völker findet, wird er tatsächlich immer Herr eines weiten Reiches sein, so zahlreich an Bewohnern und so weit ausgedehnt wie das britische Reich. Und alle seine Handlungen werden sicherlich in Einklang mit der Stellung eines so hoch erhobenen Mannes sein.
Ich bitte, mich hier nicht zu unterbrechen, wie manch ein Leser mich in Gedanken unterbrechen wird; denn ich gebrauche diese Worte nicht beliebig, sondern als den Beginn einer langen Erklärung und in einem gewissen Sinne als Einschränkung dessen, was ich bisher bezüglich der Macht der Kirche und des Papstes gesagt habe. Dieser Aufgabe werden die noch übrigen Seiten, die ich an Ew. Gnaden zu richten habe, gewidmet sein. Ich hoffe, wenn ich an ihr Ende komme, wird es sich dadurch, daß ich erst vollständig dargelegt habe, was des Papstes Ansprüche sind, mit höchster Klarheit erweisen lassen, was er nicht beansprucht.
Das Hauptargument von Mr. Gladstones Schrift ist folgendes: Da der Papst in Glaubens- und Sittenlehren Unfehlbarkeit beansprucht und da es keine Gebiete und keine Funktionen des menschlichen Lebens gibt, die nicht in den Bereich der Sittlichkeit fallen und fallen können (S. 36), und da er auch »die Herrschaft über alles, was die Regierung und die Disziplin der Kirche betrifft, beansprucht« und überdies »die Macht für sich in Anspruch nimmt, die Grenzen dieser Bereiche zu bestimmen« und sie »durch keine anerkannte oder erkennbare Linie von den

Bereichen der Staatspflicht und Untertanentreue unterscheidet« (S. 45), deshalb sind die Katholiken moralische und geistige Sklaven, und »jeder Konvertit und jedes Glied der päpstlichen Kirche stellt seine Loyalität und seine Bürgerpflicht in das Belieben eines andern« (S. 45).

Ich nehme Mr. Gladstones Vordersätze an. Doch ich verwerfe seine Schlußfolgerungen. Nun will ich zeigen, weshalb ich sie verwerfe. Im Verfolg meiner Aufgabe werde ich wie er zunächst das päpstliche Vorrecht der Unfehlbarkeit in allgemeinen Definitionen, sei es des Glaubens oder der Sittenlehre, beiseite lassen und mich beschränken auf die Erwägung seiner Autorität (für die er keine Unfehlbarkeit besitzt) in Dingen des alltäglichen Lebens und unserer Pflicht, ihm Gehorsam zu leisten. »Es gibt etwas noch Umfassenderes«, sagt Mr. Gladstone, (als den Anspruch auf Unfehlbarkeit) »und das ist der Anspruch auf einen absoluten und vollkommenen Gehorsam« (S. 37). »Es liegt mir wenig daran, ob mein Vorgesetzter Unfehlbarkeit beansprucht, solange er berechtigt ist, Gleichförmigkeit mit seinem Willen zu verlangen und durchzusetzen« (S. 39). Er spricht von einem dritten Bereich, der sich auftue, und zwar nicht des abstrakten Anspruchs auf Unfehlbarkeit, sondern der weit mehr praktischen und entscheidenden Forderung des absoluten Gehorsams (S. 41), des absoluten Gehorsams für jedes Glied seiner Gemeinschaft bei Verlust des ewigen Heiles (S. 42)...

Mr. Gladstone sagt, »der Papst erkläre, ihm komme die *oberste Leitung* der Katholiken in bezug auf alle Pflichten zu« (S. 37). Die oberste Leitung ganz gewiß, aber »oberste« ist nicht gleich »ins einzelne gehende«, und »Leitung« bedeutet nicht »Oberaufsicht« oder »Kontrolle«. Nehmen wir das menschliche Gesetz als Parallele. Das Gesetz ist letzte Norm, und das Gesetz *gibt unserem Verhalten* in den verschiedenen Situationen, in denen wir zu handeln haben, *die Richtung* und kann und muß unbedingt befolgt werden. Wer aber sagt deshalb, das Gesetz habe die »oberste Leitung« über uns? Der Staat hat, ebenso wie die Kirche, die Macht, uns nach Belieben Gesetze aufzuerlegen, Gesetze, die sich auf unsere sittlichen Pflichten, auf unser tägliches Verhalten beziehen, die unsere Handlungen in verschiedener Weise beeinflussen und unsere Freiheiten beschränken. Doch niemand würde behaupten, das Gesetz mit all seiner Macht als Idee und mit seiner Exekutivkraft in der Tat beeinträchtige unser Wohlergehen oder unser Gewissen...

Wenn Mr. Gladstone die Katholiken fragt, wie sie der Königin und zugleich dem Papste gehorchen könnten, da es doch möglich sei, daß die Befehle der beiden Autoritäten miteinander in Widerstreit gerieten, so antworte ich, es sei meine *Regel*, beiden zu gehorchen, sowohl der einen wie der anderen, aber auf dieser Welt bestehen keine Regeln ohne Ausnahme. Sollte entweder der Papst oder die Königin von mir einen

»absoluten Gehorsam« verlangen, so würde er oder sie die Gesetze der menschlichen Gesellschaft übertreten. Absoluten Gehorsam erweise ich keinem von beiden. Sollte mich diese doppelte Treupflicht nach entgegengesetzten Richtungen ziehen, was meiner Ansicht nach in diesem Zeitalter der Welt nie geschehen wird, dann würde ich meine Entscheidung dem besonderen Falle gemäß treffen, der jenseits aller Regel steht und nach seiner eigenen Beschaffenheit beurteilt werden müßte. Ich würde sehen, was Theologen, was die Bischöfe und Geistlichen in meiner Nähe, was mein Beichtvater, was hochgeschätzte Freunde für mich tun könnten. Und wenn ich schließlich ihre Auffassung des Falles nicht annehmen könnte, dann müßte ich mich von meinem eigenen Urteil und meinem eigenen Gewissen bestimmen lassen. Doch all dies ist hypothetisch und unwirklich.

Es ist ein großer Fehler, anzunehmen, unsere Stellung in der katholischen Kirche sei der Regel und dem System so gänzlich unterworfen, daß wir nie auf das, was die Theologen »die Göttliche Vorsehung« nennen, angewiesen wären. Die Lehre und der Beistand der Kirche befriedigen nicht alle denkbaren Bedürfnisse, sondern jene, die gewöhnlich sind. So sind z. B. die Sakramente notwendig, um in der Gnade Gottes und in der Hoffnung auf den Himmel zu sterben. Wenn sie aber nicht empfangen werden können, dann werden Akte des Glaubens, der Hoffnung und der Reue und das Verlangen nach jenen Hilfsmitteln, die der Sterbende nicht zur Verfügung hat, dem Wesen nach das bewirken, was jene Gnadenmittel gewöhnlich wirken...

5. *Das Gewissen*

Es gibt also, so scheint es, außergewöhnliche Fälle, in denen das Gewissen mit dem Wort eines Papstes in Widerstreit geraten kann und man dem Gewissen trotz jenes Wortes folgen muß. Ich will nun diesen Satz auf eine breitere, von allen Katholiken anerkannte Basis stellen. Um dies in befriedigender Weise zu tun, muß ich jetzt genauso, wie ich mit den Verheißungen der Heiligen Schrift und der Kirche der Urzeit begann, als ich von den Vorrechten des Papstes sprach, mit dem Schöpfer und seinem Geschöpf anfangen, wenn ich die Vorrechte und die oberste Autorität des Gewissens herleiten will.

Ich sage also, daß dem höchsten Wesen ein bestimmter Charakter zukommt, den wir, in menschlicher Sprache ausgedrückt, ethisch nennen. Es hat die Attribute der Gerechtigkeit, Wahrhaftigkeit, Weisheit, Heiligkeit, Güte und Barmherzigkeit als ewige Charakteristika seiner Natur, geradezu als Gesetz seines Seins, das mit ihm selbst identisch ist. Später hat das höchste Wesen, als es Schöpfer wurde, dieses Gesetz, das es selbst ist, der Erkenntnis aller seiner vernunftbegabten

Geschöpfe eingepflanzt. Das göttliche Gesetz ist also die Regel der sittlichen Wahrheit, das Maß für Recht und Unrecht, eine souveräne, unabänderliche, absolute Autorität im Angesichte der Menschen und Engel. »Das ewige Gesetz«, sagt der heilige Augustinus, »ist die göttliche Vernunft oder der Wille Gottes, der die Beobachtung der natürlichen Ordnung der Dinge gebietet und deren Verwirrung verbietet.« »Das Naturgesetz«, sagt der heilige Thomas, »ist ein Einstrahlen des göttlichen Lichtes in uns, eine Teilhabe an dem ewigen Gesetz von seiten der vernünftigen Kreatur«. Dieses Gesetz wird »Gewissen« genannt, insofern es in die Seelen der einzelnen Menschen aufgenommen ist. Obgleich es beim Eintritt in das intellektuelle Medium eines jeden eine Brechung erleiden kann, wird es dadurch doch nicht so beeinträchtigt, daß es seinen Charakter als göttliches Gesetz verliert, sondern es hat als solches noch das Vorrecht, Gehorsam zu fordern. »Das göttliche Gesetz«, sagt Kardinal Gousset, »ist die höchste Regel der Handlungen; unsere Gedanken, Wünsche, Worte und Taten, alles, was der Mensch ist, unterstehen der Herrschaft des göttlichen Gesetzes, und dies Gesetz ist die Regelung unseres Verhaltens vermittels unseres Gewissens. Deshalb ist es niemals erlaubt, gegen unser Gewissen zu handeln, wie das Vierte Lateran-Konzil sagt: ›Quidquid fit contra conscientiam, aedificat ad gehennam.‹«[4]
Diese Auffassung vom Gewissen ist, wie ich weiß, sehr verschieden von derjenigen, die in der heutigen Zeit in der Wissenschaft, in der Literatur und in der öffentlichen Meinung verbreitet ist. Sie gründet auf der Lehre, daß das Gewissen die Stimme Gottes ist; während es heute überall zum guten Ton gehört, es in irgendeiner Weise als eine Schöpfung des Menschen zu betrachten. Natürlich gibt es große und gewichtige Ausnahmen von dieser Auffassung. Sie trifft nicht zu bei vielen oder den meisten religiösen Körperschaften, insbesondere nicht bei ihren Lehrern und Geistlichen. Wenn Anglikaner, Wesleyaner, die verschiedenen Sekten der Presbyterianer in Schottland und andere Denominationen unter uns vom Gewissen reden, dann meinen sie das, was wir meinen, nämlich die Stimme Gottes in der Natur und im Herzen des Menschen zum Unterschied von der Stimme der Offenbarung. Sie sprechen von einem Prinzip, das in uns eingepflanzt wurde, ehe wir noch irgendeine Erziehung erhalten hatten, obwohl Erziehung und Erfahrung für dessen Kräftigung, Wachstum und rechte Ausbildung notwendig sind. Sie betrachten es als ein wesentliches konstituierendes Element des Geistes, wie das auch unser Begriff von anderen Ideen sein mag, etwa unser Vermögen zu denken, unser Sinn für Ordnung und das

[4] »Was gegen das Gewissen geschieht, auferbaut zur Hölle«. Zum Stellennachweis vgl. P 305 A 43f.

Schöne und unsere übrigen intellektuellen Fähigkeiten. Sie betrachten es, darin den Katholiken gleich, als den inneren Zeugen sowohl für das Dasein als auch für das Gesetz Gottes. Sie glauben, es hänge von Gott ab, nicht vom Menschen, gleichwie ein Engel, der auf der Erde wandelte, nicht Bürger und Untertan der Staatsgewalt wäre. Sie würden ebensowenig wie wir zugeben, daß es in irgendeine in unserer Natur liegende Verbindung von Prinzipien aufgelöst werden könnte, die elementarer wären als es selbst. Und obgleich es ein Gesetz des Geistes genannt werden kann und es auch ist, würden sie doch nicht zugeben, daß es sonst weiter nichts sei: Ich meine, daß es etwa nicht eine unmittelbare Einsprechung wäre oder etwa nicht auch den Begriff der Verantwortlichkeit, der Pflicht, einer Drohung und einer Verheißung mit einer Lebendigkeit in sich schlösse, die es von allen anderen Wesensbestandteilen unserer Natur unterschiede.
So wenigstens verstehe ich die Lehre der Protestanten wie auch die der Katholiken. Richtschnur und Maßstab der Pflicht ist weder Nutzen noch Vorteil, noch das Glück der größten Zahl, noch das Staatswohl, noch Vorteil, noch Schicklichkeit, noch Ordnung und auch nicht das pulchrum [Schöne]. Das Gewissen ist weder weitsichtige Selbstsucht noch das Verlangen, mit sich selbst in Einklang zu stehen; sondern es ist ein Bote von Ihm, der sowohl in der Natur als auch in der Gnade hinter einem Schleier zu uns spricht und uns durch seine Stellvertreter lehrt und regiert. Das Gewissen ist der ursprüngliche Statthalter Christi, ein Prophet in seinen Mahnungen, ein Monarch in seiner Bestimmtheit, ein Priester in seinen Segnungen und Bannflüchen. Selbst wenn das ewige Priestertum in der Kirche aufhören könnte zu existieren, würde im Gewissen das priesterliche Prinzip fortbestehen und seine Herrschaft ausüben.
Worte wie diese gelten heute in der großen Welt der Philosophie als eitles, leeres Geschwätz. Mein ganzes Leben hindurch gab es einen entschlossenen Krieg, fast hätte ich gesagt, eine Verschwörung gegen die Rechte des Gewissens, wie ich es dargestellt habe. Literatur und Wissenschaft haben sich in großen Institutionen zusammengetan, um es niederzuwerfen. Stolze Bauten sind als Festungen gegen jenen geistigen, unsichtbaren Einfluß aufgerichtet worden, der für die Naturwissenschaft zu subtil und für die Literatur zu tief ist. Lehrstühle an den Universitäten hat man zu Sitzen einer feindlichen Tradition gemacht. Zeitungsschreiber haben Tag um Tag den Geist unzähliger Leser mit Theorien angefüllt, die seine Rechtsansprüche umstoßen sollen. Wie in den Zeiten der Römer und im Mittelalter seine Oberhoheit mit dem Arm physischer Gewalt angegriffen wurde, so wird jetzt der Geist in Tätigkeit gesetzt, um die Fundamente einer Macht zu untergraben, die das Schwert nicht zerstören konnte. Man sagt uns, das Gewissen sei nur

eine Eigentümlichkeit von primitiven und ungebildeten Menschen, seine Einsprechungen seien nur Einbildung, sogar der Begriff des Schuldigseins, den jene Einsprechung mit Nachdruck geltend macht, sei einfach irrational. Wie kann es, so fragen sie, eine Willensfreiheit geben, wie eine sich daraus ergebende Verantwortlichkeit in jenem endlosen, ewigen Netzwerk von Ursache und Wirkung, in dem wir hilflos gefangen liegen? Und welche Vergeltung haben wir zu fürchten, wenn wir keine wirkliche Wahl hatten, das Gute oder das Böse zu tun?
Soviel über die Philosophen! Wir wollen nun sehen, welches heute der Begriff des Gewissens in der Auffassung des Volkes ist. Ebensowenig wie in der intellektuellen Welt, hat hier das »Gewissen« die alte, wahre, katholische Bedeutung des Wortes beibehalten. Auch hier liegt die Idee von der Existenz eines moralischen Lenkers weitab vom Gebrauch dieses Wortes, obgleich man es häufig und nachdrucksvoll anwendet. Wenn die Menschen die Rechte des Gewissens verteidigen, dann meinen sie in gar keinem Sinne damit die Rechte des Schöpfers, noch auch die Verpflichtung des Geschöpfes Ihm gegenüber in Gedanken und in der Tat; sie verstehen darunter vielmehr das Recht, zu denken, zu sprechen, zu schreiben und zu handeln, wie es ihrem Urteil oder ihrer Laune paßt, ohne irgendwie dabei an Gott zu denken. Sie geben nicht einmal vor, sich nach irgendeiner moralischen Regel zu richten, sondern sie fordern, was sie als Vorrecht eines Engländers ansehen: in allen Dingen ihr eigener Herr zu sein, zu treiben, was ihnen gefällt, niemanden um Erlaubnis zu fragen. Sie halten den Priester oder Prediger, den Redner oder Schriftsteller für äußerst impertinent, der es wagt, ihnen ein Wort darüber zu sagen, daß sie auf ihre eigene Weise ins Verderben rennen, wenn ihnen das gefällt. Das Gewissen hat Rechte, weil es Pflichten hat. Doch in diesem Zeitalter besteht bei einem großen Teil des Volkes das eigentliche Recht und die Freiheit des Gewissens darin, vom Gewissen zu dispensieren, einen Gesetzgeber und Richter zu ignorieren und von unsichtbaren Verpflichtungen unabhängig zu sein. Man nimmt an, jeder habe einen Freibrief dafür, eine Religion zu haben oder nicht, sich dieser oder jener anzuschließen und sie dann wieder aufzugeben, eine Kirche oder eine Kapelle zu besuchen, zu prahlen, man stehe über jeder Religion und sei ein unparteiischer Kritiker einer jeden. Das Gewissen ist ein strenger Mahner; aber in diesem Jahrhundert ist es durch ein falsches Bild ersetzt worden, von dem die voraufgehenden achtzehn Jahrhunderte niemals gehört hatten und das sie auch nie mit dem Gewissen hätten verwechseln können, wenn sie davon gehört hätten. Es ist das Recht auf Eigenwillen...
Beide Päpste [Gregor XVI. und Pius IX.] äußern sich gewiß spöttelnd über die sogenannte »Gewissensfreiheit«, aber in formellen, an alle Gläubigen gerichteten Dokumenten findet sich bei keinem Papste

b. On the other hand, the Catholics plainly

consistent — they believe both Scripture & Tradition on the

word of the Church — & they believe the Church, for its works, as they would

believe an Apostle or Prophet.

6. The objection that the Bible is against the authority of the Church —

absurd —

Obj. You have stories of those who read the Bible becoming Protestants —

true — but they are Protestants before they began to read. & they read in

disobedience — they did not need the Bible to make them Protestants.

On the other hand I have known various Protestants who have been

drawn to Catholicity by reading the Bible.

And plainly, believe the more we read the Bible, the better Pro-

-testants shall we be. How can it be otherwise, if both Church

& Bible come from one author.

Irish Catholics read the Bible more. In this country there

[illegible] so much reading, it would be a great blessing to them. It is that

in the [illegible] remaining life of Protestantism that they enjoy this gift, tho' in an

[illegible] — It is accepted to think how any Protestants in unwritten [illegible] ignorance, [illegible] through God's mercy granted [illegible] from the Bible without the Church [illegible]

Newmans Handschrift: Teil einer Predigtskizze vom 10. Juli 1949 über die Hl. Schrift (MS A 16 4 II; vgl. G. Biemer, Überlieferung und Offenbarung, Freiburg u. a. 1961, 224f).

irgendwelche Spott über die sehr ernste Lehre, das Recht und die Pflicht, jener göttlichen Autorität zu folgen, nämlich der Stimme des Gewissens, auf der in Wahrheit die Kirche selbst aufgebaut ist.
So ist es in der Tat. Spräche der Papst gegen das Gewissen im wahren Sinne des Wortes, dann würde er Selbstmord begehen. Er würde sich den Boden unter den Füßen wegziehen. Seine eigentliche Sendung besteht darin, das Sittengesetz zu verkünden und jenes »Licht« zu schützen und zu stärken, »das jeden Menschen erleuchtet, der in diese Welt kommt«. Auf das Gewissen und seine Heiligkeit gründet sich sowohl seine Autorität in der Theorie wie auch seine tatsächliche Macht. Ob nun dieser oder jener Papst in dieser schlechten Welt diese große Wahrheit in allem, was er tat, stets vor Augen hatte, muß die Geschichte uns sagen. Ich betrachte hier das Papsttum in seinem amtlichen Charakter und in seinen Pflichten wie auch in seiner Beziehung zu jenen, die seine Ansprüche anerkennen. Diese werden nicht durch den persönlichen Charakter des Papstes oder seine privaten Handlungen, sondern durch seine amtliche Lehre verpflichtet. Fassen wir seine Stellung so auf, werden wir folgendes finden: Er hat in der Welt Fuß gefaßt und einen Erfolg nur errungen auf Grund des allgemeinen Gefühls für Recht und Unrecht, des Bewußtseins der Übertretung, auf Grund der Qualen der Schuld und der Furcht vor Vergeltung als den Herzen der Menschen tief eingepflanzter Grundprinzipien. Er erhebt den Anspruch, vom göttlichen Gesetzgeber herzukommen, um jene Wahrheiten, die der Gesetzgeber schon unserer Natur eingepflanzt hat, ans Licht zu bringen, zu verteidigen und zu bekräftigen. Dies und nur dies ist die Erklärung für die Länge seiner mehr als vorsintflutlichen Lebensdauer. Der Kampf für das Sittengesetz und für das Gewissen ist seine raison d'être. Die Tatsache seiner Sendung ist die Antwort auf die Klagen jener, welche die Unzulänglichkeit des natürlichen Lichtes fühlen; und die Unzulänglichkeit jenes Lichtes ist die Rechtfertigung seiner Sendung.
Alle Wissenschaften, die Wissenschaft der Religion allein ausgenommen, haben ihre Gewißheit in sich selbst. Insoweit sie Wissenschaften sind, bestehen sie in notwendigen Folgerungen aus unleugbaren Prämissen oder aus Erscheinungen, die durch eine unwiderlegbare Schlußfolgerung in allgemeine Wahrheiten umgewandelt sind. Doch der Sinn für Recht und Unrecht, das erste Element in der Religion, ist so zart, so sehr Zufällen unterworfen, so leicht verwirrt, verdunkelt und verkehrt, so subtil in seiner Art zu argumentieren, so beeindruckbar durch die Erziehung, so von Stolz und Leidenschaft geleitet, so unstet in seinem Laufe, daß bei dem Kampf ums Dasein inmitten der verschiedenen Tätigkeiten und Triumphe des menschlichen Geistes dieser Sinn zugleich der höchste und doch der wenigst deutliche aller Lehrer ist, und die Kirche, der Papst, die Hierarchie sind nach dem Plane Gottes die

Abhilfe für ein dringendes Bedürfnis. So gewiß auch die Grundlagen und die Lehren der natürlichen Religion sind, die sich an denkende und verantwortliche Menschen richten, so bedarf sie doch, um mit Erfolg zum Menschengeschlecht zu reden und sich die Welt zu unterwerfen, zu Ihrer Stütze und Vollendung der Offenbarung.

Wenn ich dies alles sage, darf man jedoch natürlich nicht denken, ich wolle die Offenbarung, deren Bewahrerin die Kirche ist, auf eine bloße neue Publizierung des Naturgesetzes beschränken. Aber obgleich die Offenbarung sich so deutlich von der Lehre der Natur abhebt und weit über ihr steht, so ist es doch wahr, daß sie von ihr weder unabhängig noch ohne Beziehung zu ihr, sondern vielmehr ihre Ergänzung, Bekräftigung, ihr Abschluß, ihre Verkörperung und Interpretierung ist. Der Papst, der von der Offenbarung abstammt, hat keine Jurisdiktion über die Natur. Wenn er auf Grund seiner geoffenbarten Vorrechte sein Amt, Wahrheit, Gerechtigkeit, Barmherzigkeit und Frieden zu verkünden, vernachlässigen, ja, noch mehr, sogar die Gewissen seiner Untertanen mit Füßen treten würde, wenn er allzeit so gehandelt hätte, wie die Protestanten sagen, dann hätte er sich nicht alle die vielen Jahrhunderte hindurch bis auf den heutigen Tag halten können, und zwar so, daß er zum Mahnmal dieser Mißachtung wurde. Dekan Milman hat uns oben berichtet, wie treu und wie erfolgreich der Papst im Mittelalter seine Pflicht erfüllte. Später war der päpstliche Stuhl eine Zeitlang von Männern besetzt, die sich der Üppigkeit, der Sorglosigkeit und einer heidnischen Abart des Christentums hingaben. Wir alle wissen, was für ein moralisches Erdbeben die Folge davon war und wie die Kirche dadurch halb Europa bis auf den heutigen Tag verloren hat. Die Päpste hätten sich von einer so schrecklichen Katastrophe nicht so erholen können, wie das tatsächlich geschehen ist, wenn sie nicht zu ihrer früheren und besseren Lebensweise zurückgekehrt wären. Und die eindringliche Lehre der Vergangenheit ist in sich selbst die Bürgschaft für die Zukunft.

Solcher Art ist die Beziehung der kirchlichen Macht zum menschlichen Gewissen. Man kann indessen auch darüber eine gegenteilige Ansicht haben. Man könnte sagen, niemand zweifle daran, daß die Macht des Papstes auf jenen Schwächen der menschlichen Natur beruhe, auf jenem religiösen Gefühl, das Lukretius im Altertum als Ursache der schlimmsten Übel unseres Geschlechts bezeichnete; daß der Papst es geschickt benütze, um unter seinem Schutze für seine eigene Machterweiterung und Tyrannei ein falsches Sittengesetz auszubilden und daß so das Gewissen seine Kreatur und sein Sklave werde und wie auf göttliche Bestätigung hin seinen Willen vollziehe. So sei es wohl als Abstraktion und in der Idee frei, doch nie frei in der Tat, niemals zu einem freien, von ihm unabhängigen Fluge fähig, ebensowenig fähig wie Vögel, deren

Schwingen beschnitten worden sind. Ja, wenn es fähig wäre, seinen eigenen Willen durchzusetzen, würde daraus eine Kollision erfolgen, die schwerer beizulegen wäre als die zwischen der Kirche und dem Staat, da sie in dem einen nämlichen Bereich, innerhalb der Religion, erfolgen würde. Denn was würde aus des Papstes »absoluter Autorität«, wie Mr. Gladstone sie nennt, werden, wenn auch das Gewissen des einzelnen eine absolute Autorität besäße? Ich will diesen wichtigen Einwand genau beantworten.

1. Ich gebrauche das Wort »Gewissen« in dem erhabenen Sinn, in dem ich es schon gedeutet habe – nicht als eine Einbildung oder eine Meinung, sondern als pflichtschuldigen Gehorsam gegen das, was den Anspruch erhebt, eine in uns sprechende göttliche Stimme zu sein. Daß dies die rechtmäßige Auffassung ist, werde ich hier nicht zu beweisen versuchen, sondern es als Grundprinzip annehmen.

2. Ich bemerke, daß das Gewissen nicht ein Urteil über irgendeine spekulative Wahrheit, über eine abstrakte Lehre ist, sondern sich unmittelbar auf ein Verhalten bezieht, auf etwas, was getan werden muß oder nicht getan werden darf. »Das Gewissen«, sagt der heilige Thomas, »ist das praktische Urteil oder der praktische Spruch der Vernunft, durch die wir urteilen, was hic et nunc getan werden soll, weil es gut ist, oder zu unterlassen ist, weil es schlecht ist.« Infolgedessen kann das Gewissen nicht in eine direkte Kollision mit der Unfehlbarkeit der Kirche oder des Papstes kommen. Diese erstreckt sich nämlich nur auf allgemeine Sätze und auf die Verurteilung bestimmter einzelner und gegebener Irrtümer.

3. Ich bemerke weiter: Da das Gewissen ein praktisches Diktat ist, ist eine Kollision zwischen ihm und dem Papste nur möglich, wenn der Papst Gesetze oder besondere Befehle und dergleichen gibt. Doch ein Papst ist nicht unfehlbar in seinen Gesetzen, ebensowenig in seinen Befehlen und politischen Aktionen, in seiner Verwaltung, in seiner öffentlichen Politik. Man gestatte die Bemerkung, daß das Vatikanische Konzil ihn hierin gerade so belassen hat, wie es ihn fand. Mr. Gladstones Sprache über diesen Punkt ist mir geradezu unverständlich. Warum gibt er nicht, statt vage Ausdrücke zu gebrauchen, genau die eigentlichen Worte an, durch die das Konzil den Papst in seinen Handlungen unfehlbar gemacht haben soll? Anstatt es zu tun, nimmt er eine Schlußfolgerung an, die gänzlich falsch ist. Er sagt (S. 34): »Zuerst kommt die Unfehlbarkeit des Papstes«, dann gibt er auf der nächsten Seite zu verstehen, daß Akte der Exkommunikation unter seine Unfehlbarkeit fielen, als ob der Papst auf diesem Felde seiner Tätigkeit keine Mißgriffe tun könnte. Er sagt (S. 35): »Man könnte geltend zu machen suchen, daß der Papst nicht beabsichtige, in unser Land einzufallen, Woolwich zu nehmen oder Portsmouth niederzubrennen. Er wird im

schlimmsten Falle nur seine Gegner exkommunizieren... Ist das eine gute Antwort? Schließlich haben die Päpste nicht einmal im Mittelalter durch direktes Eingreifen mit eigenen Flotten und Armeen gegen jene Könige gekämpft, die widerspenstig waren, sondern hauptsächlich durch Interdikte...« Was haben denn Exkommunikation und Interdikt mit der Unfehlbarkeit zu tun? War der heilige Petrus in Antiochien bei jener Gelegenheit unfehlbar, als der heilige Paulus ihm widerstand? War der heilige Viktor unfehlbar, als er die Kirchen von Kleinasien aus seiner Gemeinde ausschloß? Oder Liberius, als er in gleicher Weise Athanasius exkommunizierte? Oder, um auf spätere Zeiten zu kommen, war es Gregor XIII., als er zu Ehren der Bartholomäusnacht eine Medaille prägen ließ? Oder Paul IV. in seinem Verhalten Elisabeth gegenüber? Oder Sixtus V., als er die Armada segnete? Oder Urban VIII., als er Galilei verfolgte? Kein Katholik wird jemals behaupten, jene Päpste seien in diesen Akten unfehlbar gewesen. Da also nur die Unfehlbarkeit das Handeln nach dem Gewissen hemmen könnte und der Papst in den Dingen, in denen das Gewissen die höchste Autorität ist, keine Unfehlbarkeit besitzt, kann kein Hindernis von der Art, wie es in dem Einwand, auf den ich antworte, einbegriffen ist, zwischen das Gewissen und den Papst treten.

4. Um nicht mißverstanden zu werden, muß ich wiederholen, daß ich, wenn ich vom Gewissen rede, selbstverständlich das meine, was man mit Recht Gewissen nennt. Wenn es das Recht hat, der höchsten, wenn auch nicht unfehlbaren Autorität des Papstes entgegenzutreten, dann muß es etwas mehr sein als jenes elende Zerrbild, das, wie ich oben erwähnt habe, jetzt seinen Namen führt. Wenn es in einem einzelnen Falle als ein heiliger, souveräner Mahner aufgefaßt werden soll, dann müssen seinem Diktat, das gegen die Stimme des Papstes Geltung haben soll, ernsthaftes Nachdenken, Gebet und Anwendung aller erdenklichen Mittel vorangehen, will man in der in Frage stehenden Angelegenheit zu einem richtigen Urteil kommen. Ferner ist der Gehorsam gegen den Papst das, was »in possessione« genannt wird; das heißt, das onus probandi [Beweislast] bei der Einleitung eines Verfahrens gegen ihn liegt, wie in allen außergewöhnlichen Fällen, auf seiten des Gewissens. Wenn ein Mensch nicht imstande ist, zu sich selbst in der Gegenwart Gottes zu sagen, er solle und dürfe sich nicht erdreisten, nach der päpstlichen Anordnung zu handeln, dann ist er verpflichtet, ihr zu gehorchen, und er würde eine schwere Sünde begehen, wenn er es nicht täte. Prima facie ist es seine strenge Pflicht, schon aus einem Gefühl der Loyalität, zu glauben, der Papst sei im Recht und handle entsprechend. Er muß jenen niedrigen, unedlen, selbstsüchtigen, vulgären Geist seiner Natur überwinden, der schon bei der ersten Kunde von einem Befehl sich sofort dem Vorgesetzten gegenüber, der ihn gibt, in Opposition

setzt und fragt, ob jener nicht sein Recht überschreite, und Freude daran hat, in einer moralischen und praktischen Angelegenheit mit Skeptizismus zu beginnen. Er darf nicht eigensinnig dazu entschlossen sein, ein Recht zu beanspruchen, zu denken, zu sagen und zu tun, was ihm gerade beliebt, und die Frage nach Wahrheit und Irrtum, nach Recht und Unrecht, die Pflicht, wenn möglich zu gehorchen, und die Neigung, zu sprechen, wie sein Oberhaupt spricht, und in allen Fällen auf der Seite seines Oberhauptes zu stehen, nicht einfach beiseiteschieben. Würde diese notwendige Regel beachtet, dann kämen Zusammenstöße zwischen der Autorität des Papstes und der Autorität des Gewissens nur sehr selten vor. Auf der anderen Seite haben wir schließlich in der Tatsache, daß das Gewissen jedes einzelnen in außergewöhnlichen Fällen frei ist, einen Garanten und eine Bürgschaft, wenn überhaupt eine Bürgschaft notwendig wäre (was eine völlig grundlose Annahme ist), dafür, daß kein Papst jemals imstande sein wird, wie der Einwand annimmt, für seine eigenen Zwecke ein falsches Gewissen zu schaffen... Ich füge noch eine Bemerkung hinzu. Wenn ich genötigt wäre, bei den Trinksprüchen nach dem Essen ein Hoch auf die Religion auszubringen (was freilich nicht ganz das Richtige zu sein scheint), dann würde ich trinken – freilich auf den Papst, jedoch zuerst auf das Gewissen und dann erst auf den Papst...

6. Die Vatikanische Definition

Ich komme jetzt auf die Vatikanische Definition zu sprechen, durch welche die Lehre von der Unfehlbarkeit des Papstes de fide geworden ist, das heißt, eine Wahrheit, die man notwendigerweise glauben muß, da sie in der ursprünglichen göttlichen Offenbarung eingeschlossen ist. Die Ausdrücke Offenbarung, depositum, Dogma und »de fide« sind nämlich Korrelativa. Ich beginne mit einer Bemerkung, welche die Richtung von allem, was ich darüber zu sagen habe, andeutet. Es ist folgende: Der Glaube ist, auch mit dem Beistand der besonderen Gnade Gottes, eine sehr schwierige Tugend, je nach dem Grade, in dem die Vernunft sich dabei betätigt; und es ist ebenso schwierig, innerlich Behauptungen zuzustimmen, die für uns weder durch die Vernunft noch durch die Erfahrung bestätigt (verifiziert) werden, sondern deren Annahme von dem Wort der Kirche als einem Ausspruch Gottes abhängt. Darum hat die Kirche stets die größte Sorgfalt darauf verwendet, den Umfang der Wahrheiten und den Sinn der Sätze, für welche sie diese absolute Annahme fordert, nach Möglichkeit einzuschränken. »Die Kirche«, sagt Pallavicini, »hat sich, soweit dies möglich ist, davon zurückgehalten, dem Geist des Menschen jenes Gebot aufzuerlegen, welches das schwierigste des christlichen Gesetzes ist, nämlich dunkle

Dinge ohne Zweifel zu glauben[5]. Bei diesem Liebesdienste mitzuwirken, ist eine besondere Aufgabe ihrer Theologen, und sie selbst hat durch Tradition und Gewohnheit Regeln niedergelegt, um jene bei ihrer Aufgabe zu unterstützen. Sie spricht nur dann, wenn es nötig ist zu sprechen. Doch sobald sie ein großes, allgemeines Prinzip lehramtlich ausgesprochen hat, veranlaßt sie ihre Theologen, im konkreten Falle durch genaue Interpretation seines Wortlautes, durch Beleuchtung der Umstände und durch Festlegung der Ausnahmen ihre Meinung darzustellen, um so jenen Grundsatz für eigenwillige, unabhängige oder falsch erzogene Geister möglichst erträglich zu machen und nach Möglichkeit nicht zur Versuchung werden zu lassen...

Die vatikanische Definition, die zu uns in der Form der päpstlichen Bulle »Pastor Aeternus« kommt, erklärt, »der Papst habe die gleiche Unfehlbarkeit, welche die Kirche besitzt«[6]. Um zu bestimmen, was mit der Unfehlbarkeit des Papstes gemeint ist, müssen wir uns zuerst der Betrachtung der Unfehlbarkeit der Kirche zuwenden. Zur Feststellung des Charakters der Unfehlbarkeit der Kirche müssen wir untersuchen, was das Wesen des Christentums als Offenbarung des göttlichen Willens ist.

Unser göttlicher Herr hätte uns göttliche Wahrheiten mitteilen können, ohne uns zu sagen, daß sie von Ihm kommen, so wie Er es, nach allgemeiner Annahme, bei den heidnischen Völkern getan hat. Doch Er wollte, daß das Evangelium eine anerkannte und beglaubigte Offenbarung sei, daß es öffentlich, feststehend und bleibend sein solle. Demgemäß gründete Er, wie wir Katholiken glauben, eine Gesellschaft von Menschen, die Heimat, Werkzeug und Bürge des Evangeliums sein sollte. Die Leiter dieser Gemeinschaft sind gleichsam die gesetzlichen Verwahrer der geheiligten Wahrheiten, die Er den Aposteln mündlich verkündete. Als Er sie verließ, gab Er ihnen ihre große Sendung und befahl ihnen, ihre Bekehrten auf der ganzen Welt »zu lehren, alles zu halten, was Er ihnen befohlen hatte«, und dann fügte Er hinzu: »Siehe, Ich bin allzeit bei euch, bis ans Ende der Welt« [Mt 28, 20]. Hier befahl Er ihnen erstens, seine geoffenbarte Wahrheit »zu lehren«, dann »bis zur Vollendung aller Dinge«, und drittens sagte Er ihnen zur Ermutigung, Er werde »allzeit« bei ihnen sein, immerfort, in jeder Not, in jeder Situation bis zu jener Vollendung. So oblag ihnen die Pflicht, die Worte ihres Meisters zu lehren, eine Pflicht, die sie nicht ohne seine Hilfe in der Vollkommenheit erfüllen konnten, die die Treue erforderte. Deshalb gab Er ihnen das Versprechen, Er werde bei der Erfüllung dieser

[5] Zitiert von Pater Ryder in seinem »Idealism in Theology«, London 1867, S. 25. (N)

[6] »Romanum Pontificem ea infallibilitate pollere, qua divinus Redemptor Ecclesiam suam in definienda doctrina de fide vel moribus instructum esse voluit.«

Aufgabe mit ihnen sein. Jenes Versprechen übernatürlicher Hilfe fand mit der Person der Apostel nicht sein Ende, denn Er fügte hinzu: »Bis zur Vollendung der Welt«, was einschließt, daß die Apostel Nachfolger haben werden, und verspricht, Er werde bei jenen Nachfolgern ebenso sein, wie Er bei ihnen gewesen ist.
Der gleiche Schutz für die Offenbarung, nämlich eine autoritative, dauernde Tradition des Lehrens, wird von einem anderen Lehrer von gleicher Autorität, wie es der heilige Matthäus ist, doch vollständig unabhängig von ihm, hervorgehoben. Ich meine den heiligen Paulus. Er nennt die Kirche »die Säule und Grundfeste der Wahrheit«, und er gibt dem von ihm zum Glauben bekehrten Timotheus, als dieser Vorsteher in der Kirche geworden war, den Auftrag, »festzuhalten« an seiner Lehre, »das depositum« des Glaubens »zu wahren« und das, was er von ihm selbst gehört hatte, »gläubigen Männern anzuvertrauen, die fähig seien, andere zu lehren« [1 Tim 3, 15; 6, 20].
So verstehen die Katholiken den Schrifttext. Man sieht auch nicht, wie er anders verstanden werden könnte. Doch wenn wir bis hierher gekommen sind und zurückschauen, finden wir, daß wir darin eingeschlossen noch für eine weitere Lehre Zeugnis abgelegt haben. Denn wenn die Kirche, die mit den Aposteln begonnen hat und in ihren Nachfolgern fortgeführt wird, zum unmittelbaren Schutz, zur Bewahrung und Erklärung der Offenbarung gestiftet worden ist, und zwar vermittels der Obhut und Fürsorge ihres göttlichen Stifters, dann werden wir damit zu der Erkenntnis gebracht, daß in dieser Behauptung auch jene andere in anderen Worten eingeschlossen ist, nämlich daß die Kirche unfehlbar ist, soweit die ihr anvertraute Sendung in Betracht kommt. Denn was sonst ist mit der Unfehlbarkeit in der Lehre gemeint, als daß der Lehrer beim Lehren gegen Irrtum gesichert ist? Und wie kann ein dem Irrtum unterworfener Mensch so gesichert sein außer durch eine übernatürliche, unfehlbare Führung.
Und was anders kann der Inhalt der Worte: »Ich bin allzeit bei euch bis ans Ende der Welt«, gewesen sein als die Absicht, damit im voraus der unwillkürlichen, stillen Besorgnis der schwachen Gemeinschaft von Fischern und Handwerkern, an die sie gerichtet waren, Antwort zu geben, wenn sie sich mit übermenschlichen Pflichten und übermenschlicher Verantwortung belastet sahen?
Das also ist in einfachen Umrissen die Unfehlbarkeit der Kirche; und dies wird auch die Unfehlbarkeit des Papstes sein, wie sie die Väter des Vatikanischen Konzils definiert haben. Wenn wir vermittels dieses Umrisses uns instand gesetzt finden, den Begriff der Unfehlbarkeit eines Konzils in allen wichtigen Punkten auszufüllen, dann werden wir damit im einzelnen ermitteln, was im Jahre 1870 über die Unfehlbarkeit des Papstes definiert worden ist...

TEIL 6

PERSÖNLICHES ZEUGNIS

I. Der persönliche Einfluss als Mittel zur Verbreitung der Wahrheit (1832)

»Sie wurden aus Schwachen Starke« (Hebr 11, 34).

1. Die Geschichte der Heiligen des Alten Testamentes, die in diesen wenigen Worten angedeutet ist, wird in ihrer Eigenart durch das Leben derer wiederholt oder übertroffen, die als erste die christliche Heilsordnung verkündeten. »Siehe, ich sende euch wie Schafe mitten unter Wölfe« [Mt 10, 16]. So wurde ihnen warnend ihre Stellung in der Welt angekündigt, als sie Künder der Frohbotschaft wurden. Ihre Wundermacht verschaffte zwar ihrer Sache Gehör, schützte sie aber selber nicht. Der heilige Paulus weist auf die Erfüllung dieser Weissagung des Herrn über den grundlegenden Gegensatz zwischen den Aposteln und der Menschheit hin mit den Worten: »Man verflucht uns – und wir segnen; man verfolgt uns – und wir dulden; man lästert uns – und wir beten. Wie ein Auswurf dieser Welt sind wir geworden, wie ein Abschaum von allen bis zu dieser Stunde« (1 Kor 4, 12–13). Ja, diese Worte beziehen sich nicht nur auf die ungläubige Welt. Der Apostel hatte Grund, auch seinen christlichen Brüdern zu mißtrauen und sich deswegen mit den von ihm selbst Bekehrten, seinen »geliebten Söhnen«, auseinanderzusetzen. Er hielt es für einen großen Gewinn und blickte später mit Genugtuung darauf zurück, daß die Galater ihn nicht verachtet und verworfen hatten wegen der Schwäche, die seinem Erdendasein anhaftete [Gal 4, 13]. In der schon zitierten Stelle klagt er über den Wankelmut und die Kälte der Korinther, die sich selbst klug, stark und angesehen dünkten und die Apostel für Toren, Schwächlinge und verächtliche Menschen hielten.

2. Woher kam es denn, daß sie trotz all dieser Hindernisse dennoch Erfolg hatten? Wie eroberten sie sich den Platz in der Welt, den sie bis heute einnehmen und der sie befähigte, Grundsätzen Dauer zu verleihen, die sogar der Mehrheit derer, die sich zu ihnen bekennen, unbequem sind? Was ist diese verborgene Kraft der Wahrheit, und wie kann sie im Einzelkampf über die vielen und vielfältigen Irrtümer

siegen, von denen sie gleichzeitig und ununterbrochen angegriffen wird?

3. Hier könnten wir natürlich den Erfolg sogleich dem Willen und Segen dessen zuschreiben, der die Wahrheit geoffenbart und der ausdrücklich verheißen hat, daß er bei ihr und ihren Verkündern bleiben werde »alle Tage bis ans Ende«. Und in der Tat, wenn wir uns das lebendig vergegenwärtigen, lernen wir die Abhängigkeit von seiner Gnade bei unserem Bemühen um die Verbreitung der Wahrheit und werden ermutigt, bei dieser zu beharren. Aber es ist nützlich, auch einmal den menschlichen Mitteln nachzugehen, die Gottes Vorsehung in der Welt gebraucht. Dann können wir uns ein praktisches Urteil über die Ereignisse bilden, wie sie sich im Verlauf des menschlichen Lebens nacheinander vor uns abspielen, und können auch unsere Pflicht im einzelnen verstehen. Im Hinblick auf diese menschlichen Mittel wollen wir unsere Frage nun behandeln.

4. Zunächst einmal ist eines klar: Den Einfluß der moralischen Wahrheit auf die Welt dürfen wir nicht der Wundergabe derer zuschreiben, die uns diese Wahrheit in ihrer letzten, vollendeten Gestalt verkündeten, in der sie sich zu uns herabließ, denn diese Gnade wurde gleich nach den ersten Zeiten der Verkündigung wieder zurückgezogen. Auch kann man wiederum nicht gut behaupten, die durch diese Wunder gebildete sichtbare Kirche sei an deren Stelle im Plan der Vorsehung die eigentliche Basis geworden, auf der die Wahrheit aufruhe. Allerdings ist sie ohne Zweifel in noch vollerem Sinne, als es vorher die Wunder waren, das von Gott bestimmte Werkzeug, durch das die Wahrheit in die Welt kommt. Zwar würde eine Gemeinschaft von einigermaßen tugendhaften Menschen sicherlich im Laufe der Jahre den heftigsten Ansturm von Laster und Irrtum überwinden. Doch kann niemand behaupten, daß der sichtbaren Kirche solche Segnungen zuteil wurden. Wohl gab es zu allen Zeiten echte Christen in der Kirche, und sie stellten ihr Leben und ihre Kraft dar. Aber der Brief an die Korinther [vgl. 1 Kor 4 ff.] zeigt uns zur Genüge, daß sie verstreut und verborgen unter der Menge leben, sich nur teilweise gegenseitig erkennen und keine Mittel haben, sich zu gemeinsamem Wirken zu verbinden. Nun könnte man anderseits die Kirche einfach als politische Einrichtung betrachten und den Sieg der ihr anvertrauten Wahrheit nur der aus dem Politischen entspringenden Kraft zuschreiben. Aber dann erheben sich die Fragen: Wie konnte – erstens – diese gemischte, aus so entgegengesetzten Elementen bestehende Körperschaft, die man Kirche nennt, durch so viele Jahrhunderte hindurch im großen und ganzen den Prinzipien treu bleiben, auf denen sie zuerst gegründet wurde? Und zweitens: Wie konnte sie bei solchem Festhalten an ihren Grundsätzen außerdem noch in so manchen Ländern und Zeiten die Gunst und Hilfe der bürgerlichen Autoritäten

erwerben? Es dürfte hier genügen, die drei ersten Jahrhunderte ihrer Existenz zu betrachten und dabei zunächst zu untersuchen, durch welche Mittel sie trotz ihrer unirdischen Prinzipien in der Welt wuchs und erstarkte. Und dann müßte man danach fragen, wie sie durch die ganze Zeit hindurch mit einer so auffallenden Treue jene gleichen ihr von jeher anvertrauten unirdischen Grundsätze bewahrte, obgleich sie damals eine ebenso korrupte Gemeinschaft war wie heute.

5. Andere suchen diese Prävalenz der Wahrheit trotz all ihrer Feinde durch die Annahme zu erklären, die Welt habe sich der Wahrheit zwar zunächst widersetzt, sie aber nach einiger Zeit nach reiflicher Überlegung doch angenommen, und zwar aus wirklichem Verständnis und aus der Überzeugung von ihrem hohen Wert. Sie sei nämlich ihrem Wesen nach der Aufnahmefähigkeit des Menschen angepaßt – des Menschen als eines Vernunftwesens, ganz abgesehen von seinem guten oder bösen moralischen Charakter. Die Wahrheit werde gewöhnlich doch von der Menge der Menschen anerkannt und vertreten – und zwar von jedem Einzelmenschen, nicht nur in dem Sinne, daß in der Masse stets einige über die anderen Einfluß haben. Es geschehe auch nicht bloß in einem blinden, jedoch richtigen Instinkt, wie etwa dem, der die Tiere angeblich in Gegenwart des Menschen gefangennimmt. Vielmehr werde die Wahrheit von ihnen buchstäblich verteidigt aufgrund von Einsicht und Urteilsfähigkeit. In dieser Auffassung gehen einige so weit, zu raten, die Sache der Wahrheit ohne Bedenken der Menge als ihrem legitimen Richter und Schützer zu übergeben.

6. Das Trügerische dieser Auffassung wird deutlich werden, wenn ich im Folgenden etwas über das sage, was ich für die wirkliche Methode halte, wie in dieser irdischgesinnten Welt geistliche Prinzipien ihren Einfluß durchsetzen. Es wird jedoch gut sein, hier gleich ein für allemal die Heilige Schrift gegen eine Theorie anzurufen, die, ob einleuchtend oder nicht, wohl kaum christlich ist. Die folgenden Texte werden uns noch unzählige andere Texte wie auch der Schrift zugrundeliegende Vorstellungen ins Gedächtnis rufen, die durchaus dem Gedanken widersprechen, die moralische Wahrheit sei leicht oder allgemein verständlich. »Der natürliche Mensch faßt nicht, was des Geistes Gottes ist« (1 Kor 2, 14). »Das Licht leuchtet in der Finsternis, aber die Finsternis hat es nicht begriffen« (Joh 1, 5). »Wer hat, dem wird gegeben werden« (Mt 13, 12). »Die Weisheit wird [nur] von ihren Kindern gerechtfertigt« (Mt 11, 19).

7. Anderseits besteht ihr wirklicher Einfluß unmittelbar in irgendeiner ihr innewohnenden sittlichen Macht, in einer Tugend in dieser oder jener Gestalt, nicht in irgendeinem Beweis oder einem Kriterium, das der undisziplinierten Vernunft der Menge angemessen wäre, gleicherweise passend für Hoch und Niedrig, Gelehrt und Ungelehrt. Das geht

ebenfalls aus Texten ähnlich den eben angeführten hervor: »Ich sende euch wie Schafe mitten unter Wölfe. *Seid daher* klug wie die Schlangen und einfältig wie die Tauben« (Mt 10, 16).

8. Wenn es mit der Frage so steht, dann ist zu überlegen, ob der Einfluß der Wahrheit im großen und ganzen in der Welt sich nicht aus dem direkten oder indirekten *persönlichen Einfluß* derjenigen ergibt, die mit ihrer Lehre beauftragt sind.

9. Um zu erklären, in welchem Sinne das gemeint ist, beginnen wir am besten damit, zu schildern, wie sich der Charakter eines solchen Vermittlers der Wahrheit heranbildet. Da der Gegenstand umfangreich ist, muß ich um die Erlaubnis bitten, mich – nötigenfalls – etwas länger dabei aufzuhalten, als es die Gewohnheit dieses Ortes sonst gestattet.

10. Wir wollen annehmen, dieser Lehrer der Wahrheit habe unter solchen Bedingungen gelebt, wie nur ein einziger[1] unter den Söhnen Adams jemals aufwuchs: als ein Mensch ohne Abweichung von den Forderungen seines Pflichtgefühls, von seiner frühen Kindheit an einzig darum bemüht, das ihm im Anfang gegebene Licht zu mehren und zu vervollkommnen. Die Kenntnis und Kraft, recht zu handeln, möge in ihm mit der Erweiterung seiner Pflichten Schritt gehalten haben, und ebenso die innere Überzeugung von der Wahrheit mit den nacheinander von außen kommenden Versuchungen, sich von ihr abzuwenden. Die anderen Menschen werden durch den Druck plötzlicher Umstände überrascht und verwirrt, gegen die sie sich nicht vorgesehen haben. Oder sie verlieren den Weg und suchen sich zurechtzufinden, und selbst wenn sie Erfolg haben, überfordern sie ihre Kräfte und bringen sie aus der Ordnung. Oder sie versuchen, von sich aus zwischen leichten und schweren Verletzungen der Gewissensnorm zu unterscheiden, und erlauben sich, was sie für leicht halten. So fallen sie sozusagen kopfüber hinunter, wenn sie meinen, nur einen kleinen Schritt abwärts zu tun, der im nächsten Augenblick schon wieder gutgemacht werden könnte. Daher kommt es, daß oft Menschen, die zusammen anfingen, schon nach kurzer Zeit in so verschiedener Geschwindigkeit fortschreiten und in so verschiedenen Richtungen auseinandergehen. Ihr Gewissen spricht noch, aber da es spielerisch behandelt wurde, spricht es nicht mehr die Wahrheit, es wird zweideutig oder regellos. In einer Seele aber, die ihrer von Gott gegebenen Natur treu bleibt, geht das schwache Licht der Wahrheit immer heller auf. Die Schatten, die es anfangs trübten, die unwirklichen Gestalten, die durch den eigenen zwielichtigen Zustand hervorgerufen wurden, vergehen. Was unsicher war wie ein bloßes Gefühl und sich nur durch die befehlende Dringlichkeit seiner Stimme

[1] Hierzu stellt Newman 1847 die Frage: »Damit wäre auch die allerseligste Jungfrau ausgeschlossen; aber das kann man wohl kaum ändern?« (LD XII, S. 32).

von einer bloßen Einbildung unterschied, wird fest und entschieden, es verstärkt sich zum Prinzip und entwickelt sich zur Gewohnheit. Je mehr neue Pflichten auftauchen und je mehr neue Kräfte in Tätigkeit gesetzt werden, desto schneller wird alles in die schon bestehende innere Ordnung aufgenommen und dort an den gebührenden Platz gestellt. Zweifellos können ungehorsame Wesen, wie es die meisten von uns von Jugend auf sind, schon die frühen Schritte eines solchen Menschen nicht mehr verstehen, der an Weisheit ebenso stetig wächst wie an Körperkraft – ohne widersprechende und einander widerstreitende Prinzipien, ohne Irrungen, bei denen er umlernen müßte. Immerhin kann jene Stelle der Lebensgeschichte des Herrn [vgl. Lk 2, 40–52], als er zwölf Jahre alt war und mit seinen Eltern in den Tempel ging, uns helfen, uns eine Vorstellung davon zu machen. Noch weniger ist uns der Zustand eines solchen Geistes verständlich zu einer Zeit, da er durch die der Jugend und dem Mannesalter eigenen Versuchungen hindurchgegangen war und den Satan schon von sich in völlige Verzweiflung getrieben hatte.

11. Nun zu dem Gefüge von Überzeugungen, die sich unter solchen Umständen bilden. Ich meine also nicht die zufälligen und oberflächlichen Meinungen, nicht den bloßen Reflex dessen, was in der Welt vor sich geht, sondern die natürlichen und fast unmittelbar geformten Ergebnisse der fertigen und vollendeten inneren Haltung. Dazu möchte ich zwei Bemerkungen machen:

(1) Jeder Teil dieses ethischen Glaubensbekenntnisses, wie wir es nennen können, ist gleich wahr und gleich notwendig. Wir setzen nun wohl mit Recht voraus, daß der Bereich der Ethik sich über alle Einzelheiten der Gedanken und Handlungen unbeschränkt ausdehnt. Dann brauchen unzählige Besonderheiten, die wir als indifferent anzusehen gewohnt sind, tatsächlich in keinem wahreren Sinn indifferent zu sein als in dem Sinne, in dem es in der Physik tatsächlich einen Faktor gibt, den wir Zufall nennen. Dabei ist unsere Unwissenheit die einzige Ursache der scheinbaren Veränderlichkeit einerseits in der Wirksamkeit der Natur und anderseits in den Maßstäben von Glaube und Sitte. Das zu bedenken, ist praktisch sehr wichtig. Ist uns doch sicherlich noch nie ein Beispiel von Heiligkeit begegnet, das bis in alle Einzelheiten hinein makellos war. In allen unseren Vorbildern gibt es ferner außer den wirklichen Fehlern auch die Eigentümlichkeiten der Reaktion und die Unterschiede der Veranlagung, des Geschmacks und des Talents, ja sogar des körperlichen Zustandes, die die Befehle des inneren Lichtes beeinflussen, das in sich selbst göttlich und unfehlbar ist. Dieser Gedanke ist also deshalb so wichtig, weil er uns von vorschnellem Urteil über die Meinungen und Verhaltensweisen guter Menschen zurückhalt en soll, die wir nicht verstehen. Aber nach allem, was wir wissen, sind diese Meinungen und Verhaltensweisen vielleicht ebenso notwendige

Teile der Wahrheit – wenngleich zu fein für unsere groben Begriffe – wie ihre großen und offenkundigen Wesenszüge, die wir mit der Mehrzahl aller ernsten Menschen zugeben. So werden wir auch namentlich vor voreiliger Beurteilung der Urkirche bewahrt. Mag sie auch von Anfang an durch Mängel entstellt worden sein, so kann sie doch in der Heiligkeit ihrer Gemeinschaft als eine so große Annäherung an das Vorbild Christi betrachtet werden, wie sie der gefallene Mensch überhaupt je erreichen wird. Denn sie ist in der Tat eine Art Offenbarung des Heiligen Geistes in körperlicher Gestalt, jenes gebenedeiten Geistes, der uns als ein zweiter Lehrer der Wahrheit nach dem Hingang Christi verheißen war und dies sogar auf einem weit mannigfaltigeren Felde wurde als jenem, auf dem Christus vor ihm sich geoffenbart hatte. Nehmen wir als Beispiel das Bischofsprinzip oder die Praxis der Kindertaufe, die sich zwar bis auf die Zeit der Apostel zurückverfolgen lassen, aber durch die Heilige Schrift nicht ausdrücklich bewiesen sind. Beides ist, soweit wir sehen, für das Wahrheitsganze des Christentums vielleicht genauso notwendig wie die Lehren von der Einheit Gottes und von der Verantwortlichkeit des Menschen. Diese werden natürlich im künstlichen System der Religion zur Grundlage gemacht und in der systematischen und zeitlichen Abfolge an den Anfang gestellt. Das aber – darauf ist zu achten – erklärt dann den Umstand, daß die Heilige Schrift diese und ähnliche Prinzipien und Einrichtungen nicht ausdrücklich sanktioniert. Wir setzen dabei voraus, daß der Zweck des geschriebenen Wortes war, die Ausformung einer bestimmten Haltung zu sichern, und nicht, ein System für unsere intellektuelle Betrachtung aufzustellen.

12. (2) Zweitens ist es klar, daß der begnadete Mensch, wie wir ihn uns hier vorstellen, von allen – an sich – am unfähigsten sein wird, seine eigenen Ansichten zu verteidigen, weil er sich ja nie von außen her betrachten kann. Die vertrautesten und am leichtesten auszuführenden Dinge erfordern die eingehendste Überlegung und machen die größte Mühe, wenn sie mit Worten dargestellt werden sollen. – Das gilt zum Beispiel von der Zahl, der Verbindung und der Reihenfolge der Muskelbewegungen, mit deren Hilfe wir uns beim Gehen im Gleichgewicht halten oder die einzelnen Wörter aussprechen. Und zwar ist die Schwierigkeit ganz unabhängig davon, ob uns eine geeignete Sprache zu ihrer Beschreibung zur Verfügung steht oder nicht. – Je länger jemand die Tugend geübt hat, um so weniger kann er sich daran erinnern, wie er angefangen hat, welches die ersten Schwierigkeiten waren, wie er sie überwunden hat und durch welchen Vorgang die eine Wahrheit zur anderen hinüberführte. Noch weniger kann er die in seinem Geist verborgen liegenden wahren Gründe für besondere Gebräuche oder Meinungen richtig ans Licht bringen. Er hält an der ganzen Menge moralischer Begriffe fast wie an ebenso vielen nebensächlichen und

selbstverständlichen Tatsachen fest. Daher kommt es, daß Christen von reicher Begabung, die durch schwere Prüfungen hindurchgegangen sind, oft entweder vollständig versagen oder nur nach aufmerksamem Studium verstanden werden, wenn sie anfangen, über Religion zu sprechen und zu schreiben. Sie sind auch dann noch vielleicht unlogisch und unsystematisch, setzen voraus, was der Leser bewiesen haben möchte, und scheinen irrtümlich Beziehung oder zeitliches Vorausgehen für ursächlichen Zusammenhang, Wahrscheinlichkeit für Beweis zu halten. Und über solche triumphiert dann vorübergehend der korrekte Verstand mittelmäßiger Menschen, die sich nur einer kurzsichtigen Klarheit rühmen. Sie können nicht verstehen, daß es selbst bei einem hervorragenden Intellekt als die höchste Begabung anzusehen ist, wenn der Geist eine intuitive Erkenntnis der Schönheit in der Kunst oder des Wirksamen im Handeln besitzt, ohne zu denken oder zu forschen. Darin besteht ja gerade das Genie. Und nur wer eine entsprechende Einsicht in die moralische Wahrheit hat – und nur soweit er sie besitzt –, hat die besondere Vollkommenheit des geistlichen Bereichs seiner Natur erreicht, die sich unter den intellektuellen Talenten der Seele so selten findet und so hoch zu schätzen ist.

13. Ja, dürfen wir in unseren Behauptungen nicht noch weiter gehen und nicht nur sagen, die moralische Wahrheit werde von denen am ungeschicktesten verteidigt, bei denen sie ursprünglich zu Hause ist, sondern, darüber hinaus, sie könne in Worten überhaupt nicht entsprechend erklärt und verteidigt werden? Ihre Gesichtspunkte und die menschliche Sprache haben keinen gemeinsamen Nenner. Denn schließlich, was *ist* die Sprache anderes als ein künstliches System, das einem bestimmten Zweck angepaßt ist, für den unsere Bedürfnisse maßgebend waren? Es leuchtet also auf den ersten Blick ein, daß sie nicht für so erhabene Ideen gebildet ist, die dem gewöhnlichen Lauf der Welt ebenso fremd sind wie jenes »neue Lied«, das – wie die Bibel sich ausdrückt – »niemand singen konnte« als nur die erwählte Schar derer, die »von der Erde erkauft sind« und in deren »Munde keine Lüge gefunden ward« (Offb 14, 3.5). Und diese himmlische Sprache ist nicht das einzige, das kein intellektuelles Gegenstück hat. Auch die sittliche Haltung an sich, ob gut oder böse, kann man so, wie sie sich in Gedanken und Handlungen äußert, unmöglich in entsprechende Worte kleiden. Allerdings können wir sie mit großer Anstrengung vielleicht in gewissem Grade diesem künstlichen Medium anpassen. Aber einen Menschen in seinen verschiedenen Dimensionen aufzuschreiben oder zu lesen – wenn wir uns so ausdrücken dürfen –, ist ebenso unmöglich, wie einem Tafelbild buchstäblich Tiefe zu geben.

14. Nach diesen Bemerkungen über die Natur der moralischen Wahrheit, von außen betrachtet, wollen wir unseren Lehrer, der ihr Inbegriff

in Person ist, nach der dreißigjährigen stillen Vorbereitung auf sein Amt in den Lärm und Streit der Welt hineinbegleiten. Um ihm günstige Bedingungen auf seinem Wege zu verschaffen, wollen wir annehmen, er werde durch irgendeine gewöhnliche oder außergewöhnliche äußere Gabe empfohlen, durch die Gabe der Wunder, herrscherliches Auftreten oder den Ruf der Gelehrsamkeit – so wie es ihm die Aufmerksamkeit der Menge sichern könnte. Das müssen wir wegen des tatsächlichen Zustandes der heutigen Welt voraussetzen. Bei ihrem unaufhörlichen Geräusch wird nichts ihre Aufmerksamkeit erregen, als was laut schreit und sich nicht zurückhält. Es ist ein altes Sprichwort, daß die Menschen eine ehrliche Hochachtung vor der Tugend zur Schau tragen und sie dann doch verhungern lassen. Denn im Grunde ihres Herzens haben sie trotz gelegentlicher besserer Gedanken dauernd das böse Gefühl, ein Gebundensein an bestimmte Gebote und Prinzipien sei Aberglaube und Sklaverei, und die Freiheit bestehe in dem faktischen Gebrauch des freien Willens sowohl zum Guten als auch zum Bösen. Und das kann man nicht leugnen: Sie erleben es oft, daß ein Mensch, der das Joch einer strengen Gewissenhaftigkeit abtut, seine schöpferische Begabung für die Zeitlichkeit und ebenso die unmittelbare Fähigkeit, seine Zwecke zu erreichen, bedeutend vermehrt. Im besten Fall werden sie einen religiösen Menschen nur bewundern und mit Achtung behandeln. Aber in seiner Abwesenheit müssen sie – wie sie sagen – eingestehen, ein so liebenswürdiges und edles Wesen sei nicht dazu geeignet, eine Rolle auf der Bühne des Lebens zu spielen; es sei zu gut für diese Welt; es sei für ein ursprünglicheres und reineres Zeitalter geschaffen und zur unrechten Zeit geboren. Μακαρίσαντες ὑμων τὸ ἀπειρόκακον, οὐ ζηλοῦμεν τὸ ἄφρον, läßt der Historiker den Politiker spotten[2]. Würde nicht die große Mehrzahl der Menschen, hoch und niedrig, so vom heiligen Apostel Johannes sprechen, wenn er heute lebte?

15. Darum müssen wir also unseren Lehrer mit einer gewissen Gabe der Machttat ausrüsten, daß man ihn fürchtet. Aber wie hoffnungslos sieht selbst dann dieser Versuch zunächst aus! Wie unwahrscheinlich, daß er fähig sein sollte, auch nur einen Schritt weiter vorwärtszugehen, als ihn seine Empfehlung von außen führt! Ein Wunder daher, daß die Wahrheit unter den Menschen überhaupt verbreitet und erhalten wurde! Denn bedenkt, es handelt sich bei dem, was er zu vertreten hat, nicht bloß um ein System von Meinungen, das an der Oberfläche des Geistes haften bleiben kann. Er soll vielmehr ein Werkzeug sein, um – wie die Schrift sagt – die Herzen zu ändern [vgl. 2 Thess 3, 5] und alle Menschen nach *einem* Vorbild zu gestalten. Er, der Anfang einer neuen Schöp-

[2] »Wir wünschen euch Glück zu eurer Unerfahrenheit im Bösen, können euch aber um eure Einfalt nicht beneiden.« Thukydides, Geschichte des Peloponnesischen Krieges V, 105, 20. (H)

fung, soll sie sich gleich machen oder vielmehr dem Einen da droben. Da er, wie gesagt, keine genügende Beredsamkeit, ja nicht einmal die Sprache zur Verfügung hat, welche Mittel kann er dann wohl besitzen? So ist er der Natur der Sache nach auf seine persönlichen, größeren oder geringeren Hilfsquellen angewiesen. Denn es ist klar, daß er seine Aufgabe nicht Stellvertretern übertragen und sich über die Welt hin gleichsam vermitteln und verbreiten lassen kann, solange er nicht andere sich ähnlich gestaltet hat.

16. Wenden wir uns der Geschichte der Wahrheit zu, so sehen wir diese Vorwegnahmen erfüllt. Wohl wurden einige ihrer Hörer eine Zeitlang in ihrem Gewissen aufgeschreckt, und wohl machte auf manche die ehrfurchtgebietende Einfachheit des großen Lehrers Eindruck. Aber die Stolzen und Sinnlichen wurden zum Widerstand gereizt. Die zum Philosophieren Geneigten hielten die Lehren für abstrus und phantastisch. Die Menge folgte kurze Zeit staunend, ohne zu begreifen, und verließ dann plötzlich die offenbar untergehende Sache. Und was war in Wahrheit die Aufgabe eines Apostels anderes, als Tote zu erwecken? Und wie nutzlos mußte es selbst den wohlwollendsten und redlichsten Menschen der Welt erscheinen, wenn er dabei beharrte, die Glieder des leblosen Körpers zu reiben und anzuregen, als ob er ihm sein eigenes Leben mitteilen und als ob die Bewegung sich auch nur einen Augenblick nach dem Aufhören der äußeren Anstrengung fortsetzen könnte, nach den Worten des Dichters:

> Θράσος ἀκούσιον
> 'Ανδράσι θνήσκουσι κομίζων[3].

Solch ein Mensch kann sicher bestenfalls erwarten, als Schwätzer oder als ein »durch übermäßiges Studium« Verwirrter, als Phantast und Schwärmer angesehen zu werden,

> κάρτ' ἀπομούσως ἦσθα γεγραμμένος[4],

als einer, der nur in die Wüste oder in den Tempel paßt, ein Hohn für den Areopag [vgl. Apg 17, 32], ein Schaustück beim Gladiatorenspiel in Ephesus, ἐπιθανάτιος[5], ein Schauspieler in einer Darstellung, die mit seinem eigenen Tode enden wird.

17. Und doch hat, Gott sei Dank, die Macht der Wahrheit tatsächlich auf die eine oder andere Weise diese ungeheuren Hindernisse, die ihrer Verbreitung entgegenstanden, überwunden! Wie, das werden wir am

[3] Nach Newmans Lesart: »...sterbenden Männern gegen ihren Willen Mut machend« (Äschylos, Agamemnon, V. 803f.). Vgl. die andere Übersetzung bei H. v. Wilamowitz: »brachtest opfer, mut dem heer zu machen, das gen Troia aufbrach, in den tod«; s. die folgende Anm. 4.

[4] »Du galtest für mich als Stubengelehrter« (ebd., Vers 801); H. v. Wilamowitz-Moellendorff übersetzt, dem Kontext entsprechender: »...konnt' ich dich...keinen wohlberatenen führer nennen« (Äschylos, Agamemnon, Berlin 1885, S. 51).

[5] Vgl. den bekannten Ruf der Gladiatoren: »Ave, Caesar, morituri te salutant.«

AMBROSE S^T JOHN. DIED MAY 24. 1875.
JOHN HENRY CARDINAL NEWMAN
BORN FEB 21. 1801. DIED AUG 11. 1890.

Newmans Grab beim Exerzitienhaus der Oratorianer in Rednall bei Birmingham. Er ist im Grab seines Freundes Ambrose St. John (gest. 1875) beigesetzt.

besten erkennen, wenn wir die Wahrheit betrachten, wie sie sich heute zeigt, da sie etabliert und allgemein anerkannt ist, da eine Bestätigung gewöhnlicher Art an die Stelle der Wunder getreten und der Unglaube vom Angegriffenen zum Angreifer geworden ist.

18. Es bedarf nicht vieler Worte, um klarzumachen, wie ungestüm und (zeitweilig) triumphierend die rebellische Vernunft das lang gegründete, allseitig gesicherte, aber nur still wirkende System angreifen wird, dessen Lebensprinzip die Wahrheit ist.

19. (1) Jeder einzelne Teil der Wahrheit ist für ihren Gegner etwas Neues und wird zum Einwand, sobald er losgelöst vom Ganzen betrachtet wird. Die Vernunft[6] braucht bloß viele Fragen zu stellen und, während die andere Partei nach der rechten Antwort für jede einzelne sucht, den Sieg für sich zu beanspruchen, und die Zuschauer werden nicht zögern, ihr den Sieg zuzuerkennen, da sie nach Menschenart eine klare und schlagfertige Redeweise als Test für die Wahrheit ansehen. Die Vernunft kann ja ihre Fragen auswählen, je nachdem, was bei den Lehren und Bräuchen des eingeführten Systems besonders angreifbar erscheint, und sie wird aller Wahrscheinlichkeit nach, sogar ohne es zu wollen, auf die schwierigsten Punkte verfallen. Denn was an der Oberfläche liegt, ist am auffälligsten und zugleich am weitesten von dem Mittelpunkt, von dem es abhängt, entfernt. Anderseits werden ihre Einwürfe, gerade weil sie Kleinigkeiten betreffen, ein vollständiges Ganzes bilden. So greift man zum Beispiel die Zeremonien und die Disziplin der Kirche an mit Berufung auf das, was man den gesunden Menschenverstand nennt; und das bedeutet in Wirklichkeit die Berufung auf ein Prinzip, das zwar in seinem Bereich gilt, aber in der Theologie nichts zu suchen hat. Oder man beruft sich dort auf logische Genauigkeit der Beweisführung, wo alles darauf ankommt, daß der richtige Sinn mit Ausdrücken verbunden wird, die nur von einem religiösen Geist verstanden werden können.

20. (2) Ferner: Menschen, die lediglich auf diesem rein intellektuellen Wege forschen, ohne eine genügende Basis und Führung durch ihre persönliche Tugend, sind weder durch Furcht noch durch Zartgefühl gehemmt. Nicht allein aus Unklarheit über die Folgen, sondern mit voller Absicht suchen sie sich einen Kampfplatz aus, den ehrfürchtiger Glaube heilig bewahren möchte. Während dieser auf seine Schritte achtet, um kein Sakrileg zu begehen, können die anderen ungehindert ihre Augen für den Kampf gebrauchen und bisweilen durch Geschick und Gewandtheit auch Stärkere überwinden, als sie selbst es sind.

21. (3) Noch mehr, die Kriegsführung zwischen dem Irrtum und der Wahrheit ist notwendig vorteilhaft für den ersteren, schon weil es zur

[6] Hier ist mit Vernunft die Denkweise gemeint, die 1. von vornherein *explizit* ist, 2. *a posteriori* und 3. gegründet auf *weltliche Voraussetzungen* und Annahmen.

Eigenart dieser Kriegsführung gehört, sich der wohlgesetzten Rede und der Abhandlung zu bedienen. Das beruht nicht allein auf der schon erwähnten Tatsache, daß der Wahrheit die Gabe der Beredsamkeit, ja überhaupt der Worte abgeht, sondern darauf, daß für eine gesprochene oder geschriebene Beweisführung Klarheit und Bestimmtheit der Methode erforderlich sind. Die Wahrheit ist, in der Gesamtheit ihres Systems gesehen, grenzenlos und weit ausgedehnt, und in ihren einzelnen Lehren betrachtet, hängt sie von der Verbindung zahlreicher verschiedener, schwer deutbarer und verstreuter Zeugnisse ab. So kann sie kaum in einer bestimmten Zahl von Lehrsätzen vorgetragen werden. Wenn man das versucht, so muß ihr Verteidiger, weil er nicht mehr als ein Bruchstück des Ganzen geben kann, die rauhen Ecken abrunden und die losen Linien verbinden – fast in derselben Weise, wie wenn ein historischer Bericht in eine Erzählung verwandelt wird. Hierin besteht gerade die *Kunst* der Darstellung, die demgemäß nur mit äußerster Mühe vor Übertreibung und Künstlichkeit bewahrt werden kann. Wer sieht nicht, wie günstig das alles für die Sache des Irrtums ist – für jene Partei, die nicht gläubig genug ist, um Zweifel geduldig zu ertragen, und gerade noch talentiert genug, um Durchsichtigkeit als den höchsten Ruhm eines Schriftstellers anzusehen? Um das zu beleuchten, brauchen wir nur die Werke des Bischofs Butler mit denen jenes volkstümlichen ungläubigen Schriftstellers am Ende des vorigen Jahrhunderts vergleichen, der sich als Wegbereiter für das »Zeitalter der Vernunft« ausgab [Paine].

22. (4) Diese große, aber auch gefährliche Fähigkeit, die das Böse im Kampfe gegen die Wahrheit als Werkzeug benutzt, vermag ferner aller Arten der Tugend vorzuspiegeln und so zum Rivalen der wahren Heiligen Gottes zu werden, denen sie sich entgegenstellt. Sie kann schöne Tugendbilder zeichnen und den Verlauf frommer Gefühle und himmlischer Betrachtungen darstellen. Nichts ist so leicht, wie auf dem Papier religiös zu sein. Und so werden die Waffen der Wahrheit, soweit man es für nötig findet, gegen sie selbst gekehrt.

23. (5) Wir dürfen auch nicht vergessen, daß die Leistungen der Vernunft, die ja in sich vollständig und unpersönlich sind, infolge der Möglichkeit, sie durch schriftliche oder mündliche Darstellung unbeschränkt zu vervielfältigen und zu verbreiten, fast Allgegenwart gewinnen können. Hier ist schon der Redner dem religiösen Menschen gegenüber im Vorteil. Worte können von Tausenden zugleich gehört werden; – eine gute Tat wird auch im günstigsten Fall nur von wenigen gesehen und gewürdigt.

24. (6) Um die Bemerkungen über die dem Irrtum in seinem Kampf mit der Wahrheit erwachsenden Vorteile zu Ende zu bringen, nur noch dieses: Die Betätigung der Vernunft ist in sich wenig oder gar nicht mit

Verantwortung verbunden: Man kann sie in ihrer Verfahrensweise von den Personen trennen, die ihre Urheber sind. Die Anonymität ist beinahe ihr Wesensmerkmal und mit ihr auch alle üblen Folgeerscheinungen einer uneingeschränkten Auswirkung von Ungerechtigkeit und Falschheit.

25. Das also sind die Schwierigkeiten, die sich der Verbreitung der Wahrheit in den Weg stellen: Ihr fehlt es an Werkzeugen zum Angriff auf die Meinungen der Welt. Scharf und mächtig dagegen sind die Waffen, die man gegen sie gebrauchen kann, wenn sie selbst angegriffen wird. Wie hat sich die Wahrheit denn nun trotzdem schließlich unter den Menschen behauptet? Wie hat sie die unwilligen Geister ihrer Herrschaft unterworfen und manche sogar zum äußeren Bekenntnis des Gehorsams, andere wenigstens zu einer schweigenden Neutralität und zur Tatenlosigkeit der Verzweiflung gezwungen?

26. Ich antworte: Sie hat sich in der Welt nicht als System, nicht durch Bücher, nicht durch Argumente, auch nicht durch weltliche Macht erhalten, sondern durch den persönlichen Einfluß solcher Männer, wie ich sie beschrieben habe, Männer, die zugleich Lehrer und Vorbilder der Wahrheit sind. Dazu möchte ich noch einiges bemerken und dann schließen.

27. (1) Hier ist zunächst die natürliche Schönheit und Majestät der Tugend in Anschlag zu bringen, die von allen, bis auf die Allerverworfensten, mehr oder weniger empfunden wird. Ich meine nicht die Tugend in abstracto – Tugend, wie sie im Buche steht. Fast ohne Schwierigkeiten bringen die Menschen es fertig, Prinzipien zu verhöhnen, Bücher lächerlich zu machen, den Namen guter Menschen dem Spott preiszugeben. Aber ihre Gegenwart können sie nicht ertragen. Der personifizierten Heiligkeit können sie nicht gleichmütig gegenübertreten; sie werden nicht damit fertig. Daher bringt das stille Leben eines gewissenhaften Menschen in den Betrachtern sicherlich ganz andere Empfindungen hervor, als sie durch die bloß gewandte und geschwätzige Vernunft erweckt werden.

28. (2) Man bedenke sodann, wie äußerst selten man schlichte und ehrliche Gottesfurcht vollendet und rein antrifft. In ihr wird man ein weiteres wirksames Werkzeug der Wahrheit entdecken. Die Menschen schätzen natürlicherweise, was neu und selten ist. Soziale und religiöse Pflichten werden von der Menge geringgeschätzt, die religiösen Gebote der Hochherzigkeit, der Selbstverleugnung und der großmütigen Geduld sind ihnen weithin unbekannt. Ja bewußt oder unbewußt hegen sie Skepsis darüber, ob es überhaupt konsequente Heiligkeit und Wahrheit in der Welt gibt. Und so sind sie natürlich erstaunt wie über ein Wunder, wenn der Zufall ihnen einmal all diese Vollkommenheiten

in einem Menschen zeigt, und betrachten es mit einer Mischung von Neugierde und Ehrfurcht.

29. (3) Dazu kommt, daß das Verhalten eines religiösen Menschen weit über ihre Begriffe geht. Sie können ihn nicht nachahmen, auch wenn sie es versuchen. Für die Gebildeten unter ihnen mag es leicht sein, Reden zu halten und Bücher zu schreiben; aber hohe sittliche Vollkommenheit ist das Merkmal einer Schule, die ihnen fast ganz fremd ist, da sie kaum und nur mit großer Mühe die ersten Elemente dieses himmlischen Wissens erlernt haben. Eine einzige kleine Tat, für Gott gegen die natürliche Neigung vollbracht, und sei es auch nur ein rein passives Ertragen oder Dulden, wie das Hinnehmen einer Beleidigung, das Bestehen einer Gefahr, das Aufgeben eines Vorteils, hat in sich schon eine Kraft, die allen Staub und alle Spreu des bloßen Wortbekenntnisses aufwiegt, auch des Sich-Bekennens entweder zu aufgeklärtem Wohlwollen und vornehmer Redlichkeit oder anderseits zu einem hochreligiösen Glauben und glühendem Eifer.

30. (4) Die Menschen fühlen zudem: Was sie da vor sich sehen, gehört nicht zu ihrem Bereich. Es ist unzugänglich für die gewöhnlichen Versuchungen, denen die Menschen ausgesetzt sind, und gegründet auf ein Fundament, das sie nicht erklären können. Und nichts ist wirkungsvoller, zunächst durch seine Anstößigkeit, dann durch die Demütigung des Stolzes, als der tatsächliche Anblick eines überlegenen, vollständig von ihnen unabhängigen Menschen.

31. (5) Die Beständigkeit der Tugend ist noch eine weitere Gabe, die allmählich die Rohheit der Welt bändigt und zum Gehorsam zähmt. Der Wechsel der menschlichen Dinge, der zuerst erregt und interessiert, wird schließlich dem Geist verleidet. Denn er schaut nach etwas aus, auf das er sich verlassen kann, um Frieden und Ruhe zu finden. Und was kann denn als unveränderlich und sicher erfunden werden, wenn nicht Gottes Wort und Verheißungen, die dem Fragenden in der Person seiner treuen Diener vor Augen gestellt und nahegebracht werden? Jeder Tag zeigt uns, wieviel zur Erlangung von Einfluß in praktischen Dingen von der Festigkeit abhängt. Aber was ist denn jede Art von Festigkeit, wie die Welt sie kennt, mehr als nur ein Gleichnis und ein Sproß der wahren Stetigkeit des Herzens, das in der Gnade und in der Betrachtung des allmächtigen Gottes gefestigt ist?

32. (6) Von solcher Art werden namentlich die Gedanken der zahllosen Massen sein, die im Verlauf ihrer Prüfungen von Zeit zu Zeit durch Traurigkeit niedergedrückt oder durch körperliche Schmerzen geplagt werden. Das ist dann für diese Seelen die gewichtige Stunde der Wahrheit, die, ungehört und ungesehen von der Gesamtheit, doch jedem einzelnen zu besonderer Zeit naht, wenn die Reihe an ihn kommt.

Das ist der Augenblick, in dem die Gewalten der Erde, ihre Ratschläge, ihre Anstrengungen – wie machtvoll sie auch im Wettkampf zu sein schienen – an Grund verlieren und die langsam schreitende Wahrheit sie überholt. Und so kommt es, daß von außen der Fortschritt der Welt zwar aussieht wie ein ununterbrochenes Weitereilen auf die unverhüllte Ungläubigkeit und die Sünde zu, daß aber dennoch eine Hemmung durch tausend geheime, von Gott in seiner Gnade gesandte Hindernisse die Räder ihrer Kriegswagen zu schwerfälligem Laufe zwingt und die Welt vor dem vollständigen Untergange bewahrt.

33. Selbst wenn wir das alles bedenken, werden wir es noch schwierig finden, die sittliche Gewalt zu würdigen, die ein einzelner Mensch im Laufe der Jahre über seinen Kreis erwirbt, wenn er sich geübt hat, selber zu tun, was er andere lehrt. Die Heiligen Schriften sind zwar gleichsam in die Welt hineingeworfen wie ein allgemeines Eigentum aller, auf daß jeder sich das aneigne, was ihm paßt. Aber er und sonst niemand ist tatsächlich ihr legitimierter Interpret. Denn das inspirierte Wort bleibt im allgemeinen nur ein toter Buchstabe, wenn es nicht der eine Geist dem andern übermittelt. Wenn auch der Welt unbekannt, wird er doch im Kreise derer, die ihn sehen, ganz andere Empfindungen hervorrufen als die, die bloße intellektuelle Tüchtigkeit bewirkt.

Von der Allgemeinheit geachtete Menschen sind am größten aus der Entfernung, in der Nähe werden sie klein. Aber die Anziehungskraft der unbewußten Heiligkeit ist zwingend und unwiderstehlich. Sie überzeugt die Schwachen, Ängstlichen, Schwankenden, Suchenden. Sie zieht die Zuneigung und Treue aller nur irgendwie Gleichgearteten an. Auf die gedankenlose oder verkehrte Menge übt sie eine souveräne, zwingende Macht aus. Furcht und Schweigen gebietet sie aufgrund ihres göttlichen Rechtes, über sie zu herrschen, kraft ihres erblichen Anspruches auf den Gehorsam der Masse. Allerdings wird diese die Prinzipien und die Ratschläge jenes Geistes nicht verstehen, »der nicht aus dem Geblüte, nicht aus dem Willen des Fleisches, noch aus dem Willen des Mannes, sondern aus Gott geboren ist« [vgl. Joh 1, 13].

34. Der persönliche Einfluß des Lehrers der Wahrheit auf die ihm gerade begegnende gemischte Menge ist somit schon groß. Wie groß – so meinen wir – wird dann erst seine Macht über die eben erwähnte auserwählte Schar derer sein, die in gewissem Maß ihre Herzen schon nach dem Gesetz der Heiligkeit in Zucht genommen haben und sich durch die Einladung seines Beispiels gleichsam persönlich angesprochen fühlen? Sie sind es ja, die der Herr in besonderem Sinne seine »Auserwählten« nennt, und für die er kam, damit er sie »in eins zusammenbrächte« [Joh 11, 52], denn sie sind dessen würdig. Und sie sind es auch, die durch Gottes Verheißung dazu bestimmt sind, das Salz der Erde zu sein und die Reihe seiner Zeugen ihrerseits fortzusetzen. So sollten dem

königlichen Geschlechte niemals die Erben ausgehen, wenn auch der Tod eine Generation nach der anderen dorthin verweht, wo sie Ruhe und Belohnung findet. Vielleicht haben sie den, der ihnen im Reich der Wahrheit zum Vater bestimmt war, nur zufällig gefunden, ohne sogleich seine wahre Größe zu erkennen. Vielleicht fanden sie anfangs seine Lehre phantastisch und einige Züge seiner Lebensführung übertrieben oder schwächlich. Jahre mochten darüber hingegangen sein, ehe solche Vorurteile ganz aus ihrem Geiste schwanden. Aber mehr und mehr erkannten sie die Spuren unirdischer Majestät um ihn. Hie und da wurden sie Zeugen seiner Prüfungen inmitten der wechselnden Ereignisse des Lebens und merkten so (ob sie nun hinauf- oder hinunterschauten), daß er höher gestiegen war und tiefer wurzelte, als sie es abzumessen imstande waren. Und endlich werden sie mit Staunen und Furcht wahrgenommen haben, daß Christus bei ihnen gegenwärtig war; und sie werden nach den Worten der Heiligen Schrift (Gal 1, 24) Gott in seinem Diener gepriesen haben. Und unterdessen wurden sie selber in jenes glorreiche Bild verwandelt, das sie schauten [vgl. 2 Kor 3, 18], und sie strebten danach, ihm nachzufolgen bei der Ausbreitung dieser Gegenwart.

35. Wird man sagen, das sei ein Phantasiespiel, das keine Erfahrung bestätigt? Zunächst: kein unreligiöser Mensch kann irgend etwas über die verborgenen Heiligen wissen. Ferner: niemand, mit oder ohne Religion, kann sie ohne aufmerksames Studium entdecken. Aber wenn wir auch schließlich sagen, sie seien nur wenige, diese so hochstehenden Christen – was liegt daran? Ihrer sind genug, um Gottes geräuschloses Werk fortzuführen. Die Apostel waren solche Männer. In jeder einzelnen Generation können wir noch andere als Nachfolger in ihrer Heiligkeit nennen. Diese geben ihr Licht wieder an eine Anzahl geringerer Lichtträger weiter, durch die es dann noch weiter über die Welt hin verteilt wird. Aber die ersten Quellen des Lichtes bleiben die ganze Zeit hindurch selbst der Mehrheit der ernsten Christen unsichtbar – unsichtbar wie der höchste Urheber des Lichtes und der Wahrheit, von dem alles Gute ursprünglich kommt. Eine kleine Schar hochbegnadeter Menschen wird die Welt retten für die kommenden Jahrhunderte. Einst hat sogar ein einziger Mensch (Athanasius) der Kirche sein Bild so aufgeprägt, daß es durch Gottes Barmherzigkeit bis zum Ende der Welt nicht erlöschen wird. Solche Menschen stehen wie der Prophet auf dem Wachtturm [vgl. Jes 62, 6] und entzünden ihre Leuchte auf den Höhen. Jeder empfängt die heilige Flamme und gibt sie weiter. Er schürt sie mit seinem Vorgänger um die Wette, fest entschlossen, sie so hell strahlend zu überliefern, wie er sie empfangen hat. Und so hat schließlich dasselbe Feuer, das einst auf dem Berge Moria [vgl. Gen 22, 2] entzündet wurde, trotz scheinbaren zeitweiligen Versagens uns wohlbehalten erreicht und

wird auf gleiche Weise, so hoffen wir, bis zum Ende weitergetragen werden.

36. Zum Schluß: Solche Betrachtungen über die Natur und Geschichte der göttlichen Wahrheit sind dazu angetan, uns zur Gelassenheit und Geduld in unserer Generation zu veranlassen, von welcher Eigenart oder Macht auch immer die Irrtümer in unserer Zeit sein mögen. Denn Christus wird nie sichtbar auf Erden herrschen, sondern zu jeder Zeit werden wir von Verwirrung und Irrglauben lesen. Immer werden wir die Klage der Guten hören, die sich über das wundern, was sie für die besondere Schlechtigkeit gerade ihrer Tage halten.

37. Außerdem können solche Betrachtungen uns selbst mit dem niedrigsten und dunkelsten Los aussöhnen. Sie zeigen uns ja nicht nur, daß wir darin doch Werkzeuge vieles Guten sein können, sondern auch, daß wir – genau genommen – in jeder Lage unmittelbare Werkzeuge des Guten fast nur für die sein können, die uns persönlich kennen – und diese bilden notwendig immer nur einen kleinen Kreis. Das mittelbare Gute, das wir in einer höheren Stellung tun können, darf zwar sicherlich nicht gering gewertet werden. Aber auch an einem niederen Platz in der Kirche sind wir durchaus nicht davon ausgeschlossen. Ja, es sind schon oft verhältnismäßig bescheidene Ämter von Menschen ausgeübt worden, die den ausgedehntesten Einfluß auf das Schicksal der Religion ihrer Folgezeit gehabt haben. So sind ja auch in den Künsten und Bestrebungen dieser Welt die größten Wohltäter der Menschheit oft unbekannt geblieben.

38. Alle, die in ihrer Seele Gottes Stimme anerkennen, die sie zum Himmel treibt, mögen also geduldig auf das Ende warten. Sie sollen sich üben und mit Sorgfalt arbeiten, im Hinschauen auf den Tag, an dem die Bücher geöffnet werden und alle Unordnung menschlicher Dinge überprüft und berichtigt wird: Wenn »die Letzten die Ersten und die Ersten die Letzten sein« werden; wenn »alle Ärgernisse...und jene, die Unrecht tun«, gesammelt und verworfen werden; wenn »die Gerechten leuchten (werden) wie die Sonne« [Mt 13, 41.43] und der Glaube seinen Gott schauen wird; wenn jene, »die...Weise waren, leuchten werden wie der Glanz des Firmaments, und (jene), die viele zur Gerechtigkeit geführt haben, wie Sterne sein werden, immer und ewig« [Dan 12, 3].

II. Die Wagnisse des Glaubens (1836)

»Sie sprachen zu Ihm: Wir können es« (Mt 20, 22).

Diese Worte der heiligen Apostel Jakobus und Johannes waren die Antwort auf eine sehr gewichtige Frage, die ihr göttlicher Meister an sie gestellt hatte. Sie begehrten, aus edlem Ehrgeiz, der freilich bis dahin noch unbewandert war in der höchsten Weisheit und noch nicht unterrichtet in der heiligsten Wahrheit – sie begehrten, an Seiner Seite auf dem Thron Seiner Herrlichkeit zu sitzen. Sie wollten sich mit nichts Geringerem begnügen als mit jener besonderen Gabe, die Er Seinen Erwählten zu gewähren gekommen war, die Er bald darauf durch Seinen Tod für sie erkaufte und die Er auch uns anbietet. Sie bitten um die Gabe des ewigen Lebens; und Er gab ihnen zur Antwort, nicht daß sie es erhalten würden (obwohl es ihnen tatsächlich zugedacht war), sondern Er erinnerte sie daran, *was sie dafür wagen müßten.* »Könnt ihr den Kelch trinken, den Ich trinke, und euch mit der Taufe taufen lassen, womit Ich getauft werde? Sie sprachen zu Ihm: Wir können es« [Mk 10, 38]. Hier wird uns also eine große Lehre eingeprägt, daß nämlich unsere Christenpflicht darin besteht, für das ewige Leben etwas zu wagen ohne die absolute Gewißheit des Erfolges. Erfolg und ewiger Lohn wird denen zuteil, die ausharren bis ans Ende. Daran können wir nicht zweifeln, daß die Wagnisse aller Diener Christi ihnen am Jüngsten Tage mit überreichem Gewinn vergolten werden. Es ist ein wahres Wort: Er gibt uns weit mehr zurück, als wir Ihm leihen, und das unfehlbar gewiß. Ich spreche jedoch hier von den einzelnen, von jedem einzelnen aus uns. Keiner von uns weiß mit Sicherheit, daß er ausharren wird; aber jeder von uns muß, um überhaupt für sich die Möglichkeit eines Erfolges zu haben, ein Wagnis setzen. Auf den einzelnen gesehen, ist es also ganz wahr, daß jeder von uns für den Himmel sicher etwas wagen muß, jedoch ohne die Gewißheit zu haben, dadurch zum Erfolg zu kommen. Das gerade ist ja die Bedeutung des Wortes »Wagnis«, denn das wäre ein sonderbares Wagnis, das nichts von Angst, Einsatz, Gefahr, Befürchtung, Ungewißheit in sich trüge. Ja, so ist es in der Tat; und darin liegt der Vorzug und der Adel des *Glaubens*; gerade aus diesem Grund ist der *Glaube* vor allen anderen Tugenden ausgezeichnet und steht als das besondere Mittel zur Rechtfertigung in Ehren, denn schon sein Dasein in uns setzt voraus, daß wir das Herz haben, etwas zu wagen.

Der heilige Paulus stellt uns dies im elften Kapitel des Hebräerbriefes hinreichend vor Augen, das mit einer Begriffsbestimmung des Glaubens beginnt und danach Beispiele dafür bietet, wie um uns gegen jede Möglichkeit eines Irrtums zu schützen. Nach dem Schriftzitat: »Der Gerechte lebt aus dem Glauben« und der damit verbundenen klaren Ankündigung, daß er von dem reden wolle, was er in seinem Römerbrief als *»rechtfertigenden* Glauben« darstellt, fährt er fort: »Der Glaube ist die Grundlage«, d. h. das Innewerden »dessen, was man hofft, ein Überzeugtsein«, d. h. der Beweisgrund »von Dingen, die man nicht sieht« [Hebr 11, 1]. Es gehört zu seinem innersten Wesen, das Unsichtbare gegenwärtig zu machen; auf die bloße Erwartung hin zu handeln, als wäre es schon der volle Besitz; etwas dafür einzusetzen, Bequemlichkeit, Glück oder sonstige Güter hienieden daranzugeben um der Erwartung des Zukünftigen willen. Daher sagt er in einem anderen Brief mit Nachdruck: »Wenn wir nur in diesem Leben auf Christus hofften, dann wären wir die erbarmungswürdigsten von allen Menschen« (1 Kor 15, 19). Werden die Toten nicht auferweckt, dann haben wir in der Tat eine höchst empfindliche Fehlkalkulation gemacht in der Wahl unseres Lebens und sind vollständig im Irrtum. Und was für die Lehre im ganzen gilt, das gilt auch für unseren persönlichen Anteil daran. Dies beweist er uns in seinem Hebräerbrief am Beispiel der alttestamentlichen Heiligen, die ihr gegenwärtiges Glück für ihr künftiges auf die Waagschale legten. Abraham »wanderte aus, ohne zu wissen, wohin er käme« [Hebr 11, 8]. Er und die anderen starben, »und haben das Verheißene nicht empfangen, sondern von ferne es angeblickt und sich davon überzeugt und es umfangen und bekannt, daß sie Pilger und Fremdlinge auf Erden seien« [Hebr 11, 13]. Dies war der Glaube der Patriarchen. Im Vorspruch nun erheben die jugendlichen Apostel mit einer naiven, aber hochgemuten Einfalt den Anspruch auf denselben Glauben. So wenig sie sich dessen, was sie sagten, in seiner Tragweite bewußt waren, so waren ihre Worte doch immerhin der Ausdruck ihres Herzensgeheimnisses, die Ankündigung ihres künftigen Verhaltens. Sie sprachen zu Ihm: »Wir können es«. Sie verbürgen sich gewissermaßen, ohne es zu merken, und werden von Einem, der mächtiger ist als sie, beim Wort genommen und sozusagen durch List Seine Gefangenen. Aber fürwahr, ihr unvoreingenommenes Versprechen war dennoch von Herzen gekommen, obschon sie nicht wußten, was sie versprachen. Und so wurde es angenommen. »Könnt ihr von Meinem Kelch trinken, und euch mit Meiner Taufe taufen lassen? Sie aber sprachen zu ihm: Wir können es«. Zur Antwort gab Er ihnen nicht das Versprechen des Himmels, sondern erwiderte huldvoll: »Ihr *werdet* allerdings den Kelch trinken, den Ich trinke, und mit der Taufe getauft werden, womit Ich getauft werde« [Mk 10, 38, 39].

Unser Herr scheint dem heiligen Petrus gegenüber genau so zu handeln: Er nahm seinen Diensteifer an, gab ihm jedoch zu bedenken, wie wenig er selbst es begreife. Der Apostel wünschte in seinem Eifer, dem Herrn unverzüglich zu folgen; Er aber antwortete: »Wohin Ich gehe, dahin kannst du Mir jetzt nicht folgen, du wirst Mir aber später folgen« (Joh 13, 36). Ein andermal forderte Er das gegebene Versprechen ein und sprach: »Folge Mir!« Zugleich aber gab Er dafür die Erklärung: »Wahrlich, wahrlich, Ich sage dir, da du jünger warst, gürtetest du dich selbst und gingst, wohin du wolltest; wenn du aber älter geworden bist, wirst du deine Hand ausstrecken und ein anderer wird dich gürten und dich führen, wohin du nicht willst« (Joh 21, 18–22). Das waren die

Wagnisse, die die Apostel im Glauben und auf das Ungewisse hin auf sich nahmen. In einem Abschnitt des Lukasevangeliums verpflichtet der Heiland uns alle zu der Notwendigkeit, das Gleiche freiwillig zu tun: »Wer von euch, der einen Turm bauen will, wird sich nicht zuvor niedersetzen und die nötigen Kosten überschlagen, ob er auch genügend habe, um ihn zu vollenden? Damit nicht etwa, wenn er den Grund gelegt hat und den Bau nicht vollenden kann, alle, die es sehen, ihn zu verspotten anfangen und sagen: Dieser Mensch fing an zu bauen und konnte nicht vollenden?« Dann aber fügt Er sofort hinzu: »Also kann auch keiner von euch, der nicht allem entsagt, was er besitzt, Mein Jünger sein« (Lk 14, 28–33). Damit läßt Er uns wissen, daß unser Opfer vollständig sein müsse. Wir opfern ihm all das Unsrige; Er aber fordert das oder jenes an oder überläßt uns eine Zeitlang etwas davon, je nach Seinem Wohlgefallen. Anderseits ist der Fall des reichen Jünglings, der betrübt hinwegging, als unser Herr ihn aufforderte, alles zu verlassen und Ihm zu folgen, ein Beispiel für einen, der *nicht* den Glauben hatte, auf Sein Wort hin diese Welt für die nächste zu wagen.
Ist also der Glaube das Wesen eines christlichen Lebens und entspricht er meiner obigen Schilderung, dann ergibt sich daraus für uns die Pflicht, auf Christi Wort hin das, was wir haben, aufs Spiel zu setzen für das, was wir nicht haben. Das aber heißt, es auf noble und großherzige Weise zu tun, zwar fürwahr nicht unüberlegt oder leichtfertig, jedoch ohne genau zu wissen, was wir tun, ohne zu wissen, was wir aufgeben oder was wir hinwiederum dabei gewinnen; im ungewissen gelassen über unseren Lohn, im ungewissen über die Größe unseres Opfers, in jeder Hinsicht auf Ihn uns verlassend und auf Ihn wartend; darauf vertrauend, daß Er Seine Verheißung erfüllen werde, vertrauend, daß Er uns zur Einlösung unseres Versprechens befähige, und so in jeder Hinsicht weiterschreitend, ohne Sorge oder Befürchtung für die Zukunft.
Das bisher Gesagte dürfte nun wohl den meisten meiner Zuhörer als klar und vollgültig erscheinen. Wenn ich nun aber im folgenden die praktische und unmittelbar sich ergebende Anwendung mache, werden sich sicherlich manche im Innersten des Herzens, wenn nicht gar in offenem Widerspruch, zurückziehen. Die Menschen gestatten uns Dienern Christi in unserer Predigt fortzufahren, solange wir uns auf allgemeine Wahrheiten beschränken – bis sie erkennen, daß es sie persönlich angeht und sie danach zu handeln haben; dann aber halten sie plötzlich inne; sie besinnen sich und ziehen sich zurück, indem sie sagen: »*Dies* sähen sie nicht ein; und *jenes* könnten sie nicht billigen«. Und obschon sie den Grund nicht angeben können, warum die Folgerungen sich nicht aus dem ergeben sollten, was sie bereits zugestanden haben und was sich kraft unserer Darlegungen ergeben *muß*, beharren sie immer noch auf

der Behauptung, daß sie tatsächliche Konsequenz nicht einsähen. So halten sie Ausschau nach Entschuldigungen und werfen uns Exaltiertheit und Überspanntheit vor und meinen, wir müßten unsere Worte beschränken und mildern, wir würden nicht mit der Zeit und der Mode und ähnlichem rechnen. Dieses schützen sie vor. Und es heißt nicht zu Unrecht: »Wo ein Wille ist, ist auch ein Weg«; denn es gibt keine Wahrheit, und wäre sie noch so überwältigend klar, daß ein Mensch ihr nicht ausweichen könnte, indem er die Augen vor ihr verschließt; es gibt keine Pflicht, und sei sie noch so dringend, gegen deren Erfüllung man nicht tausend gute Gründe zu eigenen Gunsten erfinden kann. Und mit Sicherheit halten sie uns entgegen, wir würden die Sache übertreiben, wenn wir sie ihnen zur Pflicht machen. Diese traurige Schwäche von Menschen, die sich Christen nennen, wird veranschaulicht in dem unmittelbar vorliegenden Gegenstand. Wer gestünde nicht sofort zu, daß der Glaube darin besteht, auf Christi Wort hin blindlings etwas zu wagen? Aber darf man nicht trotzdem im Ernst fragen, ob die Menschen im allgemeinen, selbst die Besseren, auf Seine Wahrheit hin etwas wagen?

Überlegt einen Augenblick! Jeder meiner Hörer möge sich die Frage vorlegen, was *er* auf die Wahrheit der Verheißung Christi hin eingesetzt hat? Wäre er auch nur im geringsten schlechter daran, angenommen (was zwar unmöglich ist), jedoch angenommen, es wäre ein Fehlschlag? Wir wissen, was es heißt, in irgendeinem Unternehmen dieser Welt einen Einsatz zu wagen. Wir riskieren unser Eigentum bei Plänen, die Erfolg versprechen; bei Plänen, die uns verheißend erscheinen, an die wir glauben. Was haben wir für Christus gewagt? Was haben wir Ihm gegeben auf Grund unseres Glaubens an Seine Verheißungen? Der Apostel sagte, daß er und seine Brüder die elendesten von allen Menschen wären, wenn die Toten nicht erweckt würden. Können wir dies in irgendeinem Grade auf uns selbst anwenden? Vielleicht denken wir gerade, wir hätten einige Hoffnung auf den Himmel; *diese* würden wir natürlich verlieren; aber inwiefern wären wir schließlich, was unsere *gegenwärtige* Lage anbelangt, schlechter daran? Ein Geschäftsmann, der etwas von seinem Vermögen in ein Unternehmen steckt, das aber fehlschlägt, verliert nicht nur seine Aussicht auf Gewinn, sondern noch etwas von seinem Vermögen, das er in der *Hoffnung* auf Gewinn gewagt hatte. Das ist unsere Frage: was haben *wir* gewagt! Ich hege die tatsächliche Befürchtung, bei einer etwaigen Überprüfung stellt sich heraus, daß es nichts gibt, wozu wir uns entschließen, nichts, das wir tun, nichts, das wir unterlassen, nichts, das wir meiden, nichts, das wir wählen, nichts, das wir aufgeben, nichts, das wir unternehmen, wozu wir uns nicht entschließen würden, das wir nicht täten, nicht unterließen, vermieden, wählten, aufgäben und unternähmen, wenn Christus nicht gestorben und der Himmel uns nicht verheißen wäre. Ich fürchte wirklich, daß die meisten der sogenannten Christen, wie immer ihr Bekenntnis sein mag, was immer sie an Gefühlen zu haben glauben, was immer an Wärme und Erleuchtung und Liebe sie für sich in Anspruch nehmen mögen, dennoch wandeln, fast wie sie wandeln würden, weder viel besser noch viel schlechter, wenn sie das Christentum für eine Fabel hielten. In jungen Jahren überlassen sie sich der Lust oder jagen wenigstens weltlichen Eitelkeiten nach; mit fortschreitenden Jahren arbeiten sie sich in das Geschäftsleben ein oder betreten einen anderen Weg, um Geld zu verdienen; dann heiraten sie und gründen eine Familie; und da sich bei ihnen Interesse und Pflicht paaren, scheinen sie ehrsame und religiöse Menschen zu sein und halten sich auch dafür; sie lieben die Verhältnisse, wie sie sind; sie beginnen, Eifer gegen Laster und Irrtum zu entwickeln, und bestreben sich, mit allen Menschen im Frieden zu leben. Solches Verhalten ist natürlich insoweit recht und lobenswert. Nur, behaupte ich, hat es mit Religion nicht notwendigerweise etwas zu tun. Es enthält nichts, was in seinen Trägern von dem Vorhandensein religiöser Grundsätze irgendwie zeugte; es gibt nichts, was sie nicht weiterhin täten, obwohl sie nichts anderes davon gewinnen, als was sie auch jetzt gewinnen. Etwas gewinnen sie auch jetzt, sie befriedigen ihre jetzigen Wünsche, sie führen ein ruhiges und geordnetes Leben, denn das ist ihr Interesse und ihr Geschmack. Aber sie wagen nichts, riskieren nichts, opfern nichts, geben nichts auf um des Glaubens willen an Christi Wort. Ein Beispiel: der heilige Barnabas hatte ein Gut in Cypern; er gab es hin für die Armen Christi. Hier sehen wir ein deutliches Opfer. Er tat etwas, das er nicht getan hätte, es sei denn, daß das Evangelium wahr ist. Stellte es sich heraus, daß das Evangelium eine Fabel ist (Gott bewahre), aber gesetzt den Fall, es wäre so, dann hätte er, das ist klar, eine sehr ungeschickte Sache getan, er befände sich in einem großen Irrtum und hätte einen Verlust erlitten. Er gliche einem Kaufmann, dessen Handelsschiffe in Trümmer gegangen sind oder dessen Geschäftsfreunde ihn im Stich gelassen haben.

Der Mensch vertraut dem Mitmenschen und verläßt sich auf den guten Ruf des anderen, Christen hingegen riskieren nichts Großes auf das Wort ihres Heilandes hin; doch ist es eben das, was sie tun sollten. Christus Selbst sagt uns: »Machet euch Freunde mittels des ungerechten Mammons, damit, wenn es mit euch zu Ende geht, sie euch in die ewigen Wohnungen aufnehmen« (Lk 16, 9); d. h., kauft euch einen Anteil in der kommenden Welt mit dem Reichtum, den die Welt hier so ungerecht vertut; speist die Hungrigen, kleidet die Nackten, tröstet die Kranken, und ihr werdet einen »Beutel haben, der nicht veraltet, einen Schatz im Himmel, der nicht abnimmt« (Lk 12, 22). So sind, meine ich, Almosen ein deutliches *Wagnis* und ein Erweis des Glaubens.

Ein anderes Beispiel: es steht einer auf der Höhe seines Glückes in der Welt, da gibt er seine Erwartung auf Reichtum oder Ansehen auf, um Christus näher zu sein, einen Platz in Seinem Tempel zu gewinnen, mehr Muße für Gebet und Lobpreis zu haben – dieser bringt ein Opfer.
Oder: wer, von edlem Streben nach Vollkommenheit erfaßt, das Verlangen nach weltlichen Annehmlichkeiten abtut und gleich Daniel oder Paulus in vieler Arbeit und Mühe, aber gesammelten Herzens steht, – auch dieser wagt etwas auf die Gewißheit der kommenden Welt hin.
Oder: wer nach getaner Sünde in Werk und Wort bereut, seinem Nacken ein Joch auferlegt, sich der Strafe unterwirft, hart ist gegen sein Fleisch, sich unschuldigen Freuden versagt, sich öffentlicher Beschämung aussetzt – auch dieser beweist, daß sein Glaube das Innewerden ist der zu erhoffenden Dinge, die Bürgschaft für das Unsichtbare.
Und wiederum: wer sich wenigstens zum Gebet aufschwingt entgegen dem, wonach die Masse verlangt, und das umfängt, wovor das Herz von Natur aus zurückschreckt; wer, da Gottes Wille ihn mit zeitlichem Übel zu bedrohen scheint, Ihn zwar um Abwendung anfleht, aber dennoch es über sich bringt, von Herzen zu sprechen: »Dein Wille geschehe« – auch dieser ist nicht ohne sein Opfer. Wer bei Aussicht auf Reichtum ehrlich Gott bittet, Er möge ihn nicht reich werden lassen; wer Aussicht auf eine hohe Stellung hat und im Ernst bittet, daß er sie nie erlangen möge; wer Freunde oder Verwandte hat und sich aus ganzem Herzen in die Trennung von ihnen ergibt, wo diese noch in Frage steht, und beten kann: »Nimm sie mir, wenn es Dein Wille ist, Dir übergebe ich sie, Dir vertraue ich sie an«, und bereit ist, beim Wort genommen zu werden – auch dieser riskiert etwas und ist Gott wohlgefällig.
Ein solcher wird beim Wort genommen, indes er vielleicht nicht versteht, was er sagt. Aber er wird Gott wohlgefällig, da er doch etwas meint und viel wagt. Edelmütige Herzen, wie Jakobus, Johannes, Petrus ergehen sich oft zum voraus in großzügigen und zuversichtlichen Worten bezüglich alles dessen, was sie für Christus tun wollen, und sind dabei nicht unlauter, jedoch unwissend; und ob ihrer Lauterkeit werden sie als Lohn beim Wort genommen, obwohl sie werden erfahren müssen, wie ernst dieses Wort ist. »Sie sprachen zu Ihm: Wir können es«, und ihr Gelöbnis wird im Himmel zur Kenntnis genommen. Wir alle befinden uns bei vielen Gelegenheiten in der gleichen Lage. Zuerst bei der Firmung; da geloben wir, was andere bei der Taufe für uns gelobten, ohne aber imstande zu sein, den Umfang des Gelöbnisses zu verstehen, wir verlassen uns vielmehr darauf, daß Gott es schrittweise offenbaren und uns Kraft geben wird, wie der Tag es fordert. Wiederum versprechen die, welche die Weihen empfangen, sie wissen nicht was; verpflichten sich, sie wissen nicht wie ernst, trennen sich von den Wegen

der Welt und wissen nicht wie empfindlich, entdecken wohl, sie müßten sich die rechte Hand abschlagen, das Gelüste des Auges und die Regung des Herzens am Fuß des Kreuzes opfern, und zugleich denken sie in ihrer Einfalt, sie hätten sich das ruhige, leichte Leben erwählt von »stillen Männern, die in Zelten wohnen« [Gen 25, 27]. Ebenso nötigen die Zeitumstände die Menschen auf verschiedene Art, zu bestimmten Anlässen um der Religion willen diesen oder jenen Weg zu wählen. Sie wissen nicht, wohin es sie verschlägt; sie sehen das Ende des Weges nicht ab; sie wissen nur, daß ihr jetziges Tun richtig ist; und sie vernehmen im Innern ein Flüstern, das sie gleich den beiden Apostelbrüdern versichert, daß sie allen Folgen, die sich aus ihrem jetzigen Verhalten für die Zukunft ergeben, mit Gottes Gnade gewachsen sein werden. Diese begnadeten Apostel sagten: »Wir können es«; und wahrhaftig, sie wurden instand gesetzt, zu tun und zu leiden, was sie sagten. Der heilige Jakobus erhielt die Kraft, auszuhalten bis zum Tod, zum Märtyrertod; in Jerusalem tötete man ihn mit dem Schwert. Sein Bruder Johannes hatte noch mehr zu ertragen, da er als letzter der Apostel starb, während Jakobus der erste war. Zuerst hatte er die Trennung von seinem Bruder, dann die von den übrigen Aposteln zu ertragen. Eine Reihe von Jahren hatte er Einöde, Verbannung und Gebrechen zu erleiden. Er hatte die Trübsal der Vereinsamung zu kosten, nachdem alle, die er liebte, abberufen waren. Er mußte ohne vertrauten Freund den eigenen Gedanken nachleben, während nur jene ihn umgaben, die einer jüngeren Generation angehörten. Von ihm wurde durch seinen gütigen Herrn als Pfand des Glaubens alles gefordert, was sein Auge liebte und woran sein Herz hing. Er glich einem, der sein Hab und Gut in ein fremdes Land bringt, der es in Abständen und in Teilen vorausschickt, bis endlich sein gegenwärtiger Wohnort beinahe aller Dinge beraubt ist. Er schickte seine Freunde auf die Reise voraus, indes er zurückblieb, damit er im Himmel jemanden hätte, der an ihn dächte, nach ihm ausschaute und ihm, wenn der Herr ihn riefe, entgegenkäme. Er sandte voraus andere noch viel freiwilligere Unterpfänder und Wagnisse seines Glaubens – den Wandel in Selbstverleugnung, den Eifer für die Erhaltung des Glaubens, Fasten und Gebet, Werke der Liebe, jungfräuliches Leben, Schläge durch die Heiden, Verfolgung und Verbannung. Ein Heiliger dieser Größe kann am Ende des Lebens mit Recht sagen: »Komm, Herr Jesus!«, wie einer, der der Nacht überdrüssig ist und sich nach dem Morgen sehnt. Alle seine Gedanken, all sein Sinnen, seine Sehnsucht und Hoffnung, alles wurde für ihn in der unsichtbaren Welt hinterlegt; und als der Tod kam, brachte er ihm den Anblick alles dessen zurück, was er in den längst entschwundenen Jahren angebetet, was er geliebt hatte und womit er umgegangen war. Und nachdem er in die Gegenwart alles dessen, was er verloren hatte, zurückversetzt war, wie durfte die

Erinnerung wieder aufblühen, welch teure Gedanken, die längst begraben schienen, durften wieder zum Leben erwachen! Wer kann es wagen, die Seligkeit aller derer zu beschreiben, die sich wieder im sicheren Besitz aller ihrer Unterpfänder wissen und alle ihre Wagnisse überreich und über die Maßen belohnt sehen!
Wie bitter, daß wir, meine Brüder, nicht mehr diesen hohen und überirdischen Geist besitzen! Wie kommt es, daß wir mit dem Zustand der Dinge so zufrieden sind, – daß wir es so gern haben, in Ruhe gelassen zu werden und das Leben zu genießen –, daß wir so viel Entschuldigungen haben, wenn einer uns von der Notwendigkeit, zu Höherem aufzusteigen, überzeugen will, von der Pflicht, unser Kreuz zu tragen, sofern wir die Krone unseres Herrn Jesus Christus erlangen wollen? Ich wiederhole: welches sind unsere Wagnisse und Einsätze auf die Wahrheit Seines Wortes hin? Denn ausdrücklich sagt Er: »Und wer immer Haus oder Brüder oder Schwestern oder Vater oder Mutter oder Weib oder Kind oder Äcker um Meines Namens willen verläßt, wird Hundertfältiges dafür erhalten und das ewige Leben besitzen. Viele aber, die die ersten sind, werden die letzten sein, und die die letzten sind, werden die ersten sein« (Mt 19, 29. 30).

III. Gott gab mir eine Sendung

Gott hat mich erschaffen, daß ich ihm auf eine besondere Weise diene. Er hat ein bestimmtes Werk mir übertragen und keinem andern. Ich habe meine Aufgabe, meine Mission – und wenn ich sie in diesem Leben nie erfahre, im künftigen wird sie mir kund. Irgendwie bin ich zur Ausführung seiner Pläne nötig: Ich bin an meinem Platz so nötig wie ein Erzengel am seinigen: freilich, wenn ich versage, kann er einen andern an meine Stelle setzen, wie er aus Steinen Kinder Abrahams erwecken kann. Aber ich habe meinen Teil in diesem großen Werk, ich bin ein Glied in der Kette, ein Band zwischen Personen. Gott hat mich nicht umsonst erschaffen. Ich soll Gutes tun und sein Werk vollbringen. Ich soll auf meinem Posten ein Engel des Friedens, ein Prediger der Wahrheit sein, ohne es zu wollen, wenn ich nur seine Gebote halte und ihm in meinem Beruf diene.
Darum will ich ihm vertrauen. Was immer oder wo immer ich bin, nie kann ich verworfen werden. Wenn ich krank bin, soll meine Krankheit ihm dienen, wenn Drangsal über mich kommt, soll sie seinen Willen tun, und wenn ich traurig bin, soll mein Leiden ihm dienstbar sein. Meine Krankheit, meine Ratlosigkeit und Not sind vielleicht die notwendigen Ursachen irgendeines großen Zweckes, der unser Begrei-

fen übersteigt. Gott tut nichts vergeblich. Er mag mir ein langes Leben schenken oder es bald enden, er weiß, was er will. Er mag mich meiner Freunde berauben und mich in die Fremde schicken, mir die Einsamkeit zur Gefährtin geben, mir den Mut nehmen, die Zukunft vor mir verhüllen – er weiß, wozu es gut ist.

IV. Kurzer Weg zur Vollkommenheit

Nach den Worten Heiliger brauchen wir, um vollkommen zu sein, nichts weiter zu tun, als die gewöhnlichen Pflichten des Tages gut zu erfüllen. Ein kurzer Weg zur Vollkommenheit – kurz, nicht weil er leicht zu gehen, sondern weil er zweckdienlich und klar ist. Es gibt keine kurzen, aber sichere Wege zur Vollkommenheit.

Ich glaube, diese Lehre ist von großem praktischem Nutzen für uns. Es ist leicht, von der Vollkommenheit verschwommene Vorstellungen zu haben, die oft genug dazu dienen, über sie zu reden, wenn wir ihr nicht nachstreben wollen. Sobald aber der Mensch ernstlich nach ihr verlangt und sie zu suchen beginnt, wird ihn nur das befriedigen, was erreichbar und klar vor ihm liegt und ihm eine Richtung weist, sie zu üben.

Wir müssen im Auge behalten, was unter Vollkommenheit zu verstehen ist. Sie bedeutet nicht etwas Außerordentliches, etwas Ungewöhnliches oder besonders Heldenhaftes – nicht alle haben Gelegenheit, Helden oder Märtyrer zu werden –, Vollkommenheit bedeutet, was das Wort im gewöhnlichen Sinne besagt. Vollkommen heißen wir etwas, das fehlerlos, vollständig, dauerhaft und gesund ist – wir meinen das Gegenteil von unvollkommen. Da wir sehr gut wissen, was Unvollkommenheit im religiösen Leben bedeutet, zeigt uns der Gegensatz, was Vollkommenheit ist.

Der also ist vollkommen, der sein Tagewerk vollkommen vollbringt; mehr brauchen wir nicht zu tun, um nach Vollkommenheit zu streben. Wir brauchen über den Kreis der täglichen Pflichten nicht hinauszugehen. Ich betone das, weil ich glaube, daß dadurch unsere Anschauungen vereinfacht und unsere Anstrengungen auf ein erreichbares Ziel eingestellt werden. Wenn Du mich fragst, was Du tun mußt, um vollkommen zu sein, so sage ich Dir: erstens – bleibe nicht im Bette liegen, wenn es Zeit ist, aufzustehen; die ersten Gedanken weihe Gott; mache einen andächtigen Besuch beim allerheiligsten Sakrament, bete fromm den Angelus, iß und trink zu Gottes Ehre, bete mit Sammlung den Rosenkranz, sei gesammelt, halte böse Gedanken fern, mache Deine abendliche Betrachtung gut, erforsche täglich Dein Gewissen, geh zur rechten Zeit zur Ruhe; und Du bist bereits vollkommen.

V. Die Feuersäule (1833)

Führ liebes Licht, im Ring der Dunkelheit
führ du mich an.
Die Nacht ist tief, noch ist die Heimat weit
führ du mich an!
Behüte du den Fuß: der fernen Bilder Zug
begehr ich nicht zu sehn: ein Schritt ist mir genug.

Ich war nicht immer so, hab nicht gewußt
zu bitten: du führ an!
Den Weg zu schauen, zu wählen war mir Lust –
doch nun: führ du mich an!
Den grellen Tag hab ich geliebt und manches Jahr
regierte Stolz mein Herz, trotz Furcht: vergiß was war!

So lang gesegnet hat mich deine Macht, gewiß
führst du mich weiter an,
durch Moor und Sumpf, durch Fels und Sturzbach bis die Nacht verrann
und morgendlich der Engel Lächeln glänzt am Tor,
die ich seit je geliebt, und unterweils verlor.

VI. Preist in den Höhen den Heiligen (1865)

Preist in den Höhen den Heiligen,
Preist in den Tiefen Ihn!
Wunderbar all seine Worte,
Zielvoll ist all Sein Tun!

Liebende Weisheit Gottes!
Alles war Sünde und Schmach,
Als im Kampfe ein Zweiter
Adam zu Hilfe kam.

Weiseste Liebe! In Adam
Fiel einst Fleisch und Blut,
Daß es neu mit dem Feinde
Kämpfend erringe den Sieg.

Daß eine höhere Gabe
Läutere Fleisch und Blut,
Göttliches Wesen Selber
In der Person des Sohnes!

Schenkende Liebe! Im Menschen
Schlug Sie des Menschen Feind,
Leidend doppelt im Menschen
Für den Menschen den Tod.

In dem Garten verborgen,
Sichtbar hoch am Kreuz,
Lehrend zu leiden und sterben
Seine Brüder im Geist.

VII. Der Ruhm Marias um ihres Sohnes willen (1849)

Wir wissen, meine lieben Brüder, daß es in der Natur nichts Überflüssiges, nichts Unvollkommenes, nichts für sich allein Bestehendes gibt: eines gehört zum anderen und alles Einzelne vereinigt sich zu einem gewaltigen Ganzen. Ordnung und Gleichmaß gehören zu denjenigen Vollkommenheiten, die wir zuerst in der sichtbaren Schöpfung wahrnehmen. Je mehr wir uns in die Schöpfung vertiefen, desto mehr entdecken wir, daß sie zu ihr gehören. »Alles ist einander zugeordnet«, sagt der Weise, »eines bezieht sich auf das andere.« Es ist geradezu charakteristisch »für Himmel und Erde« als Kontrast zu dem Chaos zuvor, daß alles seine festen Gesetze hat. Daß jede Bewegung, jeder Einfluß, jede Wirkung berechnet werden kann und wir sie, wenn wir genügend davon wüßten, schon zuvor berechnen könnten. Anderseits ist es aber auch deutlich, daß diese Wahrheit nur im gleichen Verhältnis zu unserer Wahrnehmungs- und Beobachtungsfähigkeit erkennbar ist. Obgleich viele Dinge auf den ersten Blick aus einer festen, schönen Ordnung hervorgehen, so ist doch anderseits das Gesetz, dem sie zugehören, oft nur mit Mühe zu erkennen. Die Worte: »Zufall«, »Gelegenheit«, »auf gut Glück« sind im Grunde Ausdruck unserer Unwissenheit. – Sie können sich gewiß oberflächliche und unreligiöse Menschen vorstellen, die Tag für Tag ganz in den Dingen dieser Welt aufgehen und dann plötzlich einmal ihren Blick auf den Himmel oder auf die Erde als Schöpfung richten. Diese fangen nun an, den großen Bauherrn zu kritisieren, indem sie behaupten, daß es unvollkommene und unvollständige Geschöpfe gebe. In ihrer ganzen Redeweise zeigen sie dabei deutlich, daß ihnen jede wissenschaftliche Erziehung fehlt. Ebenso verhält es sich in der übernatürlichen Welt. Die großen Offenbarungswahrheiten stehen alle in einem inneren Zusammenhang und bilden ein Ganzes. In mancher Hinsicht kann dies ein jeder auf den ersten Blick feststellen. Aber wenn man die katholische Lehre in ihrer Ganzheit und vollen Harmonie erkennen will, erfordert es Mühe und Nachdenken. Wie die Philosophen und Forscher dieser Welt sich in Museen und Laboratorien einschließen, wie sie in die Bergwerke hinabsteigen oder durch die Wälder am Meeresstrand wandern, so weilt der Erforscher der himmlischen Wahrheit in seiner Zelle oder an der Stätte des Gebetes und verwendet alle seine Kräfte auf das Gebet. Er sammelt seine Gedanken in der Meditation und lebt ganz im Umfang mit Jesus, mit Maria, im Gedanken an die Gnade und an die Ewigkeit. Er sinnt den Worten jener heiligen Menschen nach, die vor ihm lebten, bis die innere Schau ihn zu jener Weisheit des Vollkommenen erhebt, »die Gott vor aller Welt zu seiner Verherrlichung bestimmt hat«, die »Er uns offenbart durch seinen Geist« (1 Kor 2, 7.10).

Unwissende Menschen können die Schönheit dieser Welt bestreiten: etwa jene, die sechs Tage in der Woche nur in weltliche Geschäfte verwickelt sind, die für ihren Reichtum, für ihren Namen, für ihre Bequemlichkeit oder für die weltliche Wissenschaft leben und höchstens einmal in müßigen Augenblicken an religiöse Fragen denken. Aber sie werden dabei niemals ihre Seele zu Gott erheben und von Ihm die Gnade der Erleuchtung erflehen. Sie töten nie ihr Herz und ihren Leib ab und richten nie ihre Gedanken auf die Glaubenswahrheiten. Sie urteilen oberflächlich und flüchtig, nach ihren Privatmeinungen und augenblicklichen Stimmungen. Ich darf wohl behaupten, daß solche Menschen wahrscheinlich oder sicher von manchen Offenbarungswahrheiten überrascht und vor den Kopf gestoßen werden, daß sie sie als seltsam, hart und übertrieben oder als ganz unmöglich empfinden und sie ganz oder teilweise ablehnen.

Diese Behauptung möchte ich nun auf die Gnadenvorrechte anwenden, mit denen die Kirche die allerseligste Jungfrau kleidet. Für die Vorstellung derjenigen, die nicht mit ihnen umgehen können, sind diese Vorrechte anstößig und schwer zu verstehen. Ihr Verstand hat sich nie damit beschäftigt. Je mehr man sich jedoch mit aller Sorgfalt und religiöser Ehrfurcht damit abgibt, um so mehr – davon bin ich überzeugt – wird man feststellen, daß diese Vorrechte wesentlich zum katholischen Glauben gehören. Daran halte ich fest, auch wenn es von den der Kirche Fernstehenden bestritten wird: Die Herrlichkeit Mariens besteht um Christi willen. Wir rühmen und verehren Maria als das erste aller Geschöpfe, wenn wir auch, wie es sich gehört, Ihn allein als unseren Schöpfer bekennen.

Als das Ewige Wort beschloß, auf diese Welt zu kommen, plante und wirkte Es nichts Halbes. Es wurde ein Mensch wie wir. Es nahm eine menschliche Seele und einen menschlichen Leib an und machte sie sich zu eigen. Es kam nicht als eine Erscheinung oder in einer zufälligen Gestalt, wie sich die Engel den Menschen offenbaren...Es überschattete auch nicht nur einen irdischen Menschen, um ihm dann den Namen »Gott« zu geben, sondern »Es wurde Fleisch«. Es nahm die Menschheit an und wurde ein wirklicher, wahrhaftiger Mensch, so wie Es auch Gott war. Von nun an war Es beides: Gott und Mensch. Oder mit anderen Worten: Es war eine Person in zwei Naturen, in der göttlichen und in der menschlichen. Das ist ein so wunderbares, ein so tiefes Geheimnis, daß nur der Glaube es sicher erfassen kann. Der natürliche Mensch kann es einen Augenblick erahnen, oder er kann glauben, es begriffen zu haben. In Wirklichkeit aber versteht er es nicht. Sobald er dieses Geheimnis bekennt, fängt er auch schon an, heimlich dagegen zu rebellieren, ihm auszuweichen oder sich ihm entgegenzustellen. Das hat er von Anfang an getan. Schon zu Lebzeiten des Lieblingsjüngers erhoben sich Menschen, die behaupteten, unser Herr habe keinen Leib gehabt oder nur einen himmlischen Leib. Er habe nicht selbst gelitten, sondern ein anderer an Seiner Statt. Er habe die menschliche Gestalt, die geboren wurde und litt, nur eine Zeitlang besessen, bei Seiner Taufe sei Er in sie eingegangen und habe sie wieder vor der Kreuzigung verlassen. Oder auch: Er sei nur Mensch gewesen.

Das Wort: »Im Anfang war das Wort, und das Wort war bei Gott, und Gott war das Wort...und das Wort ist Fleisch geworden und hat unter uns gewohnt« (Joh 1, 1–14) war für den nicht wiedergeborenen Verstand zu schwer. – Das ist auch heute noch so. Für gewöhnlich haben Protestanten nur selten einen deutlichen Begriff von der Lehre, daß Christus Gott und Mensch in einer Person ist. Sie sprechen in unklarer, verschatteter Weise von der Gottheit Christi. Wenn man aber näher auf ihre Ansicht eingeht, wird man finden, daß sie sich nur zögernd einer Lehre unterwerfen, die einigermaßen dem katholischen Dogma entspricht. Sie werden antworten, hierüber könne man keine festen Aussagen machen. In diese Fragen könne man nicht eindringen, ohne spitzfindige und rein technische Definitionen zu gebrauchen. Wenn sie das Evangelium auslegen, sprechen sie nicht einfach und vollgültig von Christus als Gott, sondern als sei Er aus Gott und Mensch zusammengesetzt: teils das eine, teils das andere oder auch in der Mitte von beiden. Oder sie sprechen von einem Menschen, der von einer Art göttlicher Gegenwart bewohnt wird. Zuweilen gehen sie sogar so weit, zu leugnen, daß Er Gottes Sohn war. Sie sagen, Er sei Gottes Sohn geworden, als Er vom Heiligen Geist empfangen wurde. Und sie ärgern sich und halten es für ein Zeichen von Ehrfurcht und richtiger Erkenntnis, sobald jemand von dem Menschen Christus ganz einfach und klar als von Gott spricht. Sie können es nicht ertragen und sehen es nur als

Bild und Redeweise an, wenn man sagt, daß Gott einen menschlichen Leib gehabt oder gelitten habe. Sie glauben, »das Hauchen des Heiligen Geistes« und »die Heiligung durch den Geist«, wie sie es nennen, sei der Hauptinhalt und gleichsam die Substanz des Evangeliums. Dabei scheuen sie vor jeder dogmatischen Festlegung zurück, weil diese über ihr Verständnis hinausgeht. So steht es, meiner Ansicht nach, zumeist um die Äußerungen des Protestantismus über die Gottheit Christi. Sowohl um die der Anhänger der anglikanischen Gemeinschaft als auch um die jener Gruppen, die sich von ihr abspalteten, mit einer ganz geringen Ausnahme. Wenn sie gegen diese unchristlichen Meinungen angehen und unausweichlich und unmißverständlich die klare Ansicht der katholischen Kirche zum Ausdruck bringen wollen: Gott ist Mensch geworden, könnten sie das besser tun als mit den Worten des heiligen Johannes? Sie könnten es nicht eindrucksvoller und wahrheitsgetreuer ausdrücken als so: Er wurde als Mensch geboren – Er hatte eine Mutter. Die Welt gesteht zu, daß Gott Mensch ist. Dieses Zugeständnis kostet sie nicht viel, »denn Gott ist überall«, oder wie man es auch ausdrücken kann, »Er ist das All«. Aber die Welt schrickt davor zurück, zu bekennen, daß der Gott-Mensch der Sohn Mariens ist. Sie schrickt davor zurück, denn damit steht sie auf einmal vor einer ernsten Tatsache, die ihre eigne ungläubige Art, die Dinge zu betrachten, verletzt und erschüttert. Die geoffenbarte Wahrheit nimmt hier greifbare Gestalt an und wird zum geschichtlichen Ereignis. Der Allmächtige geht zu einer bestimmten Zeit in seine eigene Welt ein, und dies in einer ganz bestimmten Weise. Aller Träumerei wird damit ein Ende bereitet. Alle schattenhaften, unklaren Vorstellungen müssen weichen. Die göttliche Wahrheit ist nicht mehr eine pietistische Ausdrucksweise oder eine fromme Übertreibung oder irgendeine mystische Vorstellung. »Opfer und Opfergaben«, die Schatten des Gesetzes, »hast Du nicht gewollt, aber einen Leib hast Du mir gegeben« (Ps 39, 7). »Was wir von Anfang an sahen, hörten, mit eigenen Augen schauten, genau betrachteten und mit den Händen berührten, das verkünden wir euch!« (1 Joh 1, 1–3). Das ist die Aussage des Apostels im Gegensatz zu jenen Geistern, die da leugnen, »daß Jesus Christus im Fleisch erschienen ist« (1 Joh 4, 2–3), und die ihn auflösen, indem sie entweder seine menschliche oder seine göttliche Natur verneinen. Das Bekenntnis, daß Maria die Gottesgebärerin (Deipara) sei oder die Mutter Gottes, ist unser Siegel auf die Lehre des Apostels, mit dem wir uns gegen jeden fremden Einbruch sichern. Diese Lehre ist das Bekenntnis, mit dem wir alle Anmaßungen der in diese Welt eingegangenen bösen Geister des Antichrists zurückweisen (s. 1 Joh 2, 18). Dieses Bekenntnis sagt: Er ist Gott. Es schließt aber zugleich ein, daß Er Mensch ist. Er sagt uns, daß Er noch immer Gott ist, obgleich Er Mensch wurde, und daß Er wahrer Mensch wurde, obgleich Er Gott ist. Indem es die Vereinigung beider Personen bezeugt, bestätigt es auch zugleich die Realität der beiden Träger dieser Vereinigung: der göttlichen und der menschlichen Person. – Wenn Maria die Mutter Gottes ist, dann muß Christus wörtlich der Emmanuel, der »Gott mit uns« sein. Von hier aus wurden im Laufe der Zeit jene bösen Geister und falschen Propheten immer stärker und kühner. Sie bahnten sich einen Weg in den Leib der Kirche. Und die Kirche konnte, von Gott geleitet, keinen sichereren Weg zu ihrer Vertreibung finden als den Gebrauch des Wortes Deipara.

Meine lieben Brüder! Sie können an dieser Einzelheit die Harmonie der Offenbarung und die Tatsache erkennen, daß eine Lehre auf der anderen aufbaut. Maria wurde um Jesu willen erhöht. Es gebührte sich, daß sie als Geschöpf, wenn auch als das erste aller Geschöpfe, zugleich einen Mittlerdienst ausübte. Sie kam, wie andere Menschen auch, in diese Welt, um einen bestimmten Auftrag auszuführen. Ihre Gnaden und ihre Herrlichkeit sind nicht für sie selbst da, sie dienen ihrem Schöpfer. Ihr wurde die Menschwerdung anvertraut. Das ist ihr ausdrückliches Amt. »Eine Jungfrau soll empfangen und einen Sohn gebären, und sein Name soll sein: Emmanuel« (Jes 7, 14). Sie hat wirklich auf dieser Erde gelebt und war persönlich die Hüterin ihres göttlichen Kindes, als sie Ihn in ihrem Schoß trug, ihre Arme Ihn umschlossen und Er an ihrer Brust trank. Und in der letzten Zeit der Kirche werden ihre Herrlichkeit und die ihr erwiesene Verehrung den rechten Glauben an Ihn als Gott und Menschen künden und besiegeln. Jede Kirche, die ihr geweiht wurde, jeder Altar, der ihren Namen trägt, jedes Bild, das sie darstellt, jede Litanei zu ihrem Lobe, jedes Ave Maria zu ihrem immerwährenden Gedächtnis, alles erinnert uns daran, daß einmal Einer war, der, obgleich hochgelobt in alle Ewigkeit, dennoch um der Sünder willen »nicht vor dem Schoße der Jungfrau zurückschreckte«. Sie ist der Turm Davids (Turris Davidica), wie die Kirche sie nennt, die hohe und starke Verteidigerin des Königs über das wahre Israel. So redet die Kirche sie auch in der Antiphon an, als die, »die allein alle Häresien in der ganzen Welt zerstört hat«.

Wenn die Gottesgebärerin den Emmanuel bezeugt, muß sie notwendig mehr sein als Gottesgebärerin. Und warum? Eine Verteidigung muß stark sein, wenn sie etwas nützen soll. Ein Turm muß, wie jener »Turm Davids«, einen Wehrgang haben, an dem tausend Schilde hängen und allerlei Waffen für die starken Männer (Hld 4, 4). Es würde nicht genügen, um den Gedanken, daß Gott Mensch ist, zum Ausdruck zu bringen und ihn uns einzuprägen, wenn Seine Mutter eine ganz gewöhnliche Frau gewesen wäre. Eine Mutter, die in der Kirche kein Heimatrecht hätte, ohne Würde, ohne besondere Gaben, wäre, im Hinblick auf die Menschwerdung, überhaupt keine Mutter. Sie hätte sich nicht im Gedächtnis und in der Vorstellung der Menschen erhalten können. Wenn sie das Wort: »Gott ist Mensch geworden«, bezeugen und in Erinnerung bringen soll, muß sie zu diesem Zweck eine hohe und überragende Stellung einnehmen. Wenn sie eine Lehre erteilen soll, muß diese auch imstande sein, den Geist der Menschheit zu beschäftigen. Wenn Maria unsere Aufmerksamkeit erregt, dann, aber auch nur dann, beginnt sie Jesus zu verkünden. Wir fragen vielleicht: »Warum soll sie eine solche Sonderstellung haben?« Die Antwort lautet: »Weil Er Gott ist.« Was muß Er von *Natur* sein, wenn sie so groß ist durch *Gnade!* Darum hat sie auch noch andere Vorrechte, nämlich die Gaben der persönlichen Reinheit und der fürbittenden Macht, abgesehen von ihrer Mutterschaft. Sie ist auch persönlich besonders ausgestattet, um ihr Amt gut ausfüllen zu können. Maria ist in sich selbst wunderbar groß, um Christus dienen zu können. Sie wird durch ihr persönliches Sein noch mehr verherrlicht als durch ihr Amt: ihre Reinheit ist eine höhere Gabe als ihre Verwandtschaft mit Gott. Das liegt auch in der Antwort, die Christus der Frau gab, die während seiner Predigt ausrief: »Gesegnet sei der Schoß, der Dich getragen hat, und die Brust, die Du gesogen hast!« In Seiner Antwort zeigte er den Jüngern eine höhere Seligkeit: »Ja, in Wahrheit gesegnet sind, die das Wort Gottes hören und es bewahren« (Lk 11, 27f.).

Wer aber könnte behaupten, daß Maria seine Gebote nicht hielt? Ganz gewiß befolgte sie dieselben, und Unser Herr sagte damit nur, daß ihr Gehorsam auf höherer Stufe stünde als ihre Mutterschaft. Sie war noch mehr gesegnet in ihrer Loslösung von allen Geschöpfen, in ihrer Gottesverehrung, in ihrer jungfräulichen Reinheit, in ihrer Gnadenfülle als in ihrer Mutterschaft. Das haben die Väter immer gelehrt: »Maria ist noch mehr selig zu preisen«, sagt der heilige Augustinus, »da sie den Glauben an Christus empfing, als da sie den Leib Christi empfing.« Und der heilige Chrysostomus sagt, man dürfe sie nicht selig preisen, wenn sie Ihn nur dem Leibe nach geboren, aber nicht das Wort Gottes gehört und es bewahrt hätte. Das ist sehr wichtig: *Sie wurde geheiligt, um Seine Mutter werden zu können.* Diese beiden Gnadenerweise sind nicht voneinander zu trennen. Sie, die zunächst erwählt wird, dem Ewigen Wort Fleisch und Blut zu schenken, wurde zuerst an Leib und Seele mit Gnade erfüllt. Sie besaß eine zweifache Gnadenfülle: ihrem Amt und ihrer persönlichen Eignung nach. Die letztere war die größere. Darum nannte der Engel sie »Gebenedeite«: »Voll der Gnade«, sagte er, »gebenedeit unter den Frauen« (Lk 1, 20). Und ebenso Elisabeth, als sie ausrief: »Gesegnet bist du, weil du geglaubt hast!« (Lk 1, 45). Maria wußte darum, als der Engel ihr die große Gnade verkündigte, die ihr zuteil werden sollte. – Obgleich alle jüdischen Frauen zu allen Zeiten gehofft hatten, die Mutter des Christus zu werden und die Ehe für sie infolgedessen eine Ehre bedeutete und etwaige Kinderlosigkeit eine Schmach, so hatte doch Maria den Wunsch und Gedanken an eine so hohe Würde abgetan. Sie, die den Christus tragen sollte, begrüßte die große Verkündigung, Ihn tragen zu dürfen, zunächst nicht. Warum nicht? Weil sie als erste unter den Frauen inspiriert und vom Heiligen Geist angetrieben ward, ihre Jungfräulichkeit Gott zu weihen. Darum wollte sie auch anfangs diese Ehre nicht, die ihr einen Bruch ihres Gelübdes zu bedeuten schien. »Wie soll das geschehen«, sagte sie, »wo ich doch keinen Mann erkenne?« Erst als der Engel ihr versicherte, daß ihre Empfängnis wunderbar und vom Heiligen Geist gewirkt sein würde, tat sie ihre Unruhe ab, erkannte in ihm den Boten Gottes und neigte ihr Haupt in Ehrfurcht und Dankbarkeit gegen Gottes Herablassung.

Maria in ihrer Reinheit an Leib und Seele ist uns eine Nachbildung des Menschen, wie er vor seinem Falle war, so wie er gewesen wäre, wenn er sich zu seiner vollen Höhe entwickelt hätte. Es hätte einen Sieg für den bösen Feind bedeutet, wenn das ganze Menschengeschlecht vergangen wäre, ohne daß an irgendeiner Stelle sichtbar geworden wäre, wie der Schöpfer es sich ursprünglich gedacht hatte. Sie wissen ja, daß Adam nach dem Bilde und Gleichnis Gottes erschaffen wurde. Seine gebrechliche und unvollkommene, aber mit göttlichem Siegel geprägte Natur wurde unterstützt und erhöht durch die Einwohnung der göttlichen Gnade. Adam war ohne heftige Leidenschaften, höchstens lebten sie als ein verborgenes und mögliches Übel in ihm. Seine Unwissenheit wurde durch das Licht des Geistes erhellt. Sein Verstand, der jede Seelenregung beherrschte, war einfältig dem Willen Gottes untertan. Sogar sein Leib war behütet vor jedem eigenwilligen Gelüst und vor jeder bösen Anhänglichkeit. Sein Leib war nicht vergänglich, sondern unsterblich. Adam befand sich also in einem übernatürlichen Zustand. Wenn er nicht gesündigt hätte, würde er Jahr um Jahr an Verdienst und Gnade und an göttlichem Wohlgefallen zugenommen haben, bis er aus dem Paradies in den Himmel eingegangen wäre. Aber er fiel. Und seine Nachkommen wurden ihm gleich. Die Welt wurde schlechter statt besser. Vergeblich vernichtete ein Strafgericht nach dem anderen die sündigen Geschlechter: es bestand keine Aussicht auf Besserung, »denn der Mensch war fleischlich und das Denken seines Herzens auf das Böse gerichtet« (Gen 6, 3–5). Und doch wurde im Himmel ein Heilmittel ersonnen. Gott schickte sich an, ein großes Werk zu vollbringen. Und Er nahm sich vor, es voll und ganz zu tun. »Wo die Sünde mächtig geworden war, mußte die Gnade übermächtig werden« (Röm 5, 20).

Wenn den Königen dieser Erde Söhne geboren werden, verteilen sie sogleich eine größere Geldmenge unter das Volk oder errichten ein hochragendes Denkmal. Sie ehren den Tag, den Ort oder die Boten, die dieses glückverheißende Ereignis verkündeten, mit einem entsprechenden Gunstbeweis. Die Ankunft des Emmanuel änderte nichts an diesem Brauch. Eine Zeit der Gnade und der Wunder begann, und diese wurden besonders an der Person Seiner Mutter sichtbar. Das Weltgeschehen stand im Begriff, sich zu verwandeln – eine unheilvolle Tradition sollte aufhören. Mitten in der Finsternis öffnete sich ein strahlendes Tor, denn der Gerechte kam – eine Jungfrau empfing und gebar Ihn. Es entsprach Seiner Ehre und Herrlichkeit, daß sie, das Mittel Seiner leiblichen Anwesenheit, auch das erste Wunder Seiner Gnade wurde. Maria mußte einen Triumph feiern, wo Eva gefallen war. Sie sollte »den Kopf der Schlange zertreten« durch ihre makellose Heiligkeit.

In gewisser Weise hatte sich damit gar nichts geändert. Maria kam in eine gefallene Welt und unterwarf sich ihren Gesetzen. Sie und auch der Sohn, den sie gebar, waren leiblichen und seelischen Schmerzen ausgesetzt. Maria war dem Tode unterworfen, aber sie stand nicht unter der Macht der Sünde. Ebenso wie Adam vom ersten Augenblick seiner Erschaffung an die eingegossene Gnade besaß, so daß er sich seiner natürlichen Armut erst bewußt wurde, als die Sünde ihn darauf verwies, so ward auch Maria von Anfang an in erhöhtem Maße Gnade zuteil. Sie wurde aber niemals wie Adam der Gnade beraubt. Maria fing an, wo andere aufhören, sowohl in der Erkenntnis als auch in der Liebe. Von Anfang an war sie mit Heiligkeit umkleidet, fähig zur Beschauung, leuchtend und herrlich in der Gottesschau und immer bis zum letzten Atemzug beschäftigt, Gutes zu tun. Sie ging im vollen Sinne des Wortes »den Weg des Gerechten, der da leuchtet wie das Licht, das immer klarer wird bis zum vollen Tag« (Spr 4, 18). Ihre Sündenlosigkeit in Gedanken, Worten und Werken, im großen und im kleinen, in schweren und in leichten Dingen ist nur die natürliche und notwendige Folge eines solchen Anfangs. Wenn schon Adam sich von Anfang an von der Sünde hätte freihalten können, um wieviel mehr dürfen wir dann von Maria eine makellose Vollkommenheit erwarten!

So steht es um ihr Vorrecht der sündenlosen Vollkommenheit um des Emmanuels willen. Darum konnte sie auch auf den Gruß des Engels: »Voll der Gnade!« mit demütiger Zustimmung antworten: »Ich bin die Magd des Herrn« (Lk 1, 38).

Und diesem ähnlich ist ihr drittes Vorrecht, das ihrer Mutterschaft und ihrer Reinheit entspringt. Ich führe es an, um die Aufzählung ihrer Gnaden zu vervollständigen: ich meine ihre fürbittende Macht. Wenn Gott die Sünder nicht hört, wohl aber den Gottesfürchtigen, der »Seinen Willen tut« (Joh 9, 31), wenn »des Gerechten Gebet viel vermag« (Jak 5, 16), wenn der getreue Abraham aufgefordert wurde, für Abimelech zu beten, »weil er der Prophet ist« (Gen 20, 7), wenn der geduldige Job für seine Freunde beten sollte, weil »er vor Gott gerecht geredet hatte« (Ijob 13, 8), wenn der altersschwache Mose durch das Erheben seiner Hände die Schlacht gegen Amalek zugunsten Israels wandte (Ex 17), warum sollen wir uns dann darüber wundern, wenn wir hören, daß Maria, das einzige fleckenlose Kind aus Adams Samen, einen hohen Einfluß auf die göttliche Gnade besaß? Wenn die Heiden in Jerusalem Philippus aufsuchten, weil er ein Apostel war, und sie zu Jesus wollten und Philippus dies dann Andreas mitteilte, weil Andreas noch mehr das Vertrauen des Herrn besaß, und schließlich beide zu ihm kamen, ist es dann noch verwunderlich, wenn die Mutter eine Macht über den Sohn ausübt, die größer ist als die des reinsten Engels und des glorreichsten Heiligen? Wenn wir genug Glauben haben, die Menschwerdung zuzugeben, dann müssen wir auch bis zum Ende gehen. Warum sollen wir uns dann noch über die gnadenvollen Anordnungen wundern, die entweder aus der Menschwerdung hervorgehen oder für sie notwendig sind und schon in ihr enthalten sind? Wenn der Schöpfer in Knechtsgestalt oder als Geschöpf auf diese Erde kam, warum sollte dann seine Mutter nicht zur Königin des Himmels erhoben und mit der Sonne umkleidet werden, den Mond unter den Füßen?

Meine lieben Brüder! Ich möchte Ihnen jetzt nicht diese Lehren *beweisen*. Der Beweis liegt in der Lehre der Kirche. Die Kirche ist die Verkünderin der religiösen Wahrheit. Sie teilt aus, was die Apostel ihr zu jeder Zeit und an jedem Ort anvertrauten. Wir müssen also ihr Wort ohne Beweise annehmen, denn sie ist uns von Gott gesandt, uns zu lehren, wie wir Ihm gefallen sollen. Darin liegt der Beweis, ob wir Katholiken sind oder nicht. Ich will nicht das beweisen, was Sie bereits empfangen haben: Ich will Ihnen nur die Schönheit und Harmonie an einer bestimmten Stelle der kirchlichen Lehre zeigen...

Nur noch *ein* Wort, und dann bin ich am Ende: Ich habe Ihnen gezeigt, wie bedeutungsvoll die Wahrheiten sind, die die Kirche über die allerseligste Jungfrau lehrt. Nun wollen wir noch betrachten, wie bedeutungsvoll die Kirche diese Lehre verwaltet.

Sie werden finden, daß auch hier, wie schon bei den Gnadenvorrechten Marias, die gleiche Ehrfurcht gegen die Ehre dessen, der sie ihr verlieh, waltet. –

Sie wissen, daß Maria sich, als der Herr hinauszog, um zu predigen, zunächst ganz von Ihm zurückzog. Sie mischte sich nicht ein in Sein Werk. Und auch als Er in den Himmel aufgefahren war, begann sie, die Frau, nicht zu predigen oder zu lehren. Sie bestieg keinen apostolischen Lehrstuhl, sie maßte sich keinen Anteil am priesterlichen Amt an. Einfach und demütig suchte sie ihren Sohn in der täglichen heiligen Messe derer, die einst im Himmel ihre Diener sein sollten, jetzt aber in der Kirche auf Erden ihre Oberen waren. Sogar als sie und die Apostel die Erde verlassen hatten und Maria schon die Königin zur Rechten ihres Sohnes war, verlangte sie nicht von Ihm, daß Er ihren Namen bis ans Ende der Welt trüge oder sie vor aller Welt offenbare. Sie wartete die Zeit ab, wo ihre eigene Verherrlichung der Seinen dienlich sein würde. Er war von Anfang an in der heiligen Kirche in aller Öffentlichkeit verkündet worden, denn Er war Gott. Es hätte sich für die Kirche, die Verkünderin der Wahrheit, nicht gehört, wenn sie den Gläubigen den Gegenstand ihrer Verehrung vorenthalten hätte. Aber bei Maria war es anders. Es gehörte sich so, daß sie, das Geschöpf, die Mutter und Frau, beiseite stand und den Weg für ihren Schöpfer frei ließ, daß sie ihrem Sohne *diente* und sich ihren Weg durch liebenswürdige Fürbitte bahnte. Als Sein Name verunehrt wurde, war sie es, die Ihm diente. Als der Emmanuel verleugnet wurde, trat sie als die Mutter Gottes hervor. Als die Häretiker behaupteten, Gott sei nicht Mensch geworden, war die Zeit ihrer Ehrung gekommen. Und schließlich hatte sie ihre Stellung ohne Kampf erreicht. Sie kämpfte nicht für sich selbst. Es bedurfte keiner leidenschaftlichen Kontroverse, keiner verfolgten Bekenner, keines Gesetzes und keines Anathema, um Maria allmählich zu offenbaren. Wie sie Tag für Tag schon in Nazareth an Gnade zugenommen hatte, als die Welt noch nichts von ihr wußte, so hatte sie sich still und leise erhoben und war durch ihren sanften Einfluß in einem ganz natürlichen Prozeß zu ihrem Platz in der Kirche gelangt. Sie gleicht einem schönen Baum, der mit fruchtbeladenen Zweigen und duftendem Laub das Land der Heiligen überschattet. Darum singt die Antiphon von ihr: »In Jakob sollst du wohnen, und in Israel soll dein Erbe sein. Senke deine Wurzeln in mein auserwähltes Erdreich« (vgl. Sir 24). Und wiederum: »Ich habe in Sion eine Heimstatt gefunden. Ich wurde in die Heilige Stadt eingesetzt, um in Jerusalem zu regieren. Ich schlug Wurzel in einem hochangesehenen Volke und wurde erhöht wie die Zedern des Libanon und wie die Zypressen auf dem Zionsberg. Ich habe meine Zweige ausgestreckt wie eine Eiche, und meine Zweige waren Anmut und Gnade« (Sir 24, 15–18 22). So stieg sie auf, ohne Gewalt anzuwenden, und erreichte einen Sieg in Frieden. Sie führt ein sanftes Szepter, nach dem sie nie verlangt hat. Wenn sich unter ihren Kindern ein Streit um sie erhob, gab sie gleich jeden Anspruch auf und wartete. Auch jetzt, auch heute, so Gott will, wird sie schließlich ihre strahlende Krone gewinnen und ohne Widerspruch, unter dem Jubel der ganzen Kirche, unbefleckt in ihrer Empfängnis gepriesen werden[7].

So lebst du, heilige Mutter, im Glauben und in der Verehrung der Kirche, als Verteidigerin vieler Glaubenswahrheiten, als helles und

[7] Diese Rede wurde 1849 veröffentlicht; das Dogma von der Unbefleckten Empfängnis erst 1854; allerdings waren Newmann dessen Vorarbeiten bekannt.

freundliches Licht aller Frömmigkeit. In dir, Maria, ist der ursprüngliche Plan des Allerhöchsten, soweit wir es fassen können, Wahrheit geworden. Er hatte einst beschlossen, in himmlischer Herrlichkeit auf diese Welt zu kommen. Aber die Menschen sündigten. Nun konnte Er uns nur noch in beschattetem Glanz und in verborgener Majestät heimsuchen, denn Er war Gott. Er kam also in Schwachheit und nicht in Macht. Und Er sandte dich, ein Geschöpf, an Seiner Statt, in geschöpflicher Anmut und unserem Sein angepaßt. Dein Antlitz und deine Gestalt, liebste Mutter, sprechen zu uns vom ewigen Gott. Nicht in gefährlicher, irdischer Schönheit, sondern als der Morgenstern, der dein Wahrzeichen ist: hell und wohlklingend, Reinheit ausstrahlend, kündest du vom Himmel und schenkst uns den Frieden. O Vorläuferin des hellen Tages! O Hoffnung des Pilgers! Führe uns weiter, wie du uns bisher geführt hast: in dunkler Nacht, durch öde Wildnis, führe uns zu unserem Herrn Jesus, führe uns heim!

TEIL 7

DIE ZUKUNFT DES GLAUBENS

I. Harren auf Christus (1840)

»Der dies bezeugt, spricht: Ja, ich komme bald!
Amen. Komm, Herr Jesus« (Offb 22, 20).

Bei seinem Weggang sagte unser Herr, er werde bald wiederkommen; doch weil er wußte, daß er unter »bald« nicht verstehe, was man fürs erste gewöhnlich mit dem Wort meint, fügte er hinzu »plötzlich« oder »wie ein Dieb«. »Siehe, ich komme wie ein Dieb; selig, der da wacht und seine Kleider bewahrt« (Offb 16, 15). Wäre seine Ankunft im Sinn unseres Wortes bald gewesen, dann hätte sie nicht gut plötzlich sein können. Diener, die den Auftrag haben, auf die Rückkehr ihres Herrn von einer Unterhaltung zu warten, dürften, möchte man denken, von dessen Rückkehr nicht überrascht werden. Eben weil seine Ankunft uns nicht baldig dünkt, ist sie plötzlich. Was man in Bälde erwartet, darauf harrt man; was auf sich warten läßt, das gibt man auf: wenn also Christus sagte, er werde bald kommen, sagte er eben mit dem Wort plötzlich, uns werde es lange vorkommen.

Obwohl er uns nun aber zu säumen scheint, hat er doch erklärt, daß seine Ankunft schnell erfolgen werde, hat er uns aufgetragen, immer nach seiner Ankunft auszuschauen; und seine ersten Jünger *schauten* tatsächlich, wie die Apostelbriefe zeigen, unablässig nach ihr aus. Es ist sicher unsere Pflicht, nach ihr auszuschauen, als stünde sie unmittelbar bevor, obwohl die Kirche bisher fast zweitausend Jahre lang vergebens nach ihr ausgeschaut hat.

Ist es nicht etwas Bedeutsames, daß wir in dem letzten Buch der Schrift, das mehr als jedes andere der christlichen Kirche eine lange Dauer verheißt, – daß wir gerade hier solch ausdrückliche und wiederholte Versicherungen von einer baldigen Ankunft Christi bekommen sollten? Auch noch im letzten Kapitel lesen wir es dreimal. »Siehe, ich komme bald; selig, wer die Worte der Weissagung dieses Buches hört.« [Offb 22 7. 12]. Und ferner in unserem Predigttext: »Der dies bezeugt, spricht: Ja, ich komme bald.« Das ist die Ankündigung; und daraus ergibt sich der Auftrag, immerfort nach dem großen Tag Ausschau zu halten,

»seinen Sohn vom Himmel herab zu erwarten« (1 Thess 1, 10), »zu warten und entgegenzueilen der Ankunft des Tages des Herrn« (2 Petr 3, 12).
Es ist allerdings wahr, daß der heilige Paulus seine Brüder an einer Stelle vor der Erwartung der unmittelbaren Ankunft Christi warnt; doch er sagt nicht mehr, als daß Christus unmittelbar vor seiner Ankunft ein Zeichen senden wird – einen bestimmten schrecklichen Feind der Wahrheit –, worauf er selbst alsbald folgen soll; und daher tritt er uns auch nicht entgegen, noch hindert er uns daran, unsere sehnsuchtsvollen Blicke auf ihn zu richten. In Wahrheit scheint der heilige Paulus seine Brüder eher vor einer Enttäuschung zu warnen, wenn Christus nicht komme, als sie daran zu hindern, ihn zu erwarten.
Nun kann man einwenden, daß hier eine Art Widerspruch vorliegt; wie ist es möglich, kann man fragen, immer zu erwarten, was so lange verschoben worden ist? Was so lange ausgeblieben ist, kann noch länger ausbleiben. Für die ersten Christen, denen noch die Erfahrung des langen Zeitraumes fehlte, währenddessen die Kirche auf Erden bleiben sollte, war ein Ausschauen nach Christus tatsächlich möglich; wir aber müssen unsere Vernunft gebrauchen. Es sind heute nicht mehr Gründe vorhanden, Christus zu erwarten, als zu jenen vielen, früheren Zeiten, da er, wie die Tatsache bewies, nicht gekommen ist. Die Christen haben den Jüngsten Tag allezeit erwartet und sind immer enttäuscht worden. Sie haben Dinge gesehen, die sie für Anzeichen seiner Ankunft und für Besonderheiten ihrer Zeit gehalten haben. Ein wenig mehr Weltkenntnis, eine ausgedehntere Erfahrung hätte ihnen gezeigt, daß solche Dinge allen Zeiten gemeinsam sind. Sie haben sich stets ohne guten Grund gefürchtet, da sie in ihrer Engstirnigkeit sich beunruhigten und auf ihre abergläubischen Einbildungen bauten. Welches Zeitalter hat es gegeben, da man nicht glaubte, der Tag des Gerichtes breche an? Eine solche Erwartung hat nur die Trägheit und den Aberglauben zu Tage gebracht und gefördert; sie muß als bloße Schwäche betrachtet werden.
Ich möchte nun versuchen, einiges auf diesen Einwand zu antworten.
1. Erstens, sieht man in ihm einen Einwand gegen die Haltung fortgesetzten Wartens (um einen alltäglichen Ausdruck zu gebrauchen), dann treibt er es zu weit. Denn wenn man ihn folgerichtig durchführt, darf keine Zeit jemals den Tag Christi erwarten; die Zeit, in der er kommen wird (gleich, wann es geschieht), darf ihn nicht erwarten; – aber das ist es ja gerade, wovor er uns gewarnt hat. Er warnt uns nirgends vor dem, was man verächtlich Aberglauben nennt; aber ausdrücklich warnt er uns vor hochmütiger Sicherheit. Wenn es wahr ist, daß die Christen ihn erwartet haben, als er nicht kam, ist es ebenso wahr, daß die Welt ihn nicht erwarten wird, wenn er kommt. Wenn es wahr ist, daß die Christen sich Zeichen seiner Ankunft eingebildet haben, obwohl keine

da waren, ist es gleichfalls wahr, daß die Welt die Zeichen seiner Ankunft nicht sehen wird, wenn sie da sind. Seine Zeichen sind nicht so klar, man muß sie vielmehr suchen; nicht so klar, man kann sich *beim* Suchen irren; und die Wahl liegt zwischen der Gefahr zu glauben, daß man etwas sieht, was nicht ist, und der, nicht zu sehen, was ist. Wahr ist, daß die Christen sich oftmals, zu vielen Zeiten, in der Annahme irrten, die Ankunft Christi erkannt zu haben; aber es ist tausendmal besser zu glauben, er komme, wenn er nicht kommt, als einmal zu glauben, er komme nicht, wenn er wirklich kommt. Dies ist also der Unterschied zwischen Schrift und Welt; von der Schrift her gesehen, sollte man allezeit auf Christus warten, von der Welt aus gesehen, würde man ihn nie erwarten. Aber kommen muß er eines Tages, früher oder später. Weltliche Menschen spotten zwar jetzt über unseren Rechenfehler; aber auf wessen Seite wird dann der Mangel an Erkenntnis sein, auf wessen Seite der Triumph? Und was hält Christus von ihrem jetzigen Spott? Er warnt uns ausdrücklich durch seinen Apostel vor Spöttern, die sagen werden: »Wo bleibt die Verheißung seiner Wiederkunft? Denn seitdem die Väter entschlafen sind, bleibt alles so, wie es von Anfang der Schöpfung war...Das eine aber sollt ihr nicht vergessen, Geliebte (fährt Petrus fort): ein Tag ist bei dem Herrn wie tausend Jahre und tausend Jahre sind wie ein Tag« (2 Petr 3, 4. 8).
Man müßte auch das bedenken, daß die Feinde Christi immer schon den Untergang seiner Religion erwartet haben von Jahrhundert zu Jahrhundert; und ich sehe keinen Grund dafür, daß die eine Erwartung unvernünftiger ist als die andere; tatsächlich beleuchten beide einander. So ist es: Ungläubige erwarten immer, ohne vom Versagen früherer Ankündigungen abgeschreckt zu sein, daß es mit der Kirche und der Religion der Kirche zu Ende gehe. Sie dachten so im letzten Jahrhundert. Sie denken heute so. Jederzeit denken sie, das Licht der Wahrheit sei am Erlöschen und die Stunde ihres Sieges sei gekommen. Noch einmal, ich sehe nicht ein, warum es einerseits vernünftig ist, den Sturz der Religion noch zu erwarten nach so vielen Enttäuschungen, – anderseits aber wegen früherer Enttäuschungen unvernünftig, die Ankunft Christi zu erwarten. Ja, die Christen können über die Lage der Dinge hinaus wenigstens auf eine ausdrückliche Verheißung Christi hinweisen, nämlich, daß er eines Tages kommen werde; dagegen bringen die Ungläubigen vermutlich überhaupt keinen Grund vor für die Erwartung ihres eigenen Triumphes, ausgenommen die Zeichen der Zeiten. Sie sind siegessicher, weil sie so stark erscheinen, die Kirche Gottes hingegen so schwach; doch sie haben ihren Geist nicht genügend ausgeweitet durch den Blick auf die Vergangenheit, um zu erkennen, daß eine solche scheinbare Stärke auf der einen Seite und eine solche scheinbare Schwäche auf der anderen immer schon der Zustand der Welt

und der Kirche gewesen ist; und daß für die Christen in ihrer Erwartung des unmittelbaren Endes aller Dinge immer schon ein oder besser der Hauptgrund darin lag, daß die Aussichten für die Religion so düster waren. So haben in der Tat Christen und Ungläubige genau die gleiche Betrachtungsweise der Sachlage gehabt; nur haben sie entsprechend ihrem Bekenntnis verschiedene Folgerungen daraus gezogen. Der Christ hat gesagt: »Alles sieht so ganz nach Sturm aus, daß die Welt untergeht«; und der Ungläubige hat gesagt: »Alles sieht so ganz nach Sturm aus, daß die Kirche untergeht«; und dabei ist sicherlich die eine Ansicht nicht abergläubischer als die andere.

Wenn nun also Christen und Ungläubige sich darin finden, daß sie im Wesentlichen dasselbe erwarten, obwohl sie es entsprechend ihrer Denkart jeweils mit anderen Augen sehen, dann kann auch in der Erwartung selbst nichts besonders Überspanntes liegen; es muß in der Welt ein immer Gegenwärtiges vorhanden sein, das die Berechtigung dazu gibt. Und ich behaupte, dies ist der Fall. Immer, seitdem das Christentum die Welt betreten hat, war es in einem gewissen Sinn dabei, sie zu verlassen. Es ist so unsympathisch für den Menschensinn, es ist so geistig und der Mensch ist so irdisch, es ist anscheinend so wehrlos und hat so viele starke Feinde, so viele falsche Freunde, daß jedes neue Zeitalter »die letzte Zeit« genannt werden kann. Es hat große Eroberungen gemacht und große Werke vollbracht; und doch hat es alles, wie der Apostel von sich sagt, »in Schwachheit, mit Furcht und mit vielem Zittern« getan (1 Kor 2, 3). *Wie* es kommt, daß es immer versagt und doch stets fortbesteht, weiß nur Gott, der es will – aber es ist so; und es ist kein Widerspruch, einesteils zu sagen, daß es achtzehnhundert Jahre bestanden hat und noch viele Jahre bestehen mag, und andernteils, daß es dennoch dem Ende entgegengeht, ja, eigentlich jeden Tag zu Ende gehen kann. Und Gott möchte, daß wir Sinn und Herz der letzteren von beiden Möglichkeiten zuwenden und uns den Eindrücken *von* dieser Seite her öffnen, nämlich, daß das Ende im Kommen ist; – denn es ist heilsam so zu leben, als käme *das* zu unserer Zeit, was jeden Tag kommen kann.

Anders war es während der Jahrhunderte vor der Ankunft Christi: Erst sollte der Heiland kommen. Er sollte die Vollkommenheit bringen, und die Religion sollte dieser Vollkommenheit *entgegenwachsen*. Es entwikkelte sich eine systematische Folge von Offenbarungen; zuerst die eine, dann die andere; jeder Prophet fügte seinerseits etwas zu dem Schatz der göttlichen Wahrheit hinzu mit dem Ziel, stufenweise das volle Evangelium zu entfalten. Der gläubigen Seele wurde durch das prophetische Wort ein Zeitraum vor Christi Ankunft zubemessen, so daß er nie zu einer anderen als der »Fülle der Zeit« erwartet werden konnte, in der er kam. Dem auserwählten Volk war es nicht geboten, ihn bald zu erwarten; vielmehr, erst nach einem Aufenthalt in Kanaan, einer Gefangenschaft in Ägypten, einer Wanderung in der Wüste, nach der Zeit der Richter, der Könige und Propheten wurden endlich siebzig lange Wochen bestimmt, um ihn in die Welt einzuführen. Auf diese Weise wurde, möchte ich sagen, sein Säumen damals *erkannt;* und *während* seines Säumens wurden andere Lehren, andere Vorschriften gegeben, um die Zwischenzeit auszufüllen. Aber nachdem der Christus einmal gekommen war – der Sohn in sein eigenes Haus und mit seinem vollkommenen Evangelium –, blieb ihm nur noch die Aufgabe, seine Heiligen einzusammeln. Es konnte kein höherer Priester mehr kommen – keine wahrere Lehre. Das Licht und Leben der Menschen war erschienen, hatte gelitten und war auferstanden; darüber hinaus gab es nichts mehr zu tun. Die Erde hatte ihr feierlichstes Ereignis erlebt und ihr erhabenstes Schauspiel gesehen; und deshalb war es die letzte Zeit. Und folglich ist, wenngleich zwischen die erste und zweite Ankunft Christi noch eine Zeit trat, diese im Plan des Evangeliums nicht *bestätigt* (wenn ich so sagen darf), ist vielmehr eine Zufälligkeit gleichsam. Denn es war so, daß der Lauf der Dinge bis zur Ankunft Christi im Fleisch auf dieses Endziel in gerader Richtung zueilte und mit jedem Schritt sich ihm näherte; aber jetzt unter dem Evangelium hat jener Lauf im Hinblick auf seine zweite Ankunft seine Richtung geändert (wenn ich so sagen darf) und eilt nun nicht mehr dem Endziel zu, sondern ihm entlang und an seiner Grenze; und zu allen Zeiten ist er gleich nahe jenem großen Ereignis, in das er direkt hineinliefe, eilte er ihm direkt entgegen. Christus ist also immer an unserer Tür; vor achtzehnhundert Jahren so nahe wie heute, heute nicht näher als damals; nicht näher, wenn er kommt, als heute. Wenn er sagt, daß er bald kommen werde, so ist »bald« kein Wort der Zeit, sondern der natürlichen Ordnung. Dieser gegenwärtige Zustand der Dinge, »das gegenwärtige Elend«, wie Paulus es nennt, ist immer *nahe an* der Grenze der nächsten Welt und löst sich in sie auf. Wie ein Mensch, den man aufgegeben hat, jeden Augenblick sterben kann, der Tod aber zögert; wie ein Geschütz jeden Augenblick losgehen kann und zu bestimmter Zeit losgehen muß; wie wir auf den Glockenschlag warten und er uns dann doch überrascht; wie ein zerbröckelnder Bogen sich noch trägt, man weiß nicht wie, und keinen sicheren Durchgang gewährt, so kriecht diese schwache, müde Welt dahin und wird eines Tages, ehe wir wissen, wo wir sind, zu Ende sein. Hier möchte ich im Vorübergehen hinweisen auf das Licht, das so auf die Lehre fällt, daß Christus der einzige Priester unter dem Evangelium ist, daß die Apostel immer auf zwölf Thronen sitzen und die zwölf Stämme Israels richten, oder daß Christus allezeit bei ihnen ist bis ans Ende der Welt. Fühlt ihr nicht die Kraft dieser Ausdrücke? Der jüdische Bund hatte zwar »mannigfaltige Zeiten«, die »auf vielerlei Weise«

verordnet waren [Hebr 1, 1]; er hatte eine lange Reihe von Priestern und eine wechselvolle Geschichte; einige von ihnen waren heiliger als andere und dem Himmel näher. Als aber Christus gekommen war, gelitten hatte und aufgestiegen war, war er uns fortan immer nahe, immer zur Hand, auch wenn Er tatsächlich nicht zurückgekehrt war, immer soeben gegangen, immer eben am Zurückkommen. Er ist der einzige Lenker und Priester in seiner Kirche, der einzige, der Gaben austeilt, und er hat niemanden bestimmt, ihn abzulösen, weil er nur für eine kurze Zeit gegangen ist. Aaron nahm die Stelle Christi ein und hatte sein eigenes Priestertum; die Priester Christi hingegen haben kein Priestertum außer dem Seinigen. Sie sind nur seine Schatten und Werkzeuge, sie sind seine äußeren Zeichen; und was sie tun, tut er; wenn sie taufen, tauft er; wenn sie segnen, segnet er. Er ist in allen Handlungen seiner Kirche, und die eine wie die andere ihrer Handlungen sind in einem gleich wahren Sinn seine Handlungen, denn alle sind die Seinigen. So sind wir in allen Zeiten des Evangeliums nahe seinem Kreuz. Wir stehen sozusagen unter ihm und empfangen seine Segnungen frisch von ihm; nur daß, seitdem die Zeit, geschichtlich gesprochen, weitergeschritten ist und der Heilige fern von uns ist, gewisse äußere Formen notwendig sind, um uns wieder unter seinen Schatten zu bringen; und um diese Segnungen in Wirklichkeit zu kosten, kosten wir sie durch ein Geheimnis, auf sakramentale Weise. Alles dies zeugt für die Verpflichtung, Christi Gedächtnis hochzuhalten und nach ihm auszuschauen, da es uns lehrt, das Gegenwärtige gering zu achten, auf keine Zukunftspläne zu vertrauen, keine Zukunftshoffnungen zu hegen, sondern so im Glauben zu leben, als hätte er uns nicht verlassen, so in der Hoffnung zu leben, als wäre er zu uns zurückgekehrt. Wir müssen versuchen, zu leben als wie zu Lebzeiten der Apostel, und wir müssen versuchen, über das Leben unseres Herrn in den Evangelien nachzusinnen, nicht wie über eine Geschichte, sondern wie über ein persönliches Erlebnis.

2. Das führt mich zur Behandlung eines weiteren Gesichtspunktes, unter dem man den erwähnten Einwand vorbringen kann; nämlich daß dieses Harren auf Christus nicht nur abwegig in seiner Idee selbst ist, sondern daß es zum Aberglauben und zur Schwäche wird, sooft es zur Auswirkung kommt. Wenn der Geist in Spannung ist ob der Nähe einer beängstigenden Heimsuchung, dann beginnt er, sich Anzeichen davon in der natürlichen und sittlichen Welt herzuphantasieren, und verwechselt die gewöhnlichen Geschehnisse der göttlichen Vorsehung mit Wundern. So geraten die Christen in Knechtschaft und ersetzen das Evangelium durch eine närrische Religion, in der die Einbildung den Glauben verdrängt und sichtbare und irdische Dinge an die Stelle der Schrift treten. Das ist der Einwand. Unser Text jedoch, der die Tatsache der Erwartung in den Worten »Ja, ich komme bald« gutheißt, heißt

anderseits ebenso sicher die Haltung des Wartens gut durch den Zusatz »Amen, komm, Herr Jesus«.
Ich möchte auf dieses hinweisen: Obwohl die Christen sich täuschen konnten in dem, was sie als Zeichen der Ankunft Christi deuteten, so gingen sie doch nicht fehl in ihrer Geisteshaltung, sie irrten nicht darin, daß sie Ausschau hielten, Ausschau hielten nach Christus. Ob leichtgläubig oder nicht, sie handelten nur wie einer auf Erden handelt gegen jemanden, den er liebt, verehrt oder bewundert. Betrachtet nur die Art und Weise, in der treue Menschen zu einem guten Fürsten aufschauen; ihr werdet sehen, wie landauf landab ehrende Geschichten über ihn im Umlauf sind; die Leute schätzen sich glücklich im Glauben, daß sie unerwartet Zeichen seines Wohlwollens, seines Edelmutes und seiner väterlichen Güte begegnet sind. Viele dieser Erzählungen sind unwahr. Andere jedoch sind wahr, und im allgemeinen würden wir jenen Menschen nicht besonders schätzen, der, anstatt gerührt zu sein über diese gegenseitige Sympathie zwischen Herrscher und Volk, nur damit umginge, ihre sogenannte Leichtgläubigkeit zu bekritteln und die Zuverlässigkeit dieser oder jener einzelnen Geschichte nachzuprüfen. Großartig, wahrhaftig in der Lage zu sein, ein paar falsche Darstellungen zu entdecken, ein paar Erdichtungen zu enthüllen und herzlos zu sein! Und wahrlich anderseits ein betrüblicher Mangel bei jenen, die zwar recht haben, aber doch nicht in jeder Einzelheit, dafür aber das Herz am rechten Fleck haben! Wer würde einen solchen Mann um seiner Kenntnis willen beneiden? Wer möchte nicht eher die Unwissenheit jener Leute haben? Ähnlich möchte ich lieber mit dem tauschen, der aus Liebe zu Christus und aus Mangel an Wissen irgendeine seltsame Erscheinung am Himmel, einen Kometen oder Meteor für das Zeichen seiner Ankunft hält, als mit jenem, der aus größerem Wissen heraus, aber aus Mangel an Liebe sich über den Irrtum lustig macht. In vergangenen Zeiten haben religiöse Menschen Erscheinungen am Himmel für Zeichen der Ankunft Christi genommen, die uns heute überhaupt nicht mehr schrecken. Zugegeben, aber was nun? Sehen wir uns diesen Sachverhalt an. In alter Zeit war es in der Regel nicht *bekannt,* daß gewisse Himmelskörper sich bewegen und zu *bestimmten* Zeiten und nach bestimmten Gesetzen erscheinen; heute ist das bekannt; d. h. heute haben sich die Menschen daran *gewöhnt,* sie zu sehen, damals waren sie es nicht gewöhnt. Wir wissen heute genau so wenig wie jene damals, *wie* sie kommen oder warum; aber damals waren die Menschen über ihr Erscheinen bestürzt, weil es ihnen fremd war; heute aber ist es nicht mehr fremd und daher sind die Menschen nicht bestürzt. Aber wieso war es deshalb absurd und lächerlich (denn so redet man heute darüber), warum war es etwas Törichtes und Albernes, wenn jemand sich von dem beeindrucken ließ, was selten und fremdartig war? Nehmt

einen Parallelfall: Reisen ist heute etwas Alltägliches, früher war es nicht alltäglich. Folglich unternehmen wir heute eine Reise ohne ernsthafte Rührung beim Abschied von unseren Freunden; aber damals gingen die Leute, auch wenn die Gefahr dieselbe und die Abwesenheit von gleicher Dauer war, eben weil es sich um eine ungewöhnliche Sache handelte, nicht von zu Hause weg ohne viel Vorbereitung, viel Gebet und viel Abschiednehmen. Ich sehe nichts sehr Tadelnswertes darin, von ungewöhnlichen Dingen mehr beeindruckt zu sein als von gewöhnlichen.
Ihr werdet sehen, daß im vorliegenden Fall die Leute, die nach Christus ausschauen, nicht nur *darin* im Gehorsam gegen ihn handeln, daß sie Ausschau halten, sondern daß sie ausschauen im Gehorsam gegen ihn – eben durch die Art ihres Ausschauens und durch die Zeichen, die sie zur Ausschau bewegen. Immer schon von Anfang an haben die Christen *unter* den Zeichen der physischen und moralischen Welt nach Christus ausgeschaut. Waren sie arm und ungebildet, dann haben seltsame Erscheinungen am Himmel, Erdbeben, Stürme, Mißernten, Krankheit oder irgend etwas Außerordentliches und Unnatürliches sie auf den Gedanken gebracht, daß er nahe sei. Waren sie imstande, einen Einblick zu gewinnen in die soziale und politische Welt, dann sind die Unruhen im Staat – Kriege, Revolutionen und dergleichen – zusätzliche Umstände gewesen, die dazu dienten, sie zu beeindrucken und ihr Herz für Christus wachzuhalten. Alle diese Dinge aber sind genau das, was wir nach seinen Worten beherzigen sollten und was er uns als Zeichen seiner Ankunft angegeben hat. »Es werden Zeichen sein«, sagt er, »an der Sonne, an dem Mond und an den Sternen und auf Erden große Angst unter den Völkern wegen des ungestümen Rauschens des Meeres und der Fluten; die Menschen werden verschmachten vor Furcht und vor Erwartung der Dinge, die über den ganzen Erdkreis kommen werden: denn die Kräfte des Himmels werden erschüttert werden. Wenn nun dieses anfängt zu geschehen, dann schauet auf und erhebet eure Häupter, denn es naht eure Erlösung« (Lk 21, 25. 26. 28). Eines Tages *werden* die Lichter des Himmels Zeichen sein; eines Tages *werden* auch die Ereignisse unter den Völkern Zeichen sein. Weshalb also ist es abergläubisch, auf sie zu schauen? Das ist kein Aberglaube. Wir können in Einzelheiten, auf die wir uns stützen, fehlgehen und wir können unsere Unwissenheit darin zeigen; aber es liegt nichts Lächerliches oder Verächtliches in unserer Unwissenheit, hingegen liegt viel Religiöses in unserem Harren. Es ist besser, in unserem Wachen fehlzugehen als überhaupt nicht zu wachen.
Man kann folglich auch nicht sagen, daß die Christen selbst mit ihren besonderen Vorahnungen im Unrecht waren, obwohl Christus nicht kam, sie aber behaupteten, sie sähen seine Zeichen. Vielleicht *waren* es seine Zeichen, nur daß er sie wieder zurückzog. Gibt es nicht so etwas

wie einen Gegenbefehl? Sagen nicht manchmal welterfahrene Männer Dinge voraus, die sich als falsch erweisen, und dennoch sagen wir, daß sie an sich recht gehabt haben *müßten*. Der Himmel verdüstert sich und dann hellt er sich wieder auf. Oder ein militärischer Befehlshaber kommandiert seine Männer nach vorn, ruft sie aber dann aus irgendeinem Grund wieder zurück; werden wir sagen, daß jene Melder sich getäuscht haben, die die Nachricht von seinem Vorrücken überbrachten? Gut, in einem gewissen Sinn bewegt Christus die himmlischen Heere immer vorwärts und immer holt er sie zurück. Die Zeichen der weißen Rosse erscheinen immer, immer wieder verschwinden sie. »Die Wolken kommen nach dem Regen wieder« [Koh 12, 2]; und seine Diener gehen nicht fehl, wenn sie auf sie zeigen und behaupten, das Wetter schlage um, obwohl es nicht umschlägt, da es ja ewig unbeständig ist.

Etwas anderes wäre noch zu beachten, daß nämlich die Christen, obschon sie immer Christus erwarten, immer auf seine Zeichen hinweisen, nie gesagt haben, daß er gekommen sei. Sie haben nur behauptet, daß er eben im Kommen sei, *kurz vor* dem Kommen. Und das war er und ist es. Schwärmer, Sektierer und ungestüm vermessene Menschen, *diese* haben gesagt, daß er *tatsächlich* gekommen sei, oder sie haben das genaue Jahr und den Tag bezeichnet, da er kommen werde. Nicht so seine demütigen Jünger. Sie haben ihn weder angekündigt noch gesucht, weder in der Wüste noch in den verborgenen Gemächern, noch haben sie versucht, »die Zeit oder Stunde zu bestimmen, die der Vater in seiner Macht festgesetzt hat« [Apg 1, 7]. Sie haben nur gewartet; wenn er dann tatsächlich kommt, werden sie ihn nicht verfehlen; aber sie äußern sich nicht im voraus. Sie sehen nur seine Vorboten.

Wo die Menschen religiös sind, da kann gewiß kein großer Schaden und vollends nichts besonders Lächerliches darin liegen, daß sie auf diese Weise die Geschehnisse ihrer Tage für mehr als nur gewöhnlich halten, daß sie sich einbilden, die Dinge der Welt gingen zu Ende und die Ereignisse verdichteten sich zu einer Endkatastrophe; denn, wie ich bemerken darf, die Schrift heißt es gut, daß wir *alles*, was wir in der Welt sehen, in einem religiösen Sinn deuten und so deuten, als seien alle Dinge Zeichen und Offenbarungen Christi, seiner Vorsehung und seines Willens. Ich meine, wenn diese niedrige Welt, die ihren eigenen Weg zu gehen scheint, unabhängig von ihm, gelenkt von festen Gesetzen oder gar beherrscht von gesetzlosen Herzen, trotzdem eines Tages in einer schrecklichen Weise seine Ankunft zum Gericht verkünden wird, dann ist es gewiß nicht unmöglich, daß dieselbe Welt in ihrer physischen Ordnung wie in ihrem zeitlichen Ablauf auch auf andere Art von ihm kündet. Zunächst könnte man zwar einwenden, daß diese Welt nur eine ihm feindliche Sprache rede, daß sie in der Schrift beschrieben werde als

Feindin Gottes, als Feindin der Wahrheit, des Glaubens und des Himmels; daß es heiße, sie sei ein trügerischer Schleier, sie entstelle die Dinge und halte die Seele von Gott ab. Wie kann also, mag man fragen, diese Welt Zeichen seiner Gegenwart an sich tragen oder uns ihm näherbringen? Aber so ist es – zweifellos –, daß er trotz des Bösen in der Welt dennoch in ihr ist und durch sie spricht, wenn auch nicht sehr vernehmlich. Als er im Fleisch kam, »war er in der Welt, und die Welt ist durch ihn gemacht worden, aber die Welt hat ihn nicht erkannt« [Joh 1, 10]. Er eiferte auch nicht, noch lärmte er, noch erhob er seine Stimme in den Straßen. So ist es auch jetzt noch. Er ist heute noch hier; er flüstert uns immer noch zu, er gibt uns immer noch Zeichen, aber seine Stimme ist so leise und der Lärm der Welt ist so laut, seine Zeichen sind so versteckt und die Welt ist so ruhelos, daß es schwierig ist, genau zu sagen, wann er uns anspricht und was er sagt. Religiöse Menschen können nicht anders als auf mannigfache Weise spüren, daß seine Vorsehung sie in den großen Linien ganz persönlich führt und segnet; versuchen sie aber, ihren Finger auf Zeiten und Orte zu legen, dann verschwinden die Spuren seiner Gegenwart. Wer hat nicht schon z. B. eine solche Erhörung seines Gebetes gefunden, daß er dabei nicht gefühlt hätte, er könne nie wieder ungläubig werden? Wer hat nicht schon im Lauf seines Lebens jene seltsame Fügung gespürt, die ihm in überwältigender Weise die Hand Gottes kundtat? Wen haben nicht schon Gedanken überfallen von jener besonderen, geheimnisvollen Macht, die ihn warnten und lenkten? Und manch einer hat vielleicht noch seltsamere Dinge erfahren. Wunderbare Werke der Vorsehung sind einstmals schon durch Träume veranlaßt worden; auch auf andere noch ungewöhnlichere Art hat Gott bisweilen seine Hand dazwischen getan. Und wiederum nahmen Dinge, die uns vor Augen treten, die Gestalt von Typen und Vorzeichen sittlicher oder künftiger Dinge in einer Weise an, daß der Geist in uns sich ausrecken und ahnen kann, was ihm das Sichtbare nicht sagt. Und manchmal gehen diese Ahnungen am Ende in auffallender Weise in Erfüllung. Auch sind die Geschicke der Menschen so einzigartig verschieden, daß man glaubt, ein Gesetz des Erfolges und Gelingens umschließe eine gewisse Anzahl und ein gegenteiliges Gesetz die anderen. Weil dem so ist und weil die Unermeßlichkeit und das Geheimnisvolle der Welt sich uns aufdrängen, können wir wohl auf den Gedanken kommen, daß es hienieden nichts gibt, das nicht möglicherweise eine Verbindung mit allem anderen hat; es können sich die entferntesten Geschehnisse schließlich zusammenfinden, das Geringste und das Höchste können Teile eines Ganzen sein; und Gott kann uns belehren und uns die Erkenntnis seiner Wege gewähren, falls wir nur in all den alltäglichen Dingen unsere Augen öffnen wollten. Das ist es, was nachdenkliche Menschen mehr und mehr glauben; dann beginnen sie, eine Art Glauben an die göttliche Bedeutung der sogenannten Zufälligkeiten des Lebens zu hegen und eine Bereitschaft, Eindrücke von dort in sich aufzunehmen, die leicht maßlos werden können und die, ob maßlos oder nicht, sicher von der großen Welt als Aberglaube verlacht werden. Doch wenn wir bedenken, daß die Schrift uns sagt, sogar die Haare unseres Hauptes seien allesamt von Gott gezählt, alles sei unser und alles gereiche uns zum Guten, so ermutigt sie uns gewiß, auf diese Weise in allen, auch den kleinsten Geschehnissen, nach seiner Gegenwart auszuschauen und überzeugt zu sein, daß für fromme Ohren selbst die schlechte Welt von ihm kündet.

Doch ich wiederhole, dieses fromme Harren auf Gott den Tag hindurch, das so verwandt ist jenem Geist der Wachsamkeit, über den wir sprechen, steht nicht minder dem Einwurf und dem Spott der Welt offen. Gott spricht durch die Vorkommnisse des Lebens nicht in einer Weise zu uns, daß man andere von seinem Sprechen überzeugen könnte. Er handelt nicht nach so eindeutigen Gesetzen, daß ihr über sie mit Sicherheit reden könnt. Er gibt uns genügend Zeichen seiner selbst, die unseren Geist in Ehrfurcht zu ihm erheben können; aber er scheint so häufig rückgängig zu machen, was er getan hat, und Fälschungen seiner Zeichen zu dulden, daß eine Überzeugung von seiner wunderwirkenden Gegenwart höchstens im einzelnen Menschen vorhanden sein kann. Es ist keine Wahrheit, die sich vor Menschen lehren und kenntlich machen läßt; sie ist nicht derart, daß man sie der großen Welt, ja, nicht einmal religiösen Menschen als Grundsatz aufnötigen kann. Gott gibt uns genug, was uns suchen und hoffen läßt; aber nicht genug, daß wir es mit Nachdruck verteidigen können.

Ich habe bislang von besinnlichen und gewissenhaften Menschen gesprochen, von solchen, die ihre Pflicht tun und die Schrift lesen. Ganz sicher aber ist, daß dieser Blick auf die äußeren Geschehnisse zum Aberglauben führt, wenn er sich in Menschen findet, die unreligiös leben oder nur geringe Schriftkenntnis besitzen. Die große und hauptsächliche Offenbarung seines Willens, die Gott uns gegeben hat, vollzieht sich durch Christus und seine Apostel. Sie haben uns die Erkenntnis der Wahrheit geschenkt; sie haben himmlische Grundsätze und Lehren in der ganzen Welt ausgestreut; sie haben dieser geoffenbarten Wahrheit göttliche Sakramente zur Seite gegeben, die dem Herzen vermitteln, was sonst ein bloß äußeres und unfruchtbares Wissen bliebe; und sie haben uns aufgetragen zu üben, was wir wissen, und zu befolgen, was man uns lehrt, damit das Wort Christi in uns Gestalt werde und wohne. Außerdem wurden sie inspiriert, die heiligen Schriften uns zur Belehrung und zum Trost zu schreiben; und in diesen Schriften finden wir die Geschichte dieser Welt nach einem himmlischen Gesetz für uns gedeutet. Wenn dann ein Mensch, der auf diese Weise innerlich geformt und gestärkt ist, mit diesen lebendigen Grundsätzen in seinem Herzen, mit diesem festen Halt am Unsichtbaren und mit dem Blick auf das Unsichtbare, mit Wünschen, Meinungen, Ansichten und Zielen, die nach Gottes geoffenbartem Gesetz geformt sind, in der Welt sich umsieht, dann sucht er bei der Welt keine Offenbarung – er hat bereits eine. Er nimmt seine Religion nicht von der Welt, noch überschätzt er die Anzeichen und Vorzeichen, die er in ihr sieht. Ganz anders aber liegt der Fall, wenn einer von der geoffenbarten Wahrheit nicht so erleuchtet und belehrt ist. Dann ist er nur eine Beute, er wird Sklave der Vorkommnisse und Geschehnisse, der Bilder und Laute, der Vorzeichen und Wunderzeichen, die ihm in der natürlichen und sittlichen Welt begegnen. Seine Religion ist Versklavung an das Vergängliche, Vergötterung der Schöpfung und ist im übelsten Sinn des Wortes Aberglaube. Daher ist es eine allgemeine Feststellung, daß unreligiöse Menschen dem Aberglauben völlig offen stehen. Denn es lebt in ihnen die Befürchtung, daß es irgendwo etwas Großes und Göttliches gibt; und da sie es nicht in sich tragen, bereitet es ihnen keine Schwierigkeit zu glauben, es sei überall dort, wo Menschen Anspruch auf seinen Besitz erheben. So findet man in der Geschichte hochgestellte Männer, die sich mit verbotenen Künsten abgeben, anerkannte Wahrsager befragen oder der Astrologie sich widmen. Andere haben ihre Glücks- und Unglückstage gehabt; andere sind das Spielzeug von Träumen oder sonstigen eitlen Wahnvorstellungen gewesen. Andere wieder gab es, die sich zu Idolen herabgebeugt haben; denn sie haben weder Prinzip noch Wurzel in sich gehabt. Sie haben auch die Schrift nicht gekannt, in der Gott in seiner großen Güte den Schleier von einem Teil der Weltgeschichte entfernt hat, damit wir sehen könnten, *wie* er wirkt. Die Schrift ist der Schlüssel, der uns die Deutung der Welt erschließt; aber jene, die ihn nicht haben, schweifen inmitten der Schatten der Welt umher und legen die Dinge auf gut Glück aus. Der gleiche Mangel eines inneren religiösen Prinzips zeigt sich in der leichtfertigen, sinnlosen Weise, mit der so viele Menschen falsche Formen des religiösen Bekenntnisses annehmen. Wer das Licht Christi in sich trägt, kann die zur Nachfolge rufende Stimme fanatischer, irrender, eigenmächtiger oder heuchlerischer Menschen hören, ohne davon bewegt zu werden. Ist aber einer sich bewußt, ein vorsätzlicher Sünder zu sein, ohne den Frieden mit Gott zu haben, spricht sein eigenes Herz gegen ihn und lebt er ohne Grundsatz und Halt, dann wird er zur Beute des ersten besten, der mit eindrucksvollen Worten auf ihn eindringt und ihn auffordert, an ihn zu glauben. Daher findet ihr viele, die begierig denen nachlaufen, die sich die Wundergabe zuschreiben, die die Kirche als die Abtrünnige hinstellen oder die behaupten, nur jene würden gerettet, die mit ihnen übereinstimmten oder mit jedwedem, der ohne jede Gewähr für seine Richtigkeit in Anmaßung spricht. Aus diesem Grund ist die Menge plötzlichen Warnsignalen so preisgegeben. Ihr hört, wie sie auf eine eitle Vorhersage hin, der Tag des Gerichtes breche herein, in hellen Scharen aus der Stadt drängt. Daher sind so viele aus den gewöhnlichen und niederen Kreisen so voll von kleinen, abergläubischen Meinungen, die der Erwähnung nicht wert sind; und dieses alles, weil das Licht der Wahrheit nicht in ihren Herzen brennt. Der wahre Christ jedoch zählt nicht zu diesen. Auf ihn treffen die Worte des heiligen Paulus zu: »Alles ist mir erlaubt, aber nicht alles frommt; alles ist mir erlaubt, aber nichts soll die Herrschaft über mich erhalten« (1 Kor 6, 12). Er weiß »diese Welt zu gebrauchen wie einer, der sie nicht mißbraucht« [1 Kor 7, 31]. Er ist von nichts in dieser Welt *abhängig*. Er verläßt sich nicht auf *ihre* Zeichen, die der geoffenbarten Wahrheit entgegenstehen. »Du wirst im vollen Frieden erhalten den, der sein Herz auf dich gesetzt, denn er vertraut auf dich« [Jes 26, 3]. Das ist die ihm gewordene Verheißung. Und wenn er suchenden Blickes in der Welt sich umsieht, so geschieht das nicht, um zu suchen, was er nicht weiß, sondern zu suchen, was er weiß. Er sucht keinen Herrn und Heiland. Er hat »den Messias gefunden« [Joh 1, 41]; und er hält nach *ihm* Ausschau. Sein Herr selbst hat ihm *aufgetragen*, in den Zeichen der Welt nach ihm auszuschauen, und daher tut er es. Sein Herr selbst hat ihm im Alten Testament gezeigt, wie er, der Herr der Herrlichkeit, zu den Dingen des Himmels und der Erde sich herabläßt. Er weiß, daß Gottes Engel auf der Erde umhergehen. Er weiß, daß sie einst sogar in menschlicher Gestalt zu kommen pflegten. Er weiß, daß der Sohn Gottes einst auf die Erde gekommen ist. Er weiß, daß er seiner Kirche die Gegenwart eines wunderbaren Wirkens verheißen und sein Versprechen niemals widerrufen hat. Auch liest er im Buch der Offenbarung übergenug, nicht von Dingen, die ihm zeigen, was kommt, sondern von Dingen, die ihm zeigen, daß heutzutage, wie vordem, ein verborgener übernatürlicher Plan *hinter* dieser sichtbaren Schaubühne sich vollzieht. Und daher schaut er nach Christus aus, nach seinen gegenwärtigen Weisungen und nach seiner Ankunft. Oft zwar täuscht er sich in seiner Erwartung und bildet sich ein, es kämen wunderbare Dinge über die Erde, während diese immer noch zögern, doch er gebraucht die Worte des Propheten und tröstet sich damit: »Auf meine Warte will ich mich stellen und meinen Fuß auf die Feste setzen; ich will umschauen, um zu sehen, was er mir sage und was ich antworten soll, wenn ich getadelt werde. Und der Herr antwortete mir...: Das Gesicht liegt noch in der Ferne; doch endlich wird es kommen und es täuscht nicht; wenn es verweilt, so harre sein; denn es kommt sicher und zögert nicht. Siehe, wer ungläubig ist, dessen Seele hat Gerechtigkeit nicht an sich; der Gerechte aber lebt durch seinen Glauben« (Hab 2, 1–4).

II. Gebet um das Licht der Wahrheit

O mein Gott, ich bekenne, daß du meine Dunkelheit erleuchten kannst. Ich bekenne, daß du allein es kannst. Ich verlange danach, daß meine Dunkelheit erleuchtet werde. Ich weiß nicht, ob du mich erleuchten willst, aber daß du es kannst und daß ich es wünsche, sind Gründe genug für mich, um das zu bitten, was du mir zum mindesten zu erbitten nicht verwehrt hast. Zugleich verspreche ich, daß ich mit Hilfe deiner Gnade, um die ich flehe, alles annehmen will, was ich im Lauf der Zeit als Wahrheit sicher erkenne, wenn immer ich zur Sicherheit gelange. Mit deiner Gnade will ich mich hüten vor jeder Selbsttäuschung, die mich verleiten könnte, anzunehmen, was der Natur gefällt, statt was die Vernunft gutheißt.

ABKÜRZUNGSVERZEICHNIS

1. Deutsche Übersetzungen von Werken Newmans

AW	*Ausgewählte Werke* Newmans (Mainz 1951–69)
A	Apologia pro vita sua (AW I, 1951; s. engl. AE)
B	*Briefe* und Tagebücher aus der katholischen Zeit seines Lebens (AW II/III, 1957; vgl. engl. WW I/II)
E	Über die *Entwicklung* der Glaubenslehre (AW VIII, 1969; s. engl. Dev.); im Anhang weitere Dokumente zur Theorie der Lehrentwicklung
G	Zur Philosophie und Theologie des *Glaubens* (AW VI, 1964): Oxforder Universitätspredigten (s. engl. OUS), weitere Predigten zum Thema (aus engl. PPS I, III, IV, VI, VIII, SVO, DMC), Texte zum Thema Inspiration und Glaubensanalyse (engl. SE u. a.)
P	*Polemische* Schriften (AW IV, 1959): Brief an Pusey (aus engl. Diff II), Brief an den Herzog von Norfolk (ebda), Artikel im »Rambler«: Über das Zeugnis der Laien in Fragen der Glaubenslehre (→On Consulting the Faithful in Matters of Doctrine)
U	Vom Westen der *Universität* (AW V, 1960; s. engl. UE)
Z	Entwurf einer *Zustimmungslehre* (AW VII, 1961; s. engl. GA)
DP I-XI	(*Deutsche Predigtausgabe*) Predigten, Gesamtausgabe (Stuttgart 1948–62): DP I-VIII Pfarr- und Volkspredigten (s. engl. PPS); DP IX Predigten zu Tagesfragen (s. engl. SSD); DP X Predigten zu verschiedenen Anlässen (s. engl. SVO); DP XI Predigten vor Katholiken und Andersgläubigen (s. engl. DMC)
DP XII	(Deutsche Predigtausgabe) Der Anruf Gottes, neun bisher unveröffentlichte Predigten aus der katholischen Zeit (Stuttgart 1965, s. engl. CS)
SB	*Selbstbiographie* nach seinen Tagebüchern (Stuttgart 1959; s. engl. AWr)
BG	*Betrachtungen* und *Gebete* (München 1952; s. engl. MD: deutsch völlig umgeordnet und ausgewählt)

2. Englische Originalausgaben

AE	→Apologia pro vita sua, 3. Aufl. 1865 (»AE« = Apologia engl.; deutsch: A)
Ar	The →Arians of the Fourth Century, 3. Aufl. v. 1871 (mit Fußnoten und Zusätzen zur 1. Aufl. 1833)
Ath I-II	Selected Treatises of St. Athanasius, 3. Aufl. 1881.
Call	→Callista, a Tale of the Third Century, Aufl. v. 1888 (1. Aufl. 1855)
DA	→Discussions and Arguments on Various Subjects, 1872 (aus 1836–66)
Dev	An Essay on the →Development of Christian Doctrine, 3. Aufl. 1878 (große Unterschiede gegenüber der 1. Aufl. v. 1845; deutsch E 1–383, dort in Anmerkungen Vergleich beider Auflagen)
Diff I/II	Certain →Difficulties, felt by Anglicans in Catholic Teaching; Bd. I: 12 Lectures, addressed in 1850 to the Party of the Religious Movement of 1833; Bd. II: Letter to ... Pusey, 1866, Letter to the Duke of Norfolk ..., 1875 (Diff II deutsch: P 1–251)
DMC	→Discourses addressed to Mixed Congregations, 1849 (deutsch: DP XI)
ECH I/II	Essays Critical and Historical, 1871 (Essays aus 1828–46).
GA	An Essay in Aid of a Grammar of Assent, 1870 (Zusätze v. 1880/83; deutsch: Z)
HS I-III	→Historical Sketches, 1872 (aus 1824–60)

Just	Lectures on the Doctrine of→Justification, 3. Aufl. 1874 (1. Aufl. 1838)
LG	→Loss and Gain, Neuaufl. 1874 (1. Aufl. 1848)
Mir	Two Essays on Biblical and Ecclesiastical→Miracles, 1870 (aus 1825/43)
OUS	Fifteen Sermons preached before the University of Oxford between 1826 and 1843, 3. Aufl. 1871 (mit wichtiger Preface, 1. Aufl. 1843). Deutsch: G 1–258.
PPS	Parochial and Plain Sermons, Aufl. v. 1868 (1. Aufl. 1834–43, aus 1825–43). Deutsch: DP I-VIII.
PresPos	Lectures on the→Present Position of Catholics in England, 3. Aufl. 1857 (1. Aufl. 1851)
SSD	Sermons bearing on Subjects of the Day, Aufl. v. 1869 (1. Aufl. 1843, aus 1831–43). Deutsch: DP IX.
SVO	Sermons preached on Various Occasions, Aufl. v. 1870 (1. Aufl. 1857, aus 1850–73). Deutsch: DP X.
TTE	Tracts Theological and Ecclesiastical, 1874 (Nachträge 1883, aus 1847–72)
UE	The →Idea of a University defined and illustrated I. in nine Discourses delivered to the Catholic University of Dublin (1852), II. in Occasional Lectures and Essays addressed to the Members of the Catholic University (1854–58), 1. Aufl. 1859 (»UE« = Universitätsidee engl.); dt. s. U, m. Auslassgn. u. 1 zusätzl. Vortr.)
VM I/II	The →Via Media of the Anglican Church, illustrated in Lectures, Letters and Tracts, written between 1830 and 1841; 1877 (Ergänzungen 1883); Bd. I: Lectures on the →Prophetical Office of the Church viewed relatively to Romanism and Popular Protestantism (1837; wichtige Preface z. 3. Aufl. v. 1877: 49 S.); Bd. II: 11 Titel aus 1830–45
VVO	→Verses on Various Occasions, 1868 (aus 1818–65)

2.2. *Briefe, Tagebücher, Manuskripte*, posthum herausgegeben

Addr	Addresses to Cardinal Newman with his Replies 1879–81 (ed. W. Neville), 1905
AM I/II	Anne Mozley: Letters and Correspondence of J. H. Newman during his Life in the English Church, 1891
AWr	J. H. Newman: Autobiographical Writings (ed. H. Tristram, C. S. Dessain), 1956. Deutsch: SB
BG	Betrachtungen und Gebete (s. engl. MD, übers. u. umgeordnet: M. Knoepfler), 1952
CF	(Correspondence with W. Froude) C. H. Harper: Cardinal Newman and William Froude. A Correspondence. 1933
CK	Correspondence of J. H. Cardinal Newman with John Keble and others 1839–45, ed. at the Birmingham Oratory 1917
CM	(Correspondence with C. Meynell) P. Zeno: Newman. Our Way to Certitude. 1957, Appendix: The Newman-Meynell Correspondence (S. 226–70; 47 Briefe 1869/70)
CP	(Correspondence with A. Plummer) F. L. Cross: John Henry Newman, 1933; 164–182: The Plummer Letters.
CS	Catholic Sermons of Cardinal Newman, ed. at the Birmingham Oratory 1957 (aus 1848–73). Deutsch: DP XII
DM	Dorothea Mozley: Newman Family Letters, 1962
LD Iff	The Letters and Diaries of J. H. Newman. Edited at the Birmingham Oratory by Charles Stephen Dessain of the same Oratory et al.

MCI	Card. Newmann: My Campaign in Ireland. Part I. Catholic University Reports and other Papers. Printed for Private Circulation only. 1896 (Part II nicht erschienen)
MD	Meditations and Devotions (ed. W. Neville), 1912
MHS	Newman Manuscripts on Holy Scripture; Anhang zu: J. Seynaeve, Card. Newman's Doctrine on Holy Scripture, 1953 (aus 1836–65)
OP	Newman's Oratory Papers; Anhang zu: P. Murray, Newman the Oratorian, 1968 (S. 133–467: aus 1846–78).
PhNb	The →Philosophical Notebook of J. H. Newman, edited at the Birmingham Oratory by E. Sillem, revised by A. J. Boekraad, Vol. II: The Text, 1970
SE	Stray Essays on Controversial Points Variously Illustrated by Cardinal Newman. Private. 1890. Deutsch: G 361–424
SN	Sermon Notes of J. H. Card. Newman 1849–78, edited by Fathers of the Birmingham Oratory, 1913
WW I/II	The Life of J. H. Card. Newman, based on his Private Journals and Correspondence by Wilfrid Ward, 1912

Entnommen: Johannes Artz, Newman-Lexikon, Matthias-Grünewald Verlag, Mainz 1975

QUELLENNACHWEIS

Teil 1: »GESCHICHTE MEINER RELIGIÖSEN ÜBERZEUGUNGEN«

I.: Apologia pro Vita sua
(Ausgewählte Werke Newmans, AW I, Matthias-Grünewald-Verlag, Mainz 1951)

I. 1: A 19–35
I. 2: A 35–48
I. 3: A 50–56
I. 4: A 70–76
I. 5: A 86–93
I. 6: A 96–98
I. 7: A 132
I. 8: A 141
I. 9: A 143f
I.10: A 168–171
I.11: A 185–188

II.: Selbstbiographische Schriften

II.1: SB 330–337
(Selbstbiographie nach seinen Tagebüchern, Schwabenverlag, Stuttgart 1959)

II.2: BG 361
(Betrachtungen und Gebete, Kösel Verlag, München 1952)

II.3: J. H. Newman, My Campaign in Ireland, 1896, 393–400
(Privatdruck, Übers.: F. Arnskötter)

Teil 2: DAS ERLANGEN DER WAHRHEIT HAT SITTLICHE VORAUSSETZUNGEN

I: John Henry Newman, Abendländische Bildung
(Herder Verlag, Wien 1949, 9–24; Übersetzung von HS III, 6–17)

II.: U 114–134
(Vom Wesen der Universität, AW V, Mainz 1960)

III.: U 181–207

IV.: U 269–288

Teil 3: GEWISSHEIT, GEWISSEN UND GLAUBE

I.: G 136–153
(Zur Philosophie und Theologie des Glaubens, AW VI, Mainz 1964

II.: G 154–167

III.: Zum Entwurf einer Zustimmungslehre
(AW VII, Mainz 1961)

III.: The Theological Papers of John Henry Newman on Faith and Certainty
(ed. H. M. de Achaval and J. D. Holmes, Oxford 1976, 128–130; Übers. von F. Arnskötter)

III.2: Z 26f
(Entwurf einer Zustimmungslehre, AW VII, Mainz 1961)

III.3: Z 52

III.4: Z 73–77
III.5: Z 222f
III.6: Z 252f

Teil 4: »ZWEI WESEN, DIE ABSOLUT UND VON EINLEUCHTENDER SELBSTVERSTÄNDLICHKEIT SIND«

I.: Z 69–84
II.: E 328–330
(Über die Entwicklung der Glaubenslehre, AW VIII, Mainz 1969)
III.: Z 324–328
IV.: 15. Predigt der Oxforder Universitätspredigten: G 231–249
V.: E 87f

Teil 5: »NACHFOLGER, ERBEN UND REPRÄSENTANTEN DER APOSTEL«

I.: Kennzeichen der Kirche
I.1: E 247–249
I.2: E 325f
II: »Das sakramentale Prinzip«
II.1: E 281f
II.2: »Der Gottesdienst, eine Vorbereitung auf die Ankunft Christi«, Predigt vom 2.12.1838: DP (Deutsche Predigtausgabe) V 9–22; hier 19f
(Predigten, Gesamtausgabe, Schwabenverlag, Stuttgart 1949–62)
II.3: L. Allen, John Henry Newman and the Abbé Jager
(London 1975, 89. Übersetzung des Briefes von Newman: F. Arnskötter)
III.: J. H. Newman, Die Einheit der Kirche und die Mannigfaltigkeit ihrer Ämter
(Herder Verlag, Freiburg [2]1947, 27ff; Vorwort zur 3. Auflage der Lectures on the Prophetical Office of the Church ... von 1837: Via Media 1877)
IV.: A 282–309 (= Auszüge aus Kapitel 5 der Apologia)
V.: Laien in der Kirche
V.1: Pres Pos, 390f. (Übers. F. Arnskötter)
V.2: HS I, 209f. (Übers. F. Arnskötter)
V.3: J. H. Newman, On Consulting the Faithful in Matters of Doctrine
(ed. J. Coulson, London 1961, 445f., Übers. von F. Arnskötter, dazu Appendix, Note V. S. 445–446, 1. Abschnitt)
V.4: P 292 = Auszug aus der Schrift »Über das Zeugnis der Laien in Fragen der Glaubenslehre«
(Polemische Schriften, AW IV, Mainz 1959)
VI.: P 113–213 = Auszüge aus dem »Brief an den Herzog von Norfolk, 1875

Teil 6: PERSÖNLICHES ZEUGNIS

I.: G 63–79
II.: DP IV, 329–341
III.: BG 43f
IV.: BG 34f
V.: VVO (= Verses on Various Occasions, 1868, Übers. I. F. Görres)

VI.: J. H. Newman, Der Traum des Gerontius,
Übers. von Th. Haecker
(Herder Verlag, Freiburg [3]1952, 43)

VII.: J. H. Newman, Maria im Heilsplan (= DMC 343 ff)
(Herder Verlag, Freiburg 1953, 9–26)

Teil 7: DIE ZUKUNFT DES GLAUBENS

I.: DP VI, 253

II.: BG 39

VERZEICHNIS DER SCHRIFTSTELLEN

I. ALTES TESTAMENT

II. NEUES TESTAMENT

NAMENS- UND ORTSVERZEICHNIS

SACHVERZEICHNIS